가족복지론

이영실 • 고은주 • 김현기 • 노론산
신선애 • 이덕희 • 이찬영 • 홍성희

창지사

머리말

대표 저자는 30년 이상 대학과 대학원에서 학생들에게 사회복지실천론, 사회복지실천기술론, 가족복지론, 가족치료, 정신보건사회복지론, 정신건강론 등 교과목을 가르치면서, 사회복지실천이 '상황 안에서 인간(person in situation)'을 강조하는 과학성과 예술성을 통합하는 학문임을 「가족복지론」을 집필하면서 더욱더 깨닫게 되었다.

「가족복지론」 교과목은 가족복지실천과 가족복지정책, 가족복지실천의 대상과 영역 등을 다루는 학문으로, 사회복지 교과목 중에서도 필수적인 교과목이라고 할 수 있으며, 이 교과목을 습득하고 학습해야만 아동복지, 청소년복지, 장애인복지, 노인복지 등 다양한 사회복지 분야를 이해하고 실천적 적용에 도움을 줄 수 있다고 본다.

본 교재는 저자가 집필한 「사회복지실천론」, 「정신건강론」 등의 교과목과의 연계 선상에서 가족복지실천의 대상과 영역, 가족치료 이론을 강화했고, 가족복지정책에서는 실태 및 문제점, 개입과 대책방안 중심으로 집필하였다. 본 저서는 「가족복지론」을 배우려는 대학생과 대학원생, 그리고 가족복지 전문가와 실무자의 실천적용에 충실히 반영되도록 집필하였다.

본 교재의 구성내용은 한국사회복지교육협의회에서 제시한 2023년 사회복지학 교과목지침서 중 「가족복지론 지침서」를 근거로 하여 집필하였고 총 4부, 13장으로 구성되어 있다. 본 저서의 구체적 내용은 다음과 같다.

제1부 가족복지 개관으로서 제1장은 가족복지의 이해로 가족의 정의와 기능, 가족의 변화, 가족의 이론적 관점, 가족복지의 개념, 가족복지의 관점, 가족복지의 접근방법을 다루었다. 제2장은 가족체계와 가족생활주기로 가족체계(가족항상성, 가족규칙, 경계와 가족경계선, 가족구성원의 의사소통, 순환적 인과성, 가족 하위체계, 환류, 개방체계와 폐쇄체계, 가족신화, 가족 외부체계)

와 가족생활주기(개념, 가족생활주기 단계, 가족생활주기 단계별 발달과제)를 다루었다.

제2부 가족복지정책으로서 제3장은 복지국가와 가족복지정책으로 복지국가와 가족복지정책의 관계, 가족복지정책의 개념, 가족복지정책의 유형, 가족복지정책의 대상, 가족복지정책의 주체와 범주를 다루었으며, 제4장은 한국과 외국의 가족복지정책으로 한국의 가족복지정책(노동권보장 정책, 부모권 보장정책, 노인 맞춤돌봄 관련정책, 소득보장정책)과 외국의 가족복지정책(미국, 스웨덴, 독일의 가족복지정책, 외국 가족복지정책의 동향)을 다루었다. 제5장은 가족복지 관련 법으로 「헌법」과 「민법」(가족법), 「건강가정기본법」, 「한부모가족지원법」, 「영유아보육법」, 「저출산 · 고령사회기본법」, 「다문화가족지원법」을 살펴보았다.

제3부 가족복지실천으로서 제6장은 가족복지실천과정으로 초기면접, 사정, 계획수립, 개입, 종결을 다루었다. 제7장은 가족치료로 가족복지실천과 가족치료, 가족치료의 방법(다세대 가족치료, 구조적 가족치료, 경험적 가족치료, 해결중심단기 가족치료, 이야기 치료)을 살펴보았다.

제4부 가족복지실천의 대상과 영역으로서 제8장은 빈곤가족으로 빈곤 및 빈곤가족의 개념, 빈곤가족의 실태와 문제점, 빈곤가족 대책을 다루었으며, 제9장은 한부모가족으로 한부모가족의 개념, 한부모가족의 실태와 문제점, 한부모가족의 개입 및 대책을 다루었다. 제10장은 폭력가족으로 폭력가족의 개념, 가족폭력의 실태 및 문제점, 가정폭력의 개입 및 대책을 다루었으며, 제11장은 다문화가족으로 다문화가족의 개념, 다문화가족의 실태와 문제점, 다문화가족의 개입 및 지원서비스를 다루었다. 제12장은 중독가족으로 알코올중독 가족(개념, 실태와 문제점, 개입), 인터넷중독 가족(개념, 실태와 문제점, 개입)을 다루었으며, 제13장은 장애인가족으로 장애인과 장애인가족의 개념, 장애인가족의 실태 및 문제점, 장애인가족의 개입과 대책을 살펴보았다.

앞으로 본 저서는 가족복지실천에서 새롭게 대두되는 가족복지이론 및 기술 등을 개발할 뿐만 아니라 가족복지정책 관련 필요한 자료들을 보완하고, 가족복지실천의 대상과 영역을 계속 확대해 나갈 것이다.

끝으로 본 저서의 집필을 위해 바쁜 일정 중에도 함께 힘든 작업을 하면서 소중한 시간을 할애해 준 공동저자인 고은주 박사, 김현기 박사, 노론산 박사, 신선애 박사, 이덕희 박사, 이찬영 박사, 홍성희 박사에게 진심으로 고마움을 드리며 공동저자가 집필을 잘할 수 있도록 협력해 준 가족에게도 감사를 드린다. 또한 본 저서를 출판하는 데 수고를 아끼지 아니한 창지사의 김기섭 사장님, 이상대 이사님과 편집부 담당 선생님들께 감사의 뜻을 표한다. 그리고 공동저자가 「가족복지론」 저서 집필을 잘 마무리하도록 인도해 주시고 복지적 삶의 질 향상을 위해 연구하고 도전할 기회를 주신 하나님께 모든 영광을 돌리고자 한다.

2024년 1월

대표저자 이영실

차례

제3부 가족복지실천

제4부 가족복지실천의 대상과 영역

제1부 가족복지 개관

제 1 장

가족복지의 이해

1. 가족의 이해

1) 가족의 정의

가족에 대한 정의를 사전적 정의로 보면, 가족은 대체로 혈연이나 입양, 결혼 등으로 관계되어 같이 생활하는 사람들의 집단(공동체) 또는 그 구성원을 말한다. 집단을 말할 때는 가정이라고 하며, 그 구성원을 말할 때는 가족이라고 한다. 가장 보편적으로 알려진 정의로는 Murdock(1949)의 핵가족적 정의와 Burgess와 Locke(1963) 및 Levi-Strauss(1969)의 확대 가족적 정의 등이 있다. [1]

(1) Murdock의 정의

"가족은 부부와 그들의 자녀로 구성되고, 주거와 경제적 협력을 같이하며 재생산하는 성인남녀와 그들의 출산자녀 및 입양자녀로 구성된 공동거주하는 집단이며"라고 정의하였다. 이처럼 Murdock(1949)은 공동의 거주와 경제적 협동, 인정받은 성관계, 자녀의 출산 등을 강조하여 우리가 보편적으로 생각하고 있는 가족의 정의와 일치한다. 다시 말하면 가족은 혈연, 입양, 결혼 등에 기반을 둔 특수한 관계를 지닌 사람들로 반드시 동거할 필요는 없으며 생활공동체로서의 연대의식을 가짐으로써 동거를 기대할 수 있는 관계라고 정의하였다.

이러한 관점은 부부와 자녀를 가족의 핵으로 파악하고 있어 핵가족적 정의라고 한다. 하지만 가족을 너무 좁은 의미로 한정했기 때문에 다양한 가족을 보편적으로 정의하는 데는 부적합하다는 문제점이 제기되고 있다.

(2) Burgess와 Locke의 정의

Burgess와 Locke(1963)는 "혼인, 혈연 또는 입양 때문에 결합한 집단으로 하나의 가구를 형성하고 남편과 아내, 아버지와 어머니, 아들과 딸, 형제와 자매라는 각각의 사회적 역할 속에서 상호작용하며 의사소통하고 공통의 문화를 창조, 유지하는 집단"이라고 정의하였다. 이러한 정의는 가족구성원 간의 내적 상호관계를 강조한 것으로, 가족의 전통적 정의로 볼 수 있다. 즉 가족의 전통적 정의는 혈연, 결혼, 입양으로 관계를 맺은 두 사람 혹은 그 이상의 사람으로 구성된 단위이며, 함께 살고, 경제적 단위를 형성하고, 자녀를 출산하고 양육하는 것이라고 할 수 있으나 이러한 가족의 전통적 정의는 다양한 집단을 포괄하지 못하는 제한점이 있다.

(3) Levi-Strauss의 정의

Levi-Strauss(1969)는 "가족은 결혼으로 시작되며 부부와 그들 사이에서 출생한 자녀로 구성되지만, 이들 외에 가까운 친척이 포함될 수 있고, 가족구성원은 법적 유대 및 경제적 · 종교적인 것 등의 권리와 의무, 성적 권리와 금기, 애정, 존경 등의 다양한 심리적 정감으로 결합하여 있다."라고 정의하였다. 이 정의는 Murdock의 정의보다 확대된 범위를 가족으로 보고, 가족구성원의 유대, 관계, 결합의 운명공동체적 성격을 강조했으며, 이러한 가족의 정의는 확대가족 제도를 취하고 있었던 사회의 가족을 정의하는 데보다 적합하다.

이 외에도 좀 더 포괄적이고 현대적인 정의로는, Eliot(1986)은 가족이란 "부부와 자녀로 구성되고, 주거를 함께 하며, 정서적 유대와 보호 및 지원의무, 공동의 정체감으로 통합"된다고 정의하였고, Chilman(1988)은 가족이란 "친밀, 헌신의 관계에 있는 사람들이 하나의 집단에 속해 있다는 정체성을 의식하고 그 집단의 고유한 정체성을 수립하여 정서적 · 이성적으로 부모-자녀 관계를 유지하는 것"으로 정의하였다.

또한 Giddens(1992)는 가족이란 “정서적이고 물질적인 지지에 기반을 둔 둘 또는 그 이상의 사람들이 상호기대하고 그들의 삶의 유형과 상관없이 상호 책임감과 친밀감, 그리고 지속적 보호를 주고받는 구성체이다.”라고 하였고, Anderson과 Sabateli(1992)는 가족은 “구성원이 역사를 공유하고 정서적 유대감을 경험하며, 구성원 개인과 집단 전체의 욕구를 충족시키기 위한 전략을 개발하는 상호의존적 집단체계”라고 정의하였다.

Schwartz(1995)는 가족은 “혈연, 결혼, 입양, 동거 등에 의하여 이루어진 관계로 다른 사회 집단과 비교할 때 상대적으로 지속적인 관계를 유지하며, 구성원 간에 경제적 또는 정서적 지원을 제공하는 집단”이라고 정의하였고, Koerner와 Fitzpatrick(2002)은 가족은 “사회적으로 수행해야 하는 가족의 기능과 제도적 측면에서 가족의 유지, 자녀 사회화, 정서적 · 물질적 지원 및 역할수행 등 주로 행위 차원”에서 정의되어야 한다고 강조하였다.

최근에는 Weigel(2008), Brian 등(2010), Gavriel-Fried와 Shilo(2017) 등은 무자녀 부부, 동거커플 등을 가족으로 인식하는 경향이 나타남에 따라 과거에 비해 넓어진 가족수용 범위까지 가족으로 정의하고 있음을 확인할 수 있는데, 이는 가족의 정의가 변화하고 있음을 알 수 있다. 이처럼 최근에 급변하는 사회현상으로 인해 부부가족과 일인 가구가 증가 추세에 있고 한편으로는 한부모가족, 동거가족, 미혼모가족, 공동체가족, 무자녀가족, 재결합가족, 동성애가족 등의 다양한 가족이 출현하고 있다. 따라서 오늘날에는 다양한 형태의 가족이 존재하며 가족에 대한 개념이나 견해가 다양하므로 ‘가족이란 이런 것이다’라고 단일한 개념으로 정의 내리기는 어렵다. 가족은 혈연관계라는 획일적이고 협소한 개념보다 가족의 다양성을 인정하는 기능적인 측면에서 포괄하는 정의가 될 것이다.

이상에서 살펴본 바와 같이 가족의 정의를 종합해 보면 다음과 같이 정의할 수 있다.

첫째, 그 외형적인 구성면에서 혼인과 혈연 또는 양자관계를 통하여 결합한 집단이라고 할 수 있다.

둘째, 기능 면에서의 개념적 정의로 가족은 사회 전체의 맥락과 연결되는 여러 가지 과업을 수행하는 제도이다.

셋째, 가족은 가족구성원 상호 간의 정서적인 표현을 위한 심리적인 집단이라고 정의할 수 있다.

2) 가족의 기능

가족의 기능을 가족 내 기능과 대사회적 기능, 가족기능의 변화, 그리고 현대 가족의 기능으로 나누어 살펴보면 다음과 같다.[2)]

(1) 가족 내 기능

① 성 · 자녀 출산의 기능

가족은 남녀의 사랑을 기초로 하여 이루어지므로 가족구성의 중심이 되는 부부간의 성적 욕구를 충족시키는 기능을 한다. 그리고 부부간의 성생활 필연적 결과로 자녀를 출산하며 자녀를 출산하는 생식의 기능은 사회의 다른 집단에서 대신할 수 없는 가족만의 고유한 기능인만큼 가장 중요한 기능이다.

② 자녀양육과 사회화의 기능

아이들은 출생하면서부터 가족으로부터 보호를 받으며, 가족생활을 통해 교육받는다. 가정에서는 그들이 사회에서 잘 적응하고 바람직한 인간으로 성장하도록 돕는 역할을 하는데, 자녀의 인격 형성에 막대한 영향을 끼쳐 건강한 사회인을 길러내는 기능을 한다.

③ 경제적 기능

가족의 경제적 기능은 생산기능과 소비기능으로 구분할 수 있다. 과거 전통사회에서의 가족은 생산과 소비의 기능을 함께 수행했지만, 현대사회는 고도의 산업화, 상품의 대량생산으로 생산단위로서의 가족의 기능은 축소되었으며, 가족구성원은 산업사회에 노동력을 제공하고 그 대가로 임금을 받으며 이것으로 필요한 물자를 구매하게 되었다. 따라서 현대산업사회의 가족은 상품선택과 구매에 대한 현명한 소비자의 능력이 요구되며, 한정된 수입으로 온 가족구성원의 욕구를 충족시킬 수 있는 공평하고 합리적인 재정관리가 요구된다.

④ 보호기능

질병과 위협으로부터 가족구성원과 재산을 보호해 준다. 예전에는 더위, 추위 등 사나운 기후와 맹수로부터 개인을 보호했고, 오늘날은 외부 환경의 위험으로부터 보호해 준다. 특히 돌봄기능의 일차 대상은 가족 내 아동과 노인이다. 그 밖에도 질병이나 사고로 일상적 기능을 수행하지 못하는 구성원이 발생하면 가족이 이들을 돌보게 된다. 보육시설, 노인복지시설, 의료기관 등의 발달로 가족 내 돌봄기능이 약화하고 있지만, 아직 가족구성원을 돌보는 일차적 책임은 그 가족에게 있다.

⑤ 종교적 기능

가족의 종교적 기능은 종교적 의례나 형식만을 의미하는 것이 아니라 매일의 생활에 감사하고 삶의 진리를 깨달으며, 인간능력의 한계를 겸허하게 인정하고 기도하는 자세로 살아가는 생활태도를 말한다.

⑥ 휴식기능

가족은 가족구성원에 대하여 심신의 긴장이나 피로에서 회복시켜 주는 휴식기능을 갖는다. 사회생활로 지친 몸과 마음을 가정에 돌아와 쉬며, 긴장을 풀고 다음 날 노동을 할 수 있도록 노동력을 재생산하게 한다. 이러한 면에서 가정은 단순한 거주지가 아니라 심신의 긴장과 피로를 해소해 주는 중요한 기능을 한다.

⑦ 오락기능

가족이 단위가 되어 여가를 즐길 때 부모와 자녀가 한자리에 모이게 되므로 교육적 의미도 수반될 수 있으며, 가족구성원이 함께 모여 시간을 보내는 그 자체로 마음이 열리고 대화하게 되므로 가족이 지니는 오락기능은 그 의의가 크다.

(2) 대사회적 기능

① 성의 통제기능

사회의 승인을 받고 공인된 결혼이라는 제도가 어느 정도 전체 사회의 성관계를 질서 있게 통제해 주며, 대외적으로 사회의 성을 통제하는 역할을 한다.

② 사회구성원의 충원기능

가족이 지닌 자녀 출산의 기능은 사회를 존속 · 발전시키는 데 크게 기여하고 있으며, 나아가 사회구성원으로서의 인간을 유지하고 충원하고 있다.

③ 노동력의 제공 및 생활보장기능

가족의 소비기능은 의식주와 같은 일상생활을 중심으로 이루어지는데, 이것은 대사회적으로 개개인의 생활보장을 뜻하며, 가족의 소비적 기능을 얼마나 합리적으로 수행하고 있는가는 바로 국민경제의 건전한 발전과 직결되므로 국민경제 순환에 있어 가계가 차지하는 비중은 매우 크다.

④ 사회의 전통문화 계승기능

가정에서의 양육과 교육을 통하여 이루어지는 자녀의 사회화를 사회적 측면에서 보면 자녀양육을 통하여 자녀가 그 사회에 적합하게 기능하도록 사회화가 이루어지고, 교육을 통하여 사회생활을 원만하게 해 나갈 수 있도록 지식, 규범, 도덕을 익히는 것이므로 가정은 그 사회가 유지 · 발전할 수 있도록 하는 전통과 문화의 계승을 돕는다고 하겠다.

⑤ 사회안정화 기능

가족이 인간을 보호하고 휴식하도록 할 때, 개인은 심리적 · 신체적으로 안정을 취할 수 있다. 개인의 심신 안정은 재생산의 원동력이 되고, 그것은 다시 사회안정을 도모한다. 즉 가족이 개인에게 심신의 보호와 휴식을 제공하는 것은 바로 가족이 사회의 안정화를 촉진시키는 것이라고 할 수 있다.

(3) 현대 가족의 기능

① 가족 간의 애정 도모

애정은 가족생활의 중요한 소산이다. 가족이 함께 사는 것은 의무에서가 아니라 서로 간의 영속적 애정 때문이며, 자녀는 정서적 분위기에서 사랑을 받고 자라야 한다. 부부와 자녀가 건강하게 발달하기 위해서는 서로 간에 애정적 분위기가 형성되도록 노력해야 한다.

② 안정감 부여와 수용

가족은 경쟁관계가 아닌 상호보완관계를 증진하고 누릴 수 있는 곳으로 가족구성원의 안정감과 지속성을 발달시킬 수 있는 곳이 되어야 한다.

③ 만족감과 목적의식 부여

사람은 누구나 나름대로 걱정과 갈등이 있기 마련이다. 가족은 기본적 만족감과 보람을 가족구성원 서로에게 충족시켜 줄 수 있어야 한다.

④ 지속적 동료감 유지

가족구성원은 일상생활의 실망과 기쁨을 함께 나누며 공감해 주는 동료이다. 다시 말해 자기 가족만큼 성공을 함께 기뻐해 주고 실패하였을 때 고통을 함께 나눌 수 있는 사람은 드물다. 평생 지속하는 동료의식은 가족의 기능에서 중요한 자리를 차지한다.

⑤ 사회적 지위부여와 사회화

어떤 사회에서나 필수기능으로 출생 시 자녀는 자동으로 그의 부모가 속한 사회계층에 속하며, 가족은 한 세대에서 다음 세대로 문화유산을 전수해 나가는 매개체 역할을 한다. 이것은 여러 사회구조의 존재의미를 부모가 자녀에게 설명해 주는 과정을 통해 이루어진다. 또한 인성발달 시기를 통해 아들은 아버지를, 딸은 어머니를 동일시하게 되므로 부모는 자녀의 사회화를 도모해 주는 역할모델이다.

⑥ 통제력과 정의감의 확립

가족구성원을 통하여 개인은 사회생활에 필요한 규칙, 권리, 의무, 책임감을 통해 통제력과 정의감을 가장 잘 습득할 수 있다.

3) 가족의 변화

한국의 가족은 사회적 · 문화적 변화를 경험하면서 오늘날 정보화 사회가 요구하는 기능에 순응하는 과정으로서, 가족구조와 가족기능 그리고 가족가치관 등 가족생활 전반에 걸쳐 변화를 초래하였다. 이러한 가족의 변화는 구체적으로 가족구조의 변화, 가족기능의 변화, 가족주기의 변화 그리고 가족가치관의 변화로 나누어 살펴볼 수 있다. [3)]

(1) 가족구조의 변화

가족구조는 특히 여성의 경제활동 참가, 출산율 저하, 교육수준 상승, 이혼율 증가, 결혼율 저하에 따라 많은 변화를 가져왔다. 이러한 가족구조의 변화 중 가장 두드러진 변화는 가족규모의 축소라고 할 수 있다. 가구원 수의 감소는 출산율 저하와 핵가족화 그리고 1인 가구의 증가에 따른 것으로 나타나고 있는데, 이러한 가구원 수의 감소는 세대별 구성에도 영향을 주어 전체적으로 세대가 단순화되고 있다. 전국적으로 2세대 가구는 지속해서 증가하였고 3세대 가구는 계속 감소하였다.

그러나 한국 가족이 서구적 의미의 핵가족으로 변화하였다고 보기는 어려울 것이다. 유형 상으로는 핵가족이 지배적이라고 할 수 있으나 이념적으로 직계가족을 이상적으로 지향하고 있으며, 가족 의식이나 가족관계 측면에서는 여전히 부계혈통 중심의 대가족적 요소를 지니고 있다.

(2) 가족기능의 변화

가족기능의 변화는 경제적 기능, 성 및 재생산기능, 자녀양육 및 사회화 기능, 정서적 · 치료적 기능, 여가 및 휴식 기능으로 나누어서 설명할 수 있다.

① 경제적 기능

오늘날 정보사회에 살면서 가족과 일터로 공간적으로 분리됨에 따라 가족의 생산기능은 약화 혹은 상실되고 소비기능은 강화되었다. 가족의 소비기능이 강화되었다 함은 가장이나 가족구성원의 직업과 수입에 따라 가족이 누릴 생활기회나 생활양식이 결정되며, 이러한 소비생활 수준이 가족생활 만족도에 직접적 영향을 끼친다는 것이다.

② 성 및 재생산기능

급변화하는 사회적 변화로 인해 성에 대한 규범 및 가치관이 변화되어 성이 출산을 위한 수단보다는 성적 충족 및 결혼생활 만족 요인으로서 더욱 능동적인 성향이 강화되고 있다. 오늘날 한국사회는 출산율 저하 및 고령화 등으로 인하여 인구가 지속해서 줄어들게 되었고 가족기능 중 재생산기능은 점차로 약화할 수밖에 없는 상황이 가장 큰 문제가 되고 있다.

③ 자녀양육 및 사회화 기능

산업화 초기에는 자녀양육 및 사회화 기능이 주로 가정에서 이루어졌으나, 오늘날 정보화 사회로 인하여 다원화되고 전문화되면서 부모는 자녀의 교육 및 사회화에 있어 제삼자적 처지에 있을 수밖에 없게 되는 상황이 되었다. 이처럼 자녀양육 및 사회화 기능은 학교, 학원, 유치원, 보육시설 등의 전문기관으로 많이 이전되었다. 또한 기혼여성의 경제활동이 증가함에 따라 직장과 가정의 양립 문제, 자녀양육의 어려움 등은 가족에게 큰 부담으로 작용하고 있다.

④ 정서적 · 치료적 기능

오늘날 정보화 사회의 경쟁적 사회관계와 긴장이 고조됨에 따라 이의 완화와 정서적 위로를 위한 공간으로써 가정의 중요성이 강조되고 있다. 따라서 가정 밖에서 힘들고 상처받은 가족구성원에게 위안과 휴식을 제공하는 기능을 각 가족구성원이 하게 되었으며 이에 따라 상호 간의 의사소통이나 관계향상을 위한 가족 생활교육의 중요성이 강조되고 있다.

⑤ 여가 및 휴식 기능

여가 및 휴식 기능은 일터와 가정의 연결, 인적자원의 재충전, 노동력 질의 향상을 위해서도 필요하며 개인과 가족 삶의 질 향상에 절대적 임무를 수행함으로써 점차 비중이 커지고 있다. 특히 개인의 자아가 확대되고 삶의 질을 중요시하게 된 오늘날 사회에서 여가 및 휴식은 중요한 기능으로 주목받고 있다.

⑥ 종교적 기능

가족 단위로 이루어지던 종교행사는 교회나 절 등의 종교단체로 이양되었으며 종교는 가족 집단의 공동 관심사라기보다는 개인문제가 되어 부부간이나 부모-자녀 간에 서로 다른 종교를 갖는 경우도 많아졌고 가족의 종교적 유대는 약화하여 종교기관과 사회조직으로 옮겨 가고 있다.

(3) 가족주기의 변화

가족주기의 변화는 현저히 일어나고 있다. 그 원인은 첫째, 가족주기 이전 기간이 길어지고 있고, 둘째, 결혼에서부터 자녀 출산 완료까지의 가족 형성 및 확대기는 초혼 나이의 상승과 출산율 저하로 인하여 매우 단축되고 있으며, 셋째, 자녀출산 완료 이후 자녀 결혼이 시작될 때까지의 자녀양육 및 교육기에 해당하는 가족확대 완료기는 최근으로 올수록 길어지는 양상을 띠고 있고, 넷째, 자녀결혼 완료 이후 배우자의 사망을 거쳐 남겨진 배우자의 사망에 이르기까지의 축소완료 및 가족해체기는 길어지고 있다.

이러한 가족주기의 변화는 가족관계에도 영향을 미쳐 부자 중심에서 부부 중심으로 가족의 핵은 변화되었으며 사람들은 원만하고 행복한 부부생활의 중요성을 인식하여 부부단위로 가족 활동, 여가 활동, 사회활동에 참여하는 경우가 늘었다. 자녀관도 변화하여 과거의 집과 부모를 위한 자녀의 필요성보다는 사회와 자녀자신을 위한 자녀양육과 교육의 필요성을 지니게 되었다.

(4) 가족가치관의 변화

한국 가족가치관의 변화는 유교의 영향을 받아 오늘날까지 면면히 이어져 왔으며, 이를 바탕으로 가족은 다양한 가족환경과의 상호작용으로 영향을 받고 하나의 가족이란 집단에서 나름의 가치기준을 세워 나가며 생활양식을 만들어 간다. 현재 가족가치관에는 전통적인 유교적 가족주의와 산업화와 더불어 나타난 도구적 가족주의 그리고 근대적인 정서적 가족주의 등이 포함되어 있다. 즉 전통적 가족가치관과 서구적 가족가치관이 혼재하고 있다. 또한 이러한 현상은 다른 가족체계에서뿐만 아니라 가족 내부의 가족구성원 사이에서도 가족가치관에 대한 이해와 태도가 다르게 나타나고 있다.

이처럼 한국 가족은 1960년대 이후 급격한 산업화를 경험하면서 가족구조, 가족기능, 가족주기, 가족가치관에 있어 변화하였지만, 그 변화 속에는 서구적 특성의 수용뿐만 아니라 전통적 특성의 유지도 함께 나타나고 있고, 한국 가족은 다양화되고 있다. 한국사회의 이혼율의 증가에 따른 가족해체는 한부모가족을 증가시키고 있다. 과거의 다양한 가족유형이 가족해체 과정에서 나타나는 주변적 · 과도기적 산물이거나 객관적 · 환경적 여건으로 인한 것이었다면, 앞으로는 동거가족, 독신가족, 무자녀가족, 공동체가족 등의 복합가족이 증가할 것으로 예상한다. 또한 최근 인구 고령화 현상으로 인한 노인 단독가구 및 1인 가구의 비율이 급속도로 증가하고 있다.

4) 가족의 이론적 관점

개인을 다루는 사회복지실천 이론이 클라이언트를 이해하고 개입하는 데 도움을 주고 있는 것과 마찬가지로, 사회복지사가 가족을 이해하고 적절한 개입을 할 수 있도록 돕는다. 여기서는 가족을 이해하는 데 필요한 틀을 제공하는 몇 가지 가족의 이론적 관점을 살펴본다.[4)]

(1) 구조기능주의 이론

구조기능주의 이론은 사회가 유기체처럼 상호의존하는 여러 부분으로 되어 있고, 각 부분은 사회 전체가 유지될 수 있도록 각기 기능을 수행한다는 것이다. 이는 균형을 강조함과 아울러 사회의 각 부분이 합의된 가치와 규범에 따라 움직이기 때문에 인간의 행위를 어느 정도 예측할 수 있다는 가정을 전제로 한다. 그 좋은 예로서 가족은 사회를 구성하는 하위 단위의 하나이므로 가족이 지니는 여러 기능 중 가족구성원에게 가치와 규범을 습득하게 해 주는 사회화의 기능을 하고 있다고 본다.

이 이론에서의 핵심주제는 가족과 전체 사회와의 관계 그리고 가족과 가족구성원의 관계이다. 즉 가족이 전체 사회에 대하여 어떤 기능을 하고 있으며, 또한 가족구성원에게는 어떠한 기능을 하고 있는가의 문제가 제기된다. 흔히 가족기능을 언급할 때, 가족은 개별구성원의 인성을 형성시켜 주며 기본적 지위를 할당하는 기능을 하고 있고 사회에 대해서는 사회구성원을 재생산하여 사회통제기관으로서 기능한다고 하는데, 이것은 구조기능주의 시각에서 가족과 사회, 그리고 가족과 개인의 관계를 고찰한 것이다. 대표적 학자는 Parsons (1954), Parsons와 Bales(1954), Davis(1959), Goode(1970), Turner(1974) 등이다.

(2) 상징적 상호작용 이론

상징적 상호작용 이론은 인간행동은 인간 상호 간의 사회적 상호작용을 통하여 결정된다고 설명될 수 있으며, 가족 간의 상호작용유형에 관심을 두는 미시적 접근으로, 가족을 바라보고자 하는 이론이다. 이 이론은 가족의 내적 과정에 중점을 두고 배우자 선택, 세대 간 가치관의 전이, 역할과 지위관계, 가족스트레스, 취업모 문제, 가족 내 권력, 결혼의 질, 의사소통 등 다양한 분야에 적용되고 있다. 배우자 선택에서도 피드백에 의한 개인 간의 상호작용과정을 중시하며 세대관계에서도 사회, 역사적인 힘이 세대 간 전달과 같은 상호작용에 영향을 미친다는 점을 지적하였다.

가족의 역할구조는 가족의 상호작용과정에서 발생하며 이것이 모든 가족구성원의 행동을 규정하고 외부 사회체계와의 상호작용도 규정한다. 또한 이것은 가족구성원이나 사회의 변화에 따라 수정되며 그 과정에서 가족의 안정성이나 갈등도 분석된다. 대표적 학자로 Mead(1934)와 Blumer(1966, 1969)가 있다.

(3) 교환이론

교환이론은 사회를 거시적 차원에서 분석하려는 기능주의에 대한 대안적 이론으로 더욱 미시적인 차원에서 개인, 가족, 사회현상을 분석하는 이론이다. 교환이론의 가장 일반적인 명제는 사람이 자신의 이익을 위해 손해 보는 행동을 피하고 보상이 주어지는 상호작용이나 인간관계를 추구한다는 것이다. 여기서 보상과 비용이라는 개념은 단지 물질적 측면과 아울러 심리적 만족감과 불쾌감 등을 표현하는 포괄적 개념으로 이해해야 한다.

부부관계에서는 배우자 선택에서 교환개념이 시작되어 부부권력, 의사소통, 결혼의 안정성, 성역할, 성행동, 가정폭력 등에 적용되고 있다. 배우자 선택과정에서는 상호 간에 소유한 제반 자원에 의해 보상 정도가 평가되어 선택행위가 일어나며, 부부간의 권력에서는 각자의 자원이 심리적 · 사회문화적 맥락 속에서 평가되어 작용하게 된다. 부모-자녀 관계에서는 물질적 보상을 더욱 추구해 가는 산업사회에서 취업모 문제, 세대 간 유사성이나 동일성이 보상적 관계에 미치는 영향, 사회계층별 부모행동이나 가치관에서의 비용개념 등이 교환이론과 연관된다. 대표적 학자로 Homans(1958, 1961)와 Blau(1964)가 있다.

(4) 갈등이론

갈등이론은 사회과정을 투쟁이나 갈등과 같은 사회적 편재성으로 설명하려는 이론으로 사회의 갈등적 측면을 과소평가한 기능주의에 대한 반동으로 생겨났으며, 사회과정에서 권력분화와 같은 갈등의 불가피성을 강조하고 있다.

이 이론은 가족 내의 이해관계나 권력 혹은 자원의 불평등에 초점을 두고 있으며, 가족 내에서 반복된다고 해서 반드시 가족해체가 발생하는 것은 아니며 가족체계가 더욱 구조화되기도 한다고 하였다.

그러므로 갈등을 긍정적 혹은 부정적, 어느 쪽으로 보느냐에 따라 갈등의 강도와 지속성이 결정된다. 또한 갈등이론에서는 가족갈등이 처리되는 과정이 중요하므로 부부관계나 부모-자녀 관계 등에서 자원과 권위의 독특한 특성이 파악되고 존중되어야 한다고 하였다. 대표적 학자로 Marx(1971), Engels(1972), Collins(1972), Dahrendorf(1973), Turner(1975). Sprey(1979) 등이 있다.

(5) 가족체계이론

가족체계이론은 가족 개인에 초점을 두기보다는 전체로서의 가족을 강조하는 것으로, 가족에 대한 체계이론적 관점을 적용한 이론이다. 가족체계이론은 가족에 대한 핵심개념 틀을 제공하고 있으며, 가족을 개인이 아닌 전체 가족의 맥락에서 접근한다는 점에서 그 유용성을 인정받고 있다. 가족체계 접근방법은 거의 모든 가족연구의 기초가 된다. 가족체계이론은 모든 가족이 사회적 체계라는 사고에 근거하는데, 이러한 관점은 개인의 탓으로 돌려져 왔던 문제를 관계와 사회적 상호작용이라는 측면에서 파악할 수 있게 한다. 이렇게 가족을 하나의 체계로 간주할 때, 사회복지사는 가족을 서로 연계된 단위의 집합체로 보게 된다.

이 이론에서는 가족구성원에게 발생하는 모든 일이 가족 내 모두에게 영향을 준다고 보는데, 그 이유는 가족구성원이 서로 관련되어 있고 각기 하나의 집단이나 체계로서 작용하기 때문이다. 특히 가족에 대한 이러한 접근은 이론뿐만 아니라 실제에서 문제가 있는 가족을 대상으로 하는 치료자들이 이용하고 있으며, 가족관계분야와 교육분야, 배우자 선택이나 가족폭력, 가족생활 상담의 연구에 유용하게 적용할 수 있다. 대표적 학자로는 Minuchin(1974), Olson(1976), Bowen(1978) 등이 있다.

(6) 성평등적 관점

여성주의(feminism)는 남성과 여성이 동등하며 양성은 사회적으로 동등한 대우를 받고 권리를 가져야 한다는 믿음을 가지고, 전통적 성역할의 개념이 자연스러운 현상으로 사회에 효과적이라는 시각에 반기를 든다. 여성주의자들은 여성의 행동을 제약하는 사회제도, 규범, 역할 등을 찾아내어 그것을 개선하기 위하여 노력해 왔으며, 특히 가정생활에서 여성의 억압에 초점을 맞추었다. 즉 현재의 가족체계는 남편과 아내가 서로 다른 계급에 놓이고, 이익과 권력에서 불평등이 존재하며, 이러한 가부장적 체계는 권력을 가진 남성의 이익에만 이바지할 뿐 여성은 억압되어 있다고 본다.

가족이 단일체계라기보다 권력단체의 구조임을 주장한다. 이러한 성적·평등적 관점에서 본 가족의 근본과제는 가족에 대한 올바른 관점을 제시하고, 가정을 탈신비화하며, 여성의 경험과 문제의식을 제대로 파악하는 것이라고 볼 수 있다. 또한 여성이 가족의 봉사자나 희생자가 아니라 여성 개인으로서의 주체적 위치가 함께 드러나야 한다는 것이다. 대표적 학자로 Young(1985), Avis(1986), Collins(1986), Luepnitz(1988), Jones(1990), Sheinberg(1992), Anderson(2000) 등이 있다.

2. 가족복지의 이해

1) 가족복지의 개념

가족복지는 영어로 'family social welfare'로 사용되고 있는데, 가족이라는 복합성 그리고 사회복지라는 고도의 다양성 때문에 가족복지를 개념적으로 고정화하기는 대단히 어렵다. 즉 가족이 사회의 기본제도로서 모든 문제와 정책에 직접적·간접적으로 영향을 받을 수밖에 없고 사회복지의 다른 분야인 아동문제, 노인문제, 장애인문제, 여성문제 등의 분야와 중첩되며 구분이 곤란한

면이 많다는 점, 또 가족문제를 규정할 때 가족구성원 간의 상호작용이나 역할 관계가 고려된 가족의 전체성을 고려하지 않고, 가족복지의 대상을 실용적이고 편의적으로 개인단위로 규정하는 경우가 많아서 한 가지 개념으로 가족복지를 규정하기 어렵다.

가족복지란 가족의 행복과 안녕을 보장하는 것을 말한다. 즉 "모든 국민은 인간다운 생활을 할 권리를 가진다."라는 대한민국 「헌법」의 기본이념에 따라 가족생활을 보장하는 사회적 · 제도적 · 정책적 · 기술적 서비스를 총칭하는 말이다. 또한 가족복지는 전체로서의 가족은 물론 그 구성원의 사회적 기능수행을 효과적으로 증진함으로써 가족구성원 모두에게 행복을 도모하도록 하기 위한 사회복지의 한 분야이다. 이러한 가족복지는 사회경제적 · 문화적 조건에 따라 다양하게 의미가 있을 수 있으므로 유동적 개념으로 사용되고 있다. 이렇게 볼 때 가족복지란 가족의 복지를 추구하기 위한 인간의 공동체적 노력을 의미한다고 하겠다. 가족복지의 개념은 문화적 양상에 따라 다양한 의미를 나타낼 수 있으므로 여러 학자의 정의를 살펴보면 다음과 같다.[5)]

Feldman과 Scherz(1968)는 전체로서의 가족은 물론 그 구성원의 사회적 기능수행을 효과적으로 증진함으로써 가족구성원 모두에게 행복을 도모하도록 하기 위한 사회복지의 한 분야로 정의하였고, Kamerman과 Kahn(1978)은 가족복지란 "한 단위로서의 가족 전체"에 주목하면서 가족의 보호 · 보장 · 강화를 도모하는 활동으로 이해한다고 정의한다. 또한 Collins, Jordan과 Coleman(2010)은 가족복지의 일차 목적을 모든 가족구성원이 각자의 발달적 · 정서적 욕구를 충족하면서 가족이 더욱 유능하게 기능하는 것을 배울 수 있도록 돕는 것이라고 정의하였다.

이처럼 가족복지의 개념은 사회경제적 · 문화적 조건에 따라 다양하게 의미가 있을 수 있으므로 유동적인 개념으로 사용되고 있다. 가족복지의 광의적 개념은 사회복지의 한 분야로서 인간다운 생활을 할 권리를 가진다는 「헌법」의 기본이념에 따라 가족생활을 보장하기 위해 제도적 · 정책적 · 치료적 면에 있어서 국가 및 사회가 수행하는 총체적 노력이다. 협의적 개념은 가족이 빈곤,

질병, 실업, 가족관계의 붕괴 등으로 가족구성원 개개인의 존엄성이 상실되고 가족이 해체의 위기에 처했을 때 가족생활을 보호 · 강화하고 사회적 기능과 임무를 수행할 수 있도록 돕는 사회적 활동이라고 할 수 있다. 이처럼 가족복지란 생활상의 어려움에 부닥친 가족을 위하여 가족 전체에 초점을 두어 가족이 안정된 삶을 추구할 수 있도록 가족의 기능을 보강하는 사회 전체의 조직적인 노력이라고 볼 수 있다. 나아가서 가족생활을 보장 · 보호 · 강화하고 가족구성원 개개인의 사회적 기능수행을 높이기 위하여 공적 · 사적 기관에 의해 제공되는 제반 서비스라 할 수 있다.

따라서 가족복지는 그 실체가 국가에 따라 다르게 규정되거나 구체적으로 규정하기 어려운 탓으로 가족복지의 개념은 다소 다양하나 가족복지가 가족문제를 가족 전체의 맥락에서 본다는 데 대체로 합의하고 있다. 이러한 특성을 보인 가족복지는 가족생활과 가족구성원의 요구나 문제를 해결하기 위한 민간이나 정부의 대책으로 규정되고 있다. 이러한 측면에서 가족복지의 개념을 "가족복지는 가족 전체성이라는 특성에 연관된 가족구성원 개인이나 한 단위로서 가족의 요구와 문제를 해결하고자 하는 사회적 대책이다."라고 정의할 수 있다.

결론적으로 가족복지는 가족의 욕구를 충족할 수 있도록 그 잠재력을 개발시켜 주거나 가족문제의 예방 및 해결, 가족구성원의 사회적 기능수행의 활성화와 생활의 질적 향상 등에 전문적 지식과 기술을 동원한 제도적 · 정책적 · 기술적 서비스로 가족구성원 개인이나 가족 전체에 관심을 두는 과정이다.

2) 가족복지의 관점

가족복지를 광의 및 협의적 관점, 자유방임주의적 관점, 국가개입주의적 관점, 가족보호의 사회책임적 관점 등으로 구별하여 설명할 수 있다.[6)]

(1) 광의 및 협의적 관점

가족복지의 광의적 관점은 사회보장 정책, 고용, 임금, 물가 등에 관련된 경제정책, 생활보장 서비스에 관련된 사회복지정책, 보건 · 의료정책, 교육 · 문화정책, 주택정책, 환경정책 등 정부의 다양한 행정활동을 말한다. 협의적 관점은 사회복지서비스의 한 분야로 규정되는 것으로 아동복지, 노인복지, 여성복지, 장애인복지 등과 같은 수준으로 한정된 영역의 가족문제를 해결하는 분야를 말한다.

(2) 자유방임주의적 관점

오랫동안 사회복지의 궁극적 관심은 개인에게 있었고, 사회적으로도 가족은 사적 영역으로 사회적 개입을 가능한 한 배제하는 것이 가족과 사회를 위해 바람직한 것으로 간주했다. 이러한 관점을 자유방임주의적 관점이라 한다. 개인에 대한 보호의 일차 책임은 가족이 맡아야 하므로 가족에게 버림받은 경우에만 사회가 도움을 제공한다. 이럴 때 도움을 받는 개인은 가족에게조차 버림받는 문제가 많은 사람이며, 그 가족은 구성원을 보호하지 못하는 무능한 가족이라는 낙인이 강하다. 자유방임주의적 관점의 한계는 가족의 가장이 가족구성원의 보호의무를 충실하게 수행하지 못하는 경우가 발생하며, 사회적 불평등이 재생산되는 경우 이를 방지하지 못한다는 것이다.

(3) 국가개입주의적 관점

가족을 기본적 사회 단위로 인식하고 개인 고통의 중요한 원인 중 하나가 가족이라는 인식, 가족이 구성원을 제대로 보호하지 못하는 중요한 원인이 사회에 있는 경우가 많다는 인식이 증대되면서, 그러한 경우 책임이 있는 국가가 가족에 개입해 가족구성원을 보호해야 한다는 관점이다. 이 관점의 한계는 국가가 각각의 가정에 개입하는 과정에 막대한 사회적 자원이 필요하다는 것과 사회적 자원이 불충분한 경우 오히려 가정의 보호보다 더 부적절한 대체보호를 초래할 수 있다는 것, 마지막으로 국가가 가족을 보호한다는 명목으로 개입하는 데 있어서 적정선을 결정하기가 매우 어려워 사생활 보호와 인권침해의 우려가 있을 수 있다는 것이다.

(4) 가족보호의 사회책임적 관점

이 관점에서 국가는 가능한 한 대체보호가 필요하지 않도록 가족 자체에 대해 지지를 제공해야 하며, 대체보호가 필요한 경우에도 그 가족구성원이 가정으로 다시 돌아갈 수 있도록 가족에 대한 지원과 유대관계 유지에 최선을 다해야 한다. 이 관점이 갖는 한계는 가족구성원의 문제가 경제적 빈곤과 같은 사회적 박탈이 원인이 아닌 가족구성원과 보호자의 개인적 · 심리적 특성이면 자기보호 능력이 부족한 가족구성원을 가족에게 돌려보내는 것은 그 사람의 생존권 자체를 위협하는 행위가 될 수 있다는 점이다.

3) 가족복지의 접근방법

(1) 가족복지정책의 접근방법

가족복지정책의 접근이란 그 대상이 가족 전체, 즉 국민이며 개인 차원에서 벗어나 사회적 질서가 무너져 사회적 위험으로 나타난 사회구조적 문제로 개인의 책임이 아닌 사회적 책임이나 국가 책임으로 보면서 접근한다. 이 접근은 정부가 어떻게 대응해야 하는가에 대한 논의에서 시작되지만 세 가지 시각(보수주의, 진보주의, 여성주의)에 따라 가족복지정책의 방향이 달라지는데, 그 세 가지는 다음과 같다. [7)]

① 보수주의 시각

보수주의 시각에서는 현재의 변화하는 가족형태를 병리적 가족해체로 보고 전통적 가족 유형이 붕괴하는 것에 대해 두려워하는 견해를 취하고 있다. 이들은 가족이 사회통제를 하는 가장 중요한 제도이기 때문에 가족이 붕괴하면서 사회도 위협받는다고 보고 다양한 가족을 위한 가족복지정책은 오히려 가족 붕괴를 조장한다고 본다. 정부가 마련한 제반 정책프로그램이 국민을 빈곤하게 하는 원인이라고 보고 있다.

② 진보주의 시각

진보주의 시각에서는 가족은 변화하고 있는 것이지 쇠퇴하는 것이 아니라고 본다. 그러면서도 가족은 계속해서 일차적이고 친밀한 관계를 유지하는 조직이므로 변화하는 가족의 욕구에 대응해서 현존의 가족복지정책을 바꿀 필요가 있다고 보는 시각이다. 따라서 가족을 위한 국가적 · 사회적 지원이 있어야 한다는 것이다. 또한 이들의 주된 관심은 아동의 이해와 성인의 이해가 균형을 이루도록 정책이 개발되어야 하며, 특히 여성의 경제적 자립을 인정해야 하고 그러기 위해서는 남성이 가사노동과 육아책임을 공평하게 분담하는 등 권리와 책임을 공평하게 분배하는 정책이 필요하다고 보고 있다.

③ 여성주의 시각

여성주의 시각에서는 보수주의 시각과 진보주의 시각의 쟁점인 가족의 복지증진에 정부가 당연히 개입해야 한다는 것을 전제로 하되, 어떤 영역에 개입해야 하는가, 즉 정책방향이 성평등적이어야 하며 여성이 불이익을 당하는 구조적 측면을 개선해야 한다는 데 중점을 둔다. 이 시각은 기존의 가족복지정책이 여성의 재생산기능을 보호하는 데 중점을 두고 있다고 비판한다.

(2) 가족복지서비스의 접근방법

가족복지서비스의 접근방법에는 가족에 대한 직접적 개입, 가족보호, 가족치료 및 가족상담, 가족옹호, 가정조성서비스, 가족생활교육, 가족계획사업, 가족보존과 가정기반서비스 등이 있는데, 그 주된 내용은 다음과 같다.[8)]

① 가족에 대한 직접적 개입

가족에 대한 직접적 개입(direct intervention)의 대표적인 것이 가족사회복지실천이다. 가족사회복지실천은 부부간의 문제, 부모와 자녀 간의 관계문제, 세대 간의 갈등과 같은 문제와 관련하여 전문가가 개입하는 방법이다.

상황에 따라 장기와 단기로 나누어지며, 방법은 직접 면접을 통한 개입으로써 초기 접수, 계획, 가족사정, 계약, 개입, 평가 및 종결 단계의 과정을 걸친다.

② 가족보호

가족보호(family care)는 가정 내에서 발생하는 각종 장애문제에 대해 보호를 제공함으로써 가족의 역할수행과 능력고취를 향상하게 시키는 기능을 수행하는 것이다.

가족보호의 예를 들면 발달 장애아동을 가진 가족, 치매 노인가족, 만성질환자를 가진 가족 등에 대한 서비스가 있다.

③ 가족치료 및 가족상담

가족치료(family therapy)는 가족체계 관점에서 볼 수 있는데, 가족구성원의 역기능은 그 개인의 문제가 아니라 가족 전체의 역기능이며, 그 구성원은 단지 '가족의 문제를 지닌 사람'으로 간주한다. 즉 가족치료는 가족진단을 기초로 가족문제를 해결하여 정상적 기능을 수행할 수 있도록 원조하는 전문적 개입활동이다. 그 개입의 초점을 문제가 있는 가족구성원에서 가족 전체로 옮겨 가족이 변화에 참여할 수 있도록 유도한다.

가족치료는 개인을 하나의 독립된 존재로 인식하기보다는 환경과 상호작용하는 연대적 맥락 안에서 이해하려는 방법이며, 이를 뒷받침해 주는 이론으로는 일반체계이론, 구조이론, 상호작용이론, 발달이론, 의사소통이론, 역할이론 등이 있다. 또한 가족치료는 개인보다는 가족체계에 초점을 두는 치료방법이므로, 개인상담에 비해 인간의 문제를 좀 더 포괄적으로 이해할 수 있으며, 관계와 상황을 중시함으로써 다양한 접근방법이 가능하다. 그리고 가족진단을 기초로 가족구성원이 겪고 있는 가족 내의 문제, 정서적 문제를 해결하여 정상적 기능을 수행토록 원조하는 전문적 개입활동이며, 가족치료와 관련된 이론과 모델을 적용하여 가족기능을 회복하도록 한다.

가족상담(family counseling)은 가족치료와 동의어 또는 같은 맥락에서 파악하고 있는 편이므로 명확히 정의하기에 어려운 점이 있으나, 문제의 심각성 또는 개입의 수준 및 방법에 따라 그 차이를 어느 정도 구분할 수 있다. 가족상담은 개인중심의 문제해결과정에서 벗어나 가족을 한 단위로 보고 가족 내에 존재하는 문제를 해결하고자 하는 접근방법이다. 가정 내의 문제가 발생하였을 경우, 가족구성원은 일반적으로 긍정적 및 부정적 적응행동의 두 가지 행동을 하게 된다. 이 두 가지 행동은 모두 상담이 필요하지만, 대부분은 부정적 적응행동을 하는 가족구성원이 상담대상이 된다. 이때 부모와 그 자녀가 가진 조건과 환경이 상담의 초점이 된다.

④ 가족옹호

가족옹호(family advocacy)는 지역사회에 필요한 변화를 일으키기 위하여 사람에게 사회행동의 사명을 가지고 가족욕구에 대한 직접적이고 전문적인 지식을 이용케 함으로써 가족의 생활조건을 향상하게 시키도록 계획된 전문적 서비스이다. 이 서비스의 목표는 현존의 공공 및 민간 서비스와 그 전달체계의 향상뿐만 아니라 더 나아가 그 지역사회에 적합한 새롭고 변화된 형태의 서비스를 개발하는 데 있다. 또한 지역사회 내의 많은 가족에게 영향을 미치는 약물중독, 알코올중독, 지적장애 및 인권의 남용과 같은 공통의 문제해결을 위해 그 지역 내의 가족이 협동적 사회행동을 하도록 하는 데 목표를 두고 있다.

가족옹호서비스의 우선순위는 인종차별, 인간차별, 빈곤, 불의, 기회의 불평등 상태의 가족, 이웃과 지역사회에 주어져야 하므로 여러 가족서비스 기관들이 협력하여 필요한 사회경제적 서비스의 혜택을 받지 못하는 가족을 대신하여 직접적 개입을 통한 서비스 확보 또는 서비스를 개발하도록 상호유도하는 일종의 프로그램 전략이라고 볼 수 있다.

⑤ 가족조성서비스

가족조성서비스(home maker service)는 가족이 가족구성원을 양육 · 보호 · 부양하거나, 가사를 적절히 처리하는 기능을 제대로 수행할 수 없을 때, 사회복지기관에서 파견된 가정조성원을 통하여 적절한 도움을 제공하는 것을 말한다. 이 서비스는 가족생활의 강화를 위해 가족복지분야뿐만 아니라, 아동, 노인, 장애인복지 등의 분야에서 광범위하게 활용되는데, 사회복지기관이 중심이 되어 실시된다. 그리고 그 과정을 보면 먼저 가정조성원은 주로 사회복지기관을 통하여 채용되며 기타 각종 민간단체나 직업소개소, 각종 모임 등을 통해서도 채용된다. 이때 대중매체가 중간역할을 담당한다. 가정조성원의 훈련은 사회복지기관의 계획하에 일련의 훈련과 교육이 진행된다. 이 서비스는 주로 복지기관의 체계 내에서 조직되는데 개별지도사업과 밀접한 관련이 있으므로 개별지도를 할 수 있는 기관의 단위 안에서 조직된다.

⑥ 가족생활교육

가족생활교육(family life education)은 가족생활의 질적 극대화를 실현하는 데 도움을 주기 위해서 가족구성원에게 필요한 자원, 정보, 기술 등을 제공하고 지도하는 과정을 말하며, 가족생활에 관련된 개념이나 원리에 대한 지식을 습득하고 개인적 태도나 가치를 개발하며, 타인의 가치를 이해하고 수용하면서 가족복지에 이바지하도록 하는 대인기술을 학습하는 과정을 말한다. 다시 말하면 가족생활교육은 가족이 일상생활에서 접하는 문제들을 다루고 문제 예방과 개인과 가족의 잠재력을 증진하고 사회적 기능을 향상하기 위한 일련의 교육 및 집단역학의 학습과정이라고 할 수 있다.

가족생활교육은 집단역학의 학습과정을 통해 가족과 개인의 사회적 기능을 향상하기 위한 서비스로 가족구성원에게 집단과 지역사회 생활의 정상적 형태 및 긴장요소를 이해하도록 하여 대인관계를 향상하고 상황적 위기를 예방 혹은 완화하도록 하는 데 목적이 있다. 그리고 가족문제를 해결하고 가족위기에 능동적으로 대처하며 예방하기 위하여 가족을 위한 지속적 재사회화 교육이 시행되어야 하며 가족생활에 대한 교육은 가족복지적 차원에서 계획되고 실천되어야 한다.

⑦ 가족계획사업

가족계획사업(family planning work)은 재생산적 건강보호서비스의 일종으로 임신중절, 성병에 대한 보호, 영양, 자녀 수에 대한 계획, 임신을 위한 서비스 등을 제공함으로써 건강한 가족생활을 하도록 한다.

예방과 치료적 특성이 있는 결혼 전과 후에 대한 상담서비스가 있는데, 전문가가 결혼 전과 후에 파생되는 여러 가지 문제를 해결하고자 하는 과정에 참여하여 행복한 결혼에 대비하도록 하고, 만족한 부부관계를 유지토록 하기 위한 일종의 치료적 상담이다.

⑧ 가족보존과 가정기반서비스

가족복지기관은 가족의 욕구충족과 가족보존을 위한 다양한 가정기반서비스를 개발한다. 각종 프로그램에는 가사도우미 서비스, 형제자매 결연서비스, 가정법률상담, 가정우애 방문, 여행자 보조, 학령 전 아동, 노인과 정신질환자를 위한 주간보호, 자활꿈터(group home) 서비스, 재정상담, 캠핑, 청소년 · 노인 · 장애인을 위한 상황적 보호프로그램, 빈민을 위한 치과진료 및 보건 유지 프로그램, 개별학습, 직업안내, 학령 전 아동의 인지기술과 사회성 및 정서적 발달을 도모하기 위한 모자프로그램, 공공부조기준과 수혜대상에 해당하지 않는 가족의 특수한 욕구, 빈곤한 가족을 위한 경제적 원조제공, 가정위탁 보호 및 입양, 한계 인구층, 극소수 인종집단, 빈민, 노인 알코올중독자, 미혼모가족 등을 위한 개인상담과 집단활동 프로그램 등이 있다.

그리고 가정법률상담, 학령 전 아동과 노인을 위한 주간보호 등의 가족보존(family preservation)과 가정기반서비스(home-based service)는 다양한 접근 및 치료방법, 상호보완적 서비스의 결합형태로 행해지므로 여러 다양한 전달체계에 의해 수행된다.

제 2 장

가족체계와 가족생활주기

1. 가족체계

1) 가족체계이론의 주요 개념

가족체계이론의 주요 개념에는 가족항상성, 가족규칙, 가족경계선, 순환적 인과성, 가족 하위체계, 환류, 경계, 개방체계와 폐쇄체계 등이 있는데, 주된 내용은 다음과 같다.[1)]

(1) 가족항상성

가족항상성(family homeostasis)은 체계로서의 가족이 구조와 기능에 있어서 균형을 유지하려는 속성으로 역동적 균형상태를 유지하기 위한 체계의 경향성을 말한다. 또한 가족항상성은 위기이론과 관련이 있는데, 가족은 위기상황 이후에 정상적 기능으로 되돌아가려는 경향이 있다. 사회복지사는 상호작용 패턴을 재조직하고 이러한 패턴을 조절하는 새로운 규칙을 만들어 냄으로써 새로운 균형상태를 유지하게 한다. 예를 들어 부부갈등이 있는 부부가 자녀의 식욕과다와 증상에 초점을 맞춤으로 안정상태를 유지하는 경우이다. 그리고 가족항상성은 모든 가족구성원이 칭찬하거나 야단치는 것과 같이 상대방의 행동을 강화하는 피드백(feedback)을 통하여 가족의 균형을 유지하는 경향이 있다.

(2) 가족규칙

가족구성원이 서로의 행동을 규정하고 제한하는 관계상 합의를 가지는 것을 가족규칙(family rule)이라고 하며, 모든 가족은 일상생활을 영위해 나가기 위하여 가정 안에서 힘을 어떻게 나누며 누가 어떤 일을 할 것인지의 가족규칙을 갖게 되며, 가족구성원은 그것에 따라 행동한다. 또한 가족규칙은 가족구성원의 언어 및 시간과 공간의 사용패턴 안에서 가족 내 각 구성원의 의사소통 흐름과 본질, 각 구성원에 따른 지위와 권력의 부여, 가족의례 등 규정짓는 역할을 한다. 가족 내에는 암묵적 규칙이 존재하며, 구성원은 규칙의 지배를 받으며 한 체계와 다른 체계를 구분하는 보이지 않는 선으로써, 이는 명확성, 투과성, 유연성 등의 특성을 가진다. 또한 가족구성원의 반복되는 상호작용을 통해 규칙은 조직화하여 은연중에 불문율이 만들어진다. 그러므로 이러한 규칙을 알게 되면, 가족이 어떻게 서로 간의 관계를 규정짓고 있는지를 알게 된다. 따라서 가족치료에서는 가족구성원의 성장과 성숙을 방해하는 가족의 역기능적 규칙을 찾아내어 이를 수정함으로써 각 구성원의 자유로운 성장을 도울 수 있다.

(3) 경계와 가족경계선

경계(boundary)란 체계를 한 체계와 다른 체계를 구분하는 보이지 않는 선으로써 만들어지며, 구분하는 일종의 테두리를 의미한다. 사회체계의 경계는 눈으로 보거나 만질 수 없고, 단지 그 체계를 구성하는 사람들이 서로에 대해 혹은 외부 사람들에 대해 행동하는 방식에서 드러난다. 가족경계선은 가족 내 체계 간의 구분이나 가족체계와 외부체계를 구분하는 선을 의미한다. 경계는 명확하면서도 융통성이 있어야 하며, 경계가 지나치게 경직되거나 혼돈되어 있으면 가족 내 문제가 발생할 가능성이 크고 체계에 대한 정보와 에너지가 들어오고 나가는 정도와 방향은 투과성의 정도에 따라 경직되거나 혼돈된다. 또한 가족경계선은 경직된 경계에서부터 산만한 경계까지 다양하다. 하위체계 간의 상호역동은 이 경계선이 명확한지(명확한 경계선), 밀착되어 있는지(밀착된 경계선), 분리되어 있는지(경직된 경계선)에 따라 다르다.

(4) 가족구성원의 의사소통

가족구성원 간에 이루어지는 의사소통(communication)은 인간의 생각 및 감정의 메시지를 언어적 · 비언어적 수단을 통해 가족 상호 간의 영향을 주고받는 것이다. 이로 하여금 가족은 서로의 관계 속에서 공감을 통해 발전할 수 있게 되며, 가족체계 내에서 각 구성원 자신이 어느 정도의 적응을 할 수 있는지를 분명히 판단하게 되고, 규칙, 역할, 관계 등을 규정하며 이를 유지하려고 한다. 또한 가족구성원이 모든 행동은 언어적 혹은 비언어적 의사소통으로 나타나고 내용의 기능은 사실적인 정보, 의견, 감정을 전달하고 관계의 기능은 정보가 전달되는 과정에서 관계의 속성을 나타낸다. 가족구성원 간 의사소통은 가족 상호작용의 중요한 매체로 기능하고, 다른 사람을 이해하는 동시에 자신을 정확하게 파악할 기회이며, 사회구성원으로서의 친밀한 인간관계를 형성해 나가는 과정이라고 할 수 있다.

(5) 순환적 인과성

가족체계에서 순환적 인과성(circular causality)은 가족 내 한 구성원의 변화가 다른 구성원과 가족 전체에 영향을 미치게 되고, 이는 다시 처음 변화를 일으켰던 구성원에게 되돌아와 영향을 미치게 된다는 개념이다. 즉 가족 내 한 구성원의 변화는 다른 구성원을 반응하게 하는 자극이 되고 이 자극은 다른 가족에게 영향을 끼쳐 전체에 영향을 준다. 이 영향은 처음 변화를 유발한 구성원에게 다시 순환적으로 영향을 미치고 단선적 · 직선적 관계가 아니라 순환적 관계로써 문제의 원인보다 문제를 유지하는 상호작용에 초점을 둔다. 이처럼 바람직하지 못한 가족의 연쇄고리라고 판단되는 악순환의 연쇄고리를 끊어 건강한 연쇄고리를 새롭게 만들어 주어야 한다.

(6) 가족 하위체계

① 부부 하위체계

부부 하위체계(spouse subsystem)는 상호지지와 협동해야 하고, 동시에 서로 독립적으로 행동할 수 있는 능력이 있어야 한다. 상호협동하면서 독립적 경계를 가진 부부는 자아가 확립되어 있고 개인의 행동에 책임을 질 수 있다. 이 체계에 갈등이 발생하면 가족 전체에 부정적인 영향을 미친다. 또한 부부는 가족체계의 시작이며 핵심이므로 부부 하위체계의 정서적 안정과 원활한 기능은 가족체계의 안녕을 좌우한다. 그러므로 부부 하위체계는 어떠한 다른 하위체계보다도 중요하며, 다른 체계의 필요와 욕구에 의한 방해로부터 보호하기 위해 분명한 경계선을 이루어야 한다. 특히 자녀가 있는 가족의 경우라면 더욱 그렇다. 부부는 서로 정서적 지지를 줄 수 있는 그들만의 사회적 · 심리적 영역을 가져야만 한다.

② 부모 하위체계

부모 하위체계(parental subsystem)가 건강하게 기능하기 위해서 부모는 각자 원 가족의 영향에서 어느 정도 독립적이고 적절히 분화되어야 한다. 또한 자녀에게 초점을 두고 전체가족을 이끌어 가는 책임을 진다. 자녀의 출생 및 성장과 더불어 통제와 허용을 적절히 조절하면서 자녀가 독립성을 갖도록 이끌어야 한다.

③ 부모-자녀 하위체계

부모-자녀 하위체계는 세대가 서로 다른 가족구성원으로 구성되므로 다른 어떤 하위체계보다 역기능적으로 되기 쉽다. 부모 하위체계에서와 마찬가지로 자녀에게 엄격함과 허용을 적절히 하는 것이 중요하며, 특히 부모 중 한쪽이 다른 쪽을 배제하는 방식으로 자녀와 관계를 맺는 경우 역기능적으로 되기 쉽다. 또한 부모-자녀 하위체계의 주요 기능은 자녀양육, 지도, 통제와 연관된다. 자녀는 부모의 부부관계에 개입되거나 부부간의 갈등 때문에 걱정할 필요 없이 부모의 자녀로서 독립적으로 기능하고 존재할 수 있다.

④ 형제-자매 하위체계

형제-자매 하위체계(sibling subsystem)는 같은 세대로 이루어지는 경우가 대부분이므로 자신들 나름의 관심과 생각을 하게 된다. 이들은 어른들에게서 자신들을 보호할 필요가 있을 때 서로 쉽게 연합을 형성한다. 또한 형제-자매 하위체계에서는 상호관계를 통하여 서로 지지하고, 분화하고, 희생자가 되기도 하는 과정을 통해 많은 것을 배운다. 협동, 협상, 강제, 반대, 친구 만드는 방법, 자신을 보호하는 방법 등을 배우며, 형제-자매 하위체계를 통해서 대등하지 않은 세력과의 관계에 적응하는 방법을 배우기도 한다.

(7) 환류

환류(feedback)는 정보의 투입에 대한 반응으로 행동하며 연속적인 행동을 수정하도록 그 행동의 결과를 새로운 정보로 포함하는 것을 뜻한다. 체계는 목표와 관련된 환류를 외부환경으로부터 받아들이기 때문에 목적지향적으로 된다. 부정적 환류는 체계가 목표를 달성하기 어려운 방식으로 행동하고 있다는 정보를 주어 목표와 조화를 이루도록 행동을 수정하게 하며, 긍정적인 환류는 지금의 적절한 행동을 더욱 요청한다는 의미를 전달한다. 체계는 환류로서 목표를 달성하기 위한 노력을 더욱더 효과적으로 조정할 수 있다. 또한 환류는 정적 환류와 부적 환류가 있다.

먼저 정적 환류(positive feedback)는 적극적 환류 및 피드백으로, 이는 현재 자기행동이나 변화에 대해 그 행위를 계속하게 하는 정보를 받는 것으로써 새로운 행동이나 변화를 생겼을 경우, 변화를 수용하여 그 변화를 유지하게 되는 역할을 한다. 그다음 부적 환류(negative feedback)는 부정적 환류와 소극적 피드백이며, 어떤 상태나 변화, 새로운 행동이 부적절하므로 원래의 상태로 돌아가게 하는 환류로서, 체계가 항상성을 유지하고, 안정을 유지하게 하는 일탈감소, 안정유지, 변화감소의 역할을 한다.

(8) 개방체계와 폐쇄체계

체계는 일정기간 어느 정도의 안정성을 가지고 인과적인 관계 속에 직접 혹은 간접적으로 관련된 구성요소들의 복합체인데, 외부세계와의 관계를 기준으로 개방체계(open system)와 폐쇄체계(closed system)로 나눌 수 있다.

먼저 개방체계는 어느 정도 투과성이 높은 경계를 가진 체계로서, 체계 내 여러 요소와 환경 간의 상호작용이 원활하게 이루어지고 이를 통해 변화를 지향하는 경우를 의미한다. 또한 개방체계는 성장과 발전에 필요한 정보나 에너지를 외부에서 자유롭게 받아들이며, 환경으로부터 투입을 받아들이며 산출을 생산하여 환경으로 보낸다. 그리고 가족이 가족구성원 간의 상호교류와 의사소통이 원만하고 상호영향을 주고받는 개방체계일 경우에는 가족구성원의 성장을 가져다주고 가족응집력을 높인다.

그다음 폐쇄체계는 상호작용이 잘 이루어지지 않아 에너지의 혼란상태에 이른 것을 의미하며, 다른 체계와 상호작용하지 않는다. 환경의 다른 에너지에 접근할 수 없어 자체의 에너지만을 써야 하므로 번성할 수 없다. 폐쇄체계는 기간이 지남에 따라 에너지의 유입이 없어지면서 체계들의 분화가 적어지고 조직과 기능이 상실되거나 해체되는 경향이 있다. 이를 엔트로피(entropy)라고 한다.

(9) 가족신화

가족신화(family myth)는 가족구성원 모두가 공유하는 가족에 대한 잘못된 신념과 기대를 의미하는 심리이론으로서, 가족 전체가 공유하는 허구의 믿음과 희망이다. 이러한 믿음은 가족과 관련이 있으며 가족을 하나로 묶는 유대관계 일부분이다. 그 신화들은 사실이라고 가정하고 개인과 집단 모두의 행동과 각 사람의 역할을 결정한다. 또한 가족신화는 고통, 수치심, 죄책감을 유발하는 가족의 측면을 은폐하는 기능을 하는데, 이러한 신화들은 대대로 전해지는 비밀을 안전하게 지키면서 가족구조를 보호, 방어, 조직화하는 데 도움을 주기 때문에 살아남는다. 그리고 가족신화는 가족구성원이 자신을 방어하면서 가족기능을 수행하게 하는 것으로서 구성원 모두에게 받아들여지고 아무런 의심 없이 공유하고 지지가 되는 가족의 믿음이나 신념이며 특정의 정형화된 관계가 기능을 의미한다.

(10) 가족 외부체계

가족체계는 이웃, 친구, 친척, 교육기관, 직장, 지역사회기관, 종교기관, 의료기관, 행정기관, 법체계, 문화 등의 외부체계와 상호작용하며 영향을 받는다. 가족을 잘 이해하기 위해서는 가족과 밀접한 의존관계에 있는 외부체계 맥락을 고려할 필요가 있다. 예를 들어 아동의 행동문제가 발생할 때 부모 하위체계, 형제-자매 하위체계만이 아니라 친구, 교사, 학원 등 아동에게 영향을 주고 있는 전체적인 맥락을 알아야 하기 때문이다.

2) 가족체계이론의 모델

최근 가족체계이론의 기능에 대해 널리 통용되는 모델은 Olson(1976), Olson, Sprenkle과 Russell(1989)의 순환모델(circumplex model)이 있다. 순환모델에서는 응집성(cohesion)과 적응성(adaptability)의 두 차원에서 가족기능과 관계의 역동을 나타낸다. 그리고 중요하게 고려되는 것 한 가지가 의사소통이다. 순환모델은 적응성, 응집성, 가족구성원 간 의사소통이라는 독립적인 세 가지 영역을 통해 가족체계를 진단한다.

가족연구를 진행한 많은 문헌은 가정 내 역동을 기술하기 위해 많은 개념을 만들어 냈고 서로 유사하거나 중복되는 영역이 나타났기 때문에 개념적인 통합이 이루어질 필요가 있었다. Olson, Sprenkle과 Russell은 가족역동을 설명하는 문헌에서 수십 가지 개념들을 추출하여 요인분석을 했다. 정서적 지지, 거리감, 친밀감과 같은 개념들은 응집성으로 통합되었고, 변화에 대응하고 안정과 항상성을 유지하는 적응성 개념이 분석을 통해 도출되었다.

이에 의사소통을 더해서 가족체계의 행동을 기술하는 세 가지 영역을 만들어 낸 것이다. 이러한 기준에 의해 가족들은 균형된 가족, 중간 범위의 가족, 극단적인 가족으로 나뉠 수 있다. 응집성과 적응성이 균형을 이루는 균형적인 가족이거나, 나머지 한 요인이 조금 높거나 약간 낮은 중간범위 가족, 응집성과 적응성 모두가 너무 낮거나 한쪽이 극단적으로 높고 낮은 극단 가족의 세 유형이다. 응집성과 적응성, 의사소통에 관한 내용을 도식화하여 정리하면 다음의 <표 2-1>과 같다. [2)]

〈표 2-1〉 가족체계이론 순환모델

응집성	적응성
• 가족구성원 간 정서적 유대감	• 역할 수행과 역할 분담
• 가족 외부적 환경과 하위체계 간 명확한 경계	• 규칙의 명확성 및 융통성
• 가족 공동 시간 및 개인 사적 시간의 균형	• 갈등이나 위기에 대한 문제해결력, 자원 활용 능력
• 가족 공동 친구, 구성원 개인 친구 인정	• 변화와 미래 계획에 대한 합의

⬆

가족구성원 간
언어적 · 비언어적 · 맥락적 의사소통

*출처: Olson, Sprenkle & Russell(1989)

2. 가족생활주기

1) 개념

가족생활주기(family life cycle)는 가족이 시간이 흐름에 따라 필연적으로 거치는 특정한 단계의 연속으로, 이는 가족의 형성과 발전과정을 기준으로 단계를 구분하고 있다. 가족생활주기의 개념을 최초로 언급한 학자는 Rowntree (1906)로, 그는 가족의 크기와 자녀의 나이를 고려한 가족생활주기를 기준으로 빈곤을 조사하였다. 그 이후 가족생활주기는 1930년대 Sorokin, Zimmernam과

Galpin(1931)에 의해 개념적 정의가 연구되었고, 1948년 Hill과 Duvall이 가족을 각 가족구성원의 개별적 생활주기의 집합으로 취급하여 가족을 서로가 의존하는 관계로서 이해하고 발표하면서 가족생활주기의 개념을 정립하였다. 3)

가족생활주기의 대표적인 학자인 Duvall(1957)은 가족생활주기를 "가족의 형성으로 시작되어 해체될 때까지 가족의 생활을 통해서 계속해서 나타나는 일련의 특징적인 단계들"이라고 정의하였고 Carter와 McGoldrick(1996)은 "미혼 단계에서 시작하여 배우자 중 한 사람만 생존하게 됨으로써 가족이 해체될 때까지의 전 과정"으로 정의하였다. 이처럼 가족생활주기를 통해 시간이 지남에 따라 가족 및 구성원의 태도와 행동이 어떻게 변화하는지를 예측할 수 있다. 즉 가족이 속해 있는 주기를 알게 되면, 가족구성원의 행동, 경제적인 부분과 시간분배를 어떻게 하는지 등 전반적인 생활의 유형에 따라 가족생활이 변화하는 과정을 알 수 있다고 보았다. 그리고 Schuaz(1982)는 가족생활주기란 사람이 가족생활에서 경험하게 되는 시간적 연속의 과정으로서 결혼으로부터 시작하여 가족을 형성하고 자녀를 출생하여 가족이 확대되고, 자녀들이 성장하여 결혼하게 되어 독립함으로써 가족이 축소하고, 노부부가 사망함으로써 가족이 소멸하는 것으로 정의하였다. 4)

2) 단계

가족생활주기의 최초 연구는 노동자 가족의 수입을 중심으로 가족생활주기의 단계를 구분한 Rowntree(1906)에 의해서 이루어졌다. 그 후 여러 학자 중 대표적인 Duvall(1977), Carter와 McGoldrick(1989)은 가족생활주기의 단계를 가족의 경제적 지위에 영향을 주는 가족의 크기와 구성변화 중심으로 발전시켜 왔다.

다음은 가족생활주기의 발달단계에 영향을 준 Glick과 Parke(1965), Wells와 Guber(1966), Nickell, Rice와 Tucker(1976), WHO(World Health Organization, 1976), Duvall(1977), Murphy와 Staples(1979), Carter와 McGoldrick(1999), Collins, Jordan과 Coleman(1999) 그리고 우리나라 유영주(1984)의 가족생활주기 단계는 다음과 같다. 5)

(1) 부인의 출산 코호트별 추정에 따른 Glick과 Parke(1965)의 분류

① 제1단계: 가족형성기(무자녀기)
② 제2단계: 자녀 출산 및 양육기
③ 제3단계: 자녀 출가 시작시기
④ 제4단계: 자녀 출가 완료시기

(2) 막내 자녀와 가장의 직업 유무에 따른 Wells와 Guber(1966)의 분류

① 독신기: 가족구성원과 동거하고 있지 않은 젊은 독신자
② 신혼부부기: 결혼해서 자녀가 없는 시기
③ 보금자리 1기: 막내 자녀가 6세 미만의 가정
④ 보금자리 2기: 막내 자녀가 6세 이상의 가정
⑤ 보금자리 3기: 출가 전 자녀를 둔 중년가정
⑥ 노부부 1기: 모든 자녀가 출가하고 부부만 남고, 가장이 취업 중
⑦ 노부부 2기: 가장이 퇴직한 부부가정
⑧ 고독 생존 1기: 한 명만 생존해 있으나 아직 노동력이 있음
⑨ 고독 생존 2기: 모든 일에서 은퇴함

(3) 자녀 생애주기에 따른 Nickell, Rice와 Tucker(1976)의 분류

① 제1단계(형성기): 부부가 결혼하여 첫아이를 출산할 때까지
② 제2단계(확대기): 첫아이 출생부터 막내 자녀 출생까지
③ 제3단계(확대 완료기): 막내 자녀 출생부터 자녀 결혼 시작까지
④ 제4단계(축소기): 자녀 결혼 시작부터 자녀 결혼 완료까지
⑤ 제5단계(축소 완료기): 자녀 결혼 완료부터 배우자 사망까지
⑥ 제6단계(해체기): 배우자 사망부터 본인 사망까지

(4) 2세대 핵가족 중심에 따른 WHO(1976)의 분류

① 제1단계: 형성기(결혼)

② 제2단계: 확대기(첫째 아이 출생)

③ 제3단계: 확대완료기(막내 아이 출생)

④ 제4단계: 축소기(첫째 아이 집 떠남)

⑤ 제5단계: 축소완료기(막내 아이 집 떠남)

⑥ 제6단계: 해체기(배우자 사망)

(5) 첫아이의 나이와 학년에 따른 Duvall(1977)의 분류

① 제1단계: 가족형성기(결혼하여 자녀가 없는 신혼기)

② 제2단계: 자녀 출산 및 영아기 가족(첫아이 출생~30개월)

③ 제3단계: 유아기 가족(첫아이 30개월~6세)

④ 제4단계: 아동기 가족(첫아이 6~13세)

⑤ 제5단계: 10대 자녀(청소년기) 가족(첫아이 13~20세)

⑥ 제6단계: 자녀독립기 가족(첫 자녀부터 막내까지 가정을 떠나는 시기)

⑦ 제7단계: 중년기 부부가족(빈 둥지기, 모든 자녀 출가~은퇴 시기)

⑧ 제8단계: 노년기 부부가족(은퇴~부부의 사망까지)

(6) 이혼율, 평균가 구원의 축소에 따른 Murphy와 Staples(1979)의 분류

① 제1단계: 젊은 독신기

② 제2단계: 무자녀 신혼기

③ 제3단계: 유자녀 젊은 부부

④ 제4단계: 유자녀 중년 부부

⑤ 제5단계: 의존자녀 없는 중년 부부

⑥ 제6단계: 노부부

⑦ 제7단계: 노년 독신층

(7) 가족의 단계별 특성과 위기에 따른 Carter와 McGoldrick(1999)의 분류

① 제1단계: 결혼전기(미혼 상태의 성인)

② 제2단계: 결혼적응기(신혼부부, 가족형성)

③ 제3단계: 자녀아동기(어린 자녀가 있는 가족)

④ 제4단계: 자녀청소년기(청소년기 자녀가 있는 가족)

⑤ 제5단계: 자녀독립기(자립하는 자녀가 있는 가족)

⑥ 제6단계: 노년기(노년기 가족)

(8) 자녀 발달주기에 따른 Collins, Jordan과 Coleman(1999)의 분류

① 제1단계: 자녀가 없는 부부(결혼)

② 제2단계: 첫 자녀 출산

③ 제3단계: 학령 전 자녀가족

④ 제4단계: 학령기 자녀가족

⑤ 제5단계: 10대 자녀가족

⑥ 제6단계: 자녀 진수기 가족(자녀 독립준비 및 독립가족)

(9) 우리나라 도시 가족의 생활실태에 따른 유영주(1984)의 분류

① 제1단계: 형성기(결혼으로부터 첫 자녀 출산 전까지 약 1년간, 23~24세)

② 제2단계: 자녀 출산 및 양육기(첫 자녀 출산부터 자녀가 초등학교에 입학까지, 25~30세)

③ 제3단계: 자녀교육기(첫 자녀의 초등학교, 중학교, 고등학교 교육까지, 31~42세)

④ 제4단계: 자녀성년기(첫 자녀의 대학 교육, 취업, 군복무, 가사협조까지, 43~48세)

⑤ 제5단계: 자녀결혼기(첫 자녀의 결혼부터 막내 자녀 결혼시기까지, 49~57세)

⑥ 제6단계: 노년기(막내 자녀의 결혼 이후부터 배우자와 본인 사망까지, 58세 이후)

3) 단계별 발달과제

다음은 Duvall(1977)이 제안한 8단계 모델과 Carter와 McGoldrick(1989)의 가족생활주기 6단계에 따른 주요 발달과제의 주된 내용이다.[6)]

(1) Duvall의 가족생활주기 단계에 따른 발달과제

Duvall에 의해 기술된 가족생활주기는 처음에 두 개의 범주로 구분되었다. 즉 가족의 확립에서부터 자녀가 성장할 때까지의 확장하는 가족단계와 성인기에 진입한 자녀가 그들 자신의 생계를 책임질 때부터 노부부만 남게 될 때까지의 수축하는 가족단계이다.

이 두 개의 넓은 범주는 Duvall에 의해 첫 자녀의 성장에 기초하여 다시 8개의 하위단계로 세분되었다. 가족생활주기의 8단계는 다른 지속기간을 갖는다. 가족생활주기의 단계 중 7단계와 8단계는 전 생애의 절반을 차지하고 있다. Duvall은 한 가족이 개인처럼 일생을 통해 발달과제를 가지고 계속 성장한다고 보았으며, 성장을 위해서는 단계마다 생물학적 · 문화적 · 개인적 욕구가 충족되어야 한다고 보았다.

가족생활주기의 각 단계에서의 발달과제는 다음과 같다.

① 1단계 가족형성기의 발달과제

1단계는 결혼하여 자녀가 없는 신혼기로, 가족형성기이다.

1단계에서 이루어야 할 발달과제에는 부부 상호 간의 결혼에 대한 적응, 임신, 부모역할에 대한 적응, 가정의 토대 확립, 서로에 대한 수용 가능한 생활양식 타협, 만족스러운 의사소통유형 확립, 친인척과의 원만한 관계형성, 미래의 부모역할에 대한 합의, 서로에 대한 헌신의 의미합의 등이 있다.

② 2단계: 자녀 출산 및 영아기 가족의 발달과제

2단계는 자녀 출산 및 영아기(첫아이 출생~30개월) 가족으로, 부모라는 새로운 역할수용으로 인해 스트레스가 가장 많이 발생하는 시기이다.

2단계에서 이루어야 할 발달과제에는 유아의 발달에 적응하기, 부모와 유아가 만족하는 가정 확립, 생활비용 충족을 위한 노력, 가사의 책임분담 조정, 더욱 효율적인 의사소통, 자녀가 있는 가족구성 형태에 적응, 조부모와 조화로운 관계형성 등이 있다.

③ 3단계: 유아기 가족의 발달과제

3단계는 유아기(첫아이 30개월~6세) 가족으로, 약화한 부부간의 애정결속을 극복하고 부모-자녀 간의 긍정적 관계를 지속하여 인간발달의 결정적 시기인 유아기에 자녀의 적절한 전인적 발달이 이루어지도록 도모하는 시기이다.

3단계에서 이루어야 할 발달과제에는 취학 전 자녀의 주요 욕구와 관심을 격려하고 성장을 증진토록 적응, 확대된 가족에게 요구되는 공간과 설비를 갖추는 데 필요한 비용 충당, 변화하는 가족욕구를 충족, 에너지 고갈과 사생활에 대한 대처, 가족구성원 간 의사소통유형의 적응 등이 있다.

④ 4단계: 아동기 가족의 발달과제

4단계는 아동기(첫아이 6~13세) 가족으로, 자녀가 초등학교에 진학하여 학업에 몰두하고 집단생활에 잘 적응하고 주어진 학습과제를 잘 수행할 수 있도록 격려하고 지원하는 시기이다.

4단계에서 이루어야 할 발달과제에는 자녀의 활동 충족, 부모의 사생활 영위, 아동기 가족의 지역사회와 조화, 자녀의 교육성취에 대한 격려, 재정적 자급능력 유지, 결혼생활을 잘 유지하기 위해 노력, 변화되는 자녀의 발달적 요구에 효과적으로 대응, 학교와 보조맞추기 등이 있다.

⑤ 5단계: 10대 자녀(청소년기) 가족의 발달과제

5단계는 청년기(첫아이 13~20세) 가족으로, 부모로부터 신체적 · 정신적 독립을 추구하는 자녀에게 자율적 선택과 결정의 기회를 많이 부여하고, 자신의 선택과 결정에 따른 결과에 대한 책임의식을 가질 수 있도록 지도하고 격려하는 시기이다.

5단계에서 이루어야 할 발달과제에는 인생의 선배로서 자녀의 비현실적 이상과 포부 지도하기, 자유와 책임의 조화, 부모역할을 마친 후의 관심과 진로확립, 금전문제에 대해 대처하기, 청소년과 성인 사이의 의사소통 중재 등이 있다.

⑥ 6단계: 자녀의 독립기 가족의 발달과제

6단계는 자녀의 독립기 가족이다. 첫 자녀부터 막내까지 가정을 떠나는 시기로, 취업, 군복무, 대학 진학, 결혼 등으로 본격적인 자기 삶을 구상하는 성인 자녀를 돕고 지원하는 시기이다.

6단계에서 이루어야 할 발달과제에는 자녀의 선택과 사회활동에 대한 적절한 격려와 지원, 적절한 의례와 자원으로 성인 초기 자녀의 독립, 지지적 가정기반 유지, 생활비용의 재정비, 부부관계 재조정, 가족구성원들 사이의 의사소통 유지, 새로운 가족구성원을 받아들여 가족범위 확대 등이 있다.

⑦ 7단계: 중년 부부가족의 발달과제

7단계는 중년기(빈 둥지기, 모든 자녀 출가~은퇴 시기) 부부가족으로, 부모가 결혼한 자녀를 돌보면서 그들의 노부모를 부양하는 이중역할을 수행하는 시기이다.

7단계에서 이루어야 할 발달과제에는 결혼관계의 재확립, 노인 세대와 젊은 세대와의 관계 유지, 빈 둥지에 적응하기, 부부관계의 지속적 재조정, 조부모로 사는 생활에 적응하기, 은퇴에 적응하기, 쇠퇴하는 인지적 · 신체적 기술에 대처하기 등이 있다.

⑧ 8단계: 노년기 부부가족의 발달과제

8단계는 노년기(은퇴~부부의 사망까지) 부부가족으로, 신체적 · 언어적 · 인지적 · 사회적 · 정서적인 모든 발달이 급격히 퇴화하는 시기로 죽음을 아름

답게 준비하고 받아들이는 시기이다. 8단계에서 이루어야 할 발달과제에는 배우자의 죽음에 적응하기, 사별과 혼자 사는 것에 대처하기, 노년에 대해 적응하기, 은퇴에 대해 적응하기, 계속되는 노화에 적응하기, 경제적 문제에 대처하기, 죽음에 대처하기 등이 있다.

Duvall이 제안한 가족생활주기 8단계에 따른 가족의 발달과제 내용을 정리하면 다음의 <표 2-2>와 같다.

〈표 2-2〉 Duvall의 가족생활주기 단계와 발달과제

단계	발달과제
제1단계 가족 형성기	• 결혼하여 자녀가 없는 신혼기임 • 임신과 부모 역할에 적응하고, 친족 관계망과 조화를 이룸 • 상호만족스러운 결혼생활을 확립함
제2단계 자녀 출산 및 영아기 가족	• 영아(첫아이 출생~30개월)의 발달에 적응함 • 부모와 유아가 만족하는 가정을 확립함
제3단계 유아기 가족	• 유아(첫아이 30개월~6세)의 발달에 적응함 • 유아의 주요 욕구와 관심의 격려와 성장 증진에 적응함 • 에너지 고갈과 프라이버시 부족에 대처함
제4단계 아동기 가족	• 아동(첫아이 6~13세)의 발달에 적응함 • 가족의 지역사회의 조화, 자녀의 교육성취에 대해 격려함 • 건설적 방법으로 학령기 아동을 가진 가족집단에 적응함
제5단계 10대 자녀(청소년기) 가족	• 10대 자녀(13~20세)의 성숙을 위해 책임과 자유의 균형을 이루도록 함 • 부모 역할을 마친 후의 관심과 진로를 확립함 • 10대 자녀의 책임과 자유의 균형을 이루도록 함
제6단계 자녀 독립기 가족	• 첫 자녀부터 막내까지 가정을 떠나는 시기임 • 적절한 의례와 지원으로 초기성인을 독립시킴 • 지지적 가정기반을 유지함
제7단계 중년기 부부 가족	• 빈 둥지기, 모든 자녀 출가에서 은퇴 시기임 • 자녀의 독립이 이루어지는 시기임 • 젊은 세대와의 관계를 유지하며, 결혼관계에 대해 재정립함
제8단계 노년기 부부 가족	• 사별과 혼자 사는 것에 대해 대처함 • 노년기 부부의 은퇴와 사망까지임 • 노인의 은퇴에 대하여 적응함

*출처: Duvall(1977)

(2) Carter와 McGoldrick의 가족생활주기 단계에 따른 발달과제

Carter와 McGoldrick은 결혼한 성인자녀를 부모와 자녀 세대를 연결하는 3세대 중심의 가족발달 단계를 총 6단계로 구분하여, 단계별 가족의 특성과 그에 따라 발생할 수 있는 위기를 제시하였다.

가족생활주기의 각 단계에서의 발달과제는 다음과 같다.

① 1단계 결혼전기(미혼 상태의 성인)의 발달과제

1단계는 개인이 출생한 가족으로부터 분화되어 독립하여 생활하는 시기로, 이 기간을 '결혼 예비단계'라고도 한다. 항상 가족생활주기는 출생부터 시작하지 않고, 결혼부터 시작한다. 결혼하기 위해서는 이성과 친밀관계를 형성하고 상대로부터 마음을 얻어내야 한다. 또한 남성이 결혼하기로 작정했다면 우선 가족의 생계를 책임질 직업이 있어야 하는데, 이 시기에 매우 중요한 발달과제이다.

1단계에서 이루어야 할 발달과제는 부모와 자녀관계의 분리를 수용하고, 사회에서 친밀한 동료관계를 이루며, 직업 등을 통하여 자아를 확립해 나가는 것이다. 또한 자신의 정서적 · 재정적 책임을 수용하고 부모-자녀 관계의 분리와 수용 등이 있다. 그리고 원 가족으로부터 분리, 친밀한 대인관계 발달, 일과 재정적 독립확립 등이 있다.

② 2단계 결혼적응기(신혼부부, 가족형성)의 발달과제

2단계는 결혼으로 맺은 부부체계를 형성하는 신혼부부의 시기이다. 자녀가 출생하면 '부부'는 곧바로 '부모'가 된다. 부부역할과 부모역할 간의 균형도 중요하다. 자녀를 키우면서 모든 관심과 애정을 자녀에게만 쏟아붓는 가족에게서 예기치 않은 문제가 발생할 수도 있다. 부모가 되면 자녀에게 해 주어야만 하는 책임과 의무가 많이 생긴다. 이때 부모에게 부과된 발달과업이 이행되지 않으면, 그 자녀는 바르게 성장하지 못하게 된다.

2단계에서 이루어야 할 발달과제는 서로 다른 환경에서 성장한 두 사람이 각각의 역할, 기대변화에 대해 인정하고 상호수용적인 생활양식을 형성하며, 시댁 및 처가의 새로운 친척들과 인간관계 등을 재편성해 나가는 것이다. 또한 부부체계 형성, 배우자의 가족, 친구 등 수용 및 이들과의 관계형성 등이 있다.

③ 제3단계: 자녀아동기(어린 자녀가 있는 가족)의 발달과제

3단계는 자녀가 초등학교에 다니는 시기를 의미하는 것으로 볼 수 있다. 부모는 자녀에게 구체적인 교육을 해야 하는 발달과제가 있게 된다. 자녀의 인격과 인성발달이 이루어지는 중요한 시기이므로 부부는 가족의 새로운 구성원을 수용하고 양육하는 데 책임감과 세심한 배려가 필요하다.

3단계에서 이루어야 할 발달과제에서 부부체계에 자녀 공간 만들기, 양육, 재정, 가사일 등 부모 역할수행과 받아들이기, 부모와 조부모 역할에 포함된 확대가족 관계형성 등이 있고, 정서적 발달과제로는 새로운 가족구성원 수용 등이 있다.

④ 제4단계: 자녀청소년기(청소년기 자녀가 있는 가족)의 발달과제

4단계는 자녀가 청소년기로 성장한 가족의 시기로, 다른 시기보다 부모가 신경 써야 할 일이 더 많다. 그동안 아동기에는 부모가 많은 간섭과 훈계가 필요했지만, 청소년 자녀에 대해서는 간섭과 훈련을 줄이고, 자녀에게 책임을 느끼도록 교육하는 과업을 잘 감당해야 한다. 이 시기는 자녀 자립단계이며, 가족 내 자녀의 자립으로 인한 변화가 문제시될 수 있다.

4단계에서 이루어야 할 발달과제는 자녀의 자립을 위해 부모가 받아들이고, 관심을 자녀에서 부부에게 전환하며, 어머니의 새로운 사회활동이 새로 시작하도록 하며, 중년의 부부문제나 직업 등의 발달과제에 대하여 부부는 재인식하게 된다. 그리고 자녀독립과 조부모의 허약함에 대해 고려, 가족경계의 융통성, 자녀의 독립욕구에 따른 가족경계 수정 등이 이루어져야 한다. 그리고 청소년 자녀가 가족체계 출입을 자유롭도록 부모-자녀 관계 변화, 중년기 부부결혼 및 진로문제 재초점, 노인 세대 돌보기 준비 등을 수행할 수 있도록 한다.

⑤ 제5단계: 자녀독립기(자립하는 자녀가 있는 가족)의 발달과제

5단계는 자녀들이 출가하여 부부만 남는 시기이다. 부모 처지에서 볼 때 중년기라고 할 수 있다. 이때는 자녀에게 경제적인 지지가 발달과제라고 할 수 있다. 자립하는 자녀가 있는 가족단계에서는 자녀가 본격적으로 부모를 떠나 자립하는 시기이고 부부체계로 새로운 협력이 시작되는 시기이다.

5단계에서 이루어야 할 발달과제는 가족구성원 수의 증감 등을 수용해야 한다. 또한 자녀 자립, 조부모 세대의 부모 세대 의존, 윗세대의 질병과 죽음, 조부모의 역할추가 등에 대비해야 한다. 그리고 부부체계를 이인군 관계로 재조정, 부모-자녀 관계 성인 대 성인 관계, 사돈과 며느리, 사위, 손자녀 포함 관계 재정비, 부모 또는 조부모 무기력과 죽음 대처 등에 대해 준비해야 한다.

⑥ 제6단계: 노년기 가족의 발달과제

대개 노년의 나이 규정은 65세를 기준으로 하므로 65세부터 세상을 떠날 때까지의 시기를 마지막 6단계로 보았다. '노인'과 '환자'가 동의어는 아니지만, 대개 노인은 환자일 가능성이 매우 크고, 누구에게나 여러 가지 질병을 복합적으로 가지고 있다.

6단계에서 이루어야 할 노년기 가족의 발달과제는 자신 또는 부부기능 유기와 신체적 쇠약에 많은 관심을 두어야 한다. 또한 중년 세대가 더 중심적 역할을 하도록 지지하도록 하고, 배우자나 형제, 동료의 영향을 주는 윗세대의 질병이나 죽음을 경험하게 되고, 죽음을 준비하게 된다.

Carter와 McGoldrick이 제안한 가족생활주기 6단계에 따른 가족의 발달과제 내용을 정리하면 다음의 <표 2-3>과 같다.

〈표 2-3〉 Carter & McGoldrick의 가족생활주기 단계와 발달과제

가족생활주기 단계	가족의 발달과제
제1단계 결혼전기	• 미혼의 젊은 성인단계, 개인의 정체감을 확립하고 새로운 대인관계를 발전시키게 됨 • 원가족에서 분리하는 경험으로 결혼 이전의 성인과 관련이 있음 • 가족으로부터 분화하여 새로운 가족체계를 형성하기 이전에 독립해야 함
제2단계 결혼적응기	• 결혼한 신혼부부로, 가족형성 시기임 • 두 사람이 생활의 기쁨과 책임을 재편하는 시기임 • 신혼부부와 각각의 가족들은 그들의 관계를 새로 설정해야 함
제3단계 자녀아동기	• 어린 자녀가 있는 가족시기로 아동의 욕구를 충족시키는 것과 관련됨 • 부모를 과도한 개입과 관심이 부족한 개입 사이에 세심한 균형을 이루어야 함
제4단계 자녀청소년기	• 청소년기 자녀가 있는 가족시기임 • 청소년 자녀의 독립에 대한 욕구와 갈망을 다룸 • 이 시기는 부부간의 관계에 다시 초점을 맞추고 늙어가는 부모의 역할을 강조함
제5단계 자녀독립기	• 자립하는 자녀가 있는 가족시기임 • 자녀들을 새로운 관계로 떠나보내며, 중년의 문제에 좀 더 집중함 • 자기 부모가 점차 나이 들어 사회에서 기능하지 못하게 되는 것에 대처하는 것이 주된 과제임
제6단계 노년기 가족	• 노화에 적응하고 죽음의 불가피성을 명확히 하는 시기임 • 노인 자신 또는 부부기능 유기와 신체적 쇠약 회복에 집중함

*출처: Carter & McGoldrick(1980)

제2부 가족복지정책

제 3 장

복지국가와 가족복지정책

1. 복지국가와 가족복지정책의 관계

가족복지정책은 가족복지를 실천하는 거시적 · 제도적 방법으로, 기본적으로 해당 국가의 가족복지를 향상하기 위하여 제도화하고 시행하는 정부의 복지정책을 의미한다. 가족복지정책은 가족복지를 현장에서 실천하는 제도적 · 법적인 틀을 제시하고, 다른 영역과의 상호관계를 통하여 가족복지의 효율성을 높이는 정책이라 할 수 있다.

Esping-Anderson(1990, 1999)은 복지국가와 가족복지정책의 관계에서 복지의 책임소재와 복지국가의 변화와 전망을 분석하면서 복지의 책임이 가족에게 어느 정도 있는가, 이러한 책임과 시장과는 어떠한 관계에 놓여 있는가, 가족과 시장이 국가와는 어떠한 관계를 맺어나가는가 등의 가족 관련 변수를 중심으로 살펴보았다. 그리고 그는 국가와 시장경제, 가족 간 관계에 따른 복지국가 체제를 가족 내 책임성을 강조하는 가족주의(familism)와 가족에 대한 사회적 책임을 강조하는 탈가족주의(defamilisation)의 개념을 통해 자유주의, 조합주의, 사회민주주의 복지국가 체제로 분류하여 제시하였다.

복지국가의 형태를 탈상품화(de-commodification) 정도에 따라 자유주의 복지국가, 조합주의 복지국가, 사회민주주의 복지국가로 분류하여 설명하면 다음과 같다(<표 3-1> 참조). [1)]

1) 자유주의 복지국가

자유주의 복지국가는 사회적 개혁이 전통적인 자유주의적 노동의식 규범에 따라 제약을 받고, 급여의 대상은 저소득층에 집중되며, 급여대상 자격기준은 매우 까다롭다. 따라서 급여대상자에게 복지서비스가 혜택이라기보다는 사회적 낙인으로 남게 된다. 국가는 시장체계를 활성화함으로써 사적인 복지체계를 대신한다. 그리하여 노동의 탈상품화 효과를 최소화하고 다양한 사회계층을 유발한다. 복지수혜자들은 빈곤의 평등을 경험하게 되지만, 시장에서의 역할에 따라 복지혜택도 다르게 된다.

이러한 국가에서는 전통적인 가족의 기능과 역할이 강조되면서 가족이 복지의 제1차적인 책임을 진다. 가족의 개인에 대한 책임을 강조하고, 가족의 실패 후에 국가가 최소한으로 개입한다. 이러한 형태는 미국, 영국, 캐나다, 호주 등에서 볼 수 있다.

2) 조합주의 복지국가

조합주의 복지국가는 역사적인 조합주의적 국가체제의 잔여인데 새로운 신산업주의 계급구조와 맞물려 나타난 것이다. 시장의 효율성이나 노동의 상품성은 큰 관심사가 아니며 사회권 여부도 논의대상이 아니다. 가장 중요한 것은 계층차이를 얼마나 유지하는가 하는 문제이며, 모든 권리가 계층과 지위에 달려 있다. 여기서는 국가가 주된 사회복지 제공자의 역할을 도맡아 하므로 민간주도 아래의 복지가 상대적으로 덜 강조된다. 사적 보험이나 직업상의 혜택은 복지의 역할을 담당하지 못하며 계층 차이를 강조하는 국가의 정책으로 인하여 부의 재분배효과는 그리 크지 못하다.

이러한 국가는 전통적인 가족주의를 고수하며 개인에 대한 복지의 일차적 책임을 가족에 두고, 자유주의 복지국가와 마찬가지로 국가는 이차적인 책임을 담당할 뿐이다. 전업주부는 사회보험에서 제외되며, 가족 관련 급여만이 모성을 보호한다. 보육이나 기타 이외 유사한 각종 가족복지서비스는 매우 미흡한 실정으로, 가족이 기능을 다하지 못할 때만 국가가 개입하는 최소한의 복지가 시행된다. 이러한 형태는 독일, 프랑스, 오스트리아, 이탈리아, 네덜란드 등에서 볼 수 있는데, 가족기능을 충분히 보완하지 못하고 있다는 점에서 자유주의 복지국가와 크게 다르지는 않다.

3) 사회민주주의 복지국가

사회민주주의 복지국가에서는 보편주의 사회서비스 중심의 원칙과 사회권의 탈상품화가 신중산층에까지 확대되어 있으며, 국가가 복지의 중심 역할을 담당한다. 국가와 시장 혹은 노동자 계층과 중산층이라는 이중성을 허용하지 않고, 최소한의 욕구평등성보다는 최고 수준의 평등성을 추구한다. 각종 가족 관련 복지서비스는 신중산층의 욕구를 충족시킬 수 있는 수준까지 높인다. 또한 사회의 모든 계층이 보편적이고 포괄적인 하나의 복지체계에 포함되며, 시장이나 민간부문의 역할은 최소한으로 이루어진다. 사회구성원이 모두 함께 복지혜택을 받는 동시에 복지비용을 내야 할 책임도 지닌다.

이러한 국가에서는 가족이 수행하는 역할의 비용을 크게 사회화하고, 가족이 실패하기 전에 국가가 개입한다. 그리고 가족의 기능에 보완하는 정책이 아니라 가족의 역할을 적극적으로 공유하고 가족기능의 사회화에 국가가 앞장을 선다. 그리하여 국가는 가족복지정책을 통하여 사회구성원들에게 사적 생활을 영위해 나가는 데 불편함이 없도록 가족 관련 문제를 직접적으로 해결해 나가는 책임을 다하고 있다. 이러한 형태는 덴마크, 스웨덴, 노르웨이, 벨기에, 핀란드 등의 북구 유럽에서 볼 수 있다.

〈표 3-1〉 Esping-Anderson의 복지국가 체제와 가족정책의 관계성

복지국가 체제	가족복지 유형	가족과 국가의 역할과 개입	해당 국가
자유주의 복지국가	가족주의	국가개입 최소화 가족 자신의 책임과 전통적 가족기능 강조	미국, 영국, 캐나다, 호주 등
조합주의 복지국가	이원적 가족주의	국가가 상당 부분 개입하나, 가족이 보호와 양육기능의 책임주체로서 역할강화	독일, 프랑스, 오스트리아, 이탈리아, 네덜란드 등
사회민주주의 복지국가	탈가족주의	국가가 가족에게 부양과 양육의 책임을 전가하지 않음	덴마크, 스웨덴, 노르웨이 벨기에, 핀란드 등

*출처: Esping-Anderson, G.(1999). Social Foundation of Postindustrial Economics.

2. 가족정책과 가족복지정책의 개념

1) 가족정책의 개념

가족정책이란 말은 유럽의 사회정책 논의에서 처음으로 사용되었다. 유럽은 인구계획과 관련된 공공정책으로 고아, 빈민, 장애인과 노인 등 요보호 가족구성원을 위한 대리적 서비스를 제공하기 시작하였다. 이 가운데서도 20세기 초반 사회정책의 주요 경향이 가족구성원 중 장애인이나 아동양육의 어려움에 부닥친 가족구성원을 대상으로 함으로써 가족정책이 등장하게 되었다고 할 수 있다. 이후 1970년대에 들어와서 미국에서 활발하게 논의되었다. 즉 가족과 아이들에게 영향을 미치는 정책에 관한 공적인 논쟁을 거쳐 하나의 개념으로 채택된 것이다.

Kamerman과 Kahn(1978)은 초기 저작에서 한 사회의 가족정책이 한 가지 목표나 목표를 이루기 위한 수단만을 가진 것은 아니기 때문에 가족에 대한 목표, 직접적이고 간접적인 영향, 가족에 관한 내용, 의도적이고 비의도적인 효과와 같은 차원으로 구체화될 수 있다고 하였다. 이들은 가족정책을 세 가지로 분류하였는데 먼저 사회정책의 한 분야로서의 가족정책, 둘째, 사회가 추구하는 목표를 성취하기 위한 수단으로서의 가족정책, 셋째, 사회정책의 선정 및

평가 기준으로 시행되는 관점으로서의 가족정책이다. 이 세 가지 가족정책의 개념을 살펴보면 다음과 같다.[2)]

(1) 사회정책의 한 분야로서의 가족정책

사회정책의 한 분야로서의 가족정책은 가족과 관련하여 일정한 목표를 설정해 놓은 분야의 정책으로, 대가족, 건강한 아동, 자녀양육비용 경감, 남녀평등 등에 목표가 있다. 이 정책은「사회복지사업법」아래 시행되는 가족계획, 소득보장, 실업수당, 탁아정책, 가족법, 공공부조제도, 아동복지제도, 부녀복지제도 등이 바탕을 이루고 있다. 이들 제도는 사회정책의 한 분야로서 사회변화에 따라 관심이 변화된 것으로 본다. 사회에서 새로운 상황, 즉 변화가 일어나면 그 상황에 대한 서로 다른 지각과 정의들이 생기고 사람들은 자신에 의한 정의가 정책에 반영되게 하려고 노력하게 된다. 그중 가장 적합한 정의가 정책에 반영됨으로써 하나의 사회적 행동으로서 새로운 정책이 만들어지게 되는 것이다. 마찬가지로 가족정책도 사회에서 발생하는 새로운 상황에 대한 지각과 정의를 반영해야 하며, 그러한 변화에 대한 대응으로 또 다른 가족정책이 만들어진다고 할 수 있다.

(2) 수단으로서의 가족정책

수단으로서의 가족정책은 정부는 제반정책을 시행함에 있어 직접 가족과 관계는 없다 하더라도 목표를 달성하기 위해 통제하기 위한 수단으로 가족구성원에게 특정행위 요구를 하는 경우이다. 특히 사회통제(social control)를 수행하기 위한 수단으로 가족정책이 이용되는 경우가 많으며, 이 경우 가족정책은 잠재적인 목표 달성을 위해 그럴듯한 대의명분을 제시하는 합리화의 수단이 된다.

이 정책은 노동력이나 군 병력 공급을 위해 출산장려를 하는 아동수당과 같은 인구정책, 여성의 노동을 위한 탁아정책과 같은 노동시장정책, 의료비용 상승을 제어하기 위한 가정방문서비스와 같은 보건의료정책 등이 중심을 이루고 있다.

(3) 관점으로서의 가족정책

가족정책의 개념을 사회정책을 선택하는 관점 혹은 범주로 사용하려는 움직임은 아주 최근의 일로, 이것은 '분야로서의 가족정책'처럼 독립된 영역이라기보다는 '가족복지(family wellbeing)'를 정책의 결정과 결과를 평가하는 전반적인 범주로 사용하려는 것이다. 이는 가족정책의 연구에서 주로 사용되고 있는 개념으로, 가족정책 연구자들이 가장 바람직하게 생각하고 있는 개념이다.

관점으로서의 가족정책은 유럽과 같이 사회정책의 선정 및 평가 기준으로 시행되는 것이며, 명시적 및 묵시적 가족정책이 여기에 포함된다. 명시적 정책은 가족을 위한 목표를 의도적으로 세운 정책으로, 입양서비스 정책, 탁아정책, 가족계획 등이 있고, 묵시적 정책은 의도적으로 만들어진 것이 아니나 결과적으로 가족에게 영향을 주는데, 여기에는 조세정책, 주택정책 등이 있다.

가족정책은 국가가 가족의 기능이나 역할에 의도적으로 영향을 미침으로써 원하는 방향의 변화를 불러오려는 체계적인 개입계획을 의미하며, 사회정책의 한 관점으로 시행되는 것으로 규정하고자 한다. 사회정책은 개인이나 집합체의 사회적 관계와 자원의 배분을 다루는 것이라 할 때 가족이라는 집단을 위한 사회정책이 곧 가족정책이라 할 수 있기 때문이다. 나아가 가족과 관련하여 일정한 목표를 수행한다고 할 때 가족구성원의 생활을 보호하고 향상하는 목적을 가지고 있으면 모두 가족정책이라고 광범하게 생각해 볼 수 있을 것이다.

2) 가족복지정책의 개념

가족복지정책은 가족복지를 실천하는 거시적 · 제도적 방법이라 할 수 있으며, 기본적으로 해당 국가의 가족복지를 향상하기 위하여 제도화하고 시행하는 모든 정부 복지정책을 의미하기 때문에 그 범위가 방대하고 일부 모호한 측면이 있어 엄밀한 개념으로 정의하기가 어렵다.

가족복지정책의 개념변화는 가족의 인구통계학적 변화(가족구조 변화, 이혼 · 재혼 · 동거인구 증가, 한부모가족 증가, 출산율 감소, 여성의 노동시장 참여 등)와 맥락을 같이한다. 즉 과거 남성 주도형 가족지원에 초점을 맞추던 가족정책이 위와 같은 가족의 인구통계학적 변화의 중심에 있는 여성의 사회경제적 역할변화를 지원하기 위해 변화를 경험하게 되었다. 따라서 가족복지정책의 발달을 선도한 서구사회의 다양한 개념적 의의를 살펴보는 것이 한국 가족복지정책의 개념을 정의하는 데 도움이 될 것이다.

Kamerman과 Kahn(1978), Moen과 Schorr(1987), Zimmerman(1995), Gauthier(1996), Gomick(2001)의 가족복지정책의 정의는 다음과 같다.[3)]

가장 보편적으로 인용되는 것은 Kamerman과 Kahn(1978)의 가족복지정책 정의이다. 이들이 주장한 가족복지정책은 정부가 가족에 대해 그리고 가족을 위해 행하는 의도적인 모든 활동, 가족에게 영향을 주기 위한 제도적 개입, 가족의 문제에 대하여 제도적 · 환경적 · 거시적으로 접근하는 것으로 정의한다. 즉 중앙정부와 지방자치단체가 아동부양가족을 위하여 행하는 구체적인 법적 · 제도적 활동을 가족복지정책으로 보았는데, 특별히 아동보육 시설의 설치와 아동양육을 위한 재정적 지원에 관련된 사안이 중심이 된다고 보았다.

Moen과 Schorr(1987)이 강조한 가족복지정책은 가족을 위한 일련의 목표를 실현하기 위해서 국가나 기타 사회제도가 의도적으로 만든 프로그램이나 정책으로 정의하였다. 그리고 Zimmerman(1995)은 가족복지정책은 가족복지라는 목적을 추구하는 정책으로서 사회 내의 가족이 경험하는 여러 문제에 대처하기 위해, 가족복지라는 합의된 목적을 달성하고자 하는 일련의 상호 연관된 정책선택, 개인이 아닌 가족구성원으로서의 개인, 즉 가족 자체에 초점을 두는 것이라고 정의하여 다른 정책과는 다르게 가족 자체에 초점을 두고 있다.

Gauthier(1996)는 여성의 노동시장 참여와 한부모가족의 문제개선을 위한 정부지원에 초점을 맞추어 가족복지정책을 두 가지 측면에서 개념화할 수 있다고 제안했다. 첫째 측면은 '노동권보장 가족정책'으로서, 여성이 노동시장에 참가할 수 있도록 하는 가족정책으로 정의되며, 아동보육정책과 조세정책이 포함된다. 둘째 측면은 가족돌봄에 대한 보상적 측면, 즉 '부모권 보장 가족정책'으로서 출산전후휴가, 육아휴직이 포함된다. Gomick(2001)은 산업사회 속에서 가족이 경험하는 가난의 문제를 해소하기 위하여 국가가 전개하는 노동수입에 따른 가족수당(family income supplement, 프랑스), 근로자가족 세액공제(working family tax credit, 영국)와 같은 일련의 가족부양 정책적 활동을 가족복지정책이라고 하였다.

이처럼 가족복지정책의 개념은 세 가지 차원에 재정의될 수 있다. 즉 가족복지정책은 하나의 정책영역으로서, 혹은 정책수단으로서, 그리고 정책결정을 위한 시각 혹은 기준으로서 다음과 같이 정의될 수 있다.[4)]

첫째, 하나의 정책영역으로서 가족복지정책은 가족에 대해 어떤 구체적 목표를 설정하고 있는 정책분야를 의미한다. 예를 들면 출산율 증대, 아동건강증진, 양육부담의 감소, 성평등의 증진 등의 목표를 달성하기 위해서 가족계획이나 현금급여 프로그램, 고용정책, 주택정책, 영양 및 건강정책, 개별사회적 서비스, 아동보호 및 발달 관련 서비스, 여성정책 등 다양한 가족복지정책과 프로그램이 존재한다.

둘째, 정책수단으로서의 가족복지정책은 가족의 행위를 변화시킴으로써 더 넓은 사회정치적 목적을 달성하기 위한 일종의 수단으로 보는 것이다. 예컨대 동유럽의 경우 아동보육시설의 확대와 모성 수당제도 등을 통해 여성은 경제활동에 참여하도록 조장되거나, 혹은 고실업 시대에는 육아휴직이라든가 아동부양수당 등을 통해 다시 가정으로 되돌아가도록 유인되었다. 이는 노동력 수급과 같은 노동 시장적 목적을 달성하기 위해 가족복지정책을 수단으로 이용하는 경우이다.

셋째, 가족복지정책은 사회정책을 선택하기 위한 하나의 관점이나 결정기준으로서 정의될 수 있다. 이는 특정 사회정책을 선택하거나 그 영향을 평가하는 기준으로서 가족복지라는 관점을 적용하는 것이다. 이 경우 가족복지정책은 특정 정책을 범주화하는 개념으로서보다는 국가의 모든 사회정책을 가족복지정책적 시각에서 바라보아야 한다는 점을 강조한다.

따라서 가족복지정책은 가족복지라는 목적달성을 위해 국가가 행하는 정책범주들이 포괄됨은 물론이고, 다른 목적을 위해서 가족에 대해 의도적으로 행하는 정책범주도 포함되며 동시에 통제와 원조의 기제를 통해 국가가 순수하게 '가족을 위해 행하는 정책'만을 의미한다고 할 수 있다. 다시 말하면 가족복지정책이란 국가가 그 사회가 추구하는 목표를 실현하려는 의도를 가지고 가족과 가족구성원으로서 개인의 복지를 증진하기 위해 행하는 일련의 정책이라고 정의 내릴 수 있다.

3. 가족복지정책의 유형

각국의 가족복지정책을 유형화하는 것은 가족복지정책에 대한 이해를 도울 수 있고, 한국 가족복지정책이 지향해야 할 방향을 설정하는 데도 도움을 준다. 그리고 가족복지정책의 유형화는 가족복지정책에 대한 이해만큼이나 연구자들에 따라 다른 수준에서 접근되고 있다.

가족복지정책은 하나의 정책이 아니라 정책 묶음(policy package)이므로 연구자가 어떻게 분석하느냐에 따라 유형화의 기준과 형태와 결과는 달라진다. 또한 가족복지정책은 국가개입적 활동이므로 정부의 이념적 성향, 시민사회의 의식, 가족에 대한 사회 전체적인 가치관과 규범 등이 정책에 용해되어 있으므로 유형화에는 복지체제로서의 국가의 특수성이 드러나게 된다.

가족복지정책의 유형화를 제시한 Kamerman과 Kahn(1978), Gauthier(1996), Harding(1996), Kamerman과 Kahn(1978), Gauthier(1996), Harding(1996), Esping-Anderson(1999) 중심으로 살펴보면 다음과 같다. [5)]

1) Kamerman과 Kahn의 유형화

Kamerman과 Kahn(1978)의 유형화는 가장 널리 사용되며 대다수 가족복지정책 유형화에 기본 모델로 평가되고 있으며, 그는 넓은 의미로 가족정책을 정부가 가족에 대하여 행하는 의도적인 모든 활동이라 정의하고, 가족을 대상으로 하는 국가의 공적 정책이라고 설명하였다. 그리고 그는 서구 14개국의 가족복지 관련 정책을 비교 분석하여 명시적 가족정책(explict family policy)과 묵시적 가족정책(implict family policy)으로 분류하였으며 정책목적 및 의도의 명시성 정도에 따라 여러 가지로 분류한 것이 초기의 유형화라고 볼 수 있다.

먼저 명시적 가족정책은 가족구성원 개인, 개인의 가족역할 혹은 전체로서의 가족단위를 위한 특정 목적을 성취하려고 일부러 고안한 정책과 프로그램이다. 예로 인구정책, 자녀 있는 가족에게 일정 소득수준을 보장하기 위해 고안된 소득보장 정책, 취업부모를 위한 고용 관련 급여, 모자보건 정책, 아동보호 정책 등이 포함된다. 그리고 정부 또는 행정기관이 특정한 기획과 정책을 행할 때 그것이 가족에게 분명하게 관계되는 것으로 가족에 대한 분명한 합의를 전제로 하고 있다고 볼 수 있다. 프랑스, 스웨덴, 노르웨이, 헝가리 등의 가족정책이 여기에 속한다.

그다음 묵시적 가족정책은 가족과 직접 관련되지 않으나 다른 정책영역에서 취해진 조치들이 가족에게 영향을 주는 것으로, 여러 행한 정책들이 포함된다. 그리고 정책을 시행할 때 가족 영향평가를 고려하거나 때로는 가족을 통한 사회통제로서 가족복지정책이 이루어진다. 예로 조세정책, 이민정책, 도로와 건물 배치, 공장 설치 등이 가족의 삶에 영향을 주는 경우이다. 여기에는 영국, 캐나다, 미국, 이스라엘 등의 가족정책이 해당된다.

이들 국가의 가족정책은 사회 통제를 위한 수단으로 가족을 고려하는 성격이 짙다. 이후 Kamerman과 Kahn은 가족정책에 포함될 내용이 무엇이며, 어디까지를 가족정책으로 간주할 것인지는 각국의 역사적 · 사회적 상황에 영향을 받기 때문에 단정적으로 규정할 수 없다고 보고 가족정책을 크게 고용 관련,

소득 관련, 사회서비스로 분류하였다(<표 3-2> 참조).

〈표 3-2〉 Kamerman과 Kahn의 가족정책 유형

분류	제도와 정책	구체적 프로그램
고용 관련	고용과 양육 정책	모성, 부성 지원정책
		피고용자 급여
소득 관련	조세제도	세율의 차등 책정, 피부양자 면세 제도, 빈곤자 면세, 근로소득공제
	가족 급여제도	피부양자 수당, 식권 제도
사회서비스	보육제도	보육 서비스
	모성, 아동건강	모성 휴가, 학교보건
	주택정책	주택임대
	특수욕구를 가진 가족에 대한 정책	빈곤가족을 위한 보충 급여제, 특별욕구를 가진 아동 서비스, 아동복지서비스, 아동영양서비스

2) Gauthier의 가족복지정책 유형화

Gauthier(1996)는 저출산, 인구 고령화, 한부모가족 증가, 여성의 노동시장 참여확대 등 인구 사회학적 변화에 대한 국가개입이 가족복지정책을 통해 이루어진다고 하였다. 그는 서구 선진국이 가족정책을 어떻게 추진해 왔는가를 출산율의 하락, 인구의 노령화, 한부모가족의 증가, 여성의 노동시장 참여확대, 낙태 및 피임에 관한 법률 등과 같은 인구학적 변화에 대응하여 국가의 공적 개입이 가족복지정책으로 나타남을 지적하면서 국가마다 정책의제의 선정과 개입방법 및 수준에서 차이가 있음을 분석하였다.

이처럼 Gauthier는 가족의 자녀수당, 휴가급여, 취업지원 급여, 보육제도, 피임과 낙태에 관한 입법 등을 중심으로 가족복지정책을 네 가지 모델로 분류하였다(<표 3-3> 참조).

첫째, 가족친화적과 출산장려주의적 모델로, 이는 저출산율의 문제가 주요 정책관심, 세 자녀 이상 자녀 현금지원을 강조, 모성휴가와 보육시설에 대한 수준 높은 지원이 특징이다. 프랑스가 대표적 국가이다.

둘째, 전통주의적 모델로, 이는 전통적 남성 부양가족제도의 유지가 주요 정책관심이다. 전통적 성역할 구분을 선호하며, 여성이 가정 내에서 아동을 양육할 수 있도록 하는 휴가급여에 대해 선호한다. 출산장려 목적보다 전통적 가족지지의 의도이다. 독일이 대표적 국가이다.

셋째, 성평등주의적 모델로, 이는 남녀 간의 평등증진이 주요 목표이다. 특히 취업모의 국가 공적 지원이 존재한다. 평등한 성역할 모델을 추구한다. 여성이 유급노동과 가족책임을 조금 더 쉽게 병행할 수 있도록 지원한다. 아버지의 양육활동을 조장, 모성휴가와 달리 부모휴가가 주요 정책의 하나이고, 낙태가 자유로운 가족구성을 지지한다. 덴마크와 스웨덴 등이 대표적 국가이다.

넷째, 가족친화적이지만 비개입주의적 모델로, 이는 국가가 가족을 지원할 책임을 인정하지만, 다만 요보호가족에 한정된다. 정부의 개입이 최소한의 수준에 그친다. 미국과 영국이 대표적 국가이다.

〈표 3-3〉 Gauthier의 가족정책 유형

정책 분류	주요 정책적 관심	구체적 정책프로그램	해당 국가
가족친화적/ 출산장려주의 모델	저출산 문제해결을 위한 출산장려정책	자녀수당, 모성휴가, 보육시설지원, 낙태관대	프랑스
전통주의 모델	전통적 · 가족친화적 정책목표 유지, 가족 지원의 국가개입은 중간정도	취업모 세제지원 휴가급여(전통적 가족 유형지지) 보육정책 미진 휴가급여	독일
양성평등주의 모델	남녀평등 증진, 취업부모에 대한 국가의 지원	모성 휴가, 부성휴가, 자녀 간병 휴가, 아동수당, 낙태관대	덴마크 스웨덴
가족친화적이나 비개입주의 모델	국가의 최소한 개입(요보호가족), 전통적 가족유형 선호, 자립강화	낮은 수준의 모성휴가, 보육지원	미국 영국

3) Esping-Anderson의 유형화

복지국가 체재를 탈상품화(decommoditization) 정도에 따라 자유주의, 조합주의, 사회민주주의로 유형화하여 국가 간 비교연구를 수행한 Esping-Anderson(1999)은 최근 연구에서 가족 관련 정책을 변수로 설정하여 자신의 복지체제 유형화가 여전히 유효하다고 주장하였다. Esping-Anderson은 사회복지정책이 가족 중심의 책임을 강조하면 가족주의(familialism), 가족에 대한 사회적 책임을 강조하면 탈가족화(de-familization)라고 규정하였는데, 이는 복지국가 체계를 탈상품화 정도에 따라 유형화시켰다. 그리고 가족복지정책의 범주를 가족보고 서비스, 가족수당, 세액공제를 포함한 조세지원 정책, 영유아보육 정책, 노인보호 정책으로 규정하였다.

Esping-Anderson의 유형화는 가족 자신의 책임과 가족의 기능을 강조하는 국가는 가톨릭의 정서를 강하게 반영하고 있는 남부유럽과 독일의 경우가 해당한다. 남부유럽은 가족책임을 최대한 강조하므로 가족의 책임수행이 어려울 때 국가가 개입하는 것을 원칙으로 한다. 독일은 국가가 상당 부분에 개입하지만, 여성의 보호양육 역할을 강화하는 방향으로 가족복지정책을 시행하고 있다. 반면에 탈가족주의적 가족복지정책을 시행하는 국가들은 덴마크, 스웨덴을 비롯하여 노르웨이, 핀란드, 벨기에, 프랑스 등을 들 수 있는데, 이들 국가는 가족에게 부양과 양육의 책임을 전가하지 않는 것을 원칙으로 한다.

Esping-Anderson의 유형은 가족복지정책을 한 분야로 고려했을 때, 가족복지정책이 다른 사회복지이념, 사회를 구성하는 계급, 계층 간의 역동적인 관계로 연금과 같은 소득보장정책, 노동정책 등이 규제받듯이 가족복지정책도 유사한 규제를 받는다는 것을 시사함으로써 가족복지정책을 거시적인 시각에서 조망할 수 있도록 해 준다.

Esping-Anderson의 유형을 토대로 하여 가족복지정책의 국가별 유형을 분류하면, 가족 및 친족 책임주의적 가족복지정책 국가, 특정 가족의 기능을 강화하는 가족복지정책 국가, 가족친화적 가족복지정책 국가로 나눌 수 있다 (<표 3-4> 참조).

〈표 3-4〉 Esping-Anderson의 가족복지정책 유형

복지국가 체계 분류	가족복지 유형	가족과 국가의 역할과 개입	해당 국가
자유주의 복지체계	가족주의	국가개입 최소화, 가족 자신의 책임과 전통적 가족기능 강조	미국, 캐나다, 호주
조합주의 복지체계	이원적 가족주의	국가의 상당 부분 개입하나, 가족이 보호와 양육기능의 책임 주체로서 역할강화	독일, 프랑스, 오스트리아, 이탈리아, 네덜란드
사회민주주의 복지체계 및 조합주의 복지체계(일부)	탈 가족주의	국가가 가족에게 부양과 양육의 책임을 전가하지 않음	덴마크, 스웨덴, 노르웨이, 핀란드

4) Harding의 유형화

Harding(1996)은 가족의 변화에 대응하는 국가의 사회정책 그리고 그에 영향을 미치는 가족 행위나 기능 등에 초점을 두고, '가족에 대한 통제 정도'라는 측면에서 국가와 가족 간의 관계유형 모델을 제시하였다. 그리고 그는 연속적 스펙트럼상에서 양극단에는 실제 국가에서 찾아보기 힘든 이론상 모델로서, 가족의 책임에 대해 국가가 어떤 방식으로 통제, 지원하는가 또는 그 수준은 어느 정도인가 등에 따라 권위주의 모델(authoritarian model), 자유방임 모델(laissez-faire model), 중간개입 모델(intermediate model)로 유형화하였다.

Harding이 제시한 세 가지 모델의 주된 내용은 아래와 같다.

(1) 권위주의 모델

국가의 통제가 매우 강력하며, 국가가 원하고 선호하는 행동 의식과 가족형태를 강화하기 위한 정책과 법적 조치를 지향한다. 가족의 개별적 욕구나 선택은 고려되지 않으며, 국가가 제시하는 방향으로 가족정책을 수행함으로써 가족에 대한 국가 통제수준이 높다. 예를 들어 피임이나 낙태행위 금지, 사회복지수급권이나 투표권 상속제도 등이 있다.

(2) 자유방임 모델

자유방임 모델의 경우, 국가가 가족에 대해 불간섭을 원칙으로 하며, 특별히 선호되는 가족형태가 존재하지 않는다. 또한 사적인 영역을 보호함으로써 특별한 가족정책을 제시하지 않고 가족에 대한 정책목표도 없으며 가족에 대해 어떠한 영향력도 행사하지 않는다. 예를 들어 개인별 분리과세, 개인단위로 급여되는 사회보장급여 등이 있다.

(3) 중간개입 모델

가족에 대한 국가의 책임을 적절한 수준에서 인정하고 가족통제를 시도하면서도 가족의 자율적인 측면을 존중하는 모델이다. 또한 국가 통제방법에 따라 특정한 분야의 책임을 강화하는 유형, 동기 유인형, 특정 가족형태에 대한 가정(assumption)에 근거한 상호작용형, 가족 지원형, 가족 대체형, 욕구 반응형으로 다양하게 제시되었다.

가족기능을 보완하거나 대체하는 정책이며, 중간 개입모델의 유형내용을 보면 다음과 같다.

- 권위주의 모델과 자유방임 모델의 중간 유형이다.
- 가족에 대한 국가의 통제 정도에 따라 가족의 책임을 강제하는 유형이다.
- 긍정적 인센티브 활용을 통해 국가가 가족행동을 촉진하는 유형이다.
- 묵시적인 가족정책을 활용하여 간접적 가족에게 영향을 미치는 유형이다.
- 가족을 대체하거나 측면에서 지원하는 유형이다.
- 명확한 정책방향을 정하지 않고 가족의 변화에 수요와 욕구에 대응하는 유형이다.

이처럼 Harding의 유형화는 가족의 변화에 대응하는 국가의 사회정책, 그에 영향을 미치는 가족 행위나 기능 등 가족의 책임 범위를 놓고 국가와 가족 간에 발생하는 상호작용에 초점을 두면서, 가족에 대한 통제 정도 측면에서 국가와 가족 간의 관계유형을 제시하였다.

4. 가족복지정책의 대상

1970년대까지 미국에서는 가족복지정책의 대상영역으로 첫째, 가족이 스트레스 상황에 놓일 때를 말하고, 둘째, 경제적 곤궁 및 사회자원의 도입 곤란 등 경제적 · 사회적 요구를 충족할 수 없는 상황을 말하며, 셋째, 가족관계나 가족구성원의 개인적 기능의 장애상황으로 가족의 사회적 제 기능을 수행하는 데 제한이 생기는 경우 등을 지적하였다.

가족생활주기를 중시하고 가족주기 간 단계의 일반적 상황을 명확하게 하여 가족주기를 결혼성립기, 육아기, 노후기 등 3기로 나누어 각 시점에 해당하는 가족복지정책의 대상영역을 설정하였다.

첫째, 결혼성립기에서는 건전하지 않은 결혼형태가 가족의 성립을 곤란하게 하고, 가족구성원 상호 간의 불균형을 낳게 되어, 당연히 가족복지의 대상영역으로 설정된다고 한다. 일반적 결혼 유형으로는 부모-자녀 관계와 비슷한 결혼, 투사적 동일화의 결혼, 부부간에 거리가 있는 결혼, 미성숙한 결혼, 상호의존이 강한 결혼, 지배적 · 굴복적 결혼, 공생적 결혼 등이 있다.

둘째, 육아기에서 가족복지의 대상영역은 건전한 육아기능수행과 관련된다. 육아기능의 주된 목표는 건전한 신뢰감 육성, 자기통제, 사랑하고 사랑받는 능력의 조장, 훈련 · 학습 능력의 습득 등을 도와주는 것이다.

셋째, 노후기에서 가족복지정책의 대상영역은 노후문제를 중심으로 하고 있다. 즉 인생생활주기 속에서 가족생활주기의 최후 단계인 노년기를 65세 이상으로 규정하고, 노후의 문제에 초점을 맞추면서, 노인 단독의 문제가 아니라 가족문제로서 노인문제가 주요 대상 영역이 된다.

가족복지정책의 대상은 국가와 가족의 관점에서 본 가족의 욕구와 가족문제라고 할 수 있다.

가족의 욕구가 충족되지 않는다면 이는 가족문제가 사회문제가 되므로 욕구와 문제는 밀접한 관련이 있다. 그러므로 가족복지정책의 대상은 가족의 구조와 기능, 그리고 가족생활주기에 따라 다양하게 나타날 수 있는 가족이 지닌 욕구와 문제로서 구체적으로 다음과 같이 세 가지 기준으로 분류할 수 있다.[6)]

1) 가족구조 측면에서의 분류

가족구조상의 특성에 따라 가족복지정책의 대상을 규정하는 것으로는 맞벌이 가족, 미혼모가족, 이혼 및 재혼가족, 소년소녀가정 가족, 노인가족, 핵가족 등 가족구조상의 다양화를 고려하여 각 가족이 지닌 특성에 따라 복지서비스를 달리하는 경우를 말한다.

최근에 여성의 경제활동 참여 증가로 인한 돌봄영역에서의 변화와 함께, 다양한 유형의 가족이 증가하고 있다. 이혼율의 증가뿐만 아니라 동거가족, 생활공동체, 한부모가족, 1인 가구 등 다양한 가족형태가 증가하고 있다. 이는 경제적 불안정으로 인해 발생한 현상이기도 하지만 개인화된 삶을 지향하는 가치관의 변화로 나타난 현상이기도 하다.

현재 다양한 가족구조를 반영한 가족복지정책으로는 이혼증가로 인한 한부모가족 지원정책이 있다. 점차 증가하고 있는 다문화가족에 대한 다문화가족 지원정책도 가족구조에 따른 가족복지정책이라고 할 수 있다.

2) 가족기능 측면에서의 분류

가족기능상의 문제나 특성에 따라 가족복지정책의 대상을 규정하는 것으로, 빈곤가족, 학대가족, 알코올중독 가족이나 약물중독 가족, 청소년 비행가족, 실직으로 인한 소득의 상실로 경제적 측면에서 기능상의 결손을 경험하는 가족과 병리 혹은 장애로 인한 심리적 및 의료적 문제를 겪고 있는 가족의 경우를 말한다.

전통적으로 가족이 부양과 돌봄기능을 제공해 왔으나 부양과 돌봄의 책임이 가족에서 가족과 사회가 분담하는 형식으로 변화하고 있는 등 다양한 가족유형의 등장은 가족기능의 변화를 요구한다.

Gauthier(2011)는 가족기능상의 측면에서 가족을 대상으로 한 아동수당, 가족수당, 주거수당과 같은 직접적 현금지원 정책, 세제혜택과 같은 간접적 현금지원 정책, 모성휴가, 부성휴가, 육아휴직 등을 지원하는 정책, 보육시설과 서비스 등 노동권을 지원하는 정책으로 가족복지정책을 구분하고 있다.

가족의 기능은 일반적으로 경제적 기능, 노동력 재생산기능, 양육과 보호기능, 정서적 기능, 사회유지와 통제기능 등으로 분류할 수 있다. 먼저 경제적 기능에 해당하는 정책으로는 사회보험, 공적부조, 가족수당, 조세감면 등이 있다. 그다음 노동력 재생산에 해당하는 정책으로는 아동수당, 육아휴직, 양육비 지원, 보육서비스, 부모휴가, 가족 간호휴가, 노인 · 아동 · 장애인 부양지원 서비스 등이 있다. 그리고 정서적 기능에 해당하는 정책으로는 가족상담과 치료서비스, 가정폭력 지원서비스, 부부상담 등이 있고, 사회유지와 통제기능에 해당하는 정책으로는 상속, 이혼과 재혼, 입양 등 가족 관련 법이 있다.

3) 가족생활주기에 따른 분류

가족생활주기란 사람이 가족생활에서 경험하는 결혼, 출산, 육아, 노후의 각 단계에 걸친 시간적 연속을 의미한다. 가족의 생활주기에 따라 가족은 다양한 변화와 문제 또는 위기를 경험하게 된다.

가족의 변화과정으로서 남녀의 결혼으로 새로운 가족이 생겨나고 자녀를 출산하여 가족은 확대된다. 자녀들은 성장하게 되어 결혼하고 자신들이 자라온 가족을 떠나게 되면서 가족은 축소되며 노부부의 사망으로 가족은 소멸하게 된다. 또한 부부만의 시기, 자녀출산 및 양육기, 미취학 아동기, 학령기, 청소년기, 독립기, 중년기, 노년기 등 가족생활주기에 따라 가족구성원 개개인은 물론 가족 전체가 당면하게 되는 복지욕구가 다양해짐에 따라 복지개입도 달라진다.

가족기능이 충분히 기능하지 못하고 긴급한 요구에 원조할 때 당연히 국가의 공적 개입이 필요하고 이에 대한 직접적 성과는 나타나지만, 그러한 끊임없는 지속적 도움의 장기적 성과는 가족 상호부조의 의무나 책임을 약화하고, 가족생활의 유대를 약화할 우려가 있으므로 공적 개입의 적절하고 신중한 접근에 의해서만 가족복지정책은 도움이 될 수 있다.

가족복지정책의 대상은 구체적으로 가족복지가 이루어지는 과정에서 국가의 정책이나 법, 그리고 행정조직에 따라 그 대상이 규정된다고 볼 수 있다. 현행 한국 가족복지정책의 대상은 요보호대상자 중심의 가족구성원 개인이며, 가족문제란 빈곤과 이로 인한 소득의 상실 및 질병, 자녀양육 문제, 모성보호 문제, 그리고 노후대책 문제와 장애인가족 문제 등으로 분리, 제한되어 있다.

이처럼 현행 우리나라의 가족복지정책은 가족을 대상으로 하는 복지의 개념 없이 단순히 가족의 중요성을 선언적으로 강조하면서 서비스 측면에 있어서는 요보호대상자 중심으로 잔여적 성격의 복지모형을 보인다고 할 수 있다.

5. 가족복지정책의 주체와 범주

1) 주체

가족복지정책의 담당자는 누구인가? 이에 관한 내용은 한 국가와 사회가 표방하는 복지의 이데올로기에 따른 정책과 매우 밀접한 관계가 있다. 그러나 국가마다 그 비중에 차이가 있긴 하나 가족복지를 담당하는 주체는 크게 개인과 가족, 국가, 기업과 민간단체로 나누어 볼 수 있다.

전통적으로 한국에서는 가족복지정책의 주체를 가족 또는 부부(부모)로 생각하였다. 따라서 가족기능이 마비되고 해체되면 가족구성원 개인이 개별적으로 해결하였거나 가족의 최소한의 유지를 위해 국가의 정책으로 가족을 보호하는 조치의 하나로 이루어졌다. 복지의 주체는 국가만도 아니고 가족 자체도 아니며 민간차원의 노력만으로도 불가능하다. 세계 경제의 변화는 복지와도 직결되어 있어 국가의 복지에 대한 개입의 위축은 지속될 전망이다. 이에 대한 대안으로 국가는 민간의 복지 참여를 더욱 유도할 것이다.

자본주의 사회에서 민간복지의 대표적 주체는 기업이다. 가족복지 역시 기업복지와 직결되는데, 앞으로 기업은 가족복지를 위해 더 많이 이바지할 것이다. 그 예로 기업의 근로자를 위한 근로자복지는 물론 그들의 자녀를 위한 직장 육아사업의 참여 그리고 여성에 관한 고용평등과 모성보호 조치 및 의료 및 노후보장을 위한 기업의 기여 등은 기업복지가 가족복지에 이바지하는 점일 것이다. 따라서 국가의 노력은 물론 기업이 참여할 방안을 검토하는 일은 중요하다. 또한 개인의 자발적 복지 참여, 즉 자원봉사를 통한 가족복지의 구현도 고려해야 한다.[7)]

2) 범주

가족복지정책의 범주를 명확하게 구분하기가 쉽지 않다. 정책의 목표와 대상이 뚜렷하지 않거나 다른 정책영역과 중첩되면서 구분하기 어려운 측면이 있으며, 가족복지정책이 고정적인 것이 아니라 사회와 가족의 변화상을 반영하는 변화의 특성을 가지기 때문이다. 범주의 설정은 가족복지정책을 어떻게 보느냐에 따라 차이가 있다. 가족복지정책은 시대변화에 따라 그 범주가 다음과 같이 확대되고 있다.

- 제1의 개념 : 유럽에서는 가족복지정책을 가족수당, 보편가족 급여, 소득세제 등과 같은 소득 재분배 의미로 사용하였다.
- 제2의 개념 : 인구정책과 장기에 걸친 인구계획이 추가되었다.
- 제3의 개념 : 부적응 가족으로 불리는 소년소녀가정 가족, 장애인가족, 노인가족, 빈곤가족, 무주택가족 등에 대한 지원의 개념으로 주로 사용되었다.
- 제4의 개념 : 최근의 개념으로서의 가족복지정책은 아동의 인권옹호, 취업여성에 대한 지원 등을 중심으로 확대되었다.

Kamerman과 Kahn(1978)은 정책목적, 정책의도의 명시성 정도에 따라 가족복지정책의 범주를 관점, 분야 또는 체계, 수단으로서 접근기준인 세 가지로 구분하였다. 이러한 가족복지정책의 세 가지 범주의 주된 내용은 다음과 같다.[8)]

(1) 관점으로서의 접근

모든 사회정책은 가족에게 직 · 간접적으로 영향을 주므로 가족정책의 관점에서 보아야 한다는 의견이며, 이 경우 가족정책은 사회정책의 맥락에서 파악해야 하므로 하나의 당위적 목적개념이 된다. Kamerman과 Kahn의 이 접근에 따라 가족복지정책을 이해하고자 할 때 별도의 ㅂ의 범주를 정할 필요가 없다. 왜냐하면 모든 사회정책 집행의 중심에 가족단위가 있어서 가족을 반드시 고려하게 되고, 가족을 고려한다는 의미는 적어도 가족에게 해를 끼치지 않는 구도로 정책을 집행할 수 있다는 점에서 가족복지정책이라고 볼 수 있기 때문이다. 그렇지만 현실적으로 모든 정책을 가족중심으로 고찰한다는 것은 매우 어려운 일이기 때문에 이것이 가능하게 하려면 가족복지에 대해 사회적 합의가 있어야 한다.

(2) 분야 혹은 체계로서의 접근

가족복지정책은 사회정책의 한 분야로 취급되어 특정영역으로 국한된다. 국가별로 획일화된 정해진 범주가 있는 것은 아니지만 아래에 제시된 영역은 가족복지정책을 평가할 때 주요 영역으로 이해되고 있다.

- 소득보장정책에 관한 것 : 사회보장, 현금부조, 현물지원, 세제급여
- 인구정책에 관한 것 : 가족계획
- 고용과 노동시장 정책에 관한 것
- 주택정책에 관한 것
- 아동양육 프로그램과 서비스에 관한 것 : 가정보육, 시설보육
- 보건과 의료보호 정책에 관한 것

- 대인복지 서비스에 관한 것

Kamerman과 Kahn은 이 7개 분야 중 인구정책을 제외하고 가족복지와 관계가 있다고 판단되는 6개 분야를 가족복지정책의 체계로 전개하고 있다.

(3) 수단으로서의 접근

Kamerman과 Kahn은 가족복지정책이 다른 사회정책의 목적을 달성하기 위한 하나의 수단이 되기도 한다고 보고 있다. 대표적으로 가족복지정책은 부모가 자녀를 더 많이 낳도록 장려하거나 가족계획을 통해 자녀 출산을 제한하는 등의 방식으로 인구정책을 위한 수단으로 활용될 수 있다.

위에서 설명한 세 접근(관점, 분야, 수단)은 가족복지정책을 범주화하는 데 유용한 기준이 될 수 있다. 이 중 가족을 위한 복지와 가족구성원의 욕구를 반영하는 가족에 의한 복지에 중점을 두고 가족복지정책의 범주화를 고려한다면, 세 접근 중에서 관점과 분야로서의 접근(인구정책 제외)이 가족복지정책을 범주화하는 데 유용한 기준이 될 수 있다. 이 기준을 가족의 기능 및 욕구기초에 따른 가족복지정책의 범주를 재구성하면 다음의 <표 3-5>, <표 3-6>과 같다.

〈표 3-5〉 가족기능의 기초에 따른 가족복지정책의 범주

가족의 기능	가족복지정책
경제적 기능	• 사회보험, 공공부조, 가족수당, 조세감면 등 소득보장, 주택 관련 지원
노동력 재생산기능	• 임신 및 출산급여, 출산휴가, 건강보장 프로그램
양육 및 보호의 기능	• 아동수당, 육아휴직, 양육비, 보육서비스나 부모휴가, 가족간호 휴가, 노인 · 아동 · 장애인 부양지원 서비스, 입양프로그램
성적 · 정서적 기능	• 가족 상담 및 치료 서비스, 가정폭력 지원 서비스, 부부상담, 기타 대인 사회적 서비스
사회유지 · 통제의 기능	• 가족 관련 법(상속, 증여, 이혼, 재혼, 입양, 친권제 등)

〈표 3-6〉 가족욕구의 기초에 따른 가족복지정책의 범주

가족의 욕구		가족복지정책의 범주
가족가치관, 규범에 대한 인식 재고 욕구		• 가족에 대한 사회적 규범과 관련된 법, 제도
소득 욕구		• 소득보장 및 소득공제 제도, 고용보험과 산재보험의 소득보장 관련 급여, 가족(아동)수당
건강 욕구		• 건강보장 제도
보호 욕구	부양의 욕구, 양육의 욕구	• 노인복지서비스 프로그램 • 아동양육서비스 프로그램 • 장애인서비스 프로그램
주거 욕구		• 주택프로그램과 주거 관련 급여
심리 · 사회 · 문화적 욕구		• 사회복지실천에서의 상담, 치료 등 서비스 및 프로그램
기타 건강 가족 조성의 욕구		• 가족에 대한 사회적 규범과 관련된 법, 제도

제 4 장

한국과 외국의 가족복지정책

1. 한국의 가족복지정책

오늘날 나라마다 가족복지정책을 추진하고 있는데 국가는 일반적으로 실정법상에 가족보호에 대해 명시적으로 선언함으로써 가족정책을 정당화한다. 이는 우리나라도 예외가 아니어서 「헌법」 제36조에 "혼인과 가족생활은 개인의 존엄과 양성의 평등을 기초로 성립되고 유지되어야 하며, 국가는 이를 보장한다. 국가는 모성의 보호를 위하여 노력하여야 한다."라는 규정을 명문화하고 있다.

다음은 한국의 가족복지정책에는 노동권 보장정책(보육정책), 부모권 보장정책(출산전후휴가 및 육아휴직, 아버지 육아휴직 할당제), 노인돌봄 관련 정책(노인장기요양보험), 소득보장정책(아동수당, 양육수당) 등이 있는데, 그 주된 내용은 다음과 같다.[1]

1) 노동권 보장정책

(1) 보육정책

한국의 보육정책은 1961년 「아동복리법」의 제정과 함께 시작되었다고 할 수 있다. 초기의 보육정책은 영유아의 복지 향상에 초점이 맞추어져 있어, 1980년대 이후 촉진된 여성의 사회진출에 따른 보육환경 변화에 적절한 정책적 대응에는 미흡하였다. 이러한 보육환경 변화에 대응하기 위해 중앙정부는 보육서비스를 자녀양육에 수반되는 경제적 부담을 완화하는 것을 목적으로 보육시설에 대한 지원을 확대하거나 영유아보육비를 현금으로 지원하고 있다.

보건복지부는 '22년 12월 13일(화) 중앙보육정책위원회 심의를 거쳐 "가정과 어린이집에서의 영유아 보육의 질적 도약"을 실현하기 위한 「제4차 중장기 보육 기본계획('23~'27)」을 발표하였다.

제3차 중장기 보육 기본계획(2018~2022)은 '보육의 공공성 강화'와 '보육지원체계 개편'에 초점을 두어 수립하였다. 그리고 우리나라 합계출산율은 0.78명('22년)으로 저출산이 장기화하는 가운데, 생애 초기시기의 공적 투자에 대한 중요성이 사회적으로 강조되고 있다.

제4차 중장기 보육 기본계획은 '보육 · 양육 서비스의 질적 도약으로 모든 영유아의 행복한 성장 뒷받침'을 비전으로, 국정과제인 '안전하고 질 높은 양육환경 조성'을 실현하기 위한 총 4개 전략, 16대 주요 과제로 구성되었다.

보건복지부와 관련 부처에서는 향후 5년간 인구정책의 근간이 될 「제4차 저출산 · 고령사회 기본계획(2021~2025)」을 2020년 수립하여 국무회의에서 심의 확정하였다. 2021년부터 2025년까지 시행되는 「제4차 저출산 · 고령사회 기본계획」(이하 「제4차 기본계획」)에 따른 보육 관련 핵심정책 추진은 다음과 같다.

첫째, 부부가 어려움을 겪는 임신 · 출생 전후에 의료비 등 부담을 경감하고, 생애 초기 영아에 대해 보편적 수당 지급 등 영아기 집중투자('22~)를 위해 영아수당 신설을 위해 '22년도 출생아부터 매월 영아수당 지원, 돌봄서비스 또는 직접 육아 비용으로 사용하며 부모의 선택권 보장을 강화('22년 도입, '25년 월 50만 원 목표로 단계적 인상)한다. 또한 '첫 만남 꾸러미'에서는 건강보험 임신 · 출산 진료비지원 인상(60→100만 원), 아동 출생 시 바우처(일시금) 200만 원 신규 도입, 총 300만 원을 의료비, 초기 육아비용으로 지원한다.

둘째, 아이와 함께하는 필수시간 보장 및 삶의 질 제고를 위해 육아휴직 이용자를 '19년 10.5만 명에서 '25년 20만 명으로 2배 확대 추진하며, '3+3 육아휴직제'에서는 생후 12개월 내 자녀가 있는 부모 모두 3개월 육아휴직 시, 각 최대 월 300만 원(통상임금 100%) 지원한다. 또한 육아휴직 소득대체율 인상은 통상임금의 80%, 최대 월 150만 원(현행 50%, 최대 120만 원)으로 한다. 그리고 중소기업 지원 확대는 우선지원 대상기업에 육아휴직 지원금 3개월간 월 200만 원 지원, 육아휴직 복귀자를 1년 이상 고용 유지한 중소·중견기업 세액공제 확대(5~10→15~30%)한다. 그리고 보편적 육아휴직 권리에서는 고용보험 가입 특수형태 고용, 예술인, 플랫폼노동종사자 등으로 확대한다.

셋째, 아동돌봄의 공공성 강화, 서비스 내실화를 위해 '25년까지 공보육 이용률 50% 달성 및 온종일 돌봄지속 확충('22년 53만 명까지 확대)한다.

(2) 방과 후 보육정책

방과 후 보육은 기본적으로 여성의 경제 참여에 따른 여성 노동권 보장을 위한 아동 보육환경의 필요와 저소득 소외계층의 교육격차 해소라는 두 가지 목적이 공존하여 '방과 후 보육시설', '공부방', '초·중·고 방과 후 학교', '초등돌봄교실', '지역아동센터', '청소년 방과 후 아카데미' 등 매우 다양한 이름으로 진행되고 있다. 전자는 '12세까지 방과 후 보육을 명시한 「영유아보육법」'을 기반으로 하며, 후자는 '18세까지 지역아동센터 교육을 명시한 「아동복지법」 및 '초등학교 방과 후 교육의 주체인 교육과학기술부 주도 초·중·고 방과 후 학교'를 기반으로 한다고 할 수 있다.

현재 보육시설에 대한 지원의 하나로 방과 후 보육 서비스 확대, 보육시간 연장, 휴일이나 공휴일 보육 지원, 영유아와 장애아 전담이나 장애아 통합보육시설 등의 지원을 확대하고 있다. 서소득층 아동들에게 가난의 대물림에서 벗어나도록 복지·교육의 기회를 제공하는 취지의 도비지원인 위스타트(We Start) 지역공동체 사업 조례안이 폐지됐다. 대신 보건복지부 주관 전국 단위로 실시되는 저소득 아동 지원사업인 국비 지원인 드림스타트(Dream Start) 사업을 2010년 7월부터 통합운영해 오고 있다.

드림스타트 사업은 취약계층 아동에게 맞춤형 통합서비스를 제공하여 아동의 건강한 성장과 발달을 도모하고, 공평한 출발기회를 보장하여 건강하고 행복한 사회구성원으로 성장을 지원한다(법적 근거 :「아동복지법」 제37조 및「아동복지법시행령」 제37조). 사업 내용은 아동복지서비스 통합 및 조정하며, 만 13세 이상 아동에 대한 서비스 제공 기관 연계는 특화 분야 아동복지교사가 원칙적으로 수행하나 특화 분야 아동복지교사가 수행할 수 없는 경우 아동 통합 사례 관리사가 수행한다.

방과 후 보육은 아이 돌보미 파견을 통해 가정 내 육아정책도 지원하고 있다. 그리고 방과 후 보육료 지원사업은 방과 후 돌봄이 필요한 초등학교 저소득 또는 장애아동에 대하여 방과후교실 어린이집 보육료를 지원함으로써 아동 보호와 발달에 이바지하는데, 차상위 이하(법정 저소득층 포함) 또는 장애아동에 해당하는 취학아동이 방과 후에 어린이집을 일일 4시간 이상 이용하는 경우 보육료를 지원한다.

2) 부모권 보장정책

(1) 산전후휴가

산전후휴가 제도란 임신 중의 여성에 대해서는 산전 후를 통하여 계속해서 90일의 보호휴가를 주되, 반드시 산후에 45일 이상이 확보되도록 부여하여야 하며, 출산한 여성근로자의 근로의무를 면제하고 임금 상실 없이 휴식을 보장받도록 하는 제도이다. 출산이 예정보다 늦어져 산전휴가가 45일을 초과한 때도 산후 45일 이상이 되도록 휴가기간을 연장하여야 하며, 사업주는 한 번에 둘 이상 자녀를 임신하였을 때 120일의 출산전후휴가를 주어야 한다.

휴가기간 중의 임금 지급은 종전에는 산전후휴가 기간 중 최소 60일분은 사업주가 지급하고, 이후 30일분은 고용보험에서 지급하였으나, 지원대상의 근로자가 2006년 1월 1일 이후 출산할 때는 90일간의 급여를 고용보험에서 지급하고 있다.

(2) 육아휴직

임신 중인 여성근로자나, 8세 또는 초등학교 2학년 이하 자녀를 가진 근로자가 자녀양육을 위해 최대 1년간 육아휴직을 사용할 수 있는 제도이다. 이 제도는 근로자의 육아부담을 해소하고 근로자의 생활안정 및 고용안정을 도모, 만 8세 이하 자녀를 가진 근로자에게 육아휴직을 30일 이상 부여, 통상임금의 40% 지급한다. 아울러 생후 12개월 이내 자녀 돌봄을 위해 부모 모두 육아휴직을 사용하는 경우 육아휴직급여 중 첫 3개월은 부모에게 각각 통상임금의 100%를 지원한다.

육아휴직 지원금은 '22년 1월 1일 이후에 시작하는 육아휴직을 허용한 우선지원대상기업 사업주부터 적용하며 지원 요건은 아래와 같다.

첫째, 피보험자인 근로자에게 「남녀고용평등과 일 · 가정 양립 지원에 관한 법률」 제19조에 따른 육아휴직을 30일 이상 허용한 사업주이다.

둘째, 만 12개월 이내 자녀에 대한 육아휴직을 3개월 이상 연속하여 허용(최초 3개월에 대해 월 200만 원, 특례)되며, 근로자가 육아휴직을 3개월 이상 신청하고 사업주가 이를 허용하였더라도 근로자의 조기복직 등으로 인해 실제 육아휴직 사용 기간이 3개월 미만이라면 특례를 적용하지 아니한다. 예를 들면 근로자가 12개월 이내 자녀를 대상으로 육아휴직을 5개월 신청하고 사업주가 이를 허용하였으나 2개월 사용 후 조기복직했다면, 특례 미적용하여 월 30만 원을 지원한다. 그리고 사업주의 귀책사유 없이 근로자가 자진하여 퇴사한 때도 12개월 이내 자녀 대상 장기 육아휴직 촉진이라는 정책목적을 고려, 지원금 지급대상에서 제외한다.

셋째, 육아휴직 종료 후 피보험자인 근로자로 6개월 이상 계속 고용할 경우, 근로자의 고용안정과 경력단절 예방을 위해 지원금의 50%는 육아휴직 종료 후 6개월 이상 계속 고용 여부를 확인하여 지급한다.

넷째, 지급수준은 자녀 연령이 만 12개월 이내일 경우 3개월에 대해 월 200만 원, 이후 30만 원이 지급되며, 자녀 연령이 만 13개월 이후의 경우에는 월 30만 원이 지급된다. 지원금의 50%는 육아휴직을 시작한 달의 다음 달부터 3개월 단위로 신청하고 나머지 50%는 육아휴직자 복귀 후 6개월이 지난날부터 한꺼번에 신청한다. 예를 들어 2022년 1월 2일부터 육아휴직을 시작했다면 다음 달인 2월부터 신청한다는 의미는 아니며, 2월부터 발생(1월분)하여 3개월 단위를 5월에 신청하면 된다.

(3) 아빠 육아휴직

아빠 육아휴직은 휴가제도를 더욱 적극적으로 개선하여 아버지를 육아에 참여할 수 있도록 제안된 정책이고, 자녀양육에 대하여 부모의 공동책임을 인정하고 휴직 기간 중 일정기간을 아버지에게 할당하는 제도이다.

1년 이내의 육아휴직을 신청하면 통상임금의 100분의 80(상한액: 월 150만 원, 하한액: 월 70만 원)을 육아휴직 급여액으로 지급한다. 이중 휴직급여액 중 일부(100분의 25)는 직장 복귀 6개월 후에 합산해 일시불로 지급한다.

아빠 육아휴직 보너스제는 2022년 1월부터 개정 및 신설된 '3+3 부모 육아휴직제'로 통폐합됨으로써 아빠 육아휴직 보너스제는 '22년 12월 31일까지만 시행되었다.

'22년에 바뀌서 시행된 일부 내용은 다음과 같다.

첫째, 아빠 육아휴직 보너스제가 3+3 육아휴직제로 개편되었다. 전자인 아빠 육아휴직 보너스제는 보통 아빠보다 엄마가 먼저 육아휴직을 사용하기 때문에 두 번째 휴직자가 아빠인 경우가 많다. 이때, 두 번째 휴직자인 엄마의 육아휴직 급여 80%보다 높은 100%를 받게 된다.

둘째, 새로 개편된 후자인 3+3 육아휴직제는 아빠 육아휴직 보너스제와 달리 부모 모두 3개월 동안 100%를 받게 된다. '21년에 출생한 자녀라고 해도 생후 1년이 지나지 않은 시점인 '22년에 두 번째 부모가 같은 자녀에 대해 육아휴직을 시작한 때도 같은 지원이 가능하게 되었다.

셋째, 개편된 3+3 부모 육아휴직제는 생후 12개월 미만 자녀를 둔 부모를 대상으로 하고 있다. 예를 들어 22년에 생후 12개월이 지난 자녀에 대해 육아휴직을 사용하는 아빠의 경우 아빠 육아휴직 보너스제만 사용할 수 있다. 그리고 4개월 이후부터 12개월까지는 50%를 받게 된다.

넷째, 아빠의 육아돌봄에 대한 심리상담 및 아이의 양육발달 정보를 지원하기 위해 보건복지부에서는 임신 육아종합포털인 아이사랑을 운영하고 있다. 또 여성가족부에서는 한국건강가정진흥원을 통해 다양한 프로그램을 지원하고 있는데 그중 아빠를 위한 육아 정보 및 프로그램을 활발하게 펼치고 있다. 육아에 지친 심리를 공유하는 아빠들의 수다모임과 아빠 역할지원을 위한 프로그램, 아이와 아빠가 함께 참여하는 체험활동 등이 있다.

'24년 1월부터 부모가 육아휴직 시 최대 6개월간 통상임금의 100%가 지급된다. 수령 기간이 기존 3개월에서 6개월로 확대됐으며, 매월 단계적 인상분을 적용하면 최대 450만 원까지 수령 가능하다. 고용노동부는 '23년 10월 6일 이러한 내용을 포함하는 「고용보험법」, 「고용산재보험료징수법」 하위법령 일부 개정안을 입법 예고했고, '23년 12월 19일 국무회의서 최종 의결되었다.

의결된 내용을 보면, 부모의 육아휴직 부담을 줄이기 위해 기존 '3+3 부모육아휴직제'를 '6+6 부모육아휴직제'로 확대 개편하였다. 부모가 동시에 또는 순차적으로 육아휴직 사용 시 첫 6개월간 부모 각각의 육아휴직 급여를 통상임금 80%에서 100%로 상향한다. 매월 상한액은 50만 원씩 상향해 1개월 200만 원, 2개월 250만 원, 3개월 300만 원, 4개월 350만 원, 5개월 400만 원, 6개월 450만 원으로 마지막 달에 최대 450만 원까지 수령 가능하다. 그리고 사용가능 자녀 나이도 생후 12개월 내에서 생후 18개월 내로 확대되었다.

3) 노인 맞춤돌봄 관련정책

노인돌봄 정책 중 대표적인 노인장기요양보험은 고령사회를 대비하여 노인성 질병 등으로 인하여 6개월 이상 동안 혼자서 일상생활을 수행하기 어려운 노인 등에게 신체활동 또는 가사 지원 등의 장기요양급여를 사회적 연대원리에 의해 제공하는 사회보험제도이다. 이러한 노인돌봄 정책은 노인장기요양보험, 노인 맞춤돌봄 서비스, 치매돌봄 서비스(치매국가책임제)를 중심으로 그 외의 지역사회 단위에서 제공되는 지역사회 통합돌봄 선도사업, 노인복지관이나 지역복지관을 중심으로 한 지역복지서비스 등을 통해 제공되고 있다.

노인돌봄 정책은 2007년 4월 27일 제정되어 2008년 7월 1일부터 시행됐는데, 최근 노인돌봄 정책은 돌봄서비스의 공급자 중심 분절성을 극복하고 보장성을 확대하기 위한 정책적 노력이 이루어졌다. 특히 노인 맞춤돌봄 서비스는 2020년부터 노인장기요양보험 이외의 지역 단위에서 이루어지던 노인돌봄 종합서비스, 노인돌봄 기본서비스를 비롯하여 독거노인 사회관계 활성화 사업 등 사업별로 파편화되어 제공되던 서비스를 지역 단위에서 노인의 욕구를 중심으로 통합적으로 제공할 수 있도록 개편되었다. 이를 통해 기존에 유사 · 분절적으로 제공되던 노인돌봄 6개 사업을 통합하고 개인별 서비스 제공 계획을 수립하여 필요한 서비스를 통합적으로 제공하고, 참여형 서비스, 신체건강 · 정신건강 프로그램 등 예방적 돌봄강화를 위한 다양한 서비스를 제공하는 것을 추진 방향으로 설정하였다.

노인돌봄서비스의 주요 대상자인 '치매환자'에 대한 정책은 2018년부터 '치매국가책임제'를 통해 급속히 성장하였다. 이를 통해 치매관리 정책의 전담 인프라인 치매안심센터를 전국 256개 시 · 군 · 구에 설치하여 치매환자 돌봄의 시설 및 인력 인프라를 확보하는 성과를 거두었다. 또한 노인장기요양보험의 인지지원 등급을 통해 치매 노인의 장기요양서비스 이용에 대한 접근성을 크게 확대하였다.

지난 몇 년간의 노인돌봄 정책확대를 통해 노인장기요양보험 수급자는 2020년 85만 8천 명, 노인 맞춤돌봄 서비스 이용은 45만 명으로 130만 8천 명의 노인이 공공의 돌봄서비스에 대한 급여 권한을 갖게 되었다. 이는 전체 노인의 약 15.4% 규모이다. OECD 장기요양서비스 수급자 비율은 65세 이상 노인인구 대비 재가는 10.7%, 시설은 3.8%로 총 14.5%와 비교할 때 현재 우리나라의 노인돌봄서비스 수급자 규모는 상당수준의 성장결과이다.

돌봄서비스에 대한 필요성이 커지는 75세 이상 후기 노인의 증가는 노인돌봄 정책에서 보장성 확보와 함께 사회적 지속가능성을 위한 효율성 높은 정책을 추진할 필요가 있음을 보여 준다. 이를 위해 2022년 노인돌봄 정책에서는 노인이 지역에서 계속 거주(aging in place 또는 aging in community)할 수 있도록 하는 '지역기반의 노인돌봄 강화'와 사회적 효율성 강화를 위한 의료와 돌봄 제도의 역할 정립에 초점을 둔 정책 추진이 요구된다. 우선 지역 기반의 노인돌봄 강화 정책을 위해 노인장기요양보험의 재가급여에 대한 급여량 확대와 급여 제공방식의 전환이 필요하다.

4) 소득보장정책

소득보장정책이란 일정 생활수준을 유지할 수 있도록 소득을 보장하는 정책을 말한다. 실업 · 질병 · 재해에 의해 수입이 중단될 때, 또는 노령에 따른 퇴직이나 부양자의 사망 등에 의해 수입이 상실될 때, 출생 · 사망 등에 수반하는 지출이 발생할 때, 일정 생활수준을 유지할 수 있도록 소득을 보장해 주는 정책이다. 또한 소득보장정책은 금전적 지원으로 일정수준의 소득을 보장하고, 이로써 빈곤을 완화하는 것을 목적으로 한다.

소득보장정책 중 주된 아동수당, 양육수당과 부모급여 중심으로 살펴보면 다음과 같다.

(1) 아동수당

아동수당은 아동을 양육하고 교육하는 데 드는 비용을 보조하기 위해 가족에게 지급되는 급여를 말하며 보편적 복지의 기본 축이다. 아동수당제도는 주요 선진국들이 이미 1940~1950년대에 본격적으로 도입한 지 오래된 제도이며, 모든 아동에 대하여 의무교육인 고등학교 졸업 나이까지 아동수당을 지급하고 있다. 스웨덴, 오스트리아, 프랑스, 영국, 이스라엘, 스페인 등 유럽 국가 대다수와 캐나다, 일본 등 대부분 국가에서 아동수당제도를 도입하고 있다.

우리나라의 합계출산율은 '83년 2.60명, 2000년 1.48명, '10년 1.23명, 2022년 0.78명으로 계속 떨어지고 있으며, OECD 국가 중 최저 수준을 기록하고 있다. 이처럼 출산율이 낮은 우리나라에서는 아동수당을 통해 출산율을 높이는 데 이바지할 것으로 본다.

아동정책이 주로 저소득층을 대상으로 소득 보전의 형태로 이루어져 왔지만 출산 문제가 심각하게 대두하기 시작한 지난 2000년대부터 요보호대상이 아닌 보편적인 형태의 아동정책에 대한 필요성이 강조되기 시작하였다. 이러한 취지에 발맞추어 「유엔 아동권리협약」의 아동복지권 정신을 옹호하고, 자녀양육가정에 대한 소득지원을 통해 사회보장을 실현하며, 저출산을 양산하는 낙후한 양육환경을 개선하기 위해 12세 미만 아동에게 아동수당을 지급하고자 「아동복지법」 일부개정 법률안과 아동수당법안을 제의하였다.

'18년 11월 정부와 국회가 중심으로 모든 아동을 대상으로 하는 '아동수당법 개정안'을 정기국회에서 처리하기로 합의하였고, 이후 국회 법안심사를 통해 '19년 1월 「아동수당법」이 개정되었다. 개정된 「아동수당법」에 따르면, '19년부터는 부모의 소득 · 재산과 관계없이 6세 미만 모든 아동에게 매월 10만 원의 아동수당이 지급되었다.

'23년 9월부터는 아동수당은 그 대상 범위가 생후부터 만 8세 미만(초등학교 1학년 생일 전까지)까지 확대되었다. 즉 가정 보육과 어린이집 등원 여부, 직업, 소득과 관계없이 자녀가 있는 가정이라면 생후부터 만 8세 미만까지 매월 10만 원을 지원하며, 다른 수당과 중복수급이 가능하다.

(2) 양육수당과 부모급여

① 양육수당

양육수당은 어린이집이나 유치원을 이용하는 대신 가정에서 아이를 돌보고자 하는 가정을 대상으로 해당 영유아에게 양육에 필요한 비용을 지원하는 제도이다.

양육수당은 아동 양육정책의 변화로 2009년 7월부터 도입되었으며, 보육시설을 이용하지 않은 국민기초생활수급자와 차상위계층 2세 미만 영아에 대해 월 10만 원을 양육수당으로 제공하면서 시작되었다.

'23년부터 양육지원을 보면, 0세 기준 70만 원의 부모급여가 신설되었고, 만 1세에게는 35만 원이 지급된다. 만 2세 이후에는 부모급여는 없지만 양육수당 월 10만 원씩을 받게 된다. 기저귀 · 분유 바우처 지원금이 인상되어 기저귀 월 6.4만 원에서 8만 원으로 인상되었고, 한부모 양육비 지원대상도 확대되어 기준 중위소득 52%에서 65% 이하, 월 20만 원으로 인상되었다. 또한 청소년 한부모 기준 중위소득 60%에서 65% 이하, 월 35만 원을 지원받는다. 그리고 의료지원, 소외 아동 · 청소년 지원도 받게 되었다.

'23년 보건복지부 일반회계 예산에서 보육분야 예산의 세부항목 중 영유아보육료, 가정양육 수당, 어린이집 확충, 시간제 보육지원 등 다수의 보육사업은 지원대상 아동의 감소에 따라 예산이 많이 감소하였다. 대신 새로 신설된 부모급여 지원예산이 336% 증가하여 보육분야의 큰 사업으로 자리하였다.

② 부모급여

'23년 1월 25일부터 지급하고 있는 부모급여는 만 0세 및 만 1세 아동을 돌보는 부모를 대상으로 지급하는 복지수당이다.

'22년 추가경정예산과 비교하여 '23년 예산안은 14.4% 증가하였다. 부모급여 지원예산이 336% 증가하여 보육분야의 세 번째 큰 사업으로 자리하게 되었다. 부모급여 지원은 '23년 순증만 1조 2,762억 원에 달한다. '24년에는 부모급여를 0세 월 100만 원, 만 1세에게 50만 원으로 확대하였다.

'23년 부모급여는 기존의 영아수당을 개편하여 만 0세(0~11개월) 아동을 돌보는 가정에 월 70만 원, 만 1세(12~23개월) 아동을 돌보는 가정은 월 35만 원을 지원한다. 또한 1세의 경우, 시설 이용 시 보육료 차감 후 지급한다. 그리고 아동수당과 육아휴직 급여 수급자도 부모급여를 받을 수 있다. 단 부모급여와 보육료는 중복수혜는 불가하다. 그리고 '24년에는 각각 100만 원, 50만 원으로 인상하였다. 만 0세 아동이 어린이집을 이용하고 있다면 부모급여에서 어린이집 보육료를 차감한 뒤 지급한다.

부모급여를 신청하려면 출산 후 60일 이내에 부모가 복지로 홈페이지 또는 정부24 홈페이지에서 신청하거나 담당 지역 주민센터를 방문해야 한다. 출산 후 60일을 넘겨도 신청은 가능하지만 이미 지난 시점의 부모급여는 소급해서 받을 수 없다. 신청 후 매월 25일마다 등록한 계좌에 입금된다.

기존의 영아수당을 받고 있던 부모는 별도로 신청하지 않아도 자동으로 부모급여로 전환된다. 매달 10만 원씩 받는 아동수당과 출산 시 200만 원 상당 바우처를 지급하는 첫 만남 이용권도 부모급여와 중복으로 지급된다. 단 아이돌봄 서비스 정부지원금과 부모급여는 중복 지급이 안 되니 둘 중 하나를 선택해야 한다. 그리고 부모급여 지급대상인 가정의 만 0세 자녀가 보육시설(어린이집)에 가게 되면 51만 4천 원의 보육료 바우처를 받고, 부모급여 70만 원의 차액인 18만 6천 원을 현금으로 받게 된다.

2. 외국의 가족복지정책

국가마다 가족복지정책의 구체적 내용은 각국이 처한 사회적 · 경제적 · 정치적 · 문화적 조건에 따라 다르지만, 가족복지정책의 발전은 유럽 중심으로 이루어진 것은 주지의 사실이다,

유럽 중심으로 가족복지정책에 대해 구체적인 논의가 시작된 것은 1940년 전후로 빈곤가족의 문제가 대두된 이후 활발히 계기가 되었고 1970년대와 1980년대를 거치면서 전반적인 인구감소라는 인구학적 변화와 핵가족화와 여성 노동력의 시장 참여로 인한 가족생활의 변화로 인한 양성평등 및 부의 재분배라는 측면에서 정책적 접근이 이루어졌다.

외국 국가의 가족복지정책의 유형 선정에 있어서는 자주 인용되는 Esping-Anderson(1991)의 복지국가 유형 군에서 대표적 국가들을 선정하였다. 사회민주적 조합주의 복지국가 군에서는 스웨덴을, 보수적-조합주의 복지국가 군에서는 프랑스를, 그리고 자유주의 복지국가 군에서는 미국을 각각 선택하였다. 앞 장에서 살펴본 Gauthier(1996)의 분류에 의하면, 프랑스는 가족친화적 · 출산장려주의적 모델(pro-family · pro-natalist model)에 속하는 국가이고, 스웨덴은 성평등주의적 모델(pro-egalitarian model)에 속하는 국가이며, 미국은 가족친화적이지만 비개입주의적 모델(pro-family but non interventionist model)에 속하는 국가이다. 이러한 국가 간 비교를 통해 우리나라 가족복지정책의 성격을 평가해 볼 수 있으며, 향후 우리나라의 가족복지정책의 정립에 유용한 시사점을 얻을 수 있을 것으로 본다.

외국의 가족복지정책 중 우리나라에 영향을 미친 미국, 스웨덴, 독일 중심으로 가족복지정책의 주된 내용은 다음과 같다. [2)]

1) 미국의 가족복지정책

(1) 역사

미국은 흔히 영국과 아일랜드, 캐나다, 호주 등 다른 영미 계열 국가와 함께 자유주의 복지국가로 분류되는데, 이는 명시적인 목표를 갖는 가족복지정책을 시행하고 있지는 않다. 미국은 국가보다는 시장의 역할을 중시하는 대표적인 자유주의 복지국가로서, 이러한 특성이 가족 관련 정책에 반영되어 있다.

미국은 가족에 영향을 미치는 사회정책들은 주로 사회적 박탈 정도가 매우 심각한 취약집단에 정책 관심이 한정되는 경향이 있으며, 특히 가족복지정책은 선별적 복지정책을 중심으로 주로 빈곤집단을 대상으로 하는 빈곤정책과 관련하여 이루어졌다. 또한 빈곤가족을 제외한 중산계급 이상에 대해서는 세금공제 혜택의 방식을 통한 간접적 지원이 전부를 차지하고 있다.

이처럼 미국은 의료보장조차 주로 시장에 맡겨져 있으며, 연금이나 실업급여의 수준은 물론이고 아동수당이나 유급휴가 제도도 없다는 점에서 자유주의 가족복지정책을 따르는 다른 국가와 차이가 있다.

미국은 국가보다는 시장의 역할을 중시하는 대표적인 자유주의 유형의 국가로 전반적으로 연방 차원의 사회보험체계에서 유럽보다는 약 30~50년 정도 늦은 편이다. 또한 미국은 강한 개인주의적 가치를 기반으로 하고 있으며, 사적인 단위로서의 가족을 강조하고, 가족문제에 대한 정부의 개입을 반대하는 전통이 있다. 이런 맥락에서 보면, 가족에 영향을 미치는 사회정책은 주로 사회적 박탈 정도가 매우 심각한 취약집단(the vulnerable)에 정책이 한정되는 경향이 있으며, 특히 가족복지정책은 주로 빈곤집단을 대상으로 하는 빈곤정책과 관련하여 이루어져 왔다. 빈곤가족을 제외한 중산계급 이상에 대해서는 세금공제 혜택의 방식을 통한 간접적 지원이 전부를 차지하고 있는데, 미국의 가족복지정책의 변천을 알아보면 다음과 같다.

미국은 1935년 사회보장법(Social Security Act)의 제정으로 복지국가로서의 제도적 기틀을 마련하였는데, 이는 연방정부의 사회적 역할이 시작되었다. 사회보장법의 특징을 살펴보면 첫째, 가족수당과 국민건강보험을 제외한 모든 기본적인 사회보험을 제공하고 있으며 둘째, 노인과 장애인에 대한 보호는 비교적 잘 되어 있다. 그리고 셋째, 아동과 자녀가 있는 가족은 보편적인 사회보험 수급권, 국가적인 최저임금, 보편적인 건강보호권을 갖지 못하였다.

동법하에서 요보호아동에 대한 구호책으로 'ADC(Aid to Dependent Children)'가 마련되었는데, 이는 공공부조프로그램 가운데 가장 핵심적이고 규모가 큰 것이었다. 이 프로그램은 부모가 없거나 무능력한 상태에 있어서 보호를 제대로 받을 수 없는 아동에게 재정적 지원을 하는 것이었는데, 주된 목적은 어머니가 어린 자녀와 함께 가정에 머물면서 자녀를 양육할 수 있도록 하는 것이었다. 이것은 1962년에 AFDC(Aid to Family with Dependent Children)로 변경되어 미국의 대표적 공공부조제도로 자리 잡게 된다. 그리고 1960년대 이후 시민권 운동 등 사회운동의 영향으로 고용기회의 균등, 인종차별의 철폐, 빈곤의 해소 등을 추구하는 사회복지의 확대가 이루어졌다.

미국은 복지수혜 가족의 자립의지와 노동동기를 고양하고자 하는 정책 경향이 강한데, 이는 1975년 도입된 근로장려 제세(EITC: Earned Income Tax Credit)에서도 드러난다. EITC는 근로빈곤층(working poor)을 대상으로 급여증가, 급여일정, 급여감소 구간을 갖추어 근로소득 고취를 목표로 설계되었으며, 1986년, 1990년을 거쳐 급여수준과 급여대상이 확대되었다. 또한 1977년 '근로소득세환급제도'는 근로빈곤층을 대상으로 연간소득의 10%의 급여혜택을 제공하고 소득세액이 신용(credit)의 규모에 못 미치는 경우 세액을 환급해 주는 소득보장제도를 시행했다.

1980년 레이건 정부를 통해 복지감축이 이루어져 AFDC 프로그램을 주정부 관할로 이관시키며, 노동의무를 강화하는 프로그램, 즉 워크 페어(workfare)를 도입함으로써 복지수급을 억제하는 정책을 추구하였다. 그리고 소득보장과 관련해서 보면, 급여수준을 낮추고 자격 기준을 강화함으로써 직접적으로 지출을 감소시켰다. 여기서 워크 페어(workfare)란, 복지를 뜻하는 'welfare'가 워크 페어라는 말로 대치되고 있는데, 이는 미국에서 일하는 것을 조건으로 공적인 부조를 베푸는 것을 말한다. 그리고 적당한 취직 처가 없을 때 신체장애인센터나 도서관 등에서 일정시간 주 24시간의 무료봉사가 의무화되어 있다.

1988년 가족지원법(Family Support Act)의 제정으로 공공부조에 있어서 몇 가지 변화가 왔는데, 가족과 관련한 변화를 보면 첫째, 3세 이상의 자녀가 있는 수급여성은 수급의 조건으로 일을 하거나 직업훈련프로그램에 참여해야 하며, 둘째, 수급을 받는 여성이 동거하지 않는 배우자에게 자녀양육비를 받아낼 수 있도록 주정부가 양육비를 강제 징수하거나 추적하는 조치가 가능하게 되었다.

1990년대에 이르러 신자유주의의 물결과 공화당 상 · 하원이 의회의 다수가 되면서, 1996년 개인책임 및 근로기회 조정법(PRWORA: Personal Responsibility and Work Opportunity Reconciliation Act)이 제정되었다. 이 법의 핵심적인 내용은 향후 6년간 식품권 제도(Food Stamp)와 보충적 소득보장 제도(SSI : Supplemental Security Income)의 예산삭감, AFDC의 TANF(Temporary Assistance to Needy Family)로의 대체이다. 이후 사회정책의 기조는 일과 복지

의 연계에 더욱 맞춰졌고, 노동에 대한 강조와 가족책임이 강화되었다. 그리고 PRWORA은 급여기간을 제한하고, 급여수준의 상한을 설정하며, 연방정부의 책임을 줄이고 주정부로 권한을 이양하였다. 복지개혁 이후 급여대상자는 12% 감소하였다.

(2) 가족복지정책 프로그램

미국 가족복지정책의 주된 프로그램은 가족에 대한 소득지원프로그램(빈곤가족에 대한 한시적 보조프로그램, 보충영양 지원제도, 학교급식프로그램, 근로장려세제, 주거지원), 가족·취업 양립지원 정책(가족의료휴가제도), 돌봄 및 양육지원프로그램(출산휴가 및 육아휴직, 보육제도) 등이 있는데, 그 주된 내용은 아래와 같다.

① 가족에 대한 소득지원프로그램

가족에 대한 대표적 소득지원프로그램은 자녀가 있는 빈곤가정에 대한 제한적 지원프로그램들과 근로자 가족에 대한 세제지원 프로그램이 있다.

Ⓐ 빈곤가족에 대한 한시적 공공부조프로그램

빈곤가족 한시적 부조(Temporary Assistance to Needy Family: TANF)는 1996년 복지개혁법(Personal Responsibility and Work Opportunity Reconciliation Act)의 제정으로 이전에 존재하던 AFDC(Aid to Family with Dependent Children)에서 전환된 프로그램이다. AFDC는 부양아동을 가진 빈곤가족에 대한 공공부조로서, 부모의 사망, 무능력, 부재로 인해 부모가 아동을 양육할 수 없는 경우 연방정부와 주정부의 재정으로 급여를 제공하는 프로그램이었다. 자격기준은 18세 미만의 아동이 있는 가족으로서 일정수준 이하의 빈곤한 가구로 인정되면 노동에 대한 의무 없이 권리적 성격으로 받을 수 있었다. AFDC가 미혼모 문제와 복지의존도를 높이는가에 대한 도덕적 쟁점이 드러나자, AFDC를 폐지하고, 근로활동을 조건으로 지원하는 TANF로 대체되었다.

TANF는 빈곤에 있어 정부의 책임을 줄이고 개인의 책임을 강조하였다. 미취업 상태의 근로 가능한 성인은 급여개시 2개월 후에는 지역사회 공공근로에 참여해야 하며 2년이 지나면 반드시 취업해야 한다. TANF 급여는 생애주기 동안 최대 5년까지만 받을 수 있어서, 그 이후는 노동시장에 진입하지 않으면 생계를 이어 갈 수 없다.

Ⓑ 보충영양 지원제도

보충영양 지원제도(Supplemental Nutrition Assistance Program: SNAP)는 과거 식품구매권(food stamp) 프로그램을 2008년에 대체한 제도이다. SNAP의 주된 수혜대상자는 저임금노동자, 시간제 노동자, 저소득고령자 장애인, 노숙자 등이다. 소득 상한선 이하의 세대단위로 급여가 이루어지며, 소득이 높아질수록 급여액이 감소한다. 18~50세 비장애 성인의 경우 근로요건이 부과되어, 주 20시간 근로, 근로 및 훈련 프로그램에 참여해야 한다. 자녀를 부양하면 의무가 면제된다. 저소득층 임산부, 출산 직후의 여성, 영유아 및 5세 이하의 아동을 대상으로 식품, 영양, 상담 및 의료지원을 목적으로 모자보충 영양프로그램(IWC)을 별도로 시행하고 있다.

Ⓒ 학교급식프로그램

학교급식프로그램(School Breakfast and Lunch Program)은 TANF 수급가정의 아동, 보충영양 지원제도의 혜택을 받는 가정의 아동, 저소득층 아동에게 학교에서 저렴한 비용 또는 무료로 아침과 점심 급식을 제공함과 동시에 국내 농산물 소비촉진을 위해 실시하는 공공부조프로그램이다.

Ⓓ 근로장려세제

미국은 유럽과 달리 보편적 아동수당 혹은 가족수당제도는 존재하지 않으나, 자녀가 있는 근로자가족에 대해 조세를 통해 지원하는 근로장려세제(EITC: Earned Income Tax Credit)를 운영하고 있다. 이 제도는 노동능력이 있는 근로자가 복지에 의존하지 않고 취업을 유지하도록 재정적 유인책을 제공한다. 근로장려세제는 아동을 부양하는 저소득가정을 지원하는 가장 규모가 큰 정책으로 성장하여 2008년 약 2,500만 가정을 지원하며 재원은 500달러 이상으로 나타난다. 그러나 근로장려세제는 노동과 연계되어 근로하지 않은 빈곤층에게는 지원하지 않는다. 불황으로 고용이 어려운 상황에서는 이는 빈곤으로 이어질 수 있다.

Ⓔ 주거지원

미국은 저소득층(노인, 장애인 등)을 위한 공공임대주택을 건설하고 있으며, 섹션 8 프로그램(Section 8 Program)을 통해 주택임대 증서(rental voucher) 또는 주택임대권리증(certificate)을 지급하여 저소득가정, 노인과 장애인의 주거비를 보조하고 있다.

② 가족 · 취업 양립지원 정책

미국의 경우 유럽국가에 비하면 취업과 가족생활의 양립을 지원하는 정부차원의 공공정책은 미약하다고 볼 수 있다. 가족의료휴가제도(the Family and Medical Leave) 외에 유럽 여러 국가에서 발견되는 유급 부모휴가와 같은 대표적 프로그램이 부재하며, 그 공백을 기업 등 민간차원에서 제공하는 프로그램이 일부 메우고 있다.

Ⓐ 가족의료휴가제도

미국은 1993년 제정된 '가족의료휴가법'(FMLA: Family and Medical Leave Act)에서 가족돌봄 지원제도를 규정하고 있다. 이 법은 근로자의 일 · 가정 양립을 위해 자녀 출산 및 입양, 자녀, 배우자, 부모 등 심각한 건강상태에 있는 자, 또는 근로자 자신의 건강을 돌보기 위하여 1년에 12주의 휴가를 보장한다. 연방법인 이 법에서 보장하고 있는 가족 의료휴가는 무급휴가이다. 가족의료휴가 법의 적용대상은 50명 이상의 근로자가 있는 민간사업장, 고용하는 근로자의 수와 관계없이 지역 · 주 · 연방정부 기관을 포함한 공공기관, 고용하는 근로자의 수에 관계 없이 공립 · 사립 초등중학교를 대상으로 한다. 그러나 육아에 대한 추가급여가 없다.

Ⓑ 민간기업에 의한 가족지원프로그램

민간기업 차원에서 취업과 가족생활 양립을 지원하는 프로그램, 직장 내 보육센터, 기업 간 공동보육센터, 가족보육 네트워크 등의 프로그램을 실행 중이다. 위급한 경우만 보육서비스 제공하는 경우도 있으며, 보육바우처, 보육비용 상한제, 할인에 의한 보육서비스 제공, 지출한 비용소득공제 제도 등이 실시 중이다.

③ 돌봄 및 양육지원 프로그램

Ⓐ 출산휴가 및 육아휴직

미국은 근로를 강조하는 문화적 전통과 달리 출산휴가 및 육아휴직으로 취업부모를 지원하는 제도는 부족하다. 연방법에는 임산부가 일시적인 노동 불능 상태에서 휴가를 받을 수 있도록 규정하고 있지만, 이러한 규정을 사업자에게 부과하고 있는 곳은 일부의 주(州)에 불과하다. 개인사업체 일부에서 고용인들에게 출산휴가를 제공하고 있지만, 많은 경우 복직에 대한 보장이나 보수 없이 휴직이나 휴가를 사용하도록 한다. 이런 이유로 일부 고소득층 가정을 제외하고 일반가정은 출산휴가 및 육아휴직의 사용이 제한되고 있다. 미국의 출산휴가 및 육아휴직은 앞에서 살펴본 가족 의료휴가와 연계되는데, 연방법은 가족 의료휴가를 무급으로 규정하고 있지만, 2016년 캘리포니아, 뉴저지, 로드아일랜드, 워싱턴, 뉴욕주는 유급의 가족돌봄 휴가제도를 마련하고 있다.

Ⓑ 보육제도

미국의 보육정책은 저소득가정에 대한 선별적 프로그램이다. 미연방 정부는 아동보육 및 발달 기금(CCDF: Child Care and Development Fund)을 통해 아동보육 보조프로그램 예산을 주정부와 지방정부에 할당한다. 미국은 연방정부 차원에서 아동을 대상으로 하는 기본법적 성격을 갖는 법령도 없고, 보육을 주된 내용으로 하는 법령도 없다. 아동과 유아보호에 관한 다양한 서비스는 각각 별도의 법률로 규정되어 있다.

미국의 보육정책은 저소득층 아동의 출발선상이 불리함을 줄이기 위한 정책적 목표를 배경으로 한다. 보육프로그램(Day Care Program 또는 Child Care Program)과 헤드 스타트(Head Start)는 정부가 빈곤층의 아동 양육을 도움으로써, 빈곤부모의 취업을 지원하는 한편, 빈곤부모로부터 아동이 받을 수 없는 교육, 사회화를 돕고, 정서적 안정을 위한 양육방법을 지원한다.

헤드 스타트는 1964년 존슨 대통령이 '위대한 사회' 건설이라는 기치 아래, 빈곤과의 전쟁을 선포한 것을 배경으로 한다. 빈곤층 자녀의 인적 자원개발을 목적으로, 학교 준비(school readiness)를 시키는 것을 주된 목적으로 한다. 0~3세 영아를 위한 조기 헤드 스타트프로그램과 3~5세 유아를 위한 헤드 스타트프로그램을 운영하고 있다. 프로그램에 참여하는 부모를 보조교사로 참여시켜 취업시키고, 부모에게 아동교육에 관심을 가지게 하고 있다.

미국의 보육서비스에 대한 규제는 서비스 제공자에게 정부가 정한 최소한의 기준을 따르도록 하고, 이를 충족하지 못한 경우 자격을 박탈하는 방식으로 이루어져, 아동보육을 위한 최적의 상태를 규정하기보다는 최소한의 기준을 제공하는 데 그치고 있다. 보육서비스를 이용하는 경우 자녀와 부양가족 보육 세액공제(Child and Dependent Care Credit)를 통해 비용을 보전하고 있다.

자녀와 부양가족 보육 세액공제는 근로 중이거나 구직 중인 자가 부양가족인 13세 미만의 자녀에 대해 보육서비스를 이용할 경우 세액을 공제하는 제도이다. 세액공제 금액은 보육비에 비례하며, 총소득에 따라 공제율이 결정된다. 총공제액은 자녀가 한 명일 경우 3천 달러, 두 명 이상일 경우 6천 달러를 초과할 수 없다.

2) 스웨덴의 가족복지정책

스웨덴의 가족복지정책은 유럽 국가 중에서도 가장 가족친화적인 환경을 조성하고 있다는 평가를 받고 있다. 가족복지정책의 이념은 사회연대와 평등으로 요약될 수 있는데, 이는 태어나면서 사망 시까지 일정수준의 사회적 보호가 보장되어 개인이 어떤 가족유형을 선택하는가에 상관없이 일정한 삶의 수준을 유지할 수 있도록 하는 것을 지향한다. 구체적 가족복지정책은 노동시장에서의 양성평등, 아동양육과 노인부양의 사회화를 통한 가족부담의 경감 등을 통해 남녀 개개인의 취업과 가족생활이 조화롭게 양립될 수 있도록 정책방향을 추구하고 있다. 이러한 이유로 스웨덴은 '여성 친화적' 복지국가로 불리기도 한다.

(1) 역사

스웨덴의 가족복지정책은 전통적 핵가족을 전제한 정책기조에서 가족 내 개별구성원의 평등을 보장하는 방향으로 변화를 겪어 왔다. 처음 스웨덴의 가족복지정책은 1930년대 들어 출산율의 하락에 대처하는 인구정책과 맞물려 진행되었다. 이전의 가족복지정책은 상당히 보수적이어서 여성의 가정 내 가족보호 역할에 대한 정도였으나, 1935년 인구문제를 다루는 인구위원회가 설치되어 초당적 차원에서 인구문제에 대처하였다.

스웨덴의 가족복지정책의 변천은 아래와 같다.

1930년대와 1940년대 복지국가가 발달하기 시작했을 당시 스웨덴은 대부분 기혼여성이 집에 있거나, 집에 있기를 선망하는 사회였다. 사회민주적 이데올로기의 주요 부분은 '사람의 집'이라는 개념이었으며, 좋은 사회는 스웨덴식 집안에서 좋은 생활을 발달시키는 것이었다. 이러한 집과 그 속에 있는 가족들을 만드는 것은 주부인 여성이었다.

1960년에서 1970년대에 들어서는 인구를 어떻게 늘릴 것인지가 여전히 정책 관심이긴 했지만, 핵가족 복지정책에서 평등정책으로 기조가 바뀌는 변화가 나타난다. 1971년 부부 별산 세금제도가 도입되었고, 1976년에 정부의 모든 부처에서 성평등이 선언되었다. 1970년대 후반부터 유럽에서 여성운동이 활발하게 전개되었고 평등정책이 큰 정책이슈로 대두되면서, 1980년대에 들어서는 양성평등정책이 더욱 활기를 띠어 가족친화적이고 남녀 평등적인 정책방향을 본격적으로 전개하게 되었다.

1988년 '성평등을 위한 5개년 계획'이 수립되었는데, 이는 남성과 여성이 삶의 모든 주요한 영역에서 같은 권리, 의무, 기회를 얻어야 하며, 모든 개인은 자신이 살아가기에 충분한 소득을 얻는 일자리를 가져야 하며, 남성과 여성은 가정 내의 양육과 일에 대한 책임을 나누어야 한다는 목표를 설정하였다. 이러한 남녀평등정책의 기본방향이 스웨덴의 가족복지정책 방향에 직접적 영향을 주었다고 볼 수 있다. 그리하여 오늘날 스웨덴은 다른 산업 국가들과 비교하여 여성의 경제활동 참가율이 높고 출산율도 높으며, 성평등의 정도가 높은 것으로 유명하다.

(2) 가족복지정책 프로그램

스웨덴 가족복지정책의 주된 프로그램은 가족에 대한 소득지원프로그램(사회보험), 가족취업 양립지원프로그램(임신급여, 육아휴직, 일시 부모휴가급여), 양육 및 돌봄지원 정책(아동수당, 양육수당, 주택수당, 보육서비스) 등이 있는데, 그 주된 내용은 아래와 같다.

① 가족에 대한 소득지원프로그램(사회보험)

스웨덴은 '보편주의를 기본원리로 삼는 소득비례형 소득보장제도'를 특징으로 한다. 스웨덴의 사회보험은 노후연금, 실업보험, 그리고 그 외 사회보험으로 나뉜다. 사회보험청이 운영하는 '그 외 사회보험'을 살펴보면 재정의 1/2이 환자와 장애인을 위한 급여로, 1/3은 부모보험을 통해 아동과 가족을 위해 지출한다. 또한 스웨덴의 경우 기여가 없거나 일정한 수급요건을 충족하지 못하여 소득비례 급여수급 자격이 없는 경우에도 적은 금액이나마 정액의 급여를 지급한다.

가족을 지원하는 제도로서 주 소득자가 사망하였을 때 지급되는 가족연금이 있다. 이는 과부연금과 자녀연금으로 구성되는데, 과부연금액은 가입자의 연금에 따라 결정되며 자녀연금은 부모를 잃은 자녀에 대해 18세에 도달할 때까지 지급한다.

스웨덴은 공공부조가 복지의 중요한 축인 국가는 아니다. 무료에 가까운 의료보장제도, 대학까지 학비 부담이 없는 교육제도, 다소 넓은 인구까지 대상으로 하는 주거지원, 성숙한 연금제도와 보편적 아동수당제도로 보편적 복지를 지향한다. 그럼에도 1982년 제정된 「사회서비스법」에 의거한 공공부조의 GDP 대비 지출수준은 한국보다 높다. 스웨덴의 공공부조제도는 지역에 따른 욕구의 차이를 전제로 지방정부의 책임으로 운영되며, 급여결정에 있어 기본적인 항목 이외에 개별가구의 여건을 고려할 수 있도록 하고 있다.

② 가족취업 양립지원프로그램

Ⓐ 임신급여

육체노동에 종사하는 여성 중 임신 후에 직무를 변경할 수 없는 경우 최대 50일간 임신급여를 받을 수 있다. 임신부의 근무가 금지된 직무 또는 작업장(예: 방사선 사용 장소)에서 근무하는 임신부는 전체 임신기간 동안 임신급여를 받을 수 있다. 임신급여를 받지 않는 여성은 대부분 임신말기에서부터 육아휴직을 사용하거나 병가 또는 연가를 사용하고 있다.

Ⓑ 육아휴직

스웨덴은 1974년 세계 최초로 신생아를 가진 취업 부모에게 유급의 부모휴가를 제공하는 제도를 도입하였다. 2017년 현재 출산 후 남성은 240(=8개월)일, 여성은 240(=8개월)일, 총 480(=16개월)일의 유급휴직을 받을 자격이 있다. 390일(=13개월) 동안은 소득에 비례한 육아휴직급여가 지급되고, 이 중 90일(=3개월)은 여성과 남성 각자에게 할당된 육아휴직 기간으로 상대방에게 양도할 수 없는 의무휴직기간이다. 의무휴직은 지정된 당사자가 사용하지 않으면 소멸한다. 나머지 휴직기간은 상대방에게 자유롭게 양도할 수 있다. 2014년 이후 출산한 자녀가 4살이 되기 전까지 유급 휴직기간의 90%를 사용하게 변화하였다. 나머지 기간은 자녀가 12살이 되기 전까지 자유롭게 사용할 수 있다. 육아휴직법은 노동 시장법과 밀접하게 관련되어 모든 고용주는 직원이 요청할 때 육아휴직을 보장해야 한다.

ⓒ 일시 부모휴가 급여

스웨덴은 1974년 12세 이하 자녀를 둔 취업 부모를 대상으로 일시 부모 휴가 급여를 도입하였다. 아동 간 연간 최대 120일까지 일시 부모휴가를 사용할 수 있다. 또한 120일 중 60일은 자녀를 정기적으로 돌보는 보모가 아플 때도 사용할 수 있다. 18세 이하 자녀가 중병이 있는 경우 일시 부모휴가를 제한 없이 사용할 수 있다. 일시 부모휴가는 전일 또는 나눠서 사용할 수 있고, 상한선 내에서 소득에 비례하여 2017년 현재 정기소득의 77.6%를 급여로 받을 수 있다. 일시 부모휴가 급여의 상한선은 육아휴직급여보다는 낮다.

(3) 양육 및 돌봄지원 정책

① 아동수당

아동수당은 1930년 자산조사 결과에 따라 지급되다가, 1948년 모든 가족을 대상으로 확대 적용되었다. 도입 당시 아동수당은 남성이 아닌 여성에게 지급하였다. 스웨덴에 거주하는 16세 이하 아동에게 고정금액으로 지급된다.

2017년 현재 아동당 100유로가 매월 지급되며 자녀가 2명 이상인 경우 추가 수당이 지급된다. 추가 수당은 둘째 자녀는 15유로, 셋째 자녀는 50유로, 넷째는 100유로, 이후 자녀는 각 125유로이다. 의무 교육과정에 있거나 특수학교에 다니는 경우 16세가 넘어도 아동수당을 받을 수 있다. 2014년 이후부터는 동거 여부에 관계없이 공동 양육권을 보유하고 있는 한, 양쪽부모에게 자동으로 나눠서 지급하고 있다.

② 양육수당

중병, 장애 또는 6개월 이상의 지도 감독이 필요한 자녀가 있는 경우, 해당 자녀가 19세가 될 때까지 양육수당을 받을 수 있다. 양육수당 급여는 연장된 양육 기간 또는 장애로 인해 증가한 비용은 물론 양육으로 인한 소득손실도 지원한다. 양육수당은 근로시간 감소로 인한 소득손실 또는 특별교통 사용비용도 보상할 수 있다. 심각한 장애로 주당 20시간 이상 개인간호가 필요한 아동의 경우 부모가 개인간호인을 고용할 수 있도록 간호수당이 지급된다.

③ 주거수당

스웨덴은 아동가구와 18~28세 청년을 위한 주거수당(housing allowance)을 운영하고 있다. 아동의 주거권 보장을 위해 자녀 수에 따라 거주할 수 있는 주거의 크기도 보다 넓게 허용하고 있다. 공적 지원을 받을 수 있는 주거의 넓이는 1자녀인 경우 80㎡까지, 2자녀는 100㎡까지, 3자녀 120㎡, 4자녀 140㎡, 그리고 5자녀 이상은 160㎡까지이다. 아동 수에 따라 최대 수령 가능한 주거 수당이 달라져, 2015년 기준으로 아동 1명은 최대 3,400(SEK), 2명은 4,200(SEK), 3명은 5,200(SEK)의 주거수당을 받을 수 있다. 스웨덴의 주거수당은 여성, 특히 여성이 가구주인일 경우에 전체 주거급여의 55%가 지출되고 있다.

④ 보육서비스

스웨덴은 발달한 보육제도를 통해 양육의 부담을 사회화하고 가족 내 남녀 간 평등 달성을 도모하고 있다. 1960년대 이후 보육제도에 대한 논의가 공론화되었고, 1970년대, 1980년대를 거치면서 보육제도의 확대가 이루어졌다. 1990년대 말부터 공공보육은 종일 보육기준으로 제공됐고 부모의 활동 여부와 관계없이 1~6세 사이의 모든 영유아에게 적용됐다. 부모가 실직 또는 휴직 상태이거나 기타 이유로 노동시장에 참가하지 않을 때도 이용시간만 짧아질 뿐 공공 보육에 대한 모든 권리가 보장됐다. 2002년 비용 및 접근성에 대한 지역격차를 없애기 위해 모든 아동에 대해 보육료 상한제(maxtaxa)를 도입했다. 자산조사 결과에 따라 보육료가 책정되고 부모가 부담할 보육료는 가계 소득이 낮을수록 낮아진다. 보육료는 부모의 소득에 비례하여 지정된 상한선까지 상승하고 자녀 수에 따라 달라진다. 첫째 자녀의 경우 부모소득의 3%, 둘째는 2%, 셋째는 1%를 초과할 수 없다. 넷째부터는 무료이다. 2015년 1~5세 영유아의 공공보육시설 이용률은 83%로 나타난다.

3) 독일의 가족복지정책

(1) 역사

독일은 '사회보장'이라는 용어보다는 '사회정책'이라는 용어가 빈번하게 사용된다. 독일은 19세기 후반, 비스마르크(Bismarck, 1815~1898)가 사회보험법을 제정함으로써 국가개입에 의한 근대적 사회보장제도를 구축하는 데 선구적 역할을 하였다. 비스마르크의 사회보험법은 산업혁명 이후 자본주의 전개과정에서 발생한 노동자 문제(질병, 고령, 장애, 실업 등)에 대응하는 방안이다.

독일은 유럽 국가 중 출산율이 낮은 수준에 해당하므로, 출산율 증대를 위한 다양한 조치를 시행하고 있다. 그중 세제상 조치는 주로 소득세법에서 규정하는 자녀양육과 결혼에 대한 금전적 지원을 의미한다. 이와 함께 일과 가정의 양립정책이 출산율 증대를 위해 중요한 것으로 보고 이를 위한 정책적 노력을 하고 있다. 독일의 경우 유치원과 학교 등은 대부분 국공립이므로 보육시설이나 교육시설에 대한 세제지원은 별도로 없는 상황이다.

독일의 가족복지정책의 변천은 아래와 같다.

1950년대와 특히 1960년대 후반 경제 기적의 시기에, 1970년대 석유 파동 등으로 경제성장이 안정화되기 전까지 질적 · 양적 팽창을 거듭하면서 제도적으로 정비되었다. 사회보험이 고용관계를 전제로 하지 않고 노동자가 아닌 계층으로까지 의무가입이 확대되었다.

1990년대 이후 지속 가능한 경제성장, 실업률, 국가 재통합의 문제뿐만 아니라 고령화, 인구구조의 불균형, 가족구조의 변화, 여성의 기능 및 의식의 변화와 같은 새로운 상황에서 다양한 방식으로 구조개혁이 불가피해졌다.

2000년대 이후 '제3의 길' 개혁과 더불어 독일은 신중도 노선을 펼쳤다. 독일은 기존의 적극적 노동시장 정책에 있어서 노동시장 환경대응을 위한 활성화 노동시장 정책을 추구했다. 독일은 보수주의적 · 조합주의적 복지국가로 알려져 왔다.

독일 가족복지정책의 특징을 살펴보면 '강한 남성부양자 모델'로 남성은 노동시장 참여를, 여성은 가족의 재생산을 맡는 유형으로 분류하였으며, 전통적인 성별 노동분리가 적극적으로 이루어졌다. 독일의 가족복지정책은 부양자 모델에 기초하여 전통적인 성역할 분업에 부합하게 설계되었다. 전통적으로 가정기능과 역할을 유지하고 방어하는 정책을 펼쳐나갔다. 혼인과 가족제도를 보호하고 장려하려는 의도에서 출발하였으며, 여성의 경제활동을 지원하는 개입은 덜 발달하였다. 남성에 대한 사회정책적 차원의 지원이 먼저 발달하였는데 '가족 생계비 책임자로서의 아버지'의 부담을 덜어 주기 위한 목적이 강하다. 즉 남성의 임금을 보충해 줌으로써 가사 담당 여성이 취업 노동하여 어머니 역할을 제대로 못 하는 상황을 제어하는 방향으로 발전하였다.

2006년 '7차 가족보고서'는 가족복지정책의 패러다임의 변화를 가져왔다. 강한 가족모델이 결과적으로 교육인프라와 가족 지원 서비스 및 네트워크를 등한시하는 문제를 가져왔다고 보았다. 또한 보육기관 부족으로 인한 일 가정양립의 어려움을 지적하였으며, 보육시설 구축 미비와 전통적인 성별 노동분리는 지속적인 저출산 현상을 일으키는 요인이 되었다.

2007년 아동보육시설 구축계획 및 부모수당 및 부모시간에 관한 법률을 수립하였고, 2008년 아동지원법에 따라 2013년까지 3세 이하 아동 3명 중 1명에게 보육시설을 보장하는 계획을 추진하였다. 또한 1세가 되면 모든 아동이 보육시설을 이용할 권리를 법적으로 보장받았다. 그리고 연방주의 체제인 독일은 가정 밖에서의 아동 보육에 대한 재정은 자치단체, 교회, 민간단체들에 의해서 이루어지고 있다.

(2) 가족복지정책 프로그램

독일 가족복지정책의 주된 프로그램은 아동수당, 부모수당, 자녀소득공제, 부모휴직수당 등이 있는데, 그 주된 내용은 아래와 같다.

① 아동수당

일반적으로 아동수당은 아동을 양육하는 가정에 대한 사회보장 급부이지만, 독일에서는 세법상 조치로 운영하고 있다. 아동수당의 취지는 독일에서 자라는 자녀에 대해 출산이 이루어지는 달부터 매월 부모와 같이 아동을 보호하는 사람이 신청해서 받는다.

소득세법상 아동수당 외에 연방 아동수당법에 따른 자녀보조금(Kinderzuschlag)도 지급되는데, 이는 자녀가 있는 가정의 부모 등의 소득이 낮은 수준이면 아동수당과 별도로 지급되는데, 이 보조금의 취지는 자신의 소득으로 자녀들의 생계를 감당하기 어려워서 일자리를 포기하는 부모들이 실업수당(Arbeitslosengeld) 받는 것을 억제하기 위한 것이다.

1955년 셋째 아동에게 지급하던 수당이 1975년 첫째 아동으로 지급대상 범위를 확대하였다. 1986년 관련 법 개정으로 육아수당제가 신설되어, 부모의 수입, 자녀 나이, 자녀 수에 상관없이 지급하고 있다. 자녀가 18세가 될 때까지 지급되며 18세가 넘어도 미취업 상태일 경우 21세까지 수급 가능하고 18세 이상이 되어도 자녀가 대학 과정이나 직업교육을 받고 있으면 최장 25세까지 지원한다. 독일인이 아니더라도, 독일에서 일하고 세금을 내는 외국인 자녀들도 일정 조건이 충족하면 아동수당을 받을 수 있다.

아동수당 지급주체는 연방 가족 · 노인 · 여성 · 청소년부(BMFSFJ)에 소속된 가족 금고이다. 아동수당 수급권자는 제도도입 이후 지속해서 취업노동을 하면서 아동의 생계비를 책임지는 자로 한정되어 있으며, 대부분 취업노동을 하는 남성이라고 볼 수 있다. 아동수당은 임금 보충적 성격을 가진다.

아동 추가수당은 2005년부터 시행된 제도로, 부모의 소득이 생계를 유지할 정도는 되나, 미성년 또는 25세 미만의 자녀양육으로 인해 생활이 곤란해질 가능성이 있는 경우 아동수당 외 아동 추가수당이 지급된다. 저임금 받는 근로자 가정이 이에 해당하고, 아동 추가수당은 아동이 빈곤한 환경에서 성장하는 것을 미리 방지하는 데 그 목적이 있다. 지원받을 수 있는 기간은 최대 3년, 자녀의 나이는 25살이 넘지 않아야 한다.

② 부모수당

혼인했거나 동거하는 부부, 아이를 돌보는 조부모나 친척들에게는 소득대체율 67%의 급여를 제공하며 12개월 동안 제공된다. 동거하는 친자나 양자는 월 200유로에서 1,800유로까지 지급할 수 있다. 부모 중 한 명이 추가로 2개월 동안 더 수급이 가능하고 부모 중 한 명이 아플 때는 다른 한 명이 추가로 2개월 수급이 가능하며, 독신 부모의 경우에는 혼자서 2개월 동안 추가수급이 가능하다.

아이를 직접 돌보는 사람에게는 추가 자녀 수에 따라 최소한 75유로씩 증액하여 지급하며, 자녀가 3세가 될 때까지 지급할 수 있고, 수급 기간은 부모가 동시에 7개월 동안 수급 가능하다.

주 30시간 이내 취업활동을 하는 경우, 쌍둥이 이상의 자녀가 있고 이후에 추가로 자녀 출산을 한 경우에는 한 자녀당 300유로씩 더 지급하며, 반액 급여를 28개월 동안 수급도 가능하다.

실업급여와 중복될 때 유리한 쪽을 선택할 수 있으며, 과세대상이 되지 않는다. 기존 수당제도는 아동양육비를 대체해 주는 개념인 반면, 부모수당제도는 소득을 대체해 주는 개념으로 전환함으로써 출산 기회비용을 최소화하는 가족정책을 의미한다. 소득대체율을 67% 높이고 남성의 아동양육 참여율을 높일 수 있는 요인을 제공한다는 점에서 성별 노동 분리현상을 극복할 실마리가 되었다.

③ 자녀소득공제

자녀소득공제는 소득세 과세 표준 시 차감하는 공제항목의 일종으로, 공제대상인 자녀의 요건은 아동수당의 경우와 같다. 아동수당과 자녀소득공제는 중복해서 적용할 수 없다.

부양자녀에 대한 비통상적인 지출부담의 공제로, 납세의무자 본인과 그 배우자가 법률상 부양의무를 지고 있는 자녀 등의 양육과 직업교육을 위하여 납세의무자에게 지출부담이 발생하면 8,820유로의 한도 내에서 "비통상적인 지출 부담"의 항목으로 공제받을 수 있다.

구체적으로, 같은 소득규모, 재산 상태 및 가족상황에 있는 대다수의 다른 납세자보다 더 큰 비용지출을 "강제 받는 경우", "감당할 수 있는 부담"을 초과하는 부담금 전액을 공제한다. 단, 동일공제를 적용하기 위해서는 아동수당 또는 자녀소득공제를 적용하지 않거나, 아동수당 또는 자녀소득공제의 요건에 해당하지 않아야 한다.

추가로 자녀소득공제는 아래와 같다.

첫째, 직업교육을 위해 부모의 집이 아닌 곳에서 생활하는 성인자녀의 직업훈련상 특별한 필요에 충당하기 위하여 924유로를 총수입금액에서 공제할 수도 있다.

둘째, 자녀양육에 대한 특별공제로는 먼저 보모 등의 고용에 따른 비용의 2/3(최대 4,000유로)가 있는데, 이는 자녀가 있는 부모가 경제활동을 하게 되는 경우 자녀를 어린이집 등의 시설에 보내는 경우와 함께 사람을 고용해서 가정에서 자녀를 돌보게 할 때도 공제를 적용한다. 즉 생계를 같이 하는 14세 이하 자녀의 양육을 위해 보모 등과 같은 타인을 고용하면 그 사람을 위해 지급한 비용의 2/3를 4,000유로의 한도 내에서 특별공제할 수 있다.

셋째, 아동수당 또는 자녀소득공제를 신청할 수 있는 자녀가 재원의 대다수를 공적 기금이 아닌 사적 자금에서 조달하는 학교에 다니기 위해 납부하는 비용의 30%를 5,000유로의 한도 내에서 공제할 수 있다.

넷째, 혼인에 대한 독일연방 헌법상 국가 보호의무를 반영해서 소득세법상 부부인 납세의무자는 선택에 따라 "2분 2승 법" 또는 개인별 과세를 적용할 수 있는데, 대다수 가정의 경우 세금부담의 측면에서 유리한 2분 2승 법을 채택한다. 이처럼 2분 2승 법에서는 먼저 배우자들의 개별소득을 합산해서 공동소득으로 귀속시키고, 그 소득에 대해서는 배우자들을 공동으로 납세의무자로 취급한다. 그다음으로, 합산한 소득을 절반으로 나눈 금액에 대해 소득세율을 적용하고, 계산된 세액의 2배를 최종세액으로 산출한다. 이 밖에 부부가 이혼하는 경우 생활비를 받는 배우자가 동의하면 지급하는 배우자가 13,805유로의 한도 내에서 특별공제를 적용할 수 있다.

다섯째, 일과 가정의 양립을 위한 세제지원으로, 직장생활을 위한 부부가 가사를 돌보기 위해 파출부 등을 고용하는 경우 이들에게 지급한 금액의 20%를 510유로의 한도 내에서 소득공제를 받을 수 있다.

④ 부모휴직수당

1986년에 도입된 부모휴직수당은 10개월 동안 지급되던 것이 1990년 이후 18개월 지급으로 변경되었다. 기존 수당제도로는 저출산 문제에 대응할 수 없다는 인식하에 부모수당제도로 보완되었다. 2007년 출생한 아동부터 적용되었으며, 자녀출산 후 휴직 시 최장 14개월까지 아이를 낳기 전 마지막 실수령액의 65~100%를 받을 수 있다. 1,000유로 미만의 저소득 경우 100% 수급, 최초 300유로에서 최고 한도 1,800유로까지 지급된다. 휴직수당을 14개월 동안 모두 받기 위해서는 부모나 배우자가 서로 휴직을 교대로 해야 하며, 한쪽이 적어도 2개월 이상 휴직하여야 한다. 부모 중 1명만 아이를 돌보면 육아휴직 급여는 12개월만 지급된다. 부모수당제도는 소득을 대체해 주는 개념으로 전환함으로써 출산 기회비용을 최소화하는 가족복지정책적 시도라는 점에서 의의가 있다.

부모휴직수당 플러스제도는 2015년 이후 출생한 자녀를 양육하는 부모에게 지급되는 수당으로, 부모휴직수당과 부모휴직수당 플러스 중 하나를 선택할 수 있으며, 부모휴직수당 플러스의 경우 부모 휴직기간에 시간제 근무가 가능하다. 이는 시간제 일자리와 육아휴직수당을 연결하여 자녀 출산 후에 시간제로 근무할 때 육아휴직수당을 확대 적용하여 이중의 혜택을 받을 수 있도록 한다. 부모휴직수당 플러스를 신청한 부모는 기본 육아휴직수당을 24개월 동안 절반만 받게 된다. 공동육아를 함께 신청할 때 배우자 보너스(파트너십 보너스)로 4개월간의 추가 육아휴직수당 플러스를 받게 되고, 휴직기간은 32개월로 연장된다.

보육휴가는 8주간의 모성보호 기간이 끝나고 부모 중 한 명이 취업 활동을 할 때 신청할 수 있었으나 2001년 '부모시간'으로 대체되었다. 부모시간은 자녀 출생 후 3년이 지나기 전까지 부모가 공동으로 가질 수 있으며, 부모시간을 얻기 위해서는 부나 모가 각각 주당 30시간을 초과하지 않게 취업활동을 해야 한다. 보육수당 및 부모 시간제도는 보육시기를 휴가로 보지 않고 보육이 취업활동과 같은 힘든 노동임을 인정했다는 데 의의가 있다.

'부모휴직수당 플러스' 이용률은 정책 시행 이후 해마다 꾸준히 증가하고 있었고, 2011년부터 남성의 참여비율도 점차 높아지고 있다. 2017년 3/4분기 독일 전역 평균 28%(가장 높은 지역은 38.5%)가 '부모휴직수당 플러스'를 신청한 것으로 나타났으며, '부모휴직수당 플러스'를 신청한 아버지 중 '파트너십 보너스'를 신청한 것으로 나타났다.

양육수당 지원금은 2013년에 새로 도입한 제도로, 3세 이하 아이를 시설에 보내지 않고 가정에서 돌보는 경우 이에 대한 수당을 지원해 주는 제도이다. 다만 이 제도가 여성이 가정에서 아이를 돌봐야 한다는 근대적 사회적으로의 회귀라는 반발로 인해 현재 바이에른주와 작센주에서만 시행되고 있다.

4) 외국 가족복지정책의 동향

가족과 관련한 사회변화는 가족형태의 다양화와 가족의 빈곤으로 더욱 취약해진 아동과 노인에 대한 대책방안 마련과 여성의 노동시장 참여로 결부된 결혼의 불안정성 증대상황 하에서 고용과 가족생활의 공유, 가족생활의 양성평등 증진이 핵심적 정책과제로 부상하였으며, 여성세대주 가족의 빈곤은 복지국가의 성패를 평가하는 주요 지표로 거론되고 있는 중요한 정책이슈이다.

외국의 경우 가족복지와 관련하여 최근 정책적 변화경향을 설명하면 다음의 몇 가지를 들 수 있다.[3)]

(1) 전통적 가족의 기능유지와 재생산 독려제도 강화

전통적 형태의 핵가족 구조가 약화되고 그 자리를 한부모가족, 동거커플 등이 채워나감으로써 전통적인 방식의 보장급여가 아닌 새로운 형태의 급여에 대한 욕구가 증대하고 있어 이에 대한 국가의 대응 중 주목할 부분은 신자유주의와 가족중심주의를 강조하는 국가들에서 현재의 가족을 유지 · 강화하는 방향으로 정책들이 확대되고 있다는 점이다.

(2) 가족구성원 개념의 변화

세제상의 혜택과 더불어 '80년대 이후 눈에 띄는 가족의 변화 중 하나는 결혼의 합법성에 커다란 의미를 두지 않는 동거커플이 증가했다는 것이며, 더불어 혼외 출생아도 증가한다는 것이다.

이에 따라 점차 합법적 결혼관계 이외의 배우자 관계도 가족 관련 급여의 혜택을 볼 수 있도록 변화하고 있다. 1980년대 이후 사실혼 관계에 기초한 배우자 관계와 출산이 상당히 증가하는 경향을 보이는데, 이에 유럽 국가에서는 가족 부가급여에 있어서 사실혼 관계나 법률혼 관계에 차등을 두지 않는 정책이 등장하고 있다. '90년대는 합법적인 제도적 산물로서 가족에 대한 가치관이 더욱 위협을 받기에 이르렀다. 동거가 확산됨에 따라 동거커플을 합법적인 결혼커플과 차이를 둘 것인가에 대한 논쟁이 일어나고 있으나 점차 동거와 합법적 결혼이 적어도 가족관련 급여와 관련해서는 별다른 차별을 두지 않는 방향으로 변화하고 있다.

벨기에나 프랑스에서는 출산기피 문제를 해결하고 출산율을 높이기 위해 자녀양육 및 교육에 필요한 재정적 부담 및 다양한 서비스를 국가가 지원하는 다양한 서비스를 제공하고 있으며, 프랑스는 1978년 이래 사실혼 관계라 하더라도 사회보장급여의 합법적 피부양자가 될 수 있도록 하였고 파트너에게 경제적으로 의존하고 있는 동거자는 사회보장급여에서 합법적인 피부양자로 인정하고 있다.

영국은 가족단위의 임금을 계산하는 데 있어서 결혼과 동거는 차별받지 않으며, 스웨덴은 동거도 전형적 가족형태로 인정되어 이를 위한 제도화가 이루어짐으로써 합법적 기혼커플과 동거커플에 대한 차별을 두지 않고 있다. 프랑스는 2000년대 이후 가족을 구성하고 해체할 수 있는 개인들의 자유를 보장하기 위한 권리들(이혼, 재혼, 동거)을 법적으로 보장하고 다양한 가족을 인정하면서 가족해체가 아동의 양육에 미치는 문제에 대해 보다 적극적 국가개입을 하고 있다.

(3) 가족수당의 일부 선별주의적 성격으로 전환

가족복지정책의 보편적 가족수당이 일부 선별주의적 성격으로 전환되고 있다. 많은 국가가 표적화된 가족이나 저소득 가족의 소득보장을 위해 소득조사를 병행하여 차별적인 급여를 제공하는 형태로 변화하고 있다. 또한 소위 신빈곤층의 등장으로 한부모가족의 빈곤에 대한 정책적 관심이 증대하였다. 특히 여성 가구주 가족의 빈곤은 여권론적 시각의 연구자들에 의해 복지국가의 성패를 평가하는 주요 지표로 거론되고 있을 정도로 중요한 논쟁거리가 되고 있다.

세계 2차대전 후 북유럽에 도입된 가족수당제도는 사회의 핵심단위로서의 가족을 보호하고 지원하는 데 목적을 둔 보편주의적 제도를 채택하였다. 가족수당은 1930년대에 벨기에, 프랑스, 이탈리아, 스페인, 네덜란드에서 처음 도입하였으며, 그 뒤 40년대와 50년대에 대부분의 유럽국가에서 도입되었다. 스웨덴의 경우 아동수당과 부모보험을 도입하여 부모의 출산급여를 보장하고 아동의 연령이 18세가 될 때까지 아동수당을 받도록 하고 있다.

가족수당은 인구학적 특성이라는 가장 광범위한 기준에 의거하여 급여를 제공한다는 보편성을 특징으로 하는 정책임에도 불구하고 점점 많은 국가들에서 특정의 일부 표적화된 가족이나 또는 저소득 가족의 소득을 보장하기 위한 소득조사나 자산조사를 병행하여 차별적인 급여를 제공하는 형태로 변화하고 있다.

(4) 부부공동과세에서 개인과세로 변화

유럽에서 가족복지정책에 대해 구체적인 논의가 시작된 것은 1940년 전후로, 빈곤가족의 문제가 대두된 이후 활발히 전개되었고 1970년대와 1980년대를 거치면서 전반적인 인구감소라는 인구학적 변화와 핵가족화와 여성노동력의 시장 참여로 인한 가족생활의 변화로 인한 양성평등 및 부의 재분배라는 측면에서 정책적 접근이 이루어졌다.

최근 유럽의 여러 국가는 한 가구의 소득에 대해 가구를 단위로 종합과세를 하였으나 가족친화적인 정책을 지향하고 있는 스웨덴에서는 맞벌이 배우자에게 각각 분리과세를 채택하고 있으며, 다른 나라들도 점차 개인에 대한 분리과세로 전환되고 있다. 즉 부부의 소득에 대해 공동과세를 하지 않고 개인소득별로 과세한다는 것이다.

영국에서는 기혼여성이 일을 할 때 미혼 직업여성과 달리 국가보험 기여에서 제외되도록 하여 질병이나 기업연금과 그 외 고용 관련 급여의 수급권을 주지 않기도 하였고, 덴마크, 핀란드, 스웨덴에서는 여성들이 노동시장에 참여하고 자신의 수입에 대해 가족 내에서 통제력을 확보하고 있다. 예외로 프랑스와 룩셈부르크는 가족이나 가구를 과세단위로 하는 기준을 유지하고 있다.

개인과세를 원칙으로 하는 국가에서도 배우자가 있으면 세제해택을 주어 부부는 서로에 대한 재정적 책임이 있음을 인식시키려 하고 있으며, 어떤 경우는 부부 공동과세와 개인 분리과세를 선택할 수 있도록 개방해 놓고 있다. 이러한 분리과세는 여성이 가족의 경제적 주체로서 남성과 동등한 지위를 보장받는 계기가 된다는 점뿐만 아니라 맞벌이 부부의 경우 두 사람의 소득으로 인해 오히려 불평등한 대우를 받았던 과세제도를 개편하여 평등한 소득의 재분배를 통한 가족복지의 증진이라는 점에서 의미가 크다. 이처럼 개인단위의 분리과세가 주류를 이루게 되면서 나타나는 특징은 기혼부부와 동거커플에 대한 세제혜택 상의 차별이 줄어들었다.

(5) 신빈곤의 등장으로 한부모가족 빈곤에 대한 정책적 관심 증대

이외에도 최근 대두되고 있는 가족복지정책의 화두는 소위 신빈곤의 등장으로, 한부모가족의 빈곤에 대한 정책적 관심 증대하고 있고, 한부모가족의 빈곤으로 인해 더욱 취약해진 아동과 노인에 대한 대책 마련 방안을 마련하는 것이었다.

한부모가족 급증에 따른 대책강화로 덴마크, 독일, 그리스, 프랑스, 아일랜드, 스웨덴, 영국은 1990년 중반 들어 한부모가족의 특수한 욕구를 인정하여 저소득 한부모가족에 대한 급여체계를 수립하였으며, 프랑스에서는 부모가 혼자라도 아동을 부양하는 데 가능한 한 어려움이 없도록 급여를 지원하고 있다.

제 5 장

가족복지 관련 법

가족복지 관련 법은 가족을 직접 대상으로 하거나 가족 보호와 관계된 조항을 포함하는 모든 법령을 명시하고 있다. 우리나라 역시 가족복지의 근거 규정은 「헌법」과 「민법」(가족법)이며, 가족복지의 바탕을 이루는 법은 「건강가정기본법」이다. 「한부모가족지원법」, 「영유아보육법」, 「저출산 · 고령사회기본법」, 「다문화가족지원법」 등이 제정되어 보편적 가족정책의 틀을 마련하였지만, 지속해서 가족복지 관련 법의 점검과 평가를 통해 필요시 개정 등이 이루어져야 할 것이다.

본 장에서는 가족 관련 법으로 「헌법」과 「민법」(가족법), 「건강가정기본법」, 「한부모가족지원법」, 「영유아보육법」, 「저출산 · 고령사회기본법」, 「다문화가족지원법」 중심으로 살펴보면 다음과 같다.[1]

1. 헌법과 민법(가족법)

1) 헌법

대한민국 「헌법」은 국가 통치의 기본 방침이고 국민의 권리와 의무, 통치 기구의 조직 따위를 규정하는 한 국가의 최고 법이다. 즉 국민의 권리 · 의무 등 기본권에 관한 내용과 국가기관 등 통치 기구의 구성에 관한 내용인 담긴 최상위법이라고 할 수 있다. 이처럼 「헌법」은 국민 개개인의 일상생활을 규율하고 지원하는 최고의 법 규범으로서, 국민생활에 필요한 근본적이고 기초적인 사항을 정하고 보장하는 기본법이다. 「헌법」 제10조에서는 "모든 국민은 인간으로서의 존엄과 가치, 행복을 추구할 권리를 가진다."라고 하였다. 제11조에서는 "모든 국민은 법 앞에 평등하다. 누구든지… 모든 영역에 있어서 차별을 받지 아니한다."라고 규정하여, 가족형태와 관계없이 국가와 사회가 인간다운 생활을 보장하도록 명시하고 있다. 특히 제36조에서는 "개인의 존엄과 남녀의 평등을 기초로 유지되어야 하는 혼인과 가족생활은 국가의 보장을 받으며 모성과 보건도 보호받는다."라고 규정하여 모든 가족생활의 양성평등과 여성을 위한 모성권의 보호에 관한 국가의 보호와 책임을 강조하고 있다.

2) 민법(가족법)

한국의 「민법」(가족법)은 「민법」의 제4편 친족법과 제5편 상속법을 통칭하며, 이 외에 가족관계의 등록 등에 관한 법률이 포함될 수 있다. 1958년 2월에 제정되어 그 후 4차례에 걸쳐 1969년부터 시행되었으며, 세부 내용은 친족의 정의와 범위, 약혼과 사실혼, 친생자, 호주승계, 상속과 유언 등으로 가족제도의 기본을 유지하는 규정이라고 할 수 있다.

2000년 10월에는 동성동본불혼 규정과 여성의 재혼 금지 조항이 폐지되었고, 부계 중심의 가족구성 원리의 근거가 되는 호주제(동법 제778조)도 2005년 3월 2일 국회 본회의 통과 후 2008년 폐지되었다. 그리고 「민법」(가족법)이 개정되어 2008년 1월부터 「가족관계의 등록 등에 관한 법률」로 시행되었다. 개정된 「민법」(가족법)은 가족제도의 절차법으로, 가족제도의 기본 골격을 규정하고 있고, 호주제에서 개인 중심으로 신분이 공시되므로 인간의 존엄성과 양성평등의 「헌법」 이념을 구체화할 수 있는 계기가 되었으며, 부성주의 원칙 수정, 성(姓) 변경, 친양자제도 등 새로운 제도를 시행할 수 있는 근간이 되고 있다.

「민법」(가족법)에서 가족의 범위, 혼인에 관한 규정, 부모와 자녀 관계에 관한 규정, 이혼에 관한 규정, 가족관계의 등록 등에 관한 법률, 가족친화 사회환경의 조성 촉진에 관한 법률을 살펴보면 다음과 같다.

(1) 가족의 범위

「민법」(가족법)의 개정된 가족의 범위는 배우자, 직계혈족 및 형제자매, 직계혈족의 배우자(동법 제779조)로 가족범위를 포함하고 있다.

개정법에서의 가족의 범위는 호주의 배우자, 혈족과 그 배우자 기타 법의 규정에 따라 그 가(家)에 입적한 자(제779조)로 호주와 그의 혈족을 우선으로 하고 있으며 그 외에 양자, 처의 직계비속을 입적시킴으로써 가족범위에 포함하고 있다. 이는 과거의 호주에 관한 규정과 호주제도를 전제로 한 입적, 복적, 일가창립, 분가 등에 관한 규정을 삭제하는 한편 호주와 가(家)의 구성원과의 관계로 정의되고 있는 가족에 관한 규정을 새롭게 규정한 것이다.

(2) 혼인에 관한 규정

혼인에 관한 조항에서는 부부간의 의무(동법 제826조), 성년의제(동법 제826조의 2)로 명시하고 있고, 혼인효력의 구체적 내용으로는 부부간의 가사 대리권(동법 제827조), 부부재산의 약정과 그 변경(동법 제829조), 생활비용(동법 제833조) 등이 있다.

개정된 혼인에 관한 규정에서는 남녀평등과 혼인의 자유를 침해할 우려가 있는 동성동본 금혼제도를 폐지하고 근친혼 금지제도로 전환하였다. 동성동본 금혼이란 성(姓)과 본(本)이 같으면 결혼을 금지하는 제도인데 근친혼 금지로 전환하였고 근친의 범위를 8촌 이내의 부계혈족 또는 모계혈족 사이에서는 혼인을 금지하는 것(제809조)으로 근친혼 제한의 범위를 합리적으로 조정하였다.

(3) 부모와 자녀 관계에 관한 규정

「민법」(가족법)에서의 부모와 자녀 관계에 관한 내용은 대체로 관계의 법적 효력을 중심으로 규정되어 있고 보호자로서 부모의 기능이 법적으로 원활하지 않거나 부재한 경우 후견인이나 친족이 대신 법적 책임자 또는 조력자의 기능을 할 수 있다고 규정하고 있다. 또한 친생자(제844조~제865조)와 입양

(제866조~제908조)으로 구성되어 있는데, 자녀의 성과 본은 부의 성과 본을 따르는 것을 원칙으로 하되 혼인신고 시 부모의 협의로 모의 성과 본도 따를 수 있도록 하였으며(제781조제1항) 자녀의 복리를 위하여 자녀의 성과 본을 변경할 필요가 있을 때는 부 또는 모의 청구로 법원의 허가를 받아 이를 변경할 수 있도록 하였다(제781조제6항).

(4) 이혼에 관한 규정

이혼에 관한 규정으로 「민법」(가족법)에서 이혼은 협의상 이혼과 재판상 이혼으로 분류하고 있다. 협의상 이혼의 경우 가정법원의 확인을 받아 가족관계의 등록 등에 관한 법률의 정한 바에 의하여 신고함으로써 그 효력이 생기고(동법 제836조) 재판상의 이혼은 부부의 한쪽이 부정한 행위가 있었을 때, 배우자가 악의로 다른 일방을 유기한 때, 배우자 또는 직계존속으로부터 심히 부당한 대우를 받았을 때, 자기의 직계존속이 배우자로부터 심히 부당한 대우를 받았을 때, 배우자의 생사가 3년 이상 분명하지 아니한 때, 기타 중대한 사유가 있을 때(동법 제840조)는 가정법원에 이혼을 청구할 수 있음을 명시하고 있다.

(5) 가족관계의 등록 등에 관한 법률

가족관계의 등록 등에 관한 법률은 호주제 폐지에 따른 대체법으로 2008년부터 시행되었으며 국민의 출생, 혼인, 사망 등 가족관계의 발생 및 변동 사항에 관한 등록과 그 증명에 관한 사항을 규정함을 목적으로 한다. 이전 호적은 가족관계등록부로 변경되었는데, 이는 개인별로 편제하여 개인의 존엄성과 양성평등의 「헌법」 이념을 구현하는 결과를 가져오는 데 기여하고 있다.

(6) 가족친화 사회환경의 조성촉진에 관한 법률

가족친화 사회환경의 조성촉진에 관한 법률은 가족친화 사회환경의 조성을 촉진함으로써 국민 삶의 질 향상과 국가 사회의 발전에 이바지함을 목적으로 한다. 여기서 '가족친화 사회환경'이란, 일과 가정생활을 조화롭게 병행할 수 있고 아동양육 및 가족부양 등에 대한 책임을 사회적으로 분담할 수 있는 제반 환경을, '가족친화제도'란 탄력적 근무제도(시차출퇴근제, 재택근무제, 시간제 근무 등), 자녀의 출산 · 양육 및 교육지원제도(배우자출산휴가제, 육아휴직제, 직장보육 지원, 자녀교육지원프로그램 등), 부양가족 지원제도(부모돌봄 서비스, 가족간호 휴직제 등), 근로자지원제도(근로자 건강 · 교육 · 상담 프로그램 등)를 의미한다.

이 법에서 국가와 지방자치단체는 가족친화 사회환경의 조성을 위하여 필요한 종합적인 시책을 수립 · 시행하여야 하며, 이에 수반되는 예산상의 조처를 하도록 노력하여야 함을 제시하고 있다. 한편, 사업주의 책무와 관련하여 가족친화제도의 도입 · 확대 등 가족친화 직장환경의 조성과 가족친화제도의 운영에 있어 근로자 참여를 촉진하기 위하여 노력하여야 함을 명시하고 있다.

2. 건강가정기본법

「건강가정기본법」은 건강한 가정생활의 영위와 가족의 유지 및 발전을 위한 국민의 권리와 의무 그리고 국가 및 지방자치단체 등의 책임을 명확히 하고, 현대사회에서 제기되는 다양한 가정 문제의 적절한 해결 방안을 강구하며, 가족구성원의 복지증진에 이바지할 수 있는 지원정책을 시행함으로써 건강가정을 구현하고, 나아가 사회통합에 이바지하기 위하여 2004년에 2월에 제정되어 2005년 1월 1일부터 시행되었으며, 그 이후 2011년 일부개정을 통해 제37조가 추가되어 2018년 7월 17일에 개정을 통해 현재 5장 37조로 구성되어 있다.

「건강가정기본법」의 주요 내용은 목적(제1조), 정의(제3조), 건강가정기본계획의 수립(제15조), 실태조사(제20조), 건강가정지원센터의 설치(제35조) 등으로 구성되어 있다.

1) 목적 및 정의

(1) 목적(제1조)

이 법은 건강한 가정생활의 영위와 가족의 유지 및 발전을 위한 국민의 권리 · 의무와 국가 및 지방자치단체 등의 책임을 명백히 한다. 그리고 가정 문제의 적절한 해결 방안을 강구하며 가족구성원의 복지증진에 이바지할 수 있는 지원정책을 강화함으로써 건강가정 구현에 기여하는 것을 목적으로 한다.

(2) 정의(제3조)

다음은 가족, 가정, 1인 가구, 건강가정, 건강가정사업의 정의이다.

1. "가족"이라 함은 혼인 · 혈연 · 입양으로 이루어진 사회의 기본단위를 말한다.
2. "가정"이라 함은 가족구성원이 생계 또는 주거를 함께 하는 생활공동체로서 구성원의 일상적인 부양 · 양육 · 보호 · 교육 등이 이루어지는 생활단위를 말한다.
3. "건강가정"이라 함은 가족구성원의 욕구가 충족되고 인간다운 삶이 보장되는 가정을 말한다.
4. "건강가정사업"이라 함은 건강가정을 저해하는 문제(이하 "가정문제"라 한다)의 발생을 예방하고 해결하기 위한 여러 가지 조치와 가족의 부양 · 양육 · 보호 · 교육 등의 가정기능을 강화하기 위한 사업을 말한다.

2) 건강가정기본계획 및 실태조사

(1) 건강가정기본계획의 수립(제15조)

여성가족부 장관은 관계 중앙행정기관의 장과 협의하여 건강가정기본계획(이하 "기본계획"이라 한다)을 5년마다 수립하여야 한다.

기본계획에는 다음의 사항이 포함되어야 한다.

1. 가족기능의 강화 및 가정의 잠재력 개발을 통한 가정의 자립 증진 대책
2. 사회통합과 문화계승을 위한 가족공동체문화의 조성
3. 다양한 가족의 욕구 충족을 통한 건강가정 구현
4. 민주적인 가족관계와 양성평등적인 역할분담
5. 가정친화적인 사회환경의 조성
6. 가족의 양육 · 부양 등의 부담완화와 가족해체예방을 통한 사회비용 절감
7. 위기가족에 대한 긴급 지원책
8. 가족의 건강증진을 통한 건강사회 구현
9. 가족지원정책의 추진과 관련한 재정조달 방안
10. 1인 가구의 복지증진을 위한 대책

(2) 가족실태조사(제20조)

1. 국가 및 지방자치단체는 개인과 가족의 생활실태를 파악하고, 건강가정 구현 및 가정문제 예방 등을 위한 서비스의 욕구와 수요를 파악하기 위하여 5년마다 가족실태조사를 실시하고 그 결과를 발표하여야 한다.
2. 제1항에 따른 가족실태조사에는 1인 가구의 연령별 · 성별 · 지역별 현황과 정책 수요 등에 관한 사항이 포함되어야 한다.

3) 건강가정지원센터의 설치(제35조)

① 국가 및 지방자치단체는 가정문제의 예방 · 상담 및 치료, 건강가정의 유지를 위한 프로그램의 개발, 가족문화운동의 전개, 가정 관련 정보 및 자료제공 등을 위하여 건강가정지원센터(이하 "센터"라 한다)를 설치 · 운영하여야 한다.

② 센터에는 건강가정사업을 수행하기 위하여 관련분야에 대한 학식과 경험을 가진 전문가(이하 "건강가정사"라 한다)를 두어야 한다.

③ 건강가정사는 다음의 요건을 모두 갖춘 사람이어야 한다.

1. 대학 또는 이와 동등 이상의 학교를 졸업할 것(법령에 따라 이와 같은 수준 이상의 학력이 있다고 인정되는 경우를 포함한다)
2. 제1호에 따른 학력 취득과정이나 그 밖에 여성가족부 장관이 인정하는 방법으로 사회복지학 · 가정학 · 여성학 등 여성가족부령으로 정하는 관련 교과목을 이수할 것

④ 센터의 조직 · 운영 및 건강가정사의 자격 · 직무에 관하여 필요한 사항은 대통령령으로 정한다.

⑤ 센터의 운영은 여성가족부령이 정하는 바에 의하여 민간에 위탁할 수 있다.

3. 한부모가족지원법

「한부모가족지원법」은 1989년 4월 1일 법률 제4121호에 의해 모자복지법으로 제정되었다가 2002년 12월 18일 법률 제6801호로 모 · 부자복지법으로 개정되었고, 2007년 10월 17일 법률 제8655호에 따라 「한부모가족지원법」으로 명칭이 변경되었다. 2011년 4월 12일 법률 제10582호까지 모두 15차에 걸쳐 일부개정이 이루어졌다.

「모자복지법」은 도시화 · 공업화 · 핵가족화되고 있는 오늘날의 산업화와 정보화 사회는 배우자와의 사별, 이혼, 유기, 별거 등의 사유로, 배우자가 없거나 배우자가 있어도 폐질, 불구 등으로 장기간 근로 능력을 상실하여 여성이 생계의 책임을 지는 모자가정이 날로 격증하고 있는바, 이들 모자가정이 자립 자활할 수 있도록 생계 보호, 교육보호, 생업 자금융자, 주택제공 등을 통하여 모자가정의 건강하고 문화적인 생활을 보장하기 위해 1989년 4월 1일에 제정되었다.

「한부모가족지원법」은 자녀가 취학 중인 경우 자립능력이 갖추어지지 아니한 상태도 학비 등으로 인한 생활비 지출이 증가할 수 있는 시기라는 점을 고려하여 자녀가 취학 중인 때에는 22세 미만까지 확대하여 지원하도록 하며, 65세 이상의 고령자들과 손자녀로 구성된 조손가족도 이 법에 따른 보호대상

자로 함으로써 조손가족의 생활안정과 복지증진을 도모하는 한편, 법 문장을 원칙적으로 한글로 적고, 어려운 용어를 쉬운 용어로 바꾸고, 길고 복잡한 문장은 체계 등을 정비하여 간결하게 하는 등 국민이 법 문장을 이해하기 쉽게 정비하기 위해 2007년 10월 17일 법의 제명을 변경하고 제정되었다.

「한부모가족지원법」의 주요 내용은 목적(제1조), 정의(제4조), 한부모가족 정책에 관한 기본계획의 수립(제5조의5), 실태조사(제6조), 복지 급여제(12조), 가족지원서비스(제17조) 등으로 구성되어 있다.

1) 목적 및 정의

(1) 목적(제1조)

이 법은 한부모가족이 안정적인 가족기능을 유지하고 자립할 수 있도록 지원함으로써 한부모가족의 생활안정과 복지증진에 이바지함을 목적으로 한다.

(2) 정의(제4조)

이 법에서 사용하는 용어의 뜻은 다음과 같다.

1. "모" 또는 "부"란 아동인 자녀를 양육하는 자를 말한다.
    가. 배우자와 사별 또는 이혼하거나 배우자로부터 유기된 자
    나. 정신이나 신체의 장애로 장기간 노동능력을 상실한 배우자를 가진 자
    다. 교정시설 · 치료감호시설에 입소한 배우자 또는 병역복무 중인 배우자를 가진 사람
    라. 미혼자(사실혼 관계에 있는 자는 제외한다)
    마. 가목부터 라목까지에 규정된 자에 준하는 자로서 여성가족부령으로 정하는 자
2. "청소년 한부모"란 24세 이하의 모 또는 부를 말한다(1의2).
3. "한부모가족"이란 모자가족 또는 부자가족을 말한다.
4. "모자가족"이란 모가 세대주[세대주가 아니더라도 세대원(世代員)을 사실

상 부양하는 자를 포함한다]인 가족을 말한다.

5. "부자가족"이란 부가 세대주[세대주가 아니더라도 세대원을 사실상 부양하는 자를 포함한다]인 가족을 말한다.
6. "아동"이란 18세 미만(취학 중인 경우에는 22세 미만을 말하되, 「병역법」에 따른 병역의무를 이행하고 취학 중인 경우에는 병역의무를 이행한 기간을 가산한 연령 미만을 말한다)의 자를 말한다.
7. "지원기관"이란 이 법에 따른 지원을 행하는 국가나 지방자치단체를 말한다.
8. "한부모가족복지단체"란 한부모가족의 복지증진을 목적으로 설립된 기관이나 단체를 말한다.

2) 한부모가족정책에 관한 기본계획의 수립(제5조의5)

① 여성가족부 장관은 한부모가족 지원을 위하여 한부모가족 정책에 관한 기본계획(이하 "기본계획"이라 한다)을 5년마다 수립하여야 한다.

② 기본계획에는 다음 각호의 사항이 포함되어야 한다.

1. 한부모가족 지원정책의 기본방향
2. 한부모가족 지원을 위한 분야별 발전시책과 평가에 관한 사항
3. 한부모가족 지원을 위한 제도 개선에 관한 사항
4. 한부모가족 구성원의 경제 · 사회 · 문화 등 각 분야에서의 활동 증진에 관한 사항
5. 한부모가족 지원을 위한 재원 확보 및 배분에 관한 사항
6. 그 밖에 한부모가족 지원을 위하여 필요한 사항

③ 여성가족부 장관은 기본계획을 수립하려는 경우에는 특별시장 · 광역시장 · 특별자치시장 · 도지사 · 특별자치도지사(이하 "시 · 도지사"라 한다)의 의견을 들은 후 관계 중앙행정기관의 장과 협의하여야 한다.

④ 여성가족부 장관은 제1항에 따라 기본계획을 수립한 때에는 지체 없이

국회 소관 상임위원회에 보고하고, 관계 중앙행정기관의 장과 시 · 지사에게 알려야 한다.

⑤ 여성가족부 장관은 기본계획을 수립하기 위하여 필요하다고 인정하는 경우 관계 기관의 장에게 기본계획의 수립에 필요한 자료의 제출을 요구할 수 있다. 이 경우 자료의 제출을 요구받은 관계 기관의 장은 정당한 사유가 없으면 이에 따라야 한다.

3) 실태조사(제6조)

① 여성가족부 장관은 한부모가족 지원을 위한 정책수립에 활용하기 위하여 3년마다 한부모가족에 대한 실태조사를 실시하고 그 결과를 공표하여야 한다. 또한 여성가족부 장관은 필요한 경우 여성가족부령으로 정하는 바에 따라 청소년 한부모 등에 대한 실태를 조사 · 연구할 수 있다.

② 여성가족부 장관은 제1항에 따른 실태조사를 위하여 관계 공공기관 또는 관련 법인 · 단체에 대하여 필요한 자료의 제출 등 협조를 요청할 수 있으며, 요청받은 관계 공공기관 또는 관련 법인 · 단체는 특별한 사유가 없으면 이에 협조하여야 한다.

③ 제1항에 따른 실태조사의 대상 및 방법, 그 밖에 필요한 사항은 여성가족부령으로 정한다.

4) 복지급여의 내용(제12조)

① 국가나 지방자치단체는 제11조에 따른 복지급여의 신청이 있으면 다음의 복지 급여를 실시하여야 한다.

1. 생계비
2. 아동교육지원비
3. 아동양육비
4. 그 밖에 대통령령으로 정하는 비용

② 이 법에 따른 지원대상자가 「국민기초생활보장법」 등 다른 법령에 따라 지원을 받고 있는 경우에는 그 범위에서 이 법에 따른 급여를 하지 아니한다. 다만, 제1항제4호의 아동양육비는 지급할 수 있다.

③ 제1항제4호의 아동양육비를 지급할 때에 미혼모나 미혼부가 5세 이하의 아동을 양육하거나 청소년 한부모가 아동을 양육하면 예산의 범위에서 추가적인 복지 급여를 실시하여야 한다. 이 경우 모 또는 부의 직계존속이 5세 이하의 아동을 양육하는 경우에도 또한 같다.

1. 미혼모나 미혼부가 5세 이하의 아동을 양육하는 경우
2. 34세 이하의 모 또는 부가 아동을 양육하는 경우

④ 국가나 지방자치단체는 이 법에 따른 지원대상자의 신청이 있는 경우에는 예산의 범위에서 직업훈련비와 훈련기간 중 생계비를 추가적으로 지급할 수 있다.

⑤ 제1항부터 제4항까지의 규정에 따른 복지 급여의 기준 및 절차, 그 밖에 필요한 사항은여성가족부령으로 정한다.

5) 가족지원서비스(제17조)

국가나 지방자치단체는 한부모가족에게 다음 각호의 가족지원서비스를 제공하도록 노력하여야 한다.

① 아동의 양육 및 교육 서비스
② 장애인, 노인, 만성질환자 등의 부양 서비스
③ 취사, 청소, 세탁 등 가사 서비스
④ 교육 · 상담 등 가족관계 증진 서비스
⑤ 인지청구 및 자녀양육비 청구 등을 위한 법률상담, 소송대리 등 법률구조 서비스
⑥ 그 밖에 대통령령으로 정하는 한부모가족에 대한 가족지원서비스

4. 영유아보육법

한국의 보육제도는 일하는 기혼여성의 아동을 보호하는 탁아 사업의 형태로 시작되었다가, 1980년대 후반부터 기혼여성의 사회진출을 적극적으로 돕는 차원에서 보육권 보장의 사회적 책임 문제가 공적으로 제기되기 시작하였다. 그 결과, 「영유아보육법」은 1991년 1월 14일 법률 제4328호에 의해 제정되었고 같은 날부터 시행에 들어갔다. 「영유아보육법」은 제정 이래 22차례의 개정을 거쳤다. 「영유아보육법」은 제정 이래 22차례의 개정을 거쳤고, 2015년 4월 30일 국회 본회의에서 「영유아보육법」 개정안이 통과됐다. 주요 내용으로는 어린이집 CCTV 설치 의무화, 아동학대 행위자에 대한 어린이집 설치 · 운영 및 근무 제한 강화, 보육교사의 처우 개선, 원장과 보육교사의 자격관리 및 교육 강화 등이 있다.

「영유아보육법」은 보호자의 보호를 받기 어려운 영유아의 보호 · 교육에 관하여 규정한 법률로서, 영유아의 심신을 보호하고 건전하게 교육하여 건강한 사회구성원으로 육성함과 아울러 보호자의 경제적 · 사회적 활동이 원활하게 이루어지도록 함으로써 영유아와 가정의 복지를 증진하기 위하여 제정 및 개정되었다.

「영유아보육법」의 주요 내용은 목적(제1조), 정의(제2조), 보육이념(제3조), 육아종합지원센터(제8조), 보육 실태 조사(제9조), 양육수당(제34조의2) 등으로 구성되어 있다.

1) 목적 및 정의

(1) 목적(제1조)

이 법은 영유아의 심신을 보호하고 건전하게 교육하여 건강한 사회구성원으로 육성함과 아울러 보호자의 경제적 · 사회적 활동이 원활하게 이루어지도록 함으로써 영유아 및 가정의 복지증진에 이바지함을 목적으로 한다.

(2) 정의(제4조)

이 법에서 사용하는 용어의 뜻은 다음과 같다.

1. "영유아"란 7세 이하의 취학 전 아동을 말한다.
2. "보육"이란 영유아를 건강하고 안전하게 보호 · 양육하고 영유아의 발달 특성에 맞는 교육을 제공하는 어린이집 및 가정양육 지원에 관한 사회복지서비스를 말한다.
3. "어린이집"이란 보호자의 위탁을 받아 영유아를 보육하는 기관을 말한다.
4. "보호자"란 친권자 · 후견인, 그 밖의 자로서 영유아를 사실상 보호하고 있는 자를 말한다.
5. "보육교직원"이란 어린이집 영유아의 보육, 건강관리 및 보호자와의 상담, 그밖에 어린이집의 관리 · 운영 등의 업무를 담당하는 자로서 어린이집의 원장 및 보육교사와 그 밖의 직원을 말한다.

2) 보육이념(제3조)

① 보육은 영유아의 이익을 최우선적으로 고려하여 제공되어야 한다.

② 보육은 영유아가 안전하고 쾌적한 환경에서 건강하게 성장할 수 있도록 하여야 한다.

③ 영유아는 자신이나 보호자의 성, 연령, 종교, 사회적 신분, 재산, 장애, 인종 및 출생지역 등에 따른 어떠한 종류의 차별도 받지 아니하고 보육되어야 한다.

3) 육아종합지원센터(제7조)

① 영유아에게 제26조의2에 따른 시간제보육 서비스를 제공하거나 보육에 관한 정보의 수집 · 제공 및 상담을 위하여 보건복지부 장관은 중앙육아종합지원센터를, 특별시장 · 광역시장 · 특별자치시장 · 도지사 · 특별자

치도지사(이하 "시 · 도지사"라 한다) 및 시장 · 군수 · 구청장은 지방육아종합지원센터를 설치 · 운영하여야 한다. 이 경우 필요하다고 인정하는 경우에는 영아 · 장애아 보육 등에 관한 육아종합지원센터를 별도로 설치 · 운영할 수 있다.

② 제1항에 따른 중앙육아종합지원센터와 지방육아종합지원센터(이하 "육아종합지원센터"라 한다)에는 육아종합지원센터의 장과 보육에 관한 정보를 제공하는 보육전문요원 및 보육교직원의 정서적 · 심리적 상담 등의 업무를 하는 상담전문요원 등을 둔다.

③ 삭제

④ 보건복지부 장관은 업무의 효율적인 수행을 위하여 대통령령으로 정하는 공공기관 또는 민간기관 · 단체 등을 제1항에 따른 중앙육아종합지원센터로 지정한다.

⑤ 육아종합지원센터의 설치 · 운영 및 기능, 육아종합지원센터의 장과 보육전문요원 및 상담전문요원의 자격 및 직무 등에 필요한 사항은 대통령령으로 정한다.

⑥ 육아종합지원센터의 안전사고 예방 및 사고에 따른 영유아 생명 · 신체 등의 피해보상에 관하여는 제31조의2를 준용한다. 이 경우 "어린이집"은 "육아종합지원센터"로, "어린이집의 원장"은 "육아종합지원센터의 장"으로 본다.

4) 보육실태조사(제9조)

① 보건복지부 장관은 이 법의 적절한 시행을 위하여 보육실태조사를 3년마다 실시하고 그 결과를 공표하여야 한다.

② 보건복지부 장관은 제1항에 따른 보육실태조사를 위하여 어린이집 설치 · 운영자와 관계 기관 · 법인 · 단체의 장에게 필요한 자료의 제출 또는 의견의 진술을 요청할 수 있다. 이 경우 요청을 받은 자는 정당한 사유

가 없으면 이에 협조하여야 한다.

③ 제1항에 따른 보육실태조사의 방법 · 내용 및 결과 공표 등에 필요한 사항은보건복지부령으로 정한다.

5) 양육수당(제34의2)

① 국가와 지방자치단체는 어린이집이나 「유아교육법」 제2조에 따른 유치원을 이용하지 아니하는 영유아에 대하여 영유아의 연령을 고려하여 양육에 필요한 비용을 지원할 수 있다.

② 제1항에 따른 영유아가 제26조의2에 따른 시간제보육 서비스를 이용하는 경우에도 그 영유아에 대하여는 제1항에 따른 양육에 필요한 비용을 지원할 수 있다.

③ 국가와 지방자치단체는 제1항에 따라 양육에 필요한 비용을 지원받는 영유아가 90일 이상 지속하여 해외에 체류하는 경우에는 그 기간 동안 양육에 필요한 비용의 지원을 정지한다.

④ 보건복지부 장관 및 지방자치단체의 장은 제3항에 따라 양육수당의 지급을 정지하는 경우 서면으로 그 이유를 분명하게 밝혀 영유아의 보호자에게 통지하여야 한다.

⑤ 제1항에 따른 비용지원의 대상 · 기준 등에 대하여 필요한 사항은 대통령령으로 정한다.

5. 저출산·고령사회기본법

우리나라에서는 저출산 · 고령화가 점점 심해지면서 국가 차원의 대응이 필요하다는 인식하여 2005년 9월 1일에 「저출산 · 고령사회기본법」이 제정되었고 이에 기초하여 기본계획과 시행계획이 수립되어 추진되었다.

「저출산 · 고령사회기본법」은 저출산과 고령화로 인한 사회적 문제를 해결하기 위해 입법된 법률로, 이 법은 국가와 지방자치단체의 역할과 책임, 사회복지서비스 제공 등과 같은 저출산 · 고령사회의 기본방향을 제시하고 있다.

저출산 대응 정책 추진을 위하여 대통령 소속의 위원회를 마련하였고, 국가 및 지방자치단체의 기본계획과 실행계획을 수립하는 저출산 · 고령화의 기본계획과 시행계획을 4번째 수립하고 추진하고 있다. 그리고 「저출산 · 고령사회기본법 시행령」 일부개정령(안)을 '23년 11월 7일에 입법 예고를 하는 데 있어, 그 이유와 주요 내용을 국민에게 미리 알려 이에 대한 의견을 듣기 위하여 「행정절차법」 제41조에 따라 공고하였다. 개정령(안)의 주요 내용은 먼저, 중앙행정기관 · 지방자치단체 전년도 자체 추진실적 평가 결과 제출 기한 조정(안 제4조제2항)이며, 그다음 법 제29조에 따른 저출산 · 고령화에 따른 변화에 대응하기 위한 조사 및 연구 수탁기관 요건 등을 마련(안 제4조의2)한다. 그리고 '22년 시행계획 추진 실적 평가 주체를 저출산 · 고령사회위원회로 조정(안 제4조 제1항과 제2항 및 제3항)이다.

「저출산 · 고령사회기본법」의 주요 내용은 목적(제1조), 기본 이념(제2조), 정의(제3조), 국가 및 지방자치단체의 책무(제4조), 국민의 책무(제5조), 자녀의 출산과 보육 등(제8조), 취약계층노인(제16조), 가족관계와 세대 간 이해증진(제17조), 저출산 · 고령사회기본계획(제20조) 등으로 구성되어 있다.

1) 목적, 기본이념 및 정의

(1) 목적(제1조)

이 법은 저출산 및 인구의 고령화에 따른 변화에 대응하는 저출산 · 고령사회정책의 기본방향과 그 수립 및 추진체계에 관한 사항을 규정함으로써 국가의 경쟁력을 높이고 국민의 삶의 질 향상과 국가의 지속적인 발전에 이바지함을 목적으로 한다.

(2) 기본이념(제2조)

이 법은 국가의 지속적인 발전을 위한 인구 구성의 균형과 질적 향상을 실현하고, 국민이 건강하고 안정된 노후생활을 할 수 있도록 하는 것을 기본이념으로 한다.

(3) 정의(제3조)

이 법에서 사용하는 용어의 정의는 다음과 같다.

1. "인구의 고령화"라 함은 전체인구에서 노인의 인구비율이 증가하는 현상을 말한다.
2. "저출산 · 고령사회정책"이라 함은 저출산 및 인구의 고령화에 따른 변화에 대응하기 위하여 수립 · 시행하는 정책을 말한다.

2) 국가 및 지방자치단체의 책무 및 국민의 책무

(1) 국가 및 지방자치단체의 책무(제4조)

1. 국가는 종합적인 저출산 · 고령사회정책을 수립 · 시행하고, 지방자치단체는 국가의 저출산 · 고령사회정책에 맞추어 지역의 사회 · 경제적 실정에 부합하는 저출산 · 고령사회정책을 수립 · 시행하여야 한다.
2. 국가 및 지방자치단체는 다른 법률의 규정에 의하여 중 · 장기계획 및 연도별 시행계획 등 주요정책을 수립하는 경우 제20조의 규정에 의한 저출산 · 고령사회기본계획을 고려하여야 한다.

(2) 국민의 책무(제5조)

1. 국민은 출산 및 육아의 사회적 중요성과 인구의 고령화에 따른 변화를 인식하고 국가 및 지방자치단체가 시행하는 저출산 · 고령사회정책에 적극 참여하고 협력하여야 한다.

2. 국민은 가정 및 지역사회의 일원으로 상호연대를 강화하고 각자의 노후 생활을 건강하고 충실하게 영위할 수 있도록 노력하여야 한다.

3) 자녀의 출산과 보육, 모자보건의 증진

(1) 자녀의 출산과 보육 등(제8조)

1. 국가 및 지방자치단체는 모든 자녀가 차별받지 아니하고 안전하고 행복한 생활을 영위하며 교육과 인성함양에 도움을 주는 사회환경을 조성하기 위한 시책을 강구하여야 한다.
2. 국가 및 지방자치단체는 자녀를 임신 · 출산 · 양육 및 교육하고자 하는 자가 직장생활과 가정생활을 병행할 수 있도록 사회환경을 조성 · 지원하여야 한다.
3. 국가 및 지방자치단체는 자녀를 양육하려는 자에게 양질의 보육서비스를 제공하기 위한 시책을 강구하여야 한다.

(2) 모자보건의 증진 등(제9조)

1. 국가 및 지방자치단체는 임산부 · 태아 및 영유아에 대한 건강진단 등 모자보건의 증진과 태아의 생명존중을 위하여 필요한 시책을 수립 · 시행하여야 한다.
2. 국가 및 지방자치단체는 임신 · 출산 · 양육의 사회적 의미와 생명의 존엄성 및 가족구성원의 협력의 중요성 등에 관한 교육을 실시하여야 한다.
3. 국가 및 지방자치단체는 임신 · 출산 및 양육에 관한 정보의 제공, 교육 및 홍보를 실시하기 위하여 필요한 기관을 설치하거나 그 업무를 관련 기관에 위탁할 수 있다.

4) 취약계층노인, 가족관계와 세대 간 이해증진

(1) 취약계층노인 등(제16조)

1. 국가 및 지방자치단체는 저출산 · 고령사회정책을 수립 · 시행함에 있어서 여성노인 · 장애노인 등 취약계층의 노인에 대하여 특별한 배려를 하고 도시 · 농어촌지역 간 격차 등 지역의 특수한 상황을 반영하여야 한다.

(2) 가족관계와 세대 간 이해증진(제17조)

1. 국가 및 지방자치단체는 효행을 장려함으로써 노인이 가정과 사회에서 공경받을 수 있도록 하고 세대 간 교류의 활성화와 세대 간 이해를 증진함으로써 민주적이고 평등한 가족관계가 형성되도록 필요한 사회환경을 조성하여야 한다.

5) 저출산 · 고령사회기본계획(제20조)

① 정부는 저출산 · 고령사회 중 · 장기 정책목표 및 방향을 설정하고, 이에 따른 저출산 · 고령사회기본계획(이하 "기본계획"이라 한다)을 수립 · 추진하여야 한다.

② 보건복지부 장관은 관계 중앙행정기관의 장과 협의하여 5년마다 기본계획안을 작성하고, 제23조의 규정에 의한 저출산 · 고령사회위원회 및 국무회의의 심의를 거친 후 대통령의 승인을 얻어 이를 확정한다. 수립된 기본계획을 변경할 때에도 또한 같다.

③ 기본계획에는 다음의 사항이 포함되어야 한다.

1. 저출산 · 고령사회정책의 기본목표와 추진방향
2. 기간별 주요 추진과제와 그 추진방법
3. 필요한 재원의 규모와 조달방안
4. 그 밖에 저출산 · 고령사회정책으로 필요하다고 인정되는 사항
5. 기본계획의 수립절차 등에 관하여 필요한 사항은 대통령령으로 정한다.

6. 다문화가족지원법

「다문화가족지원법」은 2008년 제정되어(법률 제8937호, 2008.3.21.) 2015년 12월 1일까지(법률 제13536호, 2015.12.1. 일부개정 시행 2016.6.2.) 모두 7차례 개정이 되어서 법률 제정 이후 거의 매년 개정이 되어 왔다. 또한 「다문화가족지원법」도 일반적인 법에서처럼 본칙(총 16조)과 부칙으로 구성되어 있으며, 동법은 제1조 목적에서 시작하여 제16조 민간단체 등의 지원 관련 사항, 그리고 부칙으로 구성되어 있다.

우리나라에서의 「다문화가족지원법」은 우리 사회에 문화적 다양성을 확장시키며, 다양한 문화에 대한 이해와 관용을 증진하는 계기를 마련하였다. 또한 전반적인 저출산 문제 해소에 도움을 주며, 농촌의 심각한 인구 부족과 저출산 문제 해소에 이바지하였다.

그러나 「다문화가족지원법」이 다문화가족에 대한 기여도 있지만, 현행 동법에서는 다문화가족을 법 규범적 해석상 결혼이민자 가족이나 귀화자 가족만으로 제한하고 있다. 또한 동법에 있어서 난민인정자 가족, 북한이탈 가족과 동포 가족은 지원대상에 포함되지 않으므로, 특히 여기에 해당하는 이민 배경을 둔 아동과 청소년의 경우, 현행 동법 체계상 아동과 청소년 관련 정책에서 배제되거나 차별받을 가능성이 있는 등 앞으로 「다문화가족지원법」에 대한 문제점이 지속적으로 나올 수가 있으므로 계속 「다문화가족지원법」의 개정을 요구될 수 있다.

「다문화가족지원법」의 주요 내용은 목적(제1조), 정의(제2조), 국가 및 지방자치단체의 책무(제3조), 다문화가족 지원을 위한 기본계획의 수립(제3조의2), 실태조사 등(제4조), 다문화가족에 대한 이해증진(제5조) 등이다.

1) 목적(제1조)

이 법은 다문화가족 구성원이 안정적인 가족생활을 영위하고 사회구성원으로서의 역할과 책임을 다할 수 있도록 함으로써 이들의 삶의 질 향상과 사회통합에 이바지함을 목적으로 한다.

2) 정의(제2조)

이 법에서 사용하는 용어의 뜻은 다음과 같다.

① “다문화가족”이란 다음 각 목의 어느 하나에 해당하는 가족을 말한다.

가. 「재한외국인 처우 기본법」 제2조제3호의 결혼이민자와 「국적법」 제2조부터 제4조까지의 규정에 따라 대한민국 국적을 취득한 자로 이루어진 가족

나. 「국적법」 제3조 및 제4조에 따라 대한민국 국적을 취득한 자와 같은 법 제2조부터 제4조까지의 규정에 따라 대한민국 국적을 취득한 자로 이루어진 가족

② “결혼이민자 등”이란 다문화가족의 구성원으로서 다음 각 목의 어느 하나에 해당하는 자를 말한다.

가. 「재한외국인 처우 기본법」 제2조제3호의 결혼이민자

나. 「국적법」 제4조에 따라 귀화허가를 받은 자

③ “아동 · 청소년”이란 24세 이하인 사람을 말한다.

3) 국가 및 지방자치단체의 책무 및 국민의 책무(제3조)

① 국가와 지방자치단체는 다문화가족 구성원이 안정적인 가족생활을 영위하고 경제 · 사회 · 문화 등 각 분야에서 사회구성원으로서의 역할과 책임을 다할 수 있도록 필요한 제도와 여건을 조성하고 이를 위한 시책을 수립 · 시행하여야 한다.

② 특별시 · 광역시 · 특별자치시 · 도 · 특별자치도 및 시 · 군 · 구(자치구를 말한다. 이하 같다)에는 다문화가족 지원을 담당할 기구와 공무원을 두어야 한다.

③ 국가와 지방자치단체는 이 법에 따른 시책 중 외국인정책 관련 사항에 대하여는 「재한외국인 처우 기본법」 제5조부터 제9조까지의 규정에 따른다.

4) 실태조사 등(제4조)

① 여성가족부 장관은 다문화가족의 현황 및 실태를 파악하고 다문화가족 지원을 위한 정책수립에 활용하기 위하여 3년마다 다문화가족에 대한 실태조사를 실시하고 그 결과를 공표하여야 한다.

② 여성가족부 장관은 제1항에 따른 실태조사를 위하여 관계 공공기관 또는 관련 법인 · 단체에 대하여 필요한 자료의 제출 등 협조를 요청할 수 있다. 이 경우 자료의 제출 등 협조를 요청받은 관계 공공기관 또는 관련 법인 · 단체 등은 특별한 사유가 없는 한 이에 협조하여야 한다.

③ 여성가족부 장관은 제1항에 따른 실태조사를 실시함에 있어서 외국인정책 관련 사항에 대하여는 법무부 장관과 다문화가족 구성원인 아동 · 청소년의 교육현황 및 아동 · 청소년의 다문화가족에 대한 인식 등에 관한 사항에 대하여는 교육부 장관과 협의를 거쳐 실시한다.

④ 제1항에 따른 실태조사의 대상 및 방법 등에 필요한 사항은 여성가족부령으로 정한다.

5) 다문화가족에 대한 이해증진(제5조)

① 국가와 지방자치단체는 다문화가족에 대한 사회적 차별 및 편견을 예방하고 사회구성원이 문화적 다양성을 인정하고 존중할 수 있도록 다문화 이해교육을 실시하고 홍보 등 필요한 조치를 하여야 한다.

② 여성가족부 장관은 제1항에 따른 조치를 함에 있어 홍보영상을 제작하여 「방송법」 제2조제3호에 따른 방송사업자에게 배포하여야 한다.

③ 여성가족부 장관은 「방송법」 제2조제3호에 따른 방송사업자(이하 이 조에서 "방송사업자"라 한다)에게 같은 법 제73조제4항에 따라대통령령으

로 정하는 비상업적 공익광고 편성비율의 범위에서 제2항의 홍보영상을 채널별로 송출하도록 요청할 수 있다.

④ 방송사업자는 제2항의 홍보영상 외에 독자적으로 홍보영상을 제작하여 송출할 수 있다. 이 경우 여성가족부 장관에게 필요한 협조 및 지원을 요청할 수 있다.

⑤ 교육부 장관과 특별시 · 광역시 · 특별자치시 · 도 · 특별자치도의 교육감은 「유아교육법」 제2조,「초 · 중등교육법」 제2조 또는 「고등교육법」 제2조에 따른 학교에서 다문화가족에 대한 이해를 돕는 교육을 실시하기 위한 시책을 수립 · 시행하여야 한다. 이 경우 제4조에 따른 실태조사의 결과 중 다문화가족 구성원인 아동 · 청소년의 교육현황 및 아동 · 청소년의 다문화가족에 대한 인식 등에 관한 사항을 반영하여야 한다.

⑥ 교육부 장관과 특별시 · 광역시 · 특별자치시 · 도 · 특별자치도의 교육감은 「유아교육법」 제2조 및 「초 · 중등교육법」 제2조에 따른 학교의 교원에 대하여 대통령령으로 정하는 바에 따라 다문화 이해교육 관련 연수를 실시하여야 한다.

제3부 가족복지실천

제6장 가족복지실천과정
제7장 가족치료

제 6 장

가족복지실천과정

1. 초기면접

1) 자료수집의 개념

자료수집은 가족대상 클라이언트가 가진 문제를 이해하는 데 필요한 사실을 모으는 과정으로, 수집한 자료를 바탕으로 이들을 사정(assessment)한다. 자료수집은 개입가능성을 판단하고 가족대상 클라이언트의 문제를 파악하여, 개입에 도움이 되는 자료를 마련하며, 나아가 이들의 강점과 잠재적 역량을 이해하는 데 매우 중요한 지속적 과정이다. [1]

2) 자료수집 단계의 과제

자료수집 단계의 과제는 개입가능성을 판단하고 개입에 도움이 될 수 있는 자료를 마련하는 데 있으며, 사회복지사는 가족대상 클라이언트의 문제와 욕구를 명확하게 규정함으로써 개입의 방향을 설정한다. [2]

3) 자료수집의 내용

자료수집은 가족대상 클라이언트의 문제를 분석하고 해결하는 데 필요한 자료를 수집하는 과정이다. 자료수집 내용은 객관적인 자료나 정보, 클라이언트의 주관적인 사실에 관한 인식의 파악을 포함하는 것이다. 일반적으로 클라이언트 개인의 생활력, 인간관계, 경제문제, 건강 · 정서적 상태, 현재 어려움에 부닥친 문제내용 등에 대한 사실을 수집한다. [3]

(1) 클라이언트의 일반적 사항

클라이언트의 인적 사항과 가족사항 및 주거사항 등 기본정보를 수집한다.

(2) 개인력

클라이언트의 개인역사로 생활주기에 따라 영유아기, 아동기, 청소년기, 청년기, 성인기, 노년기 등으로 구분하여 생활사건, 클라이언트의 경험 및 감정, 사회적 관계 등에 관한 정보를 수집한다.

(3) 가족력과 가족관계, 클라이언트의 강점 및 한계 등

가족대상 클라이언트의 살아온 역사, 가족구성, 가족관계 등에 관한 정확한 정보수집은 사정, 계획, 개입 적용에 중요한 준거 틀이 된다. 그리고 클라이언트의 문제만이 아니라 그가 스스로 문제를 해결하는 데 있어 사용할 수 있는 강점에 대한 정보를 수집하고 그와 그를 둘러싼 환경 속에 있는 한계, 동기 등을 파악한다.

(4) 가족대상 클라이언트의 기능과 능력, 사회적 지원

가족대상 클라이언트 기능과 능력, 사회적 지원 등 자료수집은 사정, 계획, 개입 등 수립에 매우 중요하다. 먼저 클라이언트의 기능에 관한 자료수집에는 그의 신체적 기능, 정서적 기능, 사회적 기능, 지적 기능 등 정보를 포함된다. 그다음 클라이언트의 능력에 관한 자료수집에는 그의 강점과 약점, 잠재능력 등 정보가 포함된다. 그리고 그다음 클라이언트의 사회적 자원에 관한 자료수집에는 그와 관련된 공식적 및 비공식적 자원의 이용, 자원의 적절성과 문제점 등 정보가 포함된다.

4) 자료수집 방법 및 정보원

가족복지실천과정에서 자료수집 방법은 면접, 관찰, 검사 등이 있고, 정보원에는 가족대상 클라이언트가 작성한 양식, 클라이언트와의 대화, 클라이언트의 비언어적 행동, 상호작용의 직접적 관찰, 부수적인 정보, 사회복지사의 개인적 경험, 심리검사 등이 있는데, 그 주된 내용은 다음과 같다. [4)]

(1) 자료수집 방법

① 면접

면접은 생각과 느낌이 교환되는 가운데 개인들 사이에서 언어적 · 비언어적 의사소통을 포함한 목적지향적인 대화를 말한다. 이러한 면접은 크게 정보를 얻기 위한 면접, 사정을 위한 면접, 치료를 위한 면접 등으로 구분할 수 있다.

② 관찰

관찰은 비언어적인 형태의 자료를 수집할 때 유용한 방법이다. 관찰은 수집하고자 하는 정보의 종류에 따라 자연스러운 관찰과 일련의 순서가 있는 구조화된 관찰로 구분할 수 있다.

③ 심리검사

클라이언트의 심리상태는 지능, 동기화, 대처행동의 유형, 자아개념, 불안이나 우울의 정도 등을 표준화된 심리검사를 통해 파악할 수 있다.

(2) 자료수집의 정보원

자료수집의 정보원은 매우 다양하다. 클라이언트의 자료는 보통 이들이 작성한 양식, 이들과의 이야기, 이들의 비언어적 행동, 사회복지사의 개인적 경험, 부수적인 정보, 심리검사 및 사정도구, 이들과의 직접적인 상호작용에 근거한 사회복지사의 경험, 자기모니터링 등이 있다.

① 가족대상 클라이언트가 작성한 양식

사회복지기관 등의 초기면접에서 클라이언트가 작성한 기록양식의 정보로, 이것은 첫 번째 중요 자료원이 된다. 보통 첫 면접 이전에 기관의 간단한 초기면접 시에 가족대상 클라이언트가 직접 이름, 성별, 나이, 직업, 주소나 전화번호, 문제, 가족구성원 등을 작성하기도 하는데, 이것도 클라이언트를 이해하는 중요한 정보원이 될 수 있다. 사회복지기관만이 아니라 서비스 기관에서는 초기면접 양식을 자주 사용한다.

초기 면접지에서는 클라이언트의 기본정보(이름, 성별, 나이, 결혼관계, 주소, 전화번호, 직업 등), 가족관계(동거 중인 가족을 중심으로 가족구성원의 이름, 나이, 직업, 교육정도, 종교 등), 주요 문제(클라이언트가 사회복지사에게 도움을 청하게 된 문제가 무엇이며, 언제부터 어떤 과정으로 지속되었는지에 대한 내용), 기관에 오게 된 동기 등, 의뢰이유(타 기관 또는 가족으로부터 의뢰된 경우, 의뢰한 이유 등), 이전의 사회복지서비스 경험(과거에 어떤 사회복지관에 어떤 서비스를 받았는지에 대한 내용 등) 등이 포함된다.

② 가족대상 클라이언트와의 대화

클라이언트와의 대화는 주요한 정보원이며 때에 따라서는 유일한 것이기도 하다. 가족대상 클라이언트의 문제, 그의 감정, 문제를 해결하기 위한 개인적 자원, 문제해결 노력, 문제의 역사, 원인 등에 대한 의견 등이다. 그리고 이야기 뒤에 있는 비언어적 행동, 즉 얼굴표정, 손동작, 목소리 톤 등에서 클라이언트의 감정과 사고가 더 정확하게 전달될 수 있다. 사회복지사는 관찰로서 비언어적인 행동의 의미를 파악하여야 한다. 그러나 가족대상 클라이언트 자신에게서 얻는 자료는 왜곡되는 경우도 흔하다.

③ 클라이언트의 비언어적 행동

클라이언트의 비언어적 행동은 가치 있는 정보의 출처가 될 수 있다. 즉 초기면접에서 이들의 일거수일투족은 앞으로의 원조과정에 대한 동기수준과 반응양식을 예측하도록 하는 직 · 간접적 실마리가 될 수도 있다. 사회복지사는 가족대상 클라이언트의 구두보고를 적극적으로 경청함과 동시에 이들의 비언어적 행동에 대해 세심히 관찰해야 한다. 경험이 많은 사회복지사일수록 비언어적 단서에 많은 관심을 기울이고 이를 파악하여 해석하게 된다. 이 단서는 클라이언트가 실제로 무엇을 생각하고, 느끼는지를 아는 데 매우 귀중한 가치를 지닌다.

④ 상호작용의 직접적 관찰

클라이언트와 그의 삶에 중요한 다른 사람과의 상호작용을 직접 관찰함으로써 문제에 대한 실마리를 발견하는 출처가 된다. 이때 우연에 의한 관찰이 아닌 어떤 특정한 목적을 위해 의도적으로 계획된 관찰이어야 하며, 사회복지사가 선택하는 관찰기법은 수집하려는 정보의 질과 정확성을 좌우한다. 배우자와의 상호작용, 가족구성원과의 상호작용 등의 직접적 관찰로 사회복지사는 많은 정보를 얻게 된다.

⑤ 부수적인 정보

정보는 가끔 다양한 부수적인 자료로부터 수집한다. 부수적인 정보로써 가족, 이웃, 친구, 친척, 사회기관, 고용주, 학교, 그리고 관련된 제공하는 다른 사람 등으로부터 수집한다. 이러한 정보수집을 위해서 직접 방문하거나 편지나 메일을 보낼 수 있고, 전화를 걸어 볼 수도 있다. 이것들은 클라이언트로부터 얻지 못한 소중한 정보를 제공하기도 한다.

⑥ 사회복지사의 개인적 경험

클라이언트와 사회복지사가 상호작용하는 패턴을 보면 이들이 다른 사람들과 어떻게 상호작용하는지 상호작용의 유형을 짐작할 수 있게 해 줄 뿐만 아니라 문제행동을 이해하는 데 실마리를 제공한다. 또한 사회복지사는 클라이언트와 상호작용하는 과정에서 자신이 느끼는 감정이 다른 사람에게도 비슷할 것이라는 생각을 하게 되고, 사회복지사의 이러한 감정이 결국은 문제행동에 대한 중요한 정보를 제공할 수 있다는 것이다.

⑦ 심리검사

다양한 심리검사를 통한 정보는 사정 시 매우 유용한 정보가 된다. 이와 같은 검사는 클라이언트가 자기보고식의 응답한 결과를 전문가가 해석한 것이므로 매우 중요한 정보가 된다. 현재 임상사회복지사가 활용하는 검사로는 자아존중감, MMPI, 간이정신진단검사, 사회성숙도, 자아개념검사 등이 있으며 객관적이고 표준화된 측정을 통해 가족대상 클라이언트의 내적 · 심리적 특성을 파악하는 과정이다.

2. 사정

1) 사정영역

(1) 가족의 욕구

가족의 욕구사정(assessment)은 가족복지실천 전 과정 중 본질적으로 가장 중요한 과제이면서 동시에 가족구성원의 상황과 관련지어 이들에 대한 이해를 도모하기 위한 평가과정이라 할 수 있다. 사정은 지속적이고 그 내용은 늘 수정할 수 있으며, 사회복지사와 가족구성원의 상호작용을 통해 관계형성을 구축해야 한다.

사정은 가족의 욕구에 대한 각 가족구성원에게 모두 이루어져야 하며, 가족구성원이 개별적으로 또는 전체적으로 사정에 참여하는 것이 바람직하다. 사회복지사와 가족구성원 간의 집단미팅은 이들의 욕구에 대한 사회복지사의 견지를 습득할 기회가 된다. 가족문제를 다루는 사회복지실천에서는 가족구성원의 욕구상태가 무엇인지를 검토하고 이에 대한 사정을 정기적으로 검토하고 수정해 나가야 한다.

사회복지사는 가족구성원의 심리 · 사회적 내력(psychosocial history) 등에 대한 정보를 얻는데, 이러한 내력은 이들의 현재 문제와 욕구, 과거 생활사와 현재 상황에 대한 포괄적 사항 등을 포함한다. 이러한 정보는 가족의 개별구성원으로부터 얻을 수 있으며, 가족의 욕구를 사정할 때 포함되어야 하는 기본요소는 다음과 같다.[5)]

• 가족체계의 외부경계선	• 내부경계선과 가족의 하위체계
• 가족의 권력구조	• 가족목표
• 가족신화와 인식 성향	• 가족의 강점
• 가족생활주기	• 가족 외부체계와의 상호작용
• 가족구성원의 의사소통 양식	• 가족의 의사결정과정
• 가족의 정서와 감정표현 범위	• 가족의 역할과 규범

(2) 가족체계

가족을 하나의 체계로 보는 관점은 가족구성원 간의 상호작용뿐만 아니라 가족과 주변환경과의 상호작용까지 모두 관찰하고 개입할 수 있다는 점에서 매우 유용하다.

가족체계의 특징과 주요 개념에 관해 설명하면 다음과 같다.[6)]

① 가족체계의 특징

가족을 하나의 체계로 보는 관점은 가족구성원 간의 상호작용뿐 아니라 가족과 주변환경과의 상호작용까지 모두 관찰하고 개입할 수 있다는 점에서 매우 유용하다. 가족은 가족구성원 개개인으로 구성된 전체이며, 지역사회를 구성하고 이에 적응하는 부분으로서의 체계이다. 즉 가족은 사회체계의 한 유형으로 볼 수 있다.

가족구성원은 상호의존하는 관계특성이 있다. 체계 내 부분 간의 상호작용과 교류에 영향을 미치는 요소에는 대상과 속성, 관계, 환경이 있다. 대상은 가족구성원을 의미하며, 속성은 가족구성원의 자질이나 성격특성, 그리고 가족이 지향하는 목표나 긴장을 의미한다. 관계는 가족체계 내 부분 간의 관계를 의미하며, 환경은 체계의 구성요소이면서 동시에 더 큰 사회체계로서 가족에 긍정적 혹은 부정적 영향을 미치는 이웃과 지역사회, 국가, 그리고 좀 더 광범

위한 사회경제적 · 생태학적 체계를 포괄한다. 이러한 요소들이 상호호혜적 관계를 형성하는 정도에 따라 체계는 개방적으로 되기도 하고 폐쇄적으로 되기도 한다.

② 가족체계의 주요 개념

Ⓐ 가족항상성

가족항상성은 체계로서의 가족이 구조와 기능에 있어서 균형을 유지하려는 속성으로 역동적 균형상태를 유지하기 위한 경향성을 말한다. 가족항상성은 위기이론과 관련이 있는데 가족은 위기상황 이후에 정상적 기능수행으로 되돌아가려는 경향이 있다. 사회복지사는 상호작용 패턴을 재조직하고 이러한 패턴을 조절하는 새로운 규칙을 만들어 냄으로써 새로운 균형상태를 유지하게 한다. 즉 모든 가족구성원은 칭찬하거나 야단치는 것과 같이 상대방의 행동을 강화하는 피드백(feedback)을 통하여 가족의 균형을 유지하는 경향이 있다.

Ⓑ 가족규칙

모든 가족은 일상생활을 영위해 나가기 위하여 가족 안에서 힘을 어떻게 나누며 누가 어떤 일을 할 것인지 규칙을 갖게 되며, 가족구성원은 그것에 따라 행동하게 된다. 가족 내에는 암묵적 규칙이 존재하며, 가족구성원은 규칙의 지배를 받는다. 또한 가족구성원의 반복되는 상호작용을 통해 규칙은 조직화되어 은연중에 불문율이 만들어진다. 그러므로 이러한 규칙을 알게 되면, 가족이 어떻게 서로 간의 관계를 규정짓고 있는지를 알게 된다. 따라서 가족치료에서는 가족의 성장과 성숙을 방해하는 가족의 역기능적 규칙을 찾아내어 이를 수정함으로써 가족구성원의 자유로운 성장을 도울 수 있다.

Ⓒ 가족경계선

가족의 하위체계 간에 허용할 수 있는 접촉의 양과 종류는 경계로 구분된다. 경계는 가족과 하위체계의 독립과 자율성을 보호한다. 상호경계는 경직된 경계에서부터 산만한 경계까지 다양하다. 하위체계 간의 상호역동은 이 경계선이 명확한지(명확한 경계선), 밀착되어 있는지(밀착된 경계선), 분리되어 있는지(경직된 경계선)에 따라서 다르다.

Ⓓ 순환적 인과성

가족 내에서 일어나는 문제는 원인과 결과가 순환적 관계를 형성하고 있다. 그러하기에 바람직하지 못한 가족의 연쇄고리라고 판단되는 악순환의 연쇄고리를 끊어 건강한 연쇄고리를 새롭게 만들어 주어야 한다. 가족 내 한 구성원의 변화는 다른 구성원을 반응하게 하는 자극이 되고 이 자극은 다른 가족에게 영향을 미쳐 전체에 영향을 준다. 이 영향은 처음 변화를 유발한 구성원에게 다시 순환적으로 영향을 미친다.

Ⓔ 가족 하위체계

가족 내의 대표적인 하위체계는 부부 하위체계, 부모-자녀 하위체계, 형제 하위체계를 들 수 있다. 부부 하위체계는 두 사람의 결혼과 더불어 형성된다. 부부 하위체계가 건강하게 기능하기 위해서 부부는 각자 원가족의 영향에서 어느 정도 독립적이고 적절히 분화되어야 한다.

부모-자녀 하위체계의 주요 기능은 자녀양육, 지도, 통제와 연관된다. 자녀는 부모의 부부관계에 개입되거나 부부간의 갈등 때문에 걱정할 필요 없이 부모의 자녀로서 독립적으로 기능하고 존재할 수 있다. 형제 하위체계에서는 상호관계를 통하여 서로 지지하고, 분화하고, 희생자가 되기도 하는 과정을 통해 많은 것을 배운다. 협동, 협상, 강제, 반대, 친구 만드는 방법, 자신을 보호하는 방법 등을 배우며, 형제 하위체계를 통해서 대등하지 않은 세력과의 관계에 적응하는 방법을 배우기도 한다.

(3) 환경과의 상호작용

사회복지사는 가족치료의 다양한 접근방법을 절충적으로 사용하고 있으며 특히 가족과 환경이나 다른 체계와의 관계, 세대를 거쳐 내려오는 가족체계, 현 가족체계의 구조와 과정과의 관계에 초점을 둔다. 우선 가족과 환경의 관계에 대한 초점은 생태학적 관점으로 생태도를 활용하여 가족과 환경 간의 조화와 가족의 참여를 통한 적응능력 개발을 목적으로 한다.

사회복지사가 분석할 때는 가족의 피드백을 계속 구하고, 가족의 결핍이나 문제보다는 강점을 언급할 필요가 있다. 또한 환경자원의 개발과 이를 가족이 활용할 수 있도록 옹호하고 중재하는 역할을 강조한다. 특히 가족의 무기력감을 해결하기 위하여 가족 스스로 자신의 생활에 힘과 통제력을 갖도록 돕는 데 초점을 맞춘다.

(4) 가족생활주기

가족생활주기란 사람이 가족생활에서 경험하는 미혼, 결혼, 출산, 육아, 노후의 기간에 걸친 시간적 연속을 말한다. 가족은 결혼으로 형성되어, 자녀의 출산으로 발전 · 확대되었다가 자녀의 결혼 · 분가로 축소되면서 사망으로 그 종말을 맞이한다. 사회복지사는 가족이 처한 가족생활주기를 사정하고, 가족의 역할과 발달과제의 성취 여부를 평가해야 한다.

가족생활주기가 어떻게 구성되며 각 단계의 과제에 대해서는 학자에 따라 다소 차이가 있다. 예를 들면 가족생활주기의 대표적 학자인 Duvall(1977)은 가족생활주기를 8단계로, Carter와 McGoldrick(1989)은 6단계로 구분하여 설명하고 있다. Duvall은 2세대 핵가족을 중심으로 가족생활주기를 개념화하였고, Carter와 McGoldrick은 3세대 이상의 대가족체계를 중심으로 개념화하였다 (제2장 가족체계와 가족생활주기 참조).

2) 사정방법

사정방법에는 면접, 관찰, 가계도와 생태도, 생활력 도표, 사회적 관계망 그리드, 가족범주 도식, 가족조각 등이 있는데, 그 주된 내용은 다음과 같다.[7)]

(1) 면접

사정에서 면접은 가장 오래된 사회복지실천 방법의 하나라고 할 수 있을 정도로 사회복지실천가들에게서 널리 사용해 온 기본적인 사회복지실천 방법이다. 면접은 부모나 자녀, 확대가족 그리고 때에 따라서는 가족에 대해 잘 알고 있는 이웃이나 교사, 목회자 등을 대상으로 할 수 있다.

사정을 위한 면접은 클라이언트가 처해 있는 현재 문제상황, 문제해결 목표, 목표를 달성하기 위해 어떤 개입방법을 선택해야 할지 결정하게 된다.

면접 시 클라이언트의 마음을 탐색하기 위해, 클라이언트의 말을 정확하게 이해하기 위해, 대화의 실마리를 풀기 위해 질문을 하는 데 사용될 질문들에 대해서는 기관과 대상에 따라 표준화된 질문지가 자주 사용된다. 표준화된 질문지는 기관의 성격, 문제의 특징에 따라 내용이 달라질 수 있다. 그러나 이름, 성별, 나이, 가족구성원, 결혼여부, 직업, 수입 등의 인구통계학적 내용들을 시작으로 현재 발생하고 있는 문제가 무엇이며, 문제의 심각한 정도, 동일문제가 지속되면 느끼는 심적 부담감의 정도, 예상되는 문제의 결과가 어떻게 나타날 것인지 등의 질문들이 포함될 수 있다.

(2) 관찰

관찰은 가족복지실천의 모든 과정 동안 사용하는 기술로서, 클라이언트가 말하고 행동하는 것에 주의를 기울이는 것이다. 관찰은 가족의 역할, 가족관계, 가족의 생활모습 전반을 살펴보는 도구로 작용할 수 있으며, 사정 전, 사정 과정 그리고 사정 후의 전 과정에 걸쳐 발생할 수 있다.

관찰은 수집하고자 하는 정보의 종류에 따라 자연스러운 관찰과 일련의 순서가 있는 구조화된 관찰로 구분할 수 있으며, 즉흥적 관찰과 형식적인 관찰, 참여 관찰과 비참여 관찰로 구분할 수 있다. 면접 상황에서는 대부분 가족구성원이나 혹은 구성원들 간의 역동성을 자연스럽게 관찰한다. 그러나 특별한 정보가 필요할 때는 구조화된 관찰을 활용하기도 한다.

(3) 가계도, 생태도

① 가계도

가계도(genogram)는 Bowen(1978)의 다세대 가족체계이론에 근거한 사정도구로서 2~3세대에 걸친 가족구성원에 관한 정보와 그들 간의 관계를 도표로 기록 · 작성하는 방법이며, 가족 내 역동을 이해하거나 가족이 여러 세대에 걸쳐 발전시켜 온 가족역할, 유형, 관계 등을 가족과 함께 비위협적이고 상호작용 방법으로 살펴보기 위한 도구로 사용된다.

가계도는 가족구성원들이 자신들을 새로운 시점에서 볼 수 있도록 도와줌으로써 치료에서 가족과 합류하는 중요한 방법이 된다. 이것은 공간과 시간을 통해 가족문제를 추적하도록 돕는 체계적 관점을 만들어서 가족의 정서적 문제를 재해석하기도 하고 약화하거나 정상화할 수 있게 한다. 그리고 가계도 면접은 체계적 질문을 하기 쉬우므로 사회복지사에게 좋은 정보를 제공함과 동시에 가족 자신도 체계적인 관점으로 문제를 볼 수 있게 한다.

가계도는 가족과 함께 탐색할 수 있는 여러 가지 정보들이 나올 수 있는 유용한 도구로써, 가족관계를 간단한 그림으로 표현함으로써 사회복지사에 의해 치료훈련 등의 다양한 목적으로 사용되고 있다.

다음의 [그림 6-1]은 가계도에서 흔히 사용하는 표준 기호이며 [그림 6-2]는 가계도에 대한 예시이다.

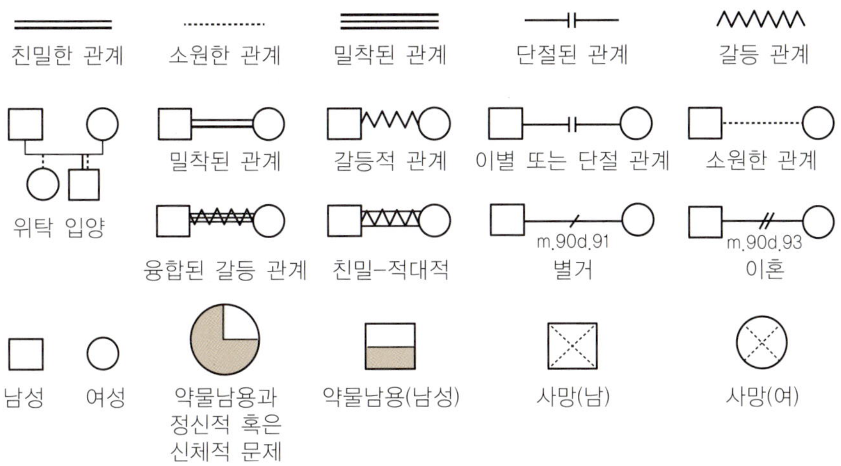

[그림 6-1] 가계도의 표준 기호

*출처: 이영실 · 오동록 · 고은주 외, 2020, 2021.

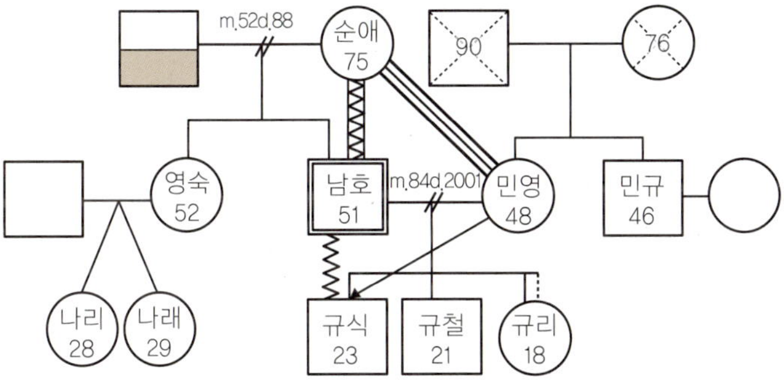

[그림 6-2] 가계도의 예시

*출처: 이영실 · 오동록 · 고은주 외, 2020, 2021.

② 생태도

생태도(ecomap)는 Ann Hartman에 의해 1975년에 개발된 것으로서, 가족과 가족구성원과 환경 간의 상호작용을 그림으로 나타낸 것이다. 생태도는 클라이언트와 그 가족의 삶에 영향을 미치는 조직이나 요인의 원을 사용하여 사회적 맥락에서 개인과 가족의 위치를 나타내 줌으로써 가족생활과 가족과 집단,

협회, 조직 그리고 다른 가족과 개인들과의 관계 성격을 전체적이고 생태적인 관점에서 살펴볼 수 있도록 도와준다.

다음의 [그림 6-3]은 생태도에서 흔히 사용하는 기호들이며 [그림 6-4]는 생태도에 대한 예시이다.

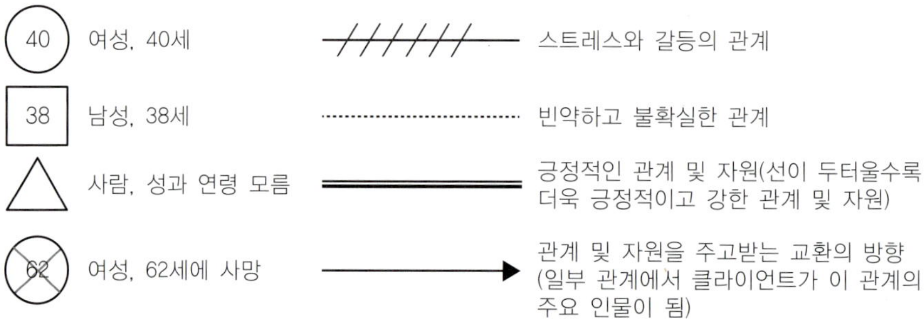

[그림 6-3] 생태도에서 흔히 사용하는 기호

*출처: 이영실 · 오동록 · 고은주 외, 2020, 2021.

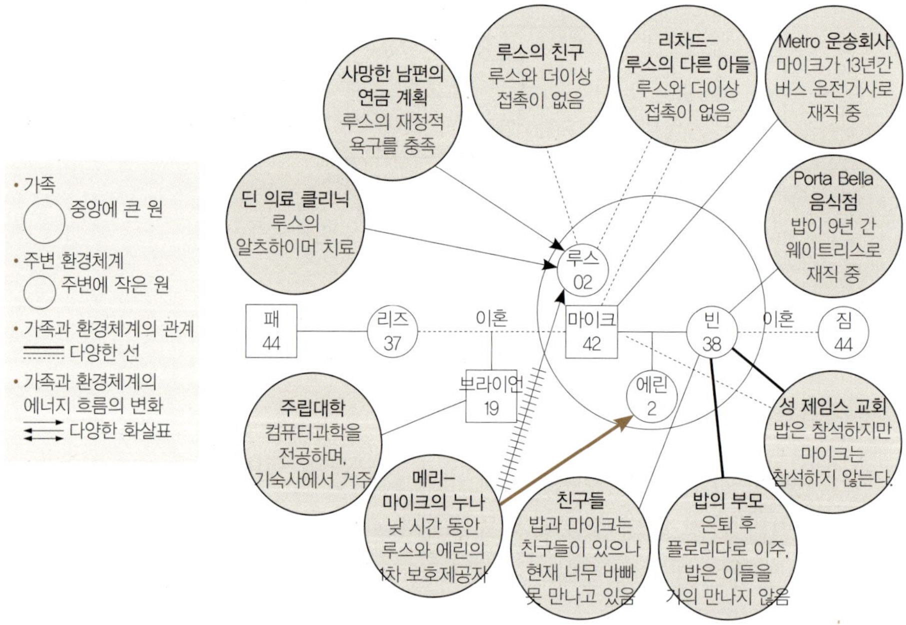

[그림 6-4] 생태도 예시

*출처: 이영실 · 오동록 · 고은주 외, 2020, 2021.

(4) 생활력 도표

생활력 도표(life chronology)는 가족사정 도구의 하나로 가족이나 가족구성원에게 발생한 중요한 사건과 시기를 중심으로 해서 연대기적으로 작성한다. 생태도나 가계도처럼 원이나 선을 이용하는 것이 아니라 표를 이용한다.

생활력 도표의 활용은 특정 발달단계의 생활경험을 이해하는 데 도움이 되고, 아동과 청소년 대상의 활동에서 유용하게 사용된다. 또한 가족의 다양한 시기의 자료를 조직화하여 표현하며, 가족구성원 삶의 중요한 사건을 시계열적으로 나열한다(<표 6-1> 참조).

〈표 6-1〉 생활력 도표의 예시

연도	나이	장소	가족	주요 사건	문제
1976	35	부산	첫째 자녀	출생	미숙아로 태어남
1979	32	울산	남편	실직과 잠적	빚 독촉을 심하게 받아서 남편이 잠적
1982	29	울산	남편	입원	심한 알코올중독
1984	27	김해	가족 모두	친정 근처로 이사	극심한 생활고

*출처: 이영실 · 오동록 · 고은주 외, 2020, 2021.

(5) 사회적 관계망 그리드

사회적 관계망 그리드(social network grid)는 개인, 가족의 사회적 지지체계를 사정하는 도구이다. 사회적 관계망을 그림이나 표로 보여 줌으로써 가족의 관계망을 전체적으로 볼 수 있게 해 준다. 가족구성원의 사회적 관계망을 그림이나 도표로 그리는 것은 관계의 양과 질을 한눈에 파악하고 지속적인 사정과 계획을 수립하는 데 도움이 된다.

사회적 관계망 표는 관계망 안에 있는 사람들이 클라이언트 혹은 가족과 어떤 관계에 있고 이들이 주고받는 물질적 · 정서적 · 정보적 지원은 어느 정도이며, 도움의 방향은 어떠한지, 그리고 근접성과 접근의 빈도는 어느 정도인지 등을 종합적으로 파악할 수 있다는 점에서 매우 유용하다(<표 6-2> 참조).

〈표 6-2〉 사회적 관계망 그리드 예시

번호: 응답자: 이름:	생활영역 1. 동거가족 2. 다른 가족 3. 직장/학교 4. 조직들 5. 다른 친구 6. 이웃 7. 전문가 8. 기타	물질적 지원 1. 거의 없음 2. 간혹 있음 3. 거의 항상	정서적 지지 1. 거의 없음 2. 간혹 있음 3. 거의 항상	정보 / 조언 1. 거의 없음 2. 간혹 있음 3. 거의 항상	비판 1. 거의 없음 2. 간혹 있음 3. 거의 항상	원조의 방향 1. 양방향 2. 당신이 그들에게 향함 3. 그들이 당신에게 향함	친밀성 1. 친밀성이 없음 2. 친밀한 정도 3. 매우 친밀	만나는 빈도 0. 보지 않음 1. 몇 회/년 2. 매달 3. 주별 4. 매일	알고 지낸 기간 1. 1년 미만 2. 1년~5년 3. 5년 이상
01									
02									
03									
04									
05									
06									
07									
08									
09									
10									

*출처: 이영실 · 오동록 · 고은주 외, 2020, 2021.

(6) 가족범주 도식

가족범주 도식(family categories schema)은 Epstein, Bishop과 Levin(1978)의 연구를 기초로 하며 사회복지사가 가족들과 첫 만남 이후 가족의 기능수행을 사정할 수 있도록 고안한 도구이다. 다음의 8개 범주에 대하여 60개 항목의 자기보고(self-report) 형식의 설문으로 이루어져 있다.

가족범주 도식의 구성은 다음의 <표 6-3>과 같다.

〈표 6-3〉 가족범주 도식의 구성

범주	내용
문제해결	가족은 정서적 · 육체적 안녕 또는 기능수행 단위로서 가족의 생존에 대한 위협에 어떻게 대처하는가와 관련이 있음
정서적 반응	가족구성원은 가족 내에서 행복한 정서와 위급한 정서 모두를 다양하게 표출할 수 있는지에 관련이 있음
정서적 관여	가족구성원은 서로의 활동과 관심에 대해 어느 정도 정서적으로 관여하고 있는지에 관련되어 있음
의사소통	가족의 언어적 · 비언어적 의사소통을 관찰함
역할행동	가족이 매일 접하는 여러 종류의 압력, 과제, 의무를 파악함
자주성	가족구성원이 독립적으로 행동하고, 독자적이고 책임 있는 선택을 할 수 있는 능력과 관련 있음
행동 통제방식	행동통제는 가족이 충격을 이겨내고, 표준행동을 유지하며, 위협적인 상황에 대처하는 방식과 관련이 있음
일반적인 역할	가족구성원이 각자 맡은 바 임무를 잘 수행하는지를 관찰함

*출처: 이영실 · 오동록 · 고은주 외, 2021.

(7) 가족조각

가족조각(family sculpture)이란 가족구성원이 가족에 대해 어떻게 인식하고 있는지를 시각적으로 표현함으로써 가족에 대한 이해를 돕기 위한 기법이다. 가족조각은 가족구성원이 공간적으로 스스로 위치하여 가족관계를 몸으로 표현하면서 하나의 그림을 완성하는 것으로, 가족동맹을 표현하며 역기능적 가족 연합을 보여 주고 관계를 재조정해야 함을 인식시켜 줄 때 매우 효과적인 기법이다. 사회복지사의 도움으로 가족들은 자신의 가족구조에 대해 논의하게 되는데, 이러한 논의로써 가족은 기존의 가족연합을 바꾸고자 한다.

3. 계획수립

가족복지실천과정에서 계획수립(planning)은 자료수집과 클라이언트의 문제와 상황에 대한 일차적 사정을 마친 후 실질적인 문제해결과정이 시작되는 단계를 의미한다. 계획수립에서는 사회복지사와 클라이언트는 표적문제를 선정하고 개입목표를 설정하며, 이를 달성하기 위한 구체적인 계획을 수립한다.

다음은 계획수립에서 계획수립 단계의 핵심 내용, 표적문제 선정, 개입목표 설정의 계획에 관한 주된 내용은 다음과 같다.[8)]

1) 계획수립 단계의 핵심내용

계획수립은 자료수집과 클라이언트의 문제와 상황에 대한 일차적 사정을 마친 후 실질적인 문제해결과정이 시작되는 단계로, 사회복지사와 가족대상 클라이언트는 표적문제를 선정하고 개입목표를 설정하며 이를 달성하기 위하여 클라이언트와 함께하기, 문제의 우선순위 정하기(표적문제 선정), 목적설정하기, 목적을 목표로 구체화하기, 계약을 공식화하기 등 세밀하고 구체적인 계획을 수립하여 계약을 공식화해야 한다.

계획수립 시 사회복지사는 클라이언트의 준비된 정도 판단, 목표설정 이유, 적절한 목표선택, 명확한 목표규정, 목표의 실현 가능성 및 잠재적 이득과 위험논의, 특정목표의 잠재적 결과측정 및 그 목표 달성을 위한 노력, 클라이언트의 의견에 따른 목표의 우선순위 결정 등의 요소들을 포함해야 하며, 특히 표적문제 선정 시 클라이언트에게 중요하게 생각하고 시급히 해결되기를 바라며 문제상황을 대표하고 문제해결이 어느 정도 가능한 명백한 문제로 선정해야 한다.

2) 표적문제 선정

가족복지실천과정의 계획수립 단계에서는 가족대상 클라이언트의 문제가 여러 가지 요소들이 복합적으로 얽혀 있으므로 클라이언트에게 가장 중요하고 시급히 해결해야 할 표적문제를 선정해야 한다.

표적문제 선정 시 클라이언트가 중요하게 생각하고, 시급히 해결되기를 바라며, 문제상황을 대표하고, 문제의 해결이 어느 정도 가능한 명백한 문제로 선정한다. 또한 표적문제가 너무 많으면 계획된 시간 안에 해결하기가 어렵고 주어진 시간 안에 여러 문제를 다루기가 어려우므로 두세 가지 정도만 선정하는 것이 좋다.

3) 개입목표 설정의 계획

가족복지실천과정에서 계획된 변화를 유도하는 과정이 개입계획이다. 개입계획에서 클라이언트의 계획된 변화는 우연에 의해서 발생하는 것이 아니라 예측할 수 있는 변화를 일으키기 위해 계획을 세우고 의도적인 행동을 했다는 것이다. 또한 개입하는 동안 변화를 일으키기 위해서는 목표가 설정되어야 하는데, 개입목표를 설정하기 전에 표적문제의 선정이 이루어져야 한다. 즉 문제형성은 사정단계이고, 표적문제 선정 및 개입목표 설정은 계획수립 단계라고 할 수 있다.

목표설정은 사정과 직접적으로 연결되어 있다. 계획수립 과정에서 네 단계의 목표를 설정할 수 있다.

첫째, 사회복지사와 가족대상 클라이언트가 달성하고자 하는 목표에 대하여 서로 합의하고 확인하게 해 준다.

둘째, 적절한 개입전략과 개입방법의 개발과 선택을 쉽게 해 주고, 원조과정이 방향성과 지속성을 잃지 않도록 불필요한 혼란을 방지해 준다.

셋째, 사회복지사와 가족대상 클라이언트가 변화의 진전수준을 점검할 수 있게 해 준다.

넷째, 구체적 개입방법과 가족복지실천과정의 효과성을 평가하는 데 기준이 된다.

사회복지사는 변화가 필요한 부분과 변화를 일으키기 위한 방향을 명확히 제시함으로써 개입단계 동안 클라이언트가 당황이나 혼동하지 않도록 도와준다. 목표설정이 중요한 이유는 개입이 종결된 후 그 결과를 효과적으로 평가할 수 있는 근거와 클라이언트가 참여함으로써 변화의 의지가 커지며 가족복지실천과정에서 효과적으로 참여하게 되기 때문이다.

4. 개입

가족복지실천과정에서의 개입은 클라이언트의 문제해결을 위해 목표를 달성하려는 전문적 활동단계로, 클라이언트의 기능을 회복시키고 개선하는 것에 목표를 두고 있다. 개입단계에서의 목표는 문제해결을 위한 구체적 변화전략을 수립하며, 개입, 원조, 교육, 동기유발, 자원연결, 행동변화 등을 통한 변화를 창출한다. 그리고 지속적 점검을 통한 변화 정도를 유지하고 평가한다.

다음은 개입의 유형, 사회복지사 과제 및 역할, 개입기술에 대한 주된 내용이다. [9]

1) 개입의 유형

일반적으로 개입에서는 직접적인 개입과 간접적 개입의 두 가지 유형이 있다.

직접적인 개입은 개인이나 집단, 가족 등 미시체계 수준의 가족대상 클라이언트에게 직접적으로 개입하는 것으로 가족위기 등이 주된 개입이다. 가족위기 개입은 가족체계 내에 위기상황이 발생하면 사회복지사는 가족체계의 평형감각을 회복하고 위기 이전의 기능을 수행할 수 있도록 개입하며, 위기개입의 일차적 기본목표는 위기로 인한 불균형 상태의 회복, 추가적 목표는 위기상황을 극복하고 새로운 적응과 대처능력을 향상하는 개입을 지속적으로 한다.

간접적 개입은 가족을 둘러싼 환경을 조정하고 가족의 관계망을 확대하며,

협력을 도모하는 수준의 개입으로, 이는 클라이언트를 돕기 위해 클라이언트 외의 개인, 소집단, 조직, 또는 지역사회 등 환경수준의 개입을 통하여 환경의 변화가 가족단위에 영향을 미쳐 가족의 문제를 해결하고 가족의 사회적 기능을 향상한다.

사회복지사는 직접적 개입과 간접적 개입을 통해 클라이언트의 변화 과정을 관찰하고, 이전 단계에서 설정된 목표가 제대로 달성되고 있는지 점검한다.

2) 개입에 있어서 사회복지사 과제

개입에 있어서 사회복지사 과제는 문제해결을 위한 구체적인 변화전략을 수립하며, 교육, 동기유발, 행동변화 등을 통해 클라이언트의 변화를 창출한다. 사회복지사의 과제는 다음과 같은 원칙 안에서 이루어져야 한다.

첫째, 경제성의 원칙으로, 선택된 활동은 사회복지사와 클라이언트의 시간과 비용을 최소화할 수 있어야 하고 클라이언트가 스스로 할 수 있는 일은 사회복지사가 관여하지 말아야 하며 도움이 필요한 일에는 요구되는 도움만을 제공하고, 클라이언트가 혼자서 할 수 없는 일만 사회복지사가 한다.

둘째, 클라이언트의 자기결정의 원칙으로, 개입의 전 과정을 통해 가능하면 클라이언트가 스스로 의사결정을 하도록 해야 한다.

셋째, 개별화의 원칙으로, 도움이 필요한 특정 클라이언트 체계의 특성과 욕구에 맞도록 개입활동을 조정해야 하며 클라이언트의 능력과 상황에 맞는 접근이 필요하다.

넷째, 발달적합의 원칙으로, 개입의 전체방향은 클라이언트 체계의 발달적 단계에 적합한 것이어야 한다.

다섯째, 상호의존성의 원칙으로, 사회복지사 활동의 일부는 클라이언트의 활동에 달려 있고 클라이언트의 활동과 클라이언트의 변화능력을 고려한 후 개입이 출발하여야 한다. 그리고 사회복지사와 클라이언트의 활동은 서로에게 의존하고 있으므로 양측의 활동은 상호보완적이어야 한다.

여섯째, 서비스 목표에 초점의 원칙으로, 사회복지사와 클라이언트의 모든 활동은 어떤 식으로든 두 사람이 합의한 계획의 목표에 부합되어야 한다.

3) 개입에 있어서 사회복지사의 역할

가족복지실천과정에 있어서 사회복지사의 역할은 중개자, 조력자, 교사, 중재자, 옹호자 등이 있는데, 그 주된 내용은 다음과 같다.

(1) 중개자 역할

중개자(broker)는 클라이언트 차원에서의 직접적 개입이나 의뢰를 통해서 클라이언트가 필요로 하는 자원과 서비스를 연결하는 역할이다. 또한 중개자는 자원을 파악하고 서비스가 적절하게 제공되는가를 점검해야 하므로 자원에 대한 정보와 자원과 클라이언트를 연결하는 데 필요한 지식과 구체적인 기술들을 갖추어야 한다. 그리고 클라이언트가 지역사회의 자원을 찾아내어 활용할 수 있도록 원조하거나 그가 필요로 하는 자원 및 서비스와 연결, 지역사회의 다양한 집단, 기관, 단체들이 상호이익을 도모하기 위해 교류할 수 있도록 돕는 역할을 한다.

(2) 조력자 역할

조력자(enabler)는 클라이언트가 스스로 문제해결 능력이나 대처능력을 키우고 자원을 찾을 수 있도록 원조하는 역할이다. 즉 클라이언트의 위기상황에서 다양한 스트레스에 대처하도록 돕는 역할을 하며 동시에 클라이언트의 욕구를 확인하고 문제를 규정하며 문제를 효과적으로 다룰 수 있는 능력을 개발시킨다. 또한 희망을 전하고 저항이나 양가감정을 줄여 주며, 감정을 인식하고 관리하며, 개인의 강점이나 사회적 자원을 발굴하고 지지해 주는 것이다.

(3) 교사 역할

교사(teacher) 혹은 교육자의 역할은 클라이언트의 사회적 기능이나 문제해결 능력이 향상될 수 있도록 교육적인 프로그램이나 정보를 제공하며, 적응기술을 익히도록 클라이언트를 가르치기도 한다. 그리고 전문적 지식과 정확한 정보를 알아야 하며 클라이언트에게 정보를 명확히 전달하고 이해시키기 위해 의사소통 기술을 갖추어야 한다. 예를 들면 사회복지사 자신이 역할모델이 됨으로써 클라이언트에게 새로운 행동에 대해 교육한다.

(4) 중재자 역할

중재자(mediator)는 미시(micro), 중범위(mezzo), 거시체계(macro) 사이의 논쟁이나 갈등을 해결하는 역할을 담당한다. 견해가 다른 개인이나 집단 간의 의사소통을 향상하고 타협하도록 돕는 중재자는 중립을 유지하며 논쟁에서 어느 한쪽 편도 들지 않으며, 양측이 서로의 상황을 이해하고 있는지 확인해야 한다. 다시 말하면 중재자는 제삼자로서 쌍방의 이해를 절충하고 타협하는 등 체계 간 갈등이나 의견을 조정하는 역할을 하고 공통된 입장, 즉 관련된 사람이 자기 이익이 어떻게 어디에서 중복이 되는가를 파악해야 하며 이를 위해 사회복지사와 클라이언트 관계의 활동 및 면접기술이 요청된다.

(5) 옹호자 역할

옹호자(advocator)는 필요한 자원이나 서비스를 찾거나 이러한 자원확보에 어려움을 겪는 가족대상 클라이언트를 위해 클라이언트 개인이나 가족의 권리를 옹호하고 정책변화를 모색하기 위한 활동을 수행한다. 또한 옹호자는 클라이언트 욕구에 서비스 기관이 반응하지 않거나 서비스 제공을 거절당하는 경우 클라이언트가 서비스받을 수 있고 권리를 획득할 수 있도록 기관 내 프로그램이나 정책을 변화시키는 활동을 한다. 그리고 클라이언트의 이익을 대변하는 역할을 하여 클라이언트를 대신하여 체계의 변화를 끌어낸다. 클라이언트가 자원과 서비스를 받을 권리를 유지하도록 돕는 활동, 즉 사회복지사의 옹호자 역할은 필요한 정보를 끌어내고, 지역 주민들 입장의 정당성을 주장하며 기관의 입장에 도전할 목적으로 지도력과 자원을 제공해야 한다.

(6) 해석자 역할

가족대상 클라이언트와 관련된 어떤 사람이든 클라이언트를 이해하도록 하거나 과거와는 달리 대하도록 돕는다. 이 해석을 위해서 클라이언트에 대한 사회복지사 자신의 충분하고 정확한 이해가 필요하다.

(7) 자원제공자

가족대상 클라이언트의 문제해결을 위해 그가 속한 환경의 자원을 발견하고 자원을 탐지해야 한다. 클라이언트의 욕구를 해결하지 못했을 경우나 조직화된 자원이 쉽지 않을 때 사회복지사는 자원을 도출하거나 창출해 내야 한다.

(8) 자원의 탐지자 및 창출자

가족대상 클라이언트의 문제해결을 위해 그가 속해 있는 환경의 자원을 발견하고 자원을 탐지해야 한다. 클라이언트의 욕구를 해결하지 못했을 경우나 조직화된 자원을 이용하지 않을 때 사회복지사는 자원을 도출하거나 창출해 내야 한다.

5. 종결

종결은 가족복지실천과정의 마지막 단계로, 제시된 문제의 해결 여부 평가 및 개입의 성과 유지를 위한 사후관리의 계획수립에 있다. 사회복지사의 개입 활동을 계획에 따라 마무리하는 것이고, 문제해결과 변화를 목적으로 하는 가족복지실천의 구체적 활동이 수행되는 단계이다. 종결작업은 클라이언트의 사회적 기능을 강화하는 동시에 사회복지사와 클라이언트가 개입의 전 과정을 통해 같이 발전시켜 온 성과를 이해시키는 과정이기도 하다. 사회복지사는 개입을 성공적으로 마무리하려면 가족대상 클라이언트가 긍정적인 성과를 얻게 한 다음, 돕는 관계가 원활하고 만족스럽게 끝나도록 해야 하는데 여기에는 상당한 기술과 신중한 계획이 필요하다.

종결에서 사회복지사는 종결의 목표, 성공적인 종결, 종결의 유형, 종결 후 클라이언트의 변화된 결과 강화 및 유지, 사후지도 등에 대한 전문적 지식과 경험을 가지고 역할을 하게 되면 클라이언트와의 종결과정을 잘 마칠 수 있는데, 그 주된 내용은 다음과 같다.[10)]

1) 종결의 목표

가족대상 클라이언트가 당면하고 있는 문제를 스스로 해결할 뿐만 아니라 앞으로 부딪힐 문제들을 극복하고 해결해 나갈 수 있도록 클라이언트를 강화하는 데 있으며, 클라이언트의 목표가 성공적으로 달성되었을 때는 사회복지사나 클라이언트가 모두 긍지와 만족감을 느끼고 종결을 준비하게 된다. 그러나 클라이언트가 과도하게 사회복지사에게 의존하게 되었을 경우 종결에 따르는 만족도는 낮아지게 된다.

2) 성공적인 종결

성공적인 종결을 위해서 가족대상 클라이언트와의 적절한 종결시기 결정하기와 정서적 반응을 다루어야 하며, 클라이언트에 대한 서비스 평가, 궁극적 목적 및 구체적 하부목표의 유지와 강화, 다른 기관의뢰 등 종결과정에서 사회복지사의 역할이 매우 중요하다. 특히 가족의 욕구초점, 클라이언트의 자율성 존중, 의존성조장 피함, 가족과 클라이언트의 저항 재사정, 전문적 거리유지, 적절한 기대를 갖게 하는 등 성공적 개입을 통해 종결할 수 있다.

3) 종결의 유형

시간제한에 의한 계획된 종결, 시간제한이 없는 종결, 일정기간만 제공되는 계획된 종결, 목표 달성에 의한 종결, 개입중단으로 인한 종결 등이 있고, 종결에 따른 반응에는 긍정적 종결 반응, 부정적 종결반응, 사회복지사가 떠날 때의 정서적 반응 다루기, 실패로 인한 종결 등이 있으므로 신뢰 관계를 바탕으로 클라이언트의 종결반응을 잘 다루어야 성공적인 종결이 될 수 있다.

4) 종결 후 클라이언트의 변화된 결과 강화 및 유지

클라이언트의 스트레스와 부정적 상황을 예측하고 그가 속한 환경의 자원체계들을 잘 활용하여 적절하게 대처하도록 함으로써 클라이언트의 변화된 결과를 강화하고 유지하도록 도움을 주어야 한다. 사회복지사는 적절한 종결 시기를 결정하고 종결에 대한 정서적 반응을 처리하며, 개입을 통해 획득한 효과의 유지와 강화를 해 준다. 또한 사회복지사는 가족과 그동안 과정을 검토, 초기목표나 기대가 어느 정도 달성되었는지를 평가하며, 다른 가족복지 관련 기관에 의뢰 시 클라이언트에게 충분히 설명한 후 가족과 클라이언트 동의가 있으면 의뢰하는 것이 바람직하다.

5) 평가

최근 사회복지현장에서는 책무성의 향상을 위한 평가활동이 강조되고 있다. 가족들의 주요한 문제와 관련 자원 및 강점에 대한 사정과 목표수립 단계 시 수행되는 과정에 대한 평가뿐 아니라 활동단위마다 클라이언트의 만족도를 평가해야 한다. 평가에는 먼저 목표달성 여부를 위한 효과성과 효율성을 측정하는 총괄평가가 있고, 그다음 개입의 전 과정을 평가하는 형성평가가 있다. 그리고 평가기법에는 단일사례설계, 과업성취 척도, 목적달성 척도, 동료검토, 만족도 설문지 등이 있다.

6) 사후관리

사회복지사는 가족대상 클라이언트에게 사후관리의 목적이 클라이언트 변화의 진전상황을 점검하는 것임을 확인시켜 줌으로써 클라이언트에게 긍정적 기대감을 심어 주는 것이 좋다. 계획된 사후관리는 클라이언트에게 사회복지사의 지속적인 관심을 받고 있다는 지지감을 부여함으로써 종결 시의 개입효과를 지속해서 유지하는 데 도움을 주게 된다.

제 7 장

가족치료

1. 가족복지실천과 가족치료

사회복지실천 현장에서 가족과 관련한 서비스를 제공하는 기관이 점차로 늘어남에 따라 가족을 서비스의 중심 단위로 보고 가족기능의 유지와 강화에 초점을 두는 가족복지실천이 사회복지실천의 한 방법으로 적용되고 있다.

가족복지실천이란 가족을 대상으로 한 서비스 전달과 개입에 있어 더 의식적이고 계획적인 활동을 의미한다. 개인의 문제는 흔히 가족의 문제를 반영하므로 개인에 대한 개입만으로는 부족하고 가족이 함께 실천의 대상이 될 때 효과를 얻을 수 있다는 인식이 확대되면서 가족의 문제와 욕구를 해결하는 실천방법으로 그 의미와 중요성이 커지게 되었다.[1]

가족복지실천의 특성과 목적은 다음과 같다.[2]

먼저 가족복지실천의 특성을 보면 첫째, 가정과 지역사회에 기반을 두며 둘째, 가족의 일상 환경에 관심을 두기 때문에 가족의 삶에 즉각적 변화를 가져올 수 있다. 셋째, 가족구성원의 권리와 욕구가 충족되도록 노력하는 가족단위의 총체주의적 접근이며 넷째, 가족과 동반관계를 구축하고 가정기반을 토대로 한 임파워먼트 하는 효과가 있다. 다섯째, 가족이 지역사회에서 비공식적 및 공식적 지지망을 구축하도록 도움으로써 더욱 건강하고 만족스러운 지역사회 환경을 발달시킨다.

그다음 가족복지실천의 목적을 보면 첫째, 개인과 사회체계의 복잡한 상호작용을 강조하며 둘째, 가정과 지역사회를 기반으로 하며 가족의 일상생활에서의 구체적 사건과 상호작용에 초점을 둔다. 셋째, 인간과 환경의 상호작용에 관심을 두며 가족구성원의 발달적 및 정서적 욕구를 충족시키며 넷째, 가족이 더욱 완전하게 기능하는 것을 습득시키며, 가족변화를 위한 준비로서 가족 강점을 강화한다. 다섯째, 추가지원으로 다양한 가족치료의 이론 및 모델을 적용하여 가족기능의 변화를 강조한다.

가족복지실천에서 사회복지사의 역할은 다음과 같다.[3)]

(1) 감정이입적 지지자

- 가족의 한계나 자원결핍을 인지하되, 강점을 규명 및 강화한다.
- 강점 관점은 가족에게 변화에 대한 동기부여 및 희망을 준다.

(2) 교사 및 훈련가

- 가족의 한계나 자원결핍을 인지하되, 강점을 규명 및 강화한다.
- 강점 관점은 가족에게 변화에 대한 동기부여 및 희망을 준다.

(3) 자문가

- 특정 문제(예: 청소년기 자녀)에 관한 조언 등 역할을 한다.

(4) 자원제공자

- 가족 혼자서는 어려웠던 일을 사회복지사의 도움으로 가족이 이를 수행하도록 돕는 역할을 한다(이용할 수 있는 자원을 알려 주고 이를 이용하도록 돕기).

(5) 동원가

- 원조체계와 지지망에 대한 지식을 토대로 가족에게 지역사회 자원과 서비스를 동원하는 역할을 한다.

(6) 중재자

- 가족과 지역사회 간 갈등이 있거나 가족구성원 간에 갈등이 있을 때 중재하는 역할을 한다.

(7) 옹호자

- 클라이언트 가족의 편에 서서 그들의 견해를 대변하는 역할을 한다.

(8) 위기개입자

- 가족위기를 해소하고 가족의 적응적 대처 기술을 발달시킴으로써 새로운 성장과 더 나은 대처를 한다.
- 위험의 전조가 예상되면 민감하게 관찰하고 예방적 접근을 해야 하며, 필요시 즉각적인 개입을 한다.
- 효과적 행동의 강화, 분노조절, 타임아웃 기법 등 부모기술과 아동 관리기술에 대한 훈련을 제공한다.

(9) 생태학적 개입자

- 가족 내에서 수행하는 역할, 가족 외부에서 수행하는 역할 간에 갈등이 없는지 등 확인한다.
- 가족이 처해 있는 환경의 생태적 위험과 기회의 잠재적 출처를 규명한다.
- 가족과 사회환경 모두의 강점과 자원을 규명하고 이 둘을 연계시킨다.

가족치료(family therapy)는 가족을 대상으로 하는 사회복지실천방법의 하나로, 이는 가족이 가진 문제와 상황을 가족의 상호작용을 통해 이해함으로써 가족의 변화를 끌어내는 데 이바지한다. 가족복지실천에서 가족치료는 다음과 같은 도움을 준다.[4)]

① 가족치료는 임상적 개입으로 가족을 치료적 매개로 사용하여 가족구성원이 겪고 있는 가정 내 역기능적 문제와 정서적 문제를 해결하는 데 도움을 준다.
② 가족치료는 사회복지사와 가족치료 전문가들은 다양한 가족치료 모델에 근거하여 상실되거나 약화된 가족기능을 회복하는 데 도움을 준다.
③ 가족치료는 어려움을 호소하는 가족구성원 간의 역기능적 상호작용의 변화를 촉진하며 가족문제를 해결하고 가족관계의 어려움을 극복하는 데 도움을 준다.
④ 가족치료는 가족의 기능을 수행하기 위해 가족구성원의 역할과 상호관계를 변화시켜, 각 구성원의 역할과 관계를 재구조화하는 데 도움을 준다.
⑤ 가족치료는 가족의 문제와 상황에 초점을 맞추어 변화를 시도하므로 가족의 역사 안에 얽혀 있는 다양한 문제와 대처방식을 이해하여 가족의 강점과 변화가능성을 끌어내는 데 도움을 준다.
⑥ 가족치료는 부부갈등, 부모와 아동 간 상호작용, 가정폭력, 권위적 아동양육 태도, 청소년 일탈, 왜곡된 의사소통, 알코올 문제 등 가족이 경험하는 다양한 문제를 다루는 데 도움을 준다.

2. 가족치료의 방법

가족치료(family therapy)는 가족을 대상으로 하는 사회복지실천방법의 하나로, 가족구성원의 문제와 상황을 파악하고 각 구성원의 강점과 잠재력을 발전함으로써 궁극적으로 가족의 변화를 이끌어 가는 데 있다. 또한 가족치료는 가족복지실천의 직접적이고 미시적 접근에 가족치료의 이론적 틀과 기법들이 다양하게 활용되며, 가족 내의 상호작용패턴과 변화에 초점을 두면서 현대사회의 다양한 가족문제에 활용되고 있다.

본 장에서는 가족치료 방법 중 주된 방법인 다세대 가족치료, 구조적 가족치료, 경험적 가족치료, 해결중심단기 가족치료, 이야기 치료 중심으로 주요 개념, 치료목표, 치료자의 역할 및 치료기법에 대해 살펴보면 다음과 같다.[5)]

1) 다세대 가족치료

(1) 주요 개념

① 자기분화

자기분화(differentiation of self)는 Bowen 이론의 핵심개념으로서 정신 내적인 동시에 대인 관계적 개념이다. 이 개념은 정신 내적이고 인간 관계적 개념으로 자신과 타인의 구분, 정서과정과 지적과정을 구분할 수 있는 능력과 확고한 자아와 거짓자아의 구분이다. Bowen은 자기분화가 가장 높게 되어 있는 상태를 100으로 하여 그 수준을 평가하였다. 그리고 정서적 기능과 지적 기능을 0~25, 25~50, 50~75, 75~100의 범위로 구분하여 설명하였다.

② 삼각관계

삼각관계(triangulation)는 가족구조 안에서 두 사람 간의 갈등 및 스트레스를 해결하는 방법으로 가족의 다른 구성원을 끌어들여 관계를 형성하는 것이다. 이 관계는 고정적이지 않으며 사이가 멀어질 때 발달하기 쉽다. 두 사람 관계에 문제가 없을 때는 안정되지만 불안이 일어나게 되면 약한 사람이 삼각관계를 만들어 안정을 되찾으려 한다.

③ 핵가족 정서과정

핵가족 정서과정(nuclear family emotional process)은 해소되지 못한 불안이 개인들에게서 가족들에게로 투사되는 것을 가리킨다. 결혼하기 전에 자아가 분화되지 못한 사람일수록 불안을 더욱 심하게 느끼게 되고, 부부간의 융합 또한 더욱 심해진다. 가족들이 감정적으로 서로 강한 결속력과 유대감을 갖는 것을 의미한다. 자신의 원가족에서 자기분화가 잘 안된 사람은 결혼 후 부부관계에서 강한 융합을 이루려는 경향이 있다.

④ 가족 투사과정

가족 투사과정(family projection process)의 개념은 부모가 자신들의 미성숙함과 분화의 부족 등 문제를 자녀에게 전달하는 과정을 의미한다. 어머니가 자신의 불안을 자녀에게 집중시키면, 자녀의 기능은 저하되고, 이러한 자녀의 미발달은 어머니가 더욱 통제할 구실을 제공한다. 어머니는 이러한 자녀에게 과도한 관심을 나타냄으로써 자신의 불안에서 벗어나지만, 자녀가 정서적으로 더욱 문제를 드러낼 소지를 제공하여 자녀는 정서적인 문제를 갖게 된다. 이처럼 미숙한 자녀는 결국 심리적 문제를 일으키고 이 자녀에게 부모가 더욱 관심을 쏟게 하고 기존의 가족유형을 더욱 공고하게 한다.

⑤ 다세대 전수과정

가족정서과정, 즉 자기분화 수준, 연동적인 삼각관계, 융합, 정서적 단절 등은 다세대 전수과정(multiple generation transmission process)으로 전개된다. 부모보다 분화가 덜 된 사람(제2대)은 결혼할 때 자기 부모와 마찬가지로 분화수준이 자신과 비슷한 배우자를 선택하게 된다. 자녀들의 자기분화 정도가 현재 속해 있는 세대에서만 형성된 것이 아니고 여러 세대를 거치는 동안 전개되어 온 투사 과정에서 형성된다는 것이다.

⑥ 출생순위

출생순위(sibling position)의 개념은 자녀 출생순위에 따라 고정된 성격적 특징을 발달시키는 것으로써 부모와 자녀들이 맺는 복잡한 삼각관계에 초점을 둔다. 장남(장녀)은 다른 형제들보다 권력과 권위를 더 추구하고 부모와 강한 감정적 유대관계를 가지고 삼각관계에 빠질 위험이 크며 자기분화 수준이 떨어질 가능성이 크다. 반면에 다른 형제들은 집안 내에서 약자로서 자기지위에 만족하지 않지만, 상대적으로 외부의 경험에 대해서 개방적이고 독립적이며 분화수준도 높다.

⑦ 정서적 단절

정서적 단절(emotional cut-off)의 개념은 부모와의 관계에서 과거에 해결하지 못한 정서적 애착을 처리하는 과정으로, 격리, 위축, 멀리 떠남, 부모에 대한 거부 등의 방법 사용한다. 정서적 단절은 세대 간의 미분화(그리고 이와 관련된 정서적 강도)를 처리해 나가는 방법을 가리킨다. 세대 간의 정서적 융합이 심할수록 단절이 일어날 경향이 높다. 어떤 사람은 부모와 멀리 떨어짐으로써 심리적 거리를 두려고 한다. 어떤 사람은 개인적인 문제에 관한 대화를 피하거나 자신을 가족들로부터 고립시킴으로써 거리를 두려고 한다.

⑧ 사회정서적 과정

사회정서적 과정(social-emotional process)의 개념은 사회에서 일어나는 정서적 과정, 즉 모든 가족에게 영향을 미치는 배경처럼 가족 내에서의 정서적 과정에 영향을 미친다는 사실을 가리킨다. 사회정서적 과정이라는 개념은 사회적 불안의 증대가 가족 내에서의 기능적인 분화수준을 점진적으로 떨어뜨릴 수 있다는 것을 말해 준다.

(2) 치료목표

Bowen의 치료목표는 크게 네 가지로 설명할 수 있다.

첫째, 불안을 감소시키고 가족의 자기분화 수준을 높인다.

둘째, 자기분화는 치료목표인 동시에 성장목표이다.

셋째, 분화되지 않은 가족 자아집합체에서 자신을 분리 독립해 정체감을 형성하고, 자기 충동적, 정서적 사고와 행동에서 자유를 획득해 나갈 수 있도록 해 준다.

넷째, 가족에게 가족의 병리적인 문제에 기여하고 있는 자신들의 삼각관계에서 벗어날 수 있도록 해 준다.

(3) 치료자 역할

Bowen이 강조한 치료자의 역할은 크게 네 가지로 설명할 수 있다.

첫째, 치료자는 다세대 정서체계에 퍼져 있는 만성불안 유형에서 벗어나게 해 줌으로써 가족구성원의 불안을 경감시키고 가족 정서체계의 삼각관계로부터 분화를 가르친다.

둘째, 치료자는 가족의 정서체계를 이해하고 인지적 자각을 촉진하기 위해 가계도 작성과 질문이나 과제 등을 사용한다.

셋째, 가족구성원 개개인의 능력을 최대한 발휘할 수 있도록 돕는 능동적으로 코치(coach), 교육자 등 역할을 한다.

넷째, 나의 입장(I-position)을 시범 보이며, 배우자의 관계를 규정하고 명확히 하고 정서적 체계의 기능에 대해 교육한다.

다섯째, 중립적인 자세로 가족의 감정적 동요를 진정시키고 자기분화를 높이는 촉진자이자 모델 등 역할을 한다.

(4) 치료기법

① 가계도

Bowen은 1972년부터 '가계도'로 바꾸어 사용하였으며, 가계도의 주요한 기능은 사정 · 평가하는 단계에서 자료를 조직하고 치료과정을 통하여 관계과정과 핵심적인 삼각관계를 추적하는 것이다.

② 삼각관계로부터 분화

삼각관계로부터 분화기법은 가족체계 내의 갈등적인 관계과정은 증상과 관련된 삼각관계를 가지고 있다는 가정을 기초로 하고 있다. 이 기법은 치료자가 의도적이며 일시적으로 삼각관계에 들어가기도 하고 벗어나기도 하면서 가족의 삼각관계를 깨는 것이다. 치료자의 자기분화 수준이 높을수록 치료자는 정서적 균형을 유지할 수 있다.

③ 가족조각

가족조각은 제스처, 거리, 신체적 행동 등을 통해 조각의 의미를 전달하는 것으로서, 가족구성원에게 그들 가족을 '조각'해 보라고 요청하고 가족구성원들에게 그들 관계의 성실을 묘사하는 방식으로 자세를 취해야 한다. 조각하기는 말 없이도 다른 사람의 관점을 이해하는 수단을 제공함으로써, 특히 말이 서투른 가족에게 유용하다.

④ 관계경험

관계경험은 핵심적인 삼각관계를 구조적으로 변화시키기 위한 것이며, 궁극적인 목적은 가족구성원들이 체계 과정을 알도록 하며, 체계 과정에서 자신의 역할을 인식하도록 돕는 것이다. 관계경험은 다른 사람의 요구에 대하여 회피하거나 항복하는 것을 변화할 수 있는 방법을 찾도록 하는 것이다.

⑤ 코칭

코칭(coaching)은 치료자가 가족문제를 가지고 오는 클라이언트에게 개방적이고 직접적으로 접근하도록 하는 기법이며, 치료에서 형태는 다르지만 치료자가 개인적 · 정서적으로 관여하게 되는 역할과 관련된 것이다. 코칭의 목적은 이해를 증가시키며, 자기에게 초점을 두도록 하며, 가족구성원 간에 좀 더 기능적인 애정 관계를 발전시키도록 하는 것이다.

⑥ 자기입장을 취하도록 함

다른 사람이 행동하는 것에 관하여 말하는 것 대신에 자신이 느끼는 것을 말하므로 자기유형을 취하는 것은 정서적인 반응의 악순환을 깨는 것으로 가장 직접적인 방법이다. 상대방이 말하는 사람의 상태를 이해하게 하며, 반응적이며 악순환적인 대화를 벗어나서 무엇인가 해결 방법을 찾을 수 있는 생각을 시작하게 할 수 있다.

⑦ 다양한 가족치료

Bowen은 부부와 상담할 때 먼저 한 사람에게 관심을 두고 최소한의 상호작용을 하도록 한다. 이것은 다른 사람은 관찰을 통하여 정서과정을 학습하도록 하려는 데 목적이 있으며, 감정적으로 관여하는 것을 제지하려는 의도가 있다.

⑧ 정서과정 학습

Bowen은 부부와 상담할 때 먼저 한 사람에게 관심을 두고 최소한의 상호작용을 하도록 한다. 이것은 다른 사람은 관찰을 통하여 정서과정을 학습하도록 하려는 데 목적이 있으며, 감정적으로 관여하는 것을 제지하려는 의도가 있다.

⑨ 자기 자신의 이야기를 들려줌

이것은 클라이언트에게 치료 장면을 녹화한 것이나 녹음한 것을 보여 주고 또는 이야기를 들려주는 방법이다. 자신의 이야기를 어떠한 방법이든 보거나 듣게 될 때 가족구성원 자신들은 방어적인 것을 줄이게 되고 가족기능에 대해 배우게 된다.

2) 구조적 가족치료

(1) 주요 개념

① 하위체계

Minuchin은 하위체계(subsystem) 주변의 경계를 명백히 밝히는 것은 새로운 체계를 만드는 것보다 더 중요하다고 하였으며, 또한 그는 가족구조 내에서 부모와 자녀의 불분명한 경계선, 역할, 기대, 세력, 권위로 인하여 발생하는 가족구조상의 문제에 특별한 관심을 두고 연구하면서 치료 기술을 발전시켰다.

Minuchin은 가족 하위체계의 경계를 표시하기 위해 [그림 7-1]과 같은 도표를 사용하고 있다.

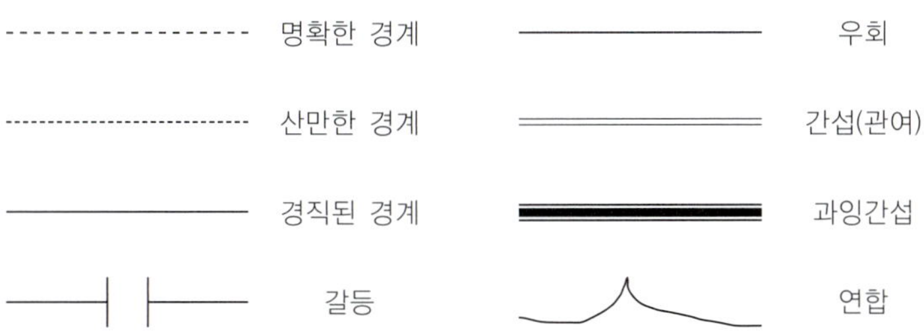

[그림 7-1] 가족 하위체계의 경계 도표

*출처: Nichols & Schwartz, 2001; 이영실 · 오동록 · 고은주 외, 2021.

② 위계질서

위계질서(order of rank)는 하위체계 간의 규칙이며 우선순위를 말한다. 예를 들어 부모체계는 자녀체계보다 위에 있다. 상위체계는 전체 가족에 대한 의사결정권을 갖고 전체 가족구성원들의 행동을 통제하고 지배하는 규칙을 만들고 이를 시행한다.

③ 경계

경계(boundary)는 가족과 하위체계의 독립과 자율성을 보호한다. 상호경계는 경직된 경계에서부터 산만한 경계까지 다양하다. 하위체계 간의 상호 역동은 이 경계선이 명확한지(명확한 경계선), 밀착되어 있는지(밀착된 경계선), 분리되어 있는지(경직된 경계선)에 따라서 다르다. 경직, 명확, 밀착 경계선 비교는 위의 <표 7-1>과 같다.

〈표 7-1〉 경직, 명확, 밀착 경계선 비교

경직된(rigid) 경계선 ————————	명확한(clear) 경계선 - - - - - - - - - - - - -	밀착된(enmeshed) 혹은 모호한(diffuse) 경계선 ·················
• 독립적 태도로 서로를 대함 • 거리감, 소외감이 있음 • 자율적, 독립적임 • 충성심과 소속감이 부족함 • 도움 주는 능력이 부족함 • 의사소통이 원활하지 못함 • 가족의 보호기능이 힘듦	• 기능적인 가족임 • '우리', '나 자신임'의 감정을 잃지 않음 • 자율적이고 독립적임 • 협동, 지지하며 서로의 삶에 관여함	• '너의 일은 모두 나의 일'이라는 태도를 보임 • 개인의 정체성이 모호함 • 거리감이 없음 • 강한 소속감으로 자율성이 방해받음 • 가족원이 지지, 협동, 관여함 • 문제를 자율적으로 탐색, 해결할 능력이 부족함 • 개인의 분화는 가족을 배신 행위로 간주함 • 가족원의 문제는 전체가 반응함

*출처: 이영실 · 오동록 · 고은주 외, 2020, 2021.

④ 제휴

제휴(alignment)란 안정적 결탁(stable coalition), 삼각관계(triangulation), 우회적 결탁(detouring coalition)을 말하며, 이는 다른 사람이 활동하는 데 있어 체계의 한 가족구성원이 합류되거나 대항하는 것을 의미한다. 다시 말하면 두 명의 가족구성원 혹은 하위체계들이 협력적으로 상호작용하는 것이다. 긍정적 제휴는 가족 혹은 개인의 복지에 이바지하지만, 부정적 제휴는 경직되고 배타적인 성격을 지니며 가족의 문제를 일으킨다.

⑤ 세력

세력(power)과 관련된 기본적이고 구조적인 문제는 체계 내에 기능적인 세력의 부족과 연관이 있다. 세력과 관련된 구조적 문제는 첫째는 체계 내에서 기능적인 세력의 부족인데, 세력행사 능력이 부족하거나 가족구성원이 세력행사를 허용하지 않는 세력이 없는 것을 의미하며, 셋째로 발전할 수 있는 잠재능력을 억제하는 것으로, 나이에 부적절한 방법으로 행동하도록 강요하는 것을 의미한다.

⑥ 가족적응

Minuchin은 가족체계 내에서 다음과 같은 네 개의 차원에서 긴장이 발생한다고 보았다. 첫째, 한 가족구성원이 가족 외부의 세력과 접대할 때이며, 둘째, 가족 전체가 가족 외부의 세력과 접촉할 때이며, 셋째, 가족의 발달단계상의 과도기일 때이며, 넷째, 한 가족구성원이 갖고 있는 특정한 문제일 때 긴장이 야기될 수 있다고 보았다.

⑦ 가족구조

가족구성원이 상호작용하는 조직화한 패턴인 가족구조는 결정론적인 개념이긴 하나, 그것이 행동을 규정하거나 합법화하지 않는다. 가족구조는 일반구속과 특이구속이 있는데 전자는 모든 가족의 부모와 자녀들은 서로 다른 양의 권위를 가지고 일련의 계층적 구조를 가진다. 후자는 가족구성원이 서로 다른 상호보완적인 기능을 가진다. 만일 한쪽의 부모가 책임감이 강하고 유능하면 다른 한쪽은 그렇지 못한 경우가 허다하다. 이때 유능한 사람이 아프다거나 어떤 면이 부족하면 다른 한쪽이 그것을 떠맡게 된다.

(2) 치료목표

구조적 가족치료의 목표는 증상이 반영하는 역기능적 구조를 바로잡는 일이다. 가족의 구조를 바로잡는 일은 치료의 일차적 목표가 된다. 치료자 주된 목표는 아래와 같다.

- 가족의 경계선을 바로 잡는 일은 엄격한 경계선 또는 산만한 경계선을 분명한 경계선으로 바꾸는 일이다. 이를 위해 가족이 가지고 있는 규칙이 무엇인지 알아야 하며 이러한 규칙들을 재조정하고 유연하게 만들이 일이 포함된다.
- 가족구성원이 그들의 구조를 변화시키도록 돕기 위하여 가족체계에 합류한다. 경계선을 변화시키고 하위체계를 재정렬하며 치료는 가족구성원의 행동과 경험을 변화시킨다.
- 가족 내부에 있는 하위체계 간에 위계질서를 바로잡는 일이다. 부부체계는 전체 가족을 총괄하는 집행부의 역할을 하도록 한다. 부부체계는 자녀체계보다 우위에 있도록 여러 가지 연합들을 해결하도록 노력한다.
- 치료자가 교류의 패턴 변화에 직접적으로 개입해서 순환적으로 계속 유지하는 구조를 변형시켜 가족체계의 상호교류 규칙을 재구조화하고, 가족구성원이 서로 대하는 방법을 변화시키며, 가족이 좀 더 서로 만족하게 하는 데 있다.

(3) 치료자의 역할

치료자의 궁극적 역할은 개입의 표적은 가족이고, 관심의 초점은 가족체계의 기능을 강화하는 것이다. 치료자의 주된 역할은 아래와 같다.

첫째, 가족구성원의 행동과 경험을 변화시키고, 가족구성원이 스스로 문제를 해결하도록 하며, 가족이 기능을 잘하도록 도와주는 역할, 즉 가족체계의 변형을 촉신하는 것으로써 가족을 도와준다.

둘째, 가족치료자는 가족 경계선이 분명해지고 가족 내에서 위계질서가 바로 서면 가족구조는 가족구성원의 성장을 돕는 역할을 한다.

셋째, 가족치료자는 가족을 지지하고 가족은 가족의 각 구성원을 지지하고 돕는 역할을 하도록 한다.

마지막으로 가족치료자의 위치에서 가족을 합류시키며 가족구조를 조사 · 평가하며 가족구조를 변형시키기 위해 환경을 조성하도록 한다.

(4) 치료기법

① 합류하기

가족체계는 항상성을 유지하려는 속성이 있으므로 치료자는 먼저 성원들을 이해하고 수용함으로써 가족에 합류하기(joining)로 한다. 특히 가족체계에 합류하기 위해서는 치료자는 적응하는 능력을 갖추고 있어야 하며, 치료의 초기과정을 단축하게 하고 촉진하는 방법에는 유지, 추적, 모방의 기법이 있다(<표 7-2> 참조).

〈표 7-2〉 합류 : 유지기법, 추적기법, 모방기법의 주된 내용

구분	내용
유지 (maintenance) 기법	(1) 가족구조를 지각하고 분석할 때 의도적으로 지지함 ① 어머니의 지도력이 강한 가족에 합류→어머니를 통해 자녀와 접촉 (2) 가족원 개인의 특성을 있는 그대로 받아들이는 것 ① 개인의 장점 인정, 자녀의 침묵, 가족이 사용하는 의사소통, 표현 방식 (3) 가족을 재구조화하는 데 상용될 수 있음 ① 치료자가 형제 하위체계를 지지→모자, 부부 하위체계 재구조화
추적 (tracking) 기법	(1) 치료자가 가족의 의사소통과 행동의 내용을 따라 계속되도록 격려 (2) 비지시적 치료자가 가족에 합류하기 위하여 사용하는 전형적인 방법 (3) 아내나 남편이 사용하는 용어, 의사소통 패턴을 추적해 문제의 핵심 파악
모방 (mimesis) 기법	(1) 치료자가 가족의 생활방식과 정서 상태에 적응하기 위해 가족이 사용하는 언어, 몸짓, 대화방식을 따라 함 ① 느리게 반응하는 가족원에게 치료자도 속도를 늦춰 반응 (2) 추적과 모방도 가족의 재구조화를 위해 사용할 수 있음. ① 가족의 상호작용 패턴을 추적→가족은 밀착된 관계의 모습이 드러남 ② 특정 가족구성원의 생활경험을 모방→치료자와 가족원 간 연합이 이루어짐

*출처: 이영실 · 오동록 · 고은주 외, 2020, 2021.

② 실연화하기

치료자가 구상하고 있는 상호작용의 방법을 가족이 실제로 행동을 통해서 연기하도록 만드는 방법이 실연화(enactment)의 기법이다. 가족들이 가지고 있는 역기능의 상호작용이 분명하게 보이게 하려면 치료자가 가족들에게 실제 상호작용을 연기하도록 요구한다. 치료자는 가족구성원이 연기하는 동안에 분석적이고 세밀한 관찰을 통하여 각 구성원의 상호작용 속에서 역기능의 가족구조를 발견하고자 한다.

③ 재구조화하기

가족의 구조를 변화시키기 위해서 재구조화(restructure)의 기법은 여러 가지 분야에 적용된다. 가족들이 가지고 있는 현실과 증상에 도전하는 데나 가족의 구조 속에 있는 경계선을 만들고 바꾸는데 가족 상호거래유형을 실현화시킴, 경계선 만들기, 스트레스를 고조시킴, 과제를 내어 줌, 증상을 활용함, 분위기를 조작함, 그리고 지지하고 교육 및 안내 등의 재구조화 기법이 사용된다.

④ 상호작용에 활동하기

상호작용에 활동하기(working with interaction)는 가족은 있는 그대로보다는 바람직하다고 생각하는 대로 자신들을 기술하는 경향이 있다. 따라서 치료자는 가족에게 어떤 문제를 어떻게 다루는지 세션 중에 직접 실연(가족이 문제행동을 치료 세션 중에 직접 보여 줌으로써 치료자가 관찰하고 변화하도록 하는 것)하여 가족의 상호작용구조를 관찰하고 수정한다.

⑤ 진단하기

진단하기(diagnosing)는 가족은 대개 한 구성원에게 문제가 있는 것으로 파악하지만 치료자는 개인의 문제를 가족의 역기능적 상호작용의 결과로 이해하고 가족 전체가 변화함으로써 구성원들 모두에게 도움이 되도록 문제를 진단한다.

⑥ 상호작용을 강조하고 수정하기

상호작용을 강조하고 수정하기(highlighting and modifying interactions)는 가족의 역기능적인 상호작용유형을 강조하고 수정하기 위해서는 현재의 균형상태를 깨뜨리기 위한 자극적인 방법이 필요하다. 구조적 치료자들은 이를 위해 강도를 사용하는데, 강도를 이루기 위해 정서 반복, 지속 등을 선택적으로 사용한다.

⑦ 경계만들기

경계만들기(boundary making)는 치료자는 지나치게 유리된 혹은 밀착된 하위체계 간의 경계에 근접하게 하거나 혹은 경계 간에 어느 정도의 거리를 만든다. 예를 들어 어머니가 청소년 자녀를 지나치게 간섭하고 보호할 때는 어머니와 자녀 간의 방해를 받지 않고 자신의 느낌과 주장을 이야기하도록 하는 경계를 만듦으로써 부모가 자녀의 이야기를 경청하도록 함으로 자녀가 자율성을 확보하도록 한다.

⑧ 균형깨트리기

균형깨트리기(unbalancing)는 하위체계 간의 관계를 재배치함으로써 역기능적인 가족 내의 균형을 깨뜨리는데, 이를 위해 가족치료자는 일부 구성원의 편을 들기도 한다. 예를 들어 지나치게 권위적이고 지배적인 남편과 온순하지만, 자신의 주장을 갖기 시작한 부인 사이에서 치료자는 의도적으로 부인의 편을 듦으로써 역기능적 균형을 깨트릴 수 있다.

⑨ 가족의 전제에 도전하기

가족의 전제에 도전하기(challenging the family's assumptions)는 치료자는 가족구성원들의 현실에 대한 인지를 변화시키거나 정보와 충고를 제공하는 교사의 역할을 한다.

3) 경험적 가족치료

(1) 주요 개념

① 가치체계

Satir는 인간속성에 관한 중요한 신념을 언급했으며, 그의 치료모델은 성장모델로서 이것은 인간의 가치체계를 강조하고 있다.

② 성숙

중심개념이며 치료에 있어서 가장 중요한 개념으로 보았다. Satir는 성숙한 사람과 미성숙한 사람의 특성, 역기능적인 사람의 의사소통 기술을 설명했으며, 동시에 개인의 성숙 정도를 의사소통 능력과 관련하여 설명하였다.

③ 자기존중

사람은 자기감정 없이 성숙할 수 없다는 개념이며, 의사소통은 개인의 자기개념, 즉 자기상과 자기존중, 감정과 밀접한 관계라고 보고 있다.

④ 의사소통

Satir는 의사소통은 주고받는 과정과 언어적 · 비언어적 과정을 중요시했으며, 메시지의 일치성과 불일치성에 많은 관심을 두었다. 가족체계 이해를 위해 역기능적 의사소통 유형인 회유형, 비난형, 초이성형, 산만형과 기능적 의사소통인 일치형으로 분류하였다.

Ⓐ 회유형

회유형(placater)은 자신의 내적 감정이나 생각을 무시하고 타인의 비위에 맞추려는 성향으로 다른 사람의 의견에 맞추려는 성향으로 다른 사람의 의견에 지나치게 동조하고 비굴한 자세를 취하며, 사죄와 변명을 하는 등 지나치게 착한 행동을 보인다.

Ⓑ 비난형

비난형(blamer)은 회유형과 정반대로 타인 무시, 자신을 강하게 보이게 하려고 타인의 말이나 행동을 비난하고 통제하며 명령하는데, 외면적으로는 공격적인 행동을 보이나 내면적으로는 자신이 소외되어 있으며 외로운 실패자라 느낀다.

Ⓒ 초이성형

초이성형(super-reasonable)은 자신과 타인을 모두 무시하고 상황만을 중시한다. 규칙과 원리원칙을 찾고 극단적인 객관성 보인다. 그러나 내면은 쉽게 상처받고 소외감을 느낀다.

Ⓓ 산만형

산만형(irrelevant)은 초이성형과 반대로 자신, 타인, 상황을 모두 무시한다. 따라서 가장 접촉하기 어려운 유형이다. 위협을 무시하고 관계없이 행동하며, 말과 행동의 불일치나 무관하고 정서적으로 혼란스러워 보인다. 내면에 모두가 나를 거부한다고 생각함으로 무서운 고독감과 자신의 무가치를 느낀다.

Ⓔ 일치형

일치형(congruent)은 의사소통 내용과 내면의 감정이 일치하는 것을 말한다. 매우 진솔한 의사소통을 하며, 알아차린 감정이 언어로 정확하고 적절하게 표현된다. 자신과 타인, 상황을 파악하고 높은 가치관을 따르고 있으며 심리적으로도 안정된 상태이다.

⑤ 가족규칙

가족규칙은 가족구성원의 행동을 규정하는 관계 양상이다. Satir는 가족의 분명한 규칙보다는 감정의 규칙을 중시하며 가족구성원의 문제원인을 '나쁜 사람'에게서 찾지 않고 '나쁜 규칙'에서 찾는다. 그리고 가족규칙에서는 가족체계의 행동규범과 속성, 의사소통을 지배하는 규칙을 강조하였다.

⑥ 건강한 가족과 역기능 가족

건강한 가족은 가족규칙이 융통성 있고, 문제를 건설적으로 해결하며, 가족구성원이 서로를 양육한다. 그러나 역기능적 가족은 냉정하며, 억압된 분위기에서 권태롭고 우울하게 살아간다.

(2) 치료목표

경험적 가족치료의 궁극적인 목적은 각 개인이 자기가치에 대한 안정된 감정을 발전시킴으로써 성장하도록 하는 것이다. 경험적 가족치료의 치료목표는 아래와 같다.

첫째, 치료과정의 목표는 대인관계의 상호작용에서 상호존중과 신뢰를 할 수 있는 경험을 가족구성원이 직접 하도록 하는 것이다.

둘째, Satir는 경험에 의해서만 개인이 성장할 수 있는 잠재력을 개발하여 발전시키고 강화할 수 있다고 믿었으며, 가족구성원이 직접적이며 '지금-여기'에서의 만남을 통하여 성숙한다고 믿었다.

셋째, Satir는 경험으로 가족구성원의 잠재력이 개발되며, 발전하고 강화될 때 성장할 수 있다고 믿었으며, 이를 근거로 개인의 안정화하는 데 집중하였다.

넷째, Satir는 가족구성원이 자신의 자아가치와 존중감을 높이고 자기 인생에 대한 선택을 스스로 결정하도록 돕는 것을 목표로 삼았다.

(3) 치료자의 역할

치료자의 궁극적 역할은 특정 기법을 사용하기보다는 자신의 활용을 통해 가족구성원 각자의 신념 체계와 상징체계를 표현하게 하는 것이다.

첫째, 치료자는 가족구성원의 비언어적 의사소통에 초점을 두어야 하며, 치료자와의 관계형성을 위해 그들의 감정과 반응에 민감해야 한다.

둘째, 치료자는 가족구성원을 이해하고 수용하는 자세를 가지고 그들의 감정과 반응을 주의 깊게 살펴보며 함께 나누어야 한다.

셋째, 치료자는 가족구성원이 자기 자신과 행동을 객관적으로 볼 수 있는 상황과 안정된 분위기를 조성하기 위하여 치료자의 신뢰감과 자신감을 전달하는 것이 중요하다.

넷째, 치료자는 자기자질과 경험뿐만 아니라 영성훈련도 함께 겸비하여 가족구성원이 서로의 성장을 돕고 지지하도록 하여 건강한 가족이 되고 건강한 사회, 국가가 될 수 있도록 노력해야 한다.

(4) 주요 기법

① 가족조각

가족조각(family sculpture)을 사용하는 목적은 가족구성원 각자가 자신의 내면적 감정에 접함으로써 실제의 자신을 알고 느끼며 새로운 대처방법을 생각해 보기 위한 것이다. 이러한 과정에서 가족의 의사소통유형, 권력구조, 경계선, 소속감, 개념화, 규칙, 그리고 가족체계의 융통성 정도를 파악할 수 있다.

② 치료도구로서의 밧줄

밧줄(rope)은 '상호작용, 연결 또는 관계'를 상징하며, 내면적 과정을 시각화하며 외현화시키는 방법으로 사용되고 있다. 가족구성원 수만큼의 밧줄을 준비하여 각자의 허리에 묶는다. 구성원들은 밧줄의 묶임과 엉킴상태를 보고 경직된 관계 및 연결 상태를 인식하고, 엉킴을 풀기 위한 방법을 말함으로써 가족관계를 개선하는 방법을 알게 된다.

③ 재정의

재정의(reframing)는 증상의 긍정적인 측면을 강조하는데, 부정적인 의미를 긍정적인 것으로 변화하기 위하여 사용하는 기법이다. 이미 벌어진 상황에 대하여 다른 언어를 사용하여 이에 대한 이해와 느낌, 생각이 바뀌도록 도와 가족을 변화시키는 방법이다.

④ 은유

가족문제에 대한 직접적인 묘사나 해석은 가족구성원들의 감정을 자극할 수 있다. 은유(metaphor)는 어떤 생각을 표현하기 위한 수단으로 어떤 단어를 선정하여 사용할 수 있으며 이렇게 비유된 단어에 의해 그 생각에 대한 가족원들의 논의를 진행할 수 있다.

⑤ 역할극

역할극(Roleplaying)은 실제의 경험을 바탕으로 현재의 느낌을 드러내는 것을 전제해야 한다. 과거의 사건이나 바람 또는 미래 사건에 대한 두려움을 치료 세션 중에 직접 역할놀이를 해 보게 함으로써 가족들에게 피부로 느낄 수 있도록 기회를 제공하는 것이다. 지나간 기억을 회상하고 억압된 감정을 표출하여 정서적 경험을 강화하는 개인치료에 유용하다.

⑥ 유머

문제를 긍정적 맥락에서 보고 긍정적으로 묘사하게 함으로써 문제를 새로운 관점에서 볼 수 있게 한다. 유머(humor)의 사용은 클라이언트와 가족의 고통을 경시하여 다루는 것이 아니라 그 고통의 결과 생길 수 있는 긍정적 · 건설적인 면을 재치 있게 다루어 줌으로써 클라이언트에게 희망을 주며, 문제를 긍정적으로 볼 수 있게 한다.

⑦ 접촉

가족구성원과 초기 단계에 악수한다든가, 격려하기 위한 가벼운 어깨 두드림, 상담실로 안내하기 위한 손 잡음 등 지나치지 않은 접촉(touch)은 가족구성원의 저항을 감소시키는 비언어적 지지가 된다.

⑧ '나'의 표현(I' statement)

가족구성원 각자 자신의 기분, 느낌, 소망이 초점이 되는 이야기를 할 수 있는 기회를 얻게 함으로써 자기를 표현하고 이해시키는 방법을 알게 한다. "그 상황은 혼란스럽다"로 말하는 것이 아니라 "내가 혼란스럽다"로 말하게 한다.

⑨ 의사소통 입장

Satir는 가족구성원에게 회유형, 비난형, 초이성형, 산만형 중 하나의 입장을 취하도록 한다. 가족구성원은 각 입장에 대한 감정을 서로 나누고 서로의 의사소통 입장(communication stances)에 대해 반응한다. 이렇게 하여 가족구성원은 효과적인 의사소통방법을 배우고 어떻게 합리적으로 되는지를 알게 된다.

⑩ 가족생활 연대기

3세대의 가족생활 연대기(family fact chronology)를 적은 것이다. 조부모 출생에서 시작하여 일정한 나이에 이를 때까지의 사건을 연대순으로 적는다. 가족의 출생일, 사망일, 중요사건인 이사, 결혼, 이혼, 재결합, 졸업이나 진급 등의 비극적이었거나 기뻤던 일의 발생일과 경제난, 전쟁 등의 중요한 역사적 사건들도 적는다. 이 연대기를 정리하는 과정에서 가족들이 경험한 개인적 · 사회적 · 역사적 상황을 이해할 수 있게 된다.

4) 해결중심단기 가족치료

(1) 주요 개념

① 정신건강에 대한 강조

정신건강 강조의 개념은 클라이언트가 어떤 증상이나 불평을 일으키는 양식에는 항상 예외가 있기 마련이다. 그 예외는 클라이언트의 긍정적인 측면 및 문제해결의 측면, 그리고 미래에 초점을 맞추게 되면 클라이언트의 바람직한 변화를 유도할 수 있다.

② 활용

이 개념은 클라이언트가 바라는 결과를 성취하기 위해 클라이언트가 이미 갖고 있는 자원, 지식, 믿음, 행동, 증상, 사회관계망, 환경, 개인적 특성 등을 치료에 활용하는 것이다.

③ 탈이론적, 비규범적, 클라이언트의 견해 중시

이 개념은 인간 행동에 대한 가설적 이론의 틀에 맞추어 클라이언트를 사정하고 평가하지 않는다. 클라이언트가 호소하는 모든 불평과 해결책을 수용하고, 독특성을 최대로 존중하여 개별화된 해결책에 도움이 되는 모든 방법과 기술을 절충적으로 사용하려고 노력한다.

④ 간략화

해결중심단기 가족치료는 치료 목적을 달성하기 위해 치료 방법의 경제성을 추구한다. 경제성은 복잡한 것에서 단순한 것으로 접근하는 것이 아니고, 단순한 것에서부터 복잡한 것으로 상담함으로써 성취한다. 작은 변화는 큰 변화를 이끈다. 치료목표는 클라이언트가 달성할 수 있는 작은 것으로 세우는 것이 중요하다. 치료는 파급효과를 가져온다고 믿기 때문에 치료개입은 가장 단순한 것에서부터 시작한다. 작은 변화는 큰 변화를 이끌기 때문이다.

⑤ 변화의 불가피성

해결중심단기 가족치료에서는 이러한 예외적인 상황을 탐색하고 문제상황과의 차이점을 발견함으로써 문제가 발생하지 않는 상황을 증가시키는 것이다. 따라서 치료자의 역할은 긍정적인 변화가 일어나도록 돕고 이를 해결책의 구축으로 이어지게 하는 것이다. 그리고 예외적인 상황을 탐색하고, 문제상황의 차이점을 발견함으로써 문제가 발생하지 않는 상황을 증가시키는 것이다.

⑥ 협력

이 개념은 해결방안을 발견하고 구축하는 치료과정 중 클라이언트의 협력을 중시한다. 해결중심단기 가족치료에서는 목표성취를 위해 추진하는 것에 협력하는 것을 중시하면서, 치료자와 클라이언트가 함께 해결 방안을 구축하는 과정에서 협력을 중요시한다.

⑦ 현재와 미래 지향성

해결중심단기 가족치료에서는 과거에 관하여 깊이 연구하지 않으며, 현재와 미래에 적응하는 것을 돕는 데 관심을 둔다. 즉 클라이언트를 과거와 문제로부터 멀리하고, 미래와 해결 방안을 구축하는 데 관심을 집중하도록 한다.

(2) 치료목표

전통적 가족치료가 과거에 대한 탐색을 통해 현재의 변화에 관심을 기울이지만 해결중심단기 가족치료는 미래에 대한 탐색을 통해 현재의 변화에 초점을 둔다. 희망찬 미래를 상상하게 하는 질문은 문제해결의 분명한 길을 보게끔 하고, 그들이 원하는 것을 좀 더 명확하게 해 준다. 단기가족치료 모델에서 클라이언트가 성취할 수 있는 목표설정 과정을 돕는 것을 사회복지사의 중요한 역할로 간주하고, 치료목표를 설정하는 일곱까지 원칙을 제시한다.

① 클라이언트에게 중요한 것을 목표로 하기
② 작은 것을 목표로 하기
③ 구체적이고 명확하고 행동적인 것을 목표로 하기
④ 없는 것보다는 있는 것에 관심 두기
⑤ 목표를 중시하기보다는 시작으로 간주하기
⑥ 클라이언트의 생활에서 현실적이고 성취할 수 있는 것을 목표로 하기
⑦ 목표수행은 힘든 일이라고 인식하기

위의 치료목표를 달성하기 위해서 해결 지향적인 대화는 매우 중요하다. 이를 위해 활용되는 기법으로는 예외질문, 기적질문, 척도질문, 대처방법에 관한 질문 등이 있다.

(3) 치료자의 역할

치료자의 궁극적 역할은 가족구성원이 자신감과 희망에 차도록 함으로써 각자 자신의 강점과 성공 경험에 주목함으로써 사고의 전환과 행동 변화가 나타나게 하는 것이다.

치료자의 주된 역할은 아래와 같다.

첫째, 치료자는 가족구성원이 갖고 있는 힘과 자원을 개발하여 문제해결에 활용하도록 돕는 역할을 한다.

둘째, 치료자는 가족구성원의 자기 삶, 경험과 지각에 대하여 가장 잘 알고 있는 사람으로 존중하는 자세를 가져야 한다.

셋째, 치료자는 가족구성원의 지각과 의견을 존중하면서 함께 목표를 세우고, 해결책을 구상하고 실행하도록 돕는 역할을 한다.

넷째, 치료자는 가족구성원에 대해 선입견과 자신의 전략을 갖기보다는 각 구성원의 행동과 말, 문제의 특성, 문제해결 노력과 성공 및 실패 경험, 원하는 것, 잠재력, 해결책 등에 대해서 존중하고 탐색하는 자세를 가져야 한다.

다섯째, 가족구성원이 문제중심 시각에서 해결중심 시각으로 바뀌어 상황을 긍정적으로 보게 하고, 진심으로 원하는 것들과 문제가 없는 예외상황을 발견하도록 인내하면서 적극적으로 대화를 나눈다. 이를 위해 기본 상담기술인 경청, 개방질문, 공감, 자기개방, 가족구성원의 용어 모방, 칭찬 등을 사용하고 해결중심단기 가족치료 고유의 여러 질문기법과 메시지 전달을 사용한다.

(4) 치료기법

해결중심단기 가족치료기법의 주된 내용은 다음과 같다.

① 기본적 치료기법

Ⓐ 경청

경청이란 치료자가 클라이언트의 이야기를 주의 깊게 들음으로써 클라이언트가 중요하게 여기는 사람은 누구이며 자신이 원하는 것이 무엇인지를 알아내는 기술이다.

Ⓑ 치료자의 비언어적 행동

클라이언트는 치료자가 자기 말에 주의 깊게 귀를 기울이고 존중하는 태도를 보이는지 매우 민감하다. 클라이언트는 치료자가 자기 말을 진지하게 듣고 있는지를 치료자의 언어적 반응뿐 아니라 비언어적 행동을 통해 판단한다.

Ⓒ 클라이언트가 사용하는 핵심용어의 모방

클라이언트의 용어에 대한 탐색은 클라이언트에 대한 존중을 표현하기 위한 가장 중요한 방법의 하나다. 그런 의미에서 클라이언트가 사용하는 핵심 용어를 전문적인 용어로 재명명하는 것은 클라이언트에 대한 실례이고 자신감을 약화하는 행동이라고 생각한다.

Ⓓ 요약

요약은 치료자가 클라이언트의 이야기를 주의 깊게 경청하고 있었다는 것을 재확인시켜 주고, 치료자 또한 요약을 통해 자신이 클라이언트의 말을 정확하게 듣고 있었다는 것을 확인하게 된다.

Ⓔ 개방형 질문

개방형 질문은 클라이언트의 인지 영역을 확대해 주게 된다. 또한 사실에 근거한 답만을 요구하는 것이 아니라 클라이언트의 태도나 사고, 느낌을 이야기하게 된다. 무엇보다 클라이언트의 준거 틀이 많이 반영된다는 이점을 가지고 있다.

Ⓕ 쉽고 간략한 설명

쉽고 간략한 설명이란 클라이언트가 말한 것의 정수를 짧고 명확하게 하여 클라이언트에게 피드백하는 기술이다. 쉽고 간략한 설명의 경우에도 요약할 때와 마찬가지로 클라이언트의 핵심용어를 사용하는 것이 바람직하다. 이 기법은 클라이언트에게 자신들의 이야기를 명료화하거나 확장할 기회를 제공한다.

Ⓖ 침묵의 사용

침묵은 클라이언트뿐 아니라 초보 치료자를 대단히 불편하게 한다. 클라이언트가 침묵할 때 그 의미는 다양하다. 때로는 클라이언트가 자기 생각을 정리하고 있을 수도 있고, 자신이 막 설명한 상황에 대해 혼란스럽거나 화가 나 있을 수도 있고, 현재 하는 작업에서 짧은 '휴식'을 취하고 있을 수도 있다. 따라서 치료자는 클라이언트의 침묵을 존중하는 것이 중요하다.

Ⓗ 클라이언트의 비언어적 행동에 대한 주목

클라이언트도 치료자와 마찬가지로 비언어적 의사소통하므로 치료자는 클라이언트의 행동과 그 변화에 주의를 기울여야 한다.

Ⓘ **자기노출**

치료자의 자기폭로란 클라이언트에게 자신의 개인적인 관찰, 경험이나 생각들을 이야기하는 것이다. 해결중심적 접근에서는 치료자가 클라이언트에게 자기 경험을 이야기하는 것을 권장하지 않는다. 해결의 가능성은 가능한 한 클라이언트의 준거 틀과 과거경험 속에서만 그리고 제일 먼저 찾아져야 한다.

Ⓙ **칭찬**

칭찬은 진술된 목적을 달성하기 위해 클라이언트의 강점과 과거의 성공을 중심으로 치료자가 클라이언트에게 제공하는 찬사와 지지의 기술이다. 칭찬은 클라이언트에게 친절하거나 잘해 주기 위해 하는 것이 아니라 클라이언트가 말이나 '과정'을 통해 전달한 것을 근거로 '현실에 기초한' 것이어야 한다.

Ⓚ **클라이언트의 지각에 관한 확인**

치료자는 클라이언트가 가진 문제의 성질, 문제를 해결하기 위해 시도한 노력, 자신들의 삶 속에서 달라지기를 원하는 것, 문제해결을 위해 효과가 있었던 것과 없었던 것 등을 포함하는 많은 것들에 대해 그들이 가진 '지각'에 관해 물어볼 필요가 있다. 클라이언트가 지각하고 있는 것에 대한 표현은 클라이언트의 준거 틀과 경험 사이의 상호작용을 나타낸다.

Ⓛ **감정이입**

감정이입, 즉 '통제된 감정적 관여'는 클라이언트의 이야기를 듣고 감동하고 마음이 움직여지는 상태를 요구한다. 치료자는 클라이언트가 의사소통하는 것을 인지적으로 이해하는 것에 그치는 것이 아니라 클라이언트의 이야기를 감정과 사고, 즉 치료자의 온 존재 또는 가슴으로 '이해'하는 것을 의미한다.

Ⓜ **초점을 클라이언트에게 되돌리기**

클라이언트들은 종종 자신의 문제에 대해 무기력하고 문제해결 가능성의 유무는 다른 사람에 의하여 좌우된다고 이야기한다. 치료자는 클라이언트의 무기력을 가능성으로 전환하기 위해 클라이언트가 자신의 상황이나 다른 사람에 대해 갖고 있는 불평으로부터 '이 상황에서 무엇이 달라지기를 원하는지' 그리고 자신은 그 해결책에 어떻게 참여할 것인지로 바꾸어야 한다. 이러한 과정을 '문제중심적 대화'로부터 '해결 중심적 대화'로의 전환이라고 부른다.

Ⓝ 해결중심적 대화의 확대

해결중심적 대화란 치료자와 클라이언트가 자신의 생활에서 달라지기를 원하는 것과 그러한 일이 일어나게 할 가능성에 역점을 두는 것이다. 해결 중심적 대화를 확대하기 위해서는 상담 초기에 클라이언트의 문제가 무엇인가? 클라이언트가 원하는 것, 즉 달라지기를 바라는 것이 무엇인가? 그러한 일이 일어난 때가 있었나?(예외 탐색) 그리고 그러한 일이 일어날 가능성에 대해 자세하게 이야기하게 될 때 클라이언트들은 더욱더 희망을 품게 되고 문제해결 가능성에 대한 자신감을 가지게 된다.

② 성공적인 질문기법

Ⓐ 면담 전 변화에 관한 질문

해결중심단기 가족치료의 기본가정은 변화란 불가피한 것임으로 계속해서 일어나고 있다고 본다. 따라서 클라이언트가 지난번 면담을 약속한 후 지금까지 일어났던 변화에 관한 질문은 때로 아주 중요한 단서를 제공한다. 면담 전의 변화가 있는 경우는 클라이언트가 이미 가지고 있는 해결 능력을 인정하고 칭찬하고 강화하고 확대할 수 있도록 격려한다.

Ⓑ 예외질문

예외란 클라이언트가 문제로 생각하고 있는 행동이 일어나지 않는 상황이나 행동을 의미한다. 어떠한 문제에도 예외는 있다는 것이 해결중심치료의 기본 전제이다. 해결중심단기 가족치료에서는 한두 번의 중요한 예외를 찾아내서 계속 그것을 강조하면서 클라이언트의 성공을 확대하고 강화해 준다. 클라이언트가 행한 우연적인 성공을 찾아내어 의도적으로 계속 시행하도록 격려한다. 이것은 예외적인 상황을 찾아내어 그것을 밝히고, 클라이언트의 자원을 활용하여 그의 자아존중감을 강화하는 것이다. 예외질문은 첫 면접에서 대체로 목표설정 후에 사용되고 2회 면담부터는 '무엇이 더 좋아졌는가?'라는 식으로 물을 수 있다.

ⓒ 기적질문

기적질문은 문제 자체를 제거하거나 감소시키지 않고 문제와 떨어져서 해결책을 상상하게 하는 것이다. 이 질문을 통해 치료자는 클라이언트가 바꾸고 싶어 하는 것을 스스로 설명하게 하여 문제에 대한 집착에서 벗어난 해결중심 영역으로 들어가게 한다.

ⓓ 척도질문

척도질문은 숫자의 마력을 이용하여 클라이언트에게 자신의 문제, 문제의 우선순위, 성공에 대한 태도, 정서적 친밀도, 자아존중감, 치료에 대한 확신, 변화를 위해 투자할 수 있는 노력, 진행에 관한 평가 등의 수준을 수치로 표현하도록 하는 방법이다. 이러한 척도질문을 통해서 치료자는 클라이언트의 변화과정을 격려하고 강화해 주는 구체적인 정보를 얻을 수도 있다. 첫 면담에서는 면담 전 변화 상태나 동기에 대해 파악한다.

ⓔ 대처질문

이 질문은 자신의 미래를 매우 절망적으로 보아 아무런 희망이 없다고 하는 클라이언트에게 주로 사용한다. 이런 절망적인 상황에 빠진 클라이언트에게 희망을 심어 주기란 결코 쉬운 일이 아니다. 대처방안에 관한 질문을 통해서 치료자는 클라이언트의 신념체계와 무력감에 대항해 보는 동시에 클라이언트에게 약간의 성공을 느끼도록 유도할 수 있다. 이러한 질문을 통해서 치료자가 클라이언트에게 심어 주고자 하는 것은 클라이언트 자신이 바로 대처방안의 기술을 가졌음을 깨닫게 하는 것이다.

ⓕ 칭찬질문

칭찬하는 것은 여러 가지 이점이 있다. 그중에서도 클라이언트 자신에 대한 개념을 바꾸어 주는 역할과 클라이언트에게 치료자의 말에 따르도록 하는 데 유용하다. 칭찬에는 면담과정에서 나온 내용에 대하여 직접적 칭찬을 하는 경우와 "어떻게 그렇게 하셨나요?"로 질문하는 간접적 칭찬이 있다.

Ⓖ 관계성 질문

가족 및 부부간의 관계성에 관한 질문을 통해 더욱 효과적인 인간관계를 증진하게 해 준다.

5) 이야기 치료

(1) 주요 개념

① 사회구성주의

이야기 치료에서는 클라이언트가 현실을 깨닫게 되는 것은 그 클라이언트가 둘러싸고 있는 문화적 힘의 역동에서 나오고 있음을 강조하고 있다. 즉 인간의 자아는 사회관계 속에서, 그리고 이야기 속에서 구성하고 있다는 것이다. 따라서 이야기 치료의 목적은 인간 자기 삶의 주인공이 되는 길을 함께 찾는데 있다.

② 이야기 모호성(포스트모더니즘의 철학적 전제)

시대적 사조와 흐름을 같이하는 포스트모더니즘의 특징은 전통과 단절, 불확실성과 모호성, 중심 거부하고 주변성 강조, 행위 자체 중요시, 개방성과 가변성 등으로, 이야기 치료의 기본 전제는 이러한 포스트모더니즘의 특징을 기반으로 개인의 경험을 통해 인간의 경험을 통해 나타나는 이야기의 세계는 근본적으로 모호성을 지니고 있다는 것이다.

③ 인간경험 해석(이야기를 만드는 주체)

인간은 자신의 삶을 문화와 환경의 배경맥락 안에서 해석하며, 자신의 삶에 의미를 만들어 가는, 인간, 역사적 진실에 관심하는 인간이 아니라, 이야기 진실에 관심하는 인간에 의미를 둔다. 다시 말하면 이야기를 만드는 주체가 어떤 경험을 했느냐가 중요한 것이 아니라 그 사실을 어떻게 해석하느냐가 중요하다.

④ 이야기는 삶 자체

삶의 이야기는 개인의 삶을 반영하는 도구이자 개인의 삶 자체를 만들어 내고 나아가 개인의 정체성을 이룬다. 사람은 자신이 경험한 여러 가지 사건 가운데 자신의 논리적 가정(presuppositions)에 근거하여 긍정적이든 부정적이든 특정한 것을 선택하고 또 그것에 의미를 부여한다.

우리는 이야기를 말하는 과정을 통해 삶의 경험을 해석하거나 나름의 의미를 붙이면서 우리 삶을 그려 내고, 또 그렇게 그려진 삶은 우리 자신이 된다.

⑤ 경험은 사회문화적 산물

개인이 자신의 경험에 부여하는 의미는 특정한 역사문화적 맥락의 영향을 받는다. 개인의 경험은 동일해 보이는 것이라도 그 개인의 사회문화적 위치(성, 인종 등)에 따라 그 의미가 달리 해석되므로, 각자 경험의 독특한 것이 된다.

흔히 개인이 갖고 있는 문제는 개인 내면의 역기능에서 비롯된 것으로 인식하는 경향이 있으나, 이야기 치료에서는 문제 외재화 작업을 통해 문제를 형성하는 데 기여하는 사회문화적 영향을 해체하는 데 주력한다.

⑥ 삶은 복합적인 이야기

삶은 다양한 목적을 가진 복합적 이야기이다. 인생은 여러 겹으로 구성되어 있고 여러 가지 이야기로 이루어져 있으며, 복합적인 목적을 가진다. 클라이언트가 치료자에게 찾아와 하는 '희망이 없다', '우울하다'와 같은 말은 전체 이야기의 부정적 측면이다.

이야기 치료에서는 그동안 망각되고 간과되어 온 개인의 삶의 지식과 기술을 찾아낸다. 나아가 클라이언트가 선호하는 이야기가 무엇이며, 또 그 이야기 속에 깃들어 있는 삶의 목적이 무엇인지 질문하는 과정을 통해 긍정적인 이야기를 발전시켜 나간다.

⑦ 개인과 문제는 별개

문제가 되는 것은 문제를 갖고 있는 개인이 아니라 문제 그 자체다. 문제를 갖고 있는 개인을 문제시하는 것은 문제의 소재를 개인의 내면 또는 개인의 정체성에서 찾는 실천 방식에서 비롯된 것이다. 문제는 문화와 역사의 산물이기 때문에, 문제를 갖고 있는 개인과 별개로 혹은 그 개인의 정체성과 분리하여 생각해야 한다.

이야기 치료에서는 외재화 작업을 통해 클라이언트로 하여금 자신과 문제가 동일한 것이 아님을 깨닫도록 한다. 그리고 개인과 문제 사이에 일정한 공간을 만들어 냄으로써 클라이언트가 자신과 문제 사이의 관계를 재조명하고 수정할 수 있는 기회를 만들어 준다.

⑧ 지향상태는 인간 삶의 방향

개인이 자신의 삶에서 지향하는 바는 그 개인의 의도, 목적, 희망, 가치, 꿈, 헌신의 대상을 살펴봄으로써 알 수 있다. 개인은 이러한 지향상태(intentional states) 혹은 목적의식에 따라 행동하며, 그 행동은 다시 목적의식을 강화하는 이 같은 과정을 거치면서 자신의 정체성을 만들어 나간다. 목적의식은 삶의 이야기의 주제와 방향에 해당하기 때문에, 이야기 치료는 가족으로 하여금 자신들이 갖고 있는 목적의식과 희망을 드러내고 또 그것을 반영하는 사건이나 행동을 밝혀냄으로써 개인과 가족의 정체성이 재구성되는 계기를 마련하는 데 초점을 둔다.

(2) 치료목표

이야기 치료의 목표는 아래와 같이 여섯 가지로 나누어 설명할 수 있다.

첫째, 클라이언트가 자기 자신에 대한 부정적 사실을 다시 구성하도록 돕는다.

둘째, 클라이언트가 자신의 생활과 정체성에 대하여 허술하고 빈약한 결론을 깨고 벗어나도록 하고 예외적인 풍성한 자신의 이야기를 하도록 한다.

셋째, 클라이언트의 생활에서 오는 풍성한 이야기를 클라이언트가 하도록 지지한다.

넷째, 클라이언트가 누구였는지 보다는 다른 사람이 되도록 선택권을 주도록 한다.

다섯째, 클라이언트와 협력하면서 클라이언트와 다른 사람들을 연결하는 데 도움이 되는 방법을 강조한 새로운 이야기를 공동 저작하는 것이다.

여섯째, 클라이언트가 능력을 갖춘 사람으로 삶의 이야기를 발전시킬 수 있도록 협력한다.

(3) 치료자의 역할

치료자의 궁극적 역할은 클라이언트가 지금까지의 삶과는 다른 대안적인 이야기를 발전시키도록 돕는 것이다. 대안적인 이야기가 좀 더 풍부하게 하려면 개인의 살아온 역사, 중요한 관계, 문화의 맥락에서 끌어내야 하고, 이야기 속에 내담자의 지식과 기술이 포함되어 있어야 한다. 치료자의 주된 역할은 아래와 같다.

첫째, 치료자는 클라이언트 자신에 대한 전문가로 간주하고 그의 어떤 이야기에도 철저히 존중하는 태도를 가지며 동시에 그의 이야기에 강한 관심과 호기심을 가지며 답을 알지 못한다는 자세로 질문한다.

둘째, 치료자는 클라이언트에 대해 문제해결에 관한 지식과 능력을 이미 갖추고 있는 존재로 여기고, 치료자의 전문지식이나 판단보다는 그의 삶의 지식과 기술에 우선순위로 둔다.

셋째, 치료자와 클라이언트의 관계는 협력적 관계이고 각 구성원의 참여와 발언권을 인정하는 관계를 유지한다. 치료에 도움이 되는 정도와 치료의 방향에 대한 그들의 생각과 소망들을 확인한다.

넷째, 치료자는 새롭게 발견한 삶의 지식과 기술 가운데 현재의 문제를 다루는 데에 적절한 것에 클라이언트가 친숙해질 수 있도록 돕고, 치료자의 전문지식이나 판단보다는 각 구성원의 삶의 지식과 기술에 우선순위를 둔다.

다섯째, 문제의 외재화의 대상은 감정, 대인관계 문제, 문화적 관습과 신념 등으로 클라이언트 자신을 문제에서 분리된 건강한 한 개체로 인식하도록 하며, 각 구성원 자신의 문제에 대한 통제력을 갖게 함으로써 문제해결에 대한 의지와 희망을 품게 한다.

여섯째, 회원 재구성 기법 사용 시 치료자는 클라이언트가 이제 막 쓰기 시작한, 그의 과거, 현재, 미래에 관한 좀 더 풍부한 이야기를 계속해서 써 나가고 확장해 나갈 수 있도록 그 과정을 촉진해 주도록 한다. 동시에 치료자는 '탈 중심적이고 영향력 있는' 위치를 고수해야 한다.

(4) 치료기법

이야기 치료의 기법은 잃어버리고 있던 이야기를 끄집어내고 사람들을 지배하는 문제로부터 그들을 분리해 힘을 부여하도록 고안되었다. White(1986)는 치료면담 과정에서 어떤 것도 주장하거나 해석하지 않고 단지 질문과 대답을 반복하였다. 이야기 치료의 다양한 기법을 통하여 자신과 문제, 관계에 대한 클라이언트의 이야기를 다시 만드는 과정을 촉진한다. 이야기 치료기법의 가장 큰 특징은 질문형식에 있으나 정형화된 범주를 가지고 있는 것은 아니다.

① 문제의 외재화

White(1990)가 개발한 문제의 외재화(externalizing conversation) 치료기법은 문제의 내면화를 뒤집는 방식으로, 문제를 외부로 추출한다는 의미가 있다.

문제의 외재화는 문제에 의해 지배되는 이야기로부터 해방되기 위해 문제를 외부로 표출시키는 의인화 기법으로, 클라이언트 문제는 더는 클라이언트 안에 존재하는 실체가 아니라 클라이언트의 관계를 통해 이야기 속에만 존재한다고 보고 있다.

이야기 치료는 클라이언트 자신이나 가족을 다시는 문제의 원인 제공자로 보거나 책임을 돌리지 않게 하며, 문제와 분리된 자신의 처지를 보면서 클라이언트로부터 문제를 외재화한다. 그리고 이야기 치료자는 문제의 외재화를 통하여 클라이언트에게 문제, 문제의 원인 영향이라는 점을 충분한 거리를 두고 바라볼 수 있도록 도와야 한다.

② 독특한 결과 찾아내기

외재화 대화를 통해 예외적인 것을 끄집어내어 '독특한 결과(unique outcome)'를 형성하는 것은 이야기 치료의 과정이며 기술이다. 독특한 결과는 현재 클라이언트가 하는 이야기가 불완전하다는 점을 전제로 하는 것이다. 이야기 치료는 삶의 경험이란 그 경험으로부터 만들어 낸 이야기보다 훨씬 더 풍부하고 많은 재료를 가지고 있지만, 이야기로 만들어지는 것은 극히 일부분에 지나지 않는다는 가정(assumption)이 있다.

독특한 결과는 숨겨져 있는 이야기를 찾아내는 데 유용한 질문양식을 많이 사용하고 있는데, 이 질문은 클라이언트가 자신의 이야기에서 빠진 부분을 찾아내거나 다른 관점에서 자기 경험을 볼 수 있도록 사용된다.

③ 인정예식(전체 이야기를 다시 쓰기)

이야기 치료에서 클라이언트 자신의 정체성에 관하여 재정의를 하는 과정을 '인정예식(definitional ceremony)'이라고 하며, 이 예식은 클라이언트의 생활, 정체성, 인간관계 등에 관하여 좀 더 구체적으로 서술하는 상황으로 치료의 장을 만드는 것이다.

치료자는 새로운 이야기를 공동 저작할 때, 클라이언트에 대하여 자신들의 특별한 형태의 질문을 통해 무엇인가를 끄집어낼 수 있다고 생각하기보다는 클라이언트 스스로가 새로운 자기 이야기로 문을 열 수 있는 능력을 갖춘 사람이라고 보는 점이 중요하다. 때로는 치료자가 새로운 자기 이야기를 뒷받침하기 위한 보다 많은 증거를 찾기 위해 문제들을 사건과 관계된 사건들을 넘어 클라이언트의 역사적 시야로 범위를 확대할 수 있다.

④ 클라이언트 자신의 목소리 찾기

클라이언트가 자신과 환경 가운데서 자신의 목소리로 자기경험을 이야기한다는 것이 효과적이며 건강한 관계망 형성에 가장 중요한 출발점이다. 클라이언트가 자신의 목소리를 찾기 위해서는 치료자는, 첫째, 신뢰성을 회복하며, 둘째, 지배적인 목소리에 저항할 힘을 실어 주기, 셋째, 클라이언트의 이야기에 주의 깊은 관심과 경청하기, 넷째, 사람과 문제를 분리하기(해체적 경청), 마지막으로 클라이언트는 자기 삶에 창조적 저자가 될 수 있다는 시각을 가지게 해 주는 등을 강화해 주어야 한다.

⑤ 재저작 대화

재저작 대화(re-authoring conversation)는 새로 찾아진 독특한 결과들로 이야기를 만들어 가는 과정으로, 새로운 의미를 형성하는 과정이다. 이 기법은 새로운 이야기를 끌어내기 위해 작은 변화에 대해 질문하는 것에서 시작한다. 예를 들면 "지난주 술은 당신을 얼마나 통제했고, 당신은 얼마나 많이 통제 속에 있습니까?"라고 묻는다. 이와 같은 질문을 통하여 클라이언트는 자신에게 문제를 넘어선 힘이 있다는 사실을 깨닫게 되며, 그들은 비관적인 이야기로부터 거리를 둘 수 있으면 덜 속박 당한다.

이야기 치료의 후반기에는 이러한 재저작 대화의 과정으로 이루어진다. 즉 이야기 치료는 재저작 대화를 위한 탐구와 대안적 이야기를 연출해 가는 과정이라고 할 수 있다.

⑥ 재진술을 통한 이야기의 풍부화

이야기 치료자들은 중요한 사람의 청중에게 새로운 이야기를 하는 것과 다시 이야기하는 힘을 점차 강조하였다. 이야기를 각각 다시 하는 것은 더욱 풍성하게 하고 점차 살아 있고 참된 것이 되게 한다. 진술과 재진술, 재진술에 대한 재진술을 통하여 긍정적인 자아정체감에 대한 결론을 내릴 수 있도록 돕는 것이다.

⑦ 외부증인집단

외부증인집단(outsider witness group)은 새로 나타나기 시작하는 클라이언트의 증인이 되어 주고, 자신들의 삶과 이야기를 함께 엮어서 새로 시작된 이야기를 클라이언트의 삶에 더 굳건하게 만드는 데 크게 이바지하게 된다.

이야기 치료에서 대화하고 대화한 것에 대하여 다시 대화하는 치료과정에서 치료에 참여자가 두 명 이상이라고 할 때, 치료자가 한 명 또는 두 명과 먼저 대화를 하고, 나머지 참여자는 대화의 외부증인집단, 즉 청중이 되는 것이다.

제4부 가족복지실천의 대상과 영역

제 8 장

빈곤가족

1. 빈곤 및 빈곤가족의 개념

1) 빈곤의 개념

빈곤의 개념을 각 국가의 경제발전 수준, 사회적 · 문화적 · 정치적 환경 등의 다양한 요인들과 상호 관련이 있어서 모든 사회에 일괄적으로 적용될 수 있는 개념으로 정의하기가 쉽지 않다. 일반적으로 빈곤이란 기본적 욕구를 충족시킬 수 있는 능력이 부족한 상태라 정의할 수 있다. 즉 빈곤은 재화와 서비스를 사용할 수 있는 능력이 부족한 상태라고 할 수 있다.

빈곤의 개념은 크게 절대적 빈곤과 상대적 빈곤, 주관적 빈곤, Sen(1983)의 빈곤으로 나누어 설명하면 다음과 같다.[1]

(1) 절대적 빈곤과 상대적 빈곤

① 절대적 빈곤

절대적 빈곤(absolute poverty)은 개인과 가족이 생존에 필요한 의식주를 해결하지 못하는 상태로, 영국의 Rowntree가 1889년 요크시의 빈곤을 조사한 결과를 바탕으로 빈곤을 일차적 빈곤과 이차적 빈곤으로 구분하였다. 일차적 빈곤은 순수하게 신체적 효율성을 유지하는 데 필요한 최저한의 필수품을 구매하는 데 필요한 소득에 미치지 못하는 경우의 상태로 정의하였다. 이차적 빈곤은 음주, 도박, 부주의, 무계획적 지출 등으로 인해 최저수준 미만의 소득을 갖는 경우를 의미한다. 즉 음주, 도박 등 개인적 낭비가 없다면 일차적 빈곤을 벗어날 수 있는 상태를 말한다.

Joseph과 Sumption(1979)은 가장 기본적으로 절대적 빈곤은 생존과 직결된 상태, 최저생계와 이를 위한 생산 및 재생산 활동에 필요한 물리적 역량과 연계되었다고 강조했으며, '먹을 것을 구하지 못하는 정도라면 그 가족은 빈곤하다'는 절대적 빈곤의 정의를 강조하였다. 그리고 De Beer과 Swanepoel(2002)는 절대적 빈곤이란 소득은 낮고, 최소한의 생활수준이 유지되기 어려운 상황으로 정의했다.

이처럼 절대적 빈곤이란 기본적 욕구(주거, 음식, 의복 등)를 해결하지 못하는 상태를 의미하며, 건강하고 문화적 혹은 표준적 생활을 유지할 수 있는 생활 물질의 구매 비용을 화폐 척도로 바꾸어 '최저생활비'를 산정하는 것을 의미한다. 다시 말하면 절대적 빈곤이란 개인과 가족이 최저한도의 건강하고 문화적인 생활을 유지하는 데 필요한 의식주 및 기타 생활상 필요한 자원이 결핍되어 인간유기체의 인간다운 생존이 위협받는 상태를 말한다.

따라서 절대적 빈곤 개념은 빈곤을 최소한의 생존 수준에도 미치지 못하는 상태, 즉 먹을 것과 안전한 물과 집, 신체적 건강과 같은 기본적인 욕구를 충족하지 못하는 상태로 개념화하는 것으로 정의할 수 있다.

② 상대적 빈곤

상대적 빈곤(relative poverty)은 Townsend(1962, 1979)에 의해 개념화되었는데, 그는 가구 소득이 평균소득의 80% 이하일 때 빈곤층이며, 50% 이하일 때 극빈층으로 정의하고 있고, 어떤 사회의 생활필수품이란 고정되거나 불변적인 것이 아니라 공간적 · 시간적 상대성을 가진다고 본다. 현대사회에서는 절대적 빈곤보다 전반적 생활수준의 향상에 따라 상대적 빈곤에 관심을 둔다.

Townsend는 상대적 빈곤층은 일반적으로 생활이나 건강이 즉시 나빠질 정도로 빈곤하지는 않지만, 그 사회의 대다수 사람, 관습적인 생활을 영유하는 사람들에 비해 빈곤하여 기타의 사회경제적인 빈곤 징후를 보이게 되는 상태를 의미한다. 이처럼 같은 기준에서 상대적 빈곤을 정의하는 것은 불가능하며 각 국가와 사회마다 그 의미와 정도가 달라진다고 보았다.

상대적 빈곤은 사회의 불평등 수준에 큰 영향을 받는다. 사회의 대부분 사람이 절대적인 생존의 위협에 처해 있을 때는 빈곤의 문제가 중요한 관심사로 드러난다. 절대적 빈곤의 문제는 경제발전으로 일정 부분 완화될 수도 있지만, 상대적 빈곤의 문제는 불평등과 상대적 박탈감과 밀접한 관련이 있다.

상대적 빈곤은 절대적 빈곤이 해결된 상태에서 불평등을 의미하는 것이다. 일반적으로 경제학자들은 절대적 빈곤은 최저생계비에 의해 결정하고 있으나 상대적 빈곤의 경우에는 중간 소득의 비율을 빈곤선으로 정하고 있다. 따라서 상대적 빈곤이란 그 사회의 평균소득 대비, 상대적으로 소득이 낮은 계층을 빈곤층으로 정의할 수 있다.

(2) 주관적 빈곤

주관적 빈곤(subjective poverty)의 개념이란 적절한 생활수준을 유지하는 데 필요한 소득수준에 대한 개인의 평가에 근거하여 빈곤을 정의하는 것을 의미한다. 네덜란드 대학의 학자들에 의해 개발된 Leyden 방식이 이러한 빈곤 개념에 바탕을 두고 있다.

사람들에게 자신의 상황을 고려할 때 그럭저럭 살아가는 데 필요한 최소 소득을 묻고, 이를 바탕으로 그들이 판단한 최소 소득과 그들의 실제 소득과의 관계를 분석하여 결정한다. 실제 정책에서는 사용하기 어려운 한계를 가지고 있다. 따라서 주관적 빈곤은 자신이 충분히 갖고 있지 않다고 느끼는 것으로 과학적 척도는 떨어지는 것을 의미한다.

(3) Sen의 빈곤 개념

최근 서구에서 상대적 빈곤 개념의 의의를 인정하면서도 빈곤의 개념에 절대적 빈곤의 개념이 주축이 되어야 한다는 Sen(1983)의 주장이 주목받고 있다.

첫째, 절대적 빈곤의 개념을 불변적인 것이 아니라 시간적 · 공간적으로 변화하는 여러 구성요소를 내포하고 있다고 보며 둘째, 상대적 개념이 상대적으로 열쇠일 때, 절대적 궁핍을 가져올 수도 있다고 본다. Sen은 정책적 관점에서 상대적 빈곤을 철저히 추구할 때 빈곤이 불평등의 문제로 귀착되고, 빈곤을 인정하며, 영구문제로 남겨 소홀할 수 있다는 것이다.

Sen은 복지와 생활수준을 평가하는 틀을 제시하며, 생활수준을 평가하는 것은 상품이나 효용가치가 아닌 '사람들의 잠재능력'에 있다고 본다. 따라서 빈곤을 '잠재능력 부족'으로 파악하고자 한다. 즉 빈곤은 잠재능력이나 생활수준으로 파악하면 절대적 빈곤을 의미하지만, 상품이나 자원 차원에서 파악한다면 상대적 빈곤으로 나타난다는 것이다.

이처럼 빈곤의 개념을 절대적 빈곤 및 상대적 빈곤, 주관적 빈곤, Sen의 빈곤 개념 등으로 살펴보았다. 빈곤의 개념을 종합하여 정리하면, 빈곤이란 저소득으로 생활하면서 불안정한 취업으로 인한 최저 임금 선 이하의 수준으로 생활하고 있는 저소득자인 동시에 공공부조의 원조를 받는 기초생활보장 수급자뿐만 아니라 그와 유사한 주변적 특성을 보인 계층을 총괄하는 개념으로 정의할 수 있다.

빈곤의 개념은 절대적 빈곤, 상대적 빈곤, 주관적 빈곤, Sen의 빈곤 이외에도 문화적 빈곤, 인간적 빈곤, 사회정책적 빈곤, 신빈곤 등이 있다(<표 8-1> 참조).

〈표 8-1〉 빈곤 개념의 유형

빈곤 유형	개념
절대적 빈곤	인간의 생존 욕구를 비롯한 최저생활을 유지하는 데 필요한 자원이나 생계비가 절대적으로 부족한 상태 혹은 절대적 빈곤선에 미달하는 상태임
상대적 빈곤	동일 사회 내 다른 사람과 비교해 상대적으로 소득, 교육, 기회 등 부족한 상태임
주관적 빈곤	주관적 판단으로 근거하여 자신이 욕구 충족을 위한 경제적 능력을 충분히 갖추고 있지 않다고 느끼는 상태임
문화적 빈곤	사회의 지배문화와 다른 태도, 가치, 행동을 포함하는 빈곤 문화를 형성하고, 자신들 특유의 생활양식을 이루며 생활하는 등 빈곤 문화 특성을 가지고 살아가는 상태임

〈표 8-1〉 빈곤 개념의 유형

빈곤 유형	개념
인간적 빈곤	소득 이외 인간적 삶의 질에 영향을 미치는 요인들이 결핍된 상태. 즉 짧은 수명, 영양실조, 높은 문맹률 등의 상태임
사회정책적 빈곤	경제적 취약계층을 돕기 위한 정부나 사회단체의 정책과 프로그램에 반영되는 개념. 즉 정부나 사회단체로부터의 공공부조나 혜택을 받는 경우를 의미하며, 일반적으로 「국민기초생활보장법」에 근거하여 공공부조 대상이 설정됨
신빈곤	물질적 개념 외에 상대적으로 느끼는 박탈감, 문화적 혜택 배제 및 접근성 부재 등 비물질적 개념을 포함하는 다차원적 빈곤 개념으로 확장되는 상태임

2) 빈곤가족의 개념

우리나라에는 아직 빈곤가족의 개념에 대한 공식적인 정의가 없지만, 일반적으로 빈곤가족은 가족 전체 또는 가족구성원들이 인간으로 생활해 나가는데 기본적으로 필요하다고 인정되는 자원이나 경제적 능력을 갖추지 못한 상태의 가족을 의미한다.

그동안 우리나라는 보건복지부에서 절대적 빈곤율을 매년 고시하는 최저생계비를 기초로 하여 공식적으로 빈곤 가구를 추정하였다. 따라서 우리나라에서의 빈곤가족이란 최저생계비 이하인 가족과 최저생계비 120%에 속하는 차상위계층 정도로, 가족의 경제적 지위와 소득을 기준으로 절대적 빈곤의 개념 기준으로 규정하였고, 공공부조 대상자인 기초생활수급대상자 가족을 중심으로 규정하였다.

2014년 12월 「국민기초생활보장법」 개정안이 국회를 통과함에 따라 기초생활보장제도는 맞춤형 급여체계로 개편되어 2015년 7월부터 시행되었다. 개편된 맞춤형 기초생활보장제도는 최저생계비 100% 이하 가구에 모든 급여를 지급하던 방식에서 기준 중위소득의 일정 비율(생계급여 30%, 의료급여 40%, 주거급여 45%, 교육급여 50%) 이하에게 해당 급여를 각각 지급하는 방식으로 전환 확대됨에 따라 절대적 빈곤 개념 기준의 기초생활수급대상자 가족에서 상대적 빈곤 개념 기준의 기초생활수급대상자 가족으로 변화하게 됨으로써 우

리나라의 빈곤가족은 국민기초생활보장제도의 수급 혜택을 받는 가족을 빈곤가족이라고 할 수 있다.[2)]

2. 빈곤가족의 실태와 문제점

1) 실태

한국보건사회연구원(2023)에서 발표한 2021~2023년 기초생활보장 실태조사 및 평가연구 보고서에 의하면, 우리나라 빈곤율은 '11년 18.6%, '16년 17.6%, '18년 16.7%, '21년 15.1%로 지속 감소 추세이지만, '18년 기준 OECD 국가 중 6위로 여전히 높은 수준이라고 보고하였고, 특히 65세 이상 노인빈곤율('21년 37.6%)은 OECD 국가 중 1위로 심각한 상황이라고 하였다. 또한 빈곤선(중위소득 50%) 이하 빈곤층의 평균소득과 빈곤선의 차이를 나타내는 빈곤 갭은 '18년 우리나라 34.2%이고 OECD 평균 30.2%로 '18년 OECD 국가 중 9위로 적극적 개선이 필요하다고 강조하였다. 그리고 실태조사 결과 수급자의 소득이 기준 중위소득의 40% 이하이나 생계 · 의료급여를 수급받지 못하는 비수급 빈곤층은, '18년 73만 명 대비 7만 명으로 감소한 '21년 66만 명 수준으로 여전히 사각지대가 존재한다고 보고하였다.[3)]

보건복지부는 '22년 7월 29일 중앙생활보장위원회 보고서를 통해 2022년 기준 중위소득 및 생계 · 의료급여 선정기준과 최저 보장수준을 다음과 같이 공표하였는데, 그 주된 내용은 다음과 같다.[4)]

첫째, 2023년도 기준 중위소득은 윤석열 정부의 '저소득층에 촘촘하고 두텁게 지원한다'는 정책기조에 따라 대내외의 어려운 경제 여건에도 불구하고, 맞춤형 급여체계로 전환된 2015년 이후 역대 최고 증가율로 결정되었다. 최종 증가율 5.47%는 그간 코로나19 등 경기침체 상황을 고려해 기본 증가율을 하향 조정해 온 과거 2년과는 달리 2020년 기준 중위소득 산정 방식 개편 이후 최초로 원칙을 반영하여 결정한 결과로써도 그 의의가 있다. 이는 기본 증가율 3.57%와 함께, 가계동향 조사에서 가계금융복지조사로 통계원을 변경하고, 1 · 2인 가구 지원 강화 차원으로 변경된 가구 균등화 지수(공동생활 시 비용 절약으로 인한 규모의 경제 등을 고려하여, 가구구성이 서로 다른 가구의 소득 및 지출 수준을 비교하기 위한 지수임) 사용에 따른 추가 증가율을 통해 기준 중위소득과 가계금융복지조사 중위소득 간의 격차를 해소하고 변경된 전 · 후 가구 균등화 지수 간 격차를 6년('21~'26)에 걸쳐 단계적으로 해소할 예정이다.

둘째, 2023년도 기준 중위소득(「국민기초생활보장법」 제2조제11호)은 4인 가구 기준으로 올해 512만 1,080원 대비 5.47% 인상된 540만 964원으로 결정되었다. 또한 수급자 가구 중 70% 이상 차지하는 1인 가구 기준으로는 6.84% 인상되어 올해 194만 4,812원에서 '23년에는 207만 7,892원으로 오를 예정이다. 그리고 기준 중위소득은 보건복지부 장관이 중앙생활보장위원회의 심의 · 의결을 거쳐 고시하는 국민 가구 소득의 중간값이다. 이는 2022년 현재 기초생활보장제도를 비롯한 12개 부처 76개 복지사업의 수급자 선정기준 등으로 활용되고 있다(<표 8-2> 참조).

〈표 8-2〉 2022년 및 2023년 기준 중위소득 (단위 : 원/월)

구분		1인 가구	2인 가구	3인 가구	4인 가구	5인 가구	6인 가구
기준 중위소득	'22년	1,944,812	3,260,085	4,194,701	5,121,080	6,024,515	6,907,004
	'23년	2,077,892	3,456,156	4,434,816	5,400,964	6,330,688	7,227,981

*출처: 보건복지부, 2022. 2022년 기준 중위소득 및 생계 · 의료급여 선정기준과 최저 보장수준. 중앙생활보장위원회

셋째, 중앙생활보장위원회에서는 '23년도 기준 중위소득과 함께 '23년도 급여별 선정기준 및 최저 보장수준도 확정하였다. 급여별 선정기준은 기준 중위소득 대비 일정 비율을 적용하여 결정하며, 기준 중위소득 대비 생계급여는 30%, 의료급여는 40%, 주거급여는 47%, 교육급여는 50% 이하 가구에 지급된다. 그리고 4인 가구를 기준으로 급여별 선정기준은 생계급여 162만 289원,

의료급여 216만 386원, 주거급여 253만 8,453원 교육급여 270만 482원 이하이다. 특히 생계급여는 선정기준이 곧 최저 보장수준으로 최대 급여액은 4인 가구기준 올해 153만 6,324원에서 '23년 162만 289원으로 올랐으며, 1인 가구는 58만 3,444원에서 '23년 62만 3,368원으로 올랐다. 가구별 실제 지원되는 생계급여액은 선정기준액에서 해당 가구의 소득인정액을 차감한 금액이다. 가구원 수에 따른 '22년 및 '23년 급여별 선정기준 금액은 아래의 <표 8-3>과 같다.

〈표 8-3〉 2022년 및 2023년 급여별 선정기준 (단위 : 원/월)

구분		1인 가구	2인 가구	3인 가구	4인 가구	5인 가구	6인 가구
교육급여 (중위 50%)	'22년	972,406	1,630,043	2,097,351	2,560,540	3,012,258	3,453,502
	'23년	1,038,946	1,728,077	2,217,408	2,700,482	3,165,344	3,613,991
주거급여 (중위 47%)	'22년	894,614	1,499,639	1,929,662	2,355,697	2,771,277	3,177,222
	'23년	976,609	1,624,393	2,084,364	2,538,453	2,975,423	3,397,151
의료급여 (중위 40%)	'22년	777,925	1,304,034	1,677,880	2,048,432	2,409,806	2,762,802
	'23년	831,157	1,382,462	1,773,927	2,160,386	2,532,275	2,891,193
생계급여 (중위 30%)	'22년	583,444	978,026	1,258,410	1,536,324	1,807,355	2,072,101
	'23년	623,368	1,036,846	1,330,445	1,620,289	1,899,206	2,168,394

*출처: 보건복지부, 2022. 2023년 기준 중위소득 및 생계 · 의료급여 선정기준과 최저 보장수준. 중앙생활보장위원회

한국보건사회연구원의 '2022년 빈곤 통계 연보'의 빈곤 관련 내용을 보면 다음과 같다.

첫째, 가족 없이 혼자 사는 사람들이 급격히 늘고 있는 가운데 한국의 1인 가구 빈곤율이 50%에 육박하는 것으로 나타났다. 혼자 사는 사람 2명 중 1명 가까이는 빈곤 상태에 놓여있는 것으로, 1인 가구가 사회적 고립감뿐 아니라 경제적 어려움에 노출될 가능성이 큰 만큼 정부의 적극적인 대책 마련이 필요해 보인다. 특히 1인 가구 노인 10명 중 7명은 빈곤 상태였으며 청년 1인 가구는 5명 중 1명이 빈곤층이었다. 1인 가구 빈곤율은 여성이 남성보다 훨씬 높은 것으로 나왔다.

둘째, 2020년 전체인구의 가처분소득(실소득) 기준 상대 빈곤율(중위소득 50% 이하인 비율)은 15.3%였는데, 1인 가구만 따져 보면 47.2%로 3배 이상이었다. 또한 1인 가구의 빈곤율은 2016년 54.0%였던 것이 2017년 52.1%, 2018년 52.7%, 2019년 51.8%를 기록하다가 그나마 2020년 50% 이하로 내려왔다. 그리고 1인 가구 빈곤율은 연령대가 높을수록, 여성보다 남성이 높았고, 65세 이상 노인 1인 가구의 빈곤율은 72.1%였다. 독거노인 10명 중 7명 이상이 빈곤 상태이다. 다만 1인 노인 가구 빈곤율은 5년 전인 2016년의 78.4%와 비교하면 6.3%p 낮아졌다.

셋째, 1인 가구 중 중년층인 50~64세의 빈곤율도 38.7%로 전 연령대 평균보다 높았다. 장년층(35~49세)은 19.5%였고, 청년층(19~34세)도 20.2%나 됐다. 또한 여성 1인 가구의 빈곤율이 55.7%로 남성(34.5%)보다 훨씬 높았다. 그리고 1인 가구는 혼인 · 부양에 대한 가치관이 변하면서 빠른 속도로 늘고 있다. 작년 12월 통계청 발표에 따르면 2021년 혼자 생활하는 1인 가구는 716만 6천 가구로 직전년보다 7.9%(52만 2천 가구) 늘었다.

넷째, 전체가구 중 1인 가구의 비중은 2005년 20% 수준이었던 것이 2021년 역대 최고치인 33.4%로 올랐다. 통계청은 2050년에는 1인 가구 비중이 39.6%에 달할 것으로 예상한다.

보건복지부는 '21년 혼자 사는 사람이 늘어나면서 혼자 쓸쓸히 세상을 떠나 뒤늦게 발견되는 '고독사' 사례가 2021년에만 3,378명에 달한다는 조사 결과를 내놓기도 했다. 전 연령대 빈곤율은 장애인만 따져보면 39.5%였고, 아동빈곤율은 9.8%, 청년 빈곤율은 8.2%였다. 아동빈곤율과 청년 빈곤율은 2016년 각각 15.2%, 10.4%였는데, 최근 수년간 감소 추세를 보이고 있다.

빈곤율은 여성 가구주 가구에서 32.6%로, 남성 가구주 가구(12.1%)보다 3배 가까이 높았다. 한부모가구의 빈곤율은 2016년 42.3%에서 2020년 22.4%로 크게 줄었다. 취업자의 빈곤율은 10.3%로 나타났다.

2) 문제점

빈곤가족의 문제는 일반적으로 기본적 욕구 충족을 위협하는 낮은 소득과 자녀양육과 교육, 주거의 불안정성, 그리고 생활의 어려움으로 인한 가족관계 갈등 등을 들 수 있다.

또한 빈곤가족은 부부갈등, 가정폭력, 알코올중독, 가족구성원에 대한 심리적 스트레스, 우울, 자아존중감 상실, 가족과 친구에게서 멀어지는 등의 부정적 경험을 하게 되고, 가족의 역동에 큰 변화를 초래하기도 한다.

빈곤가족의 구성원과 환경으로 일어나는 특성으로 빈곤가족 문제가 다를 수 있다. 본 장에서는 빈곤가족의 문제 중 사회경제적, 자녀양육과 교육, 가족관계, 생활변천, 빈곤환경, 가족역동성을 중심으로 살펴보고자 한다.[5)]

(1) 사회경제적 문제

인간은 기본적 생활을 유지하기 위해 최소한도의 기본적 욕구가 충족되어야 한다. 만약 이러한 기본적인 생리적 욕구가 충족되지 못하였을 때는 생존 자체를 위협받게 되며, 제대로 성장 · 발달하기 어렵다. 즉 전반적 발달상의 지체를 야기하고 영양실조에 걸리거나 감염되기 쉽다. 빈곤은 각종 질병의 원인이 되기도 한다. 또한 일반적으로 저소득층의 직업구성은 단순노동, 생산기능직 근로자, 영세자영업, 무직 등이며 가구주의 대부분이 비공식 부문의 영세가내 공업에 취업하고 있다. 따라서 이들이 종사하는 일은 대부분이 불안정하고 취약하므로 가구주의 수입 이외에 배우자와 자녀를 소득획득에 동원하는 취업방식을 택하고 있다.

(2) 자녀양육과 교육문제

빈곤가족의 경우 생계유지를 위해 맞벌이하는 경우가 많으나 보육시설을 활용할 수 없는 미취학 자녀의 경우 돌보는 이가 없어 열악하고 위험한 주거환경에 방치되기 쉬우며, 이에 따라 자녀방임이나 유기가 발생하기도 한다. 또한 빈곤에 따른 영양결핍 및 불균형, 발육부진 등과 같은 신체 발달 문제에서부터 지능 저하, 발달지체 등 인지발달 문제, 우울과 불안 등 내면화된 문제, 공격성, 주의력결핍과잉행동장애, 반사회적 행동에 이르기까지 광범위하다. 그리고 부모의 보호 부재로 인한 문화적 경험의 실조, 학습부진, 부모의 부적절한 자녀양육 방식으로 인한 부정적 의사소통 문제가 생길 수 있다.

빈곤가족 자녀의 교육적 가능성을 신장시킬 수 있는 각종 교육자료에 접할 기회가 제한되어 아동은 문화실조 또는 학습부진을 경험하기 쉽다. 아울러 학비 조달의 어려움 때문에 학업을 중단하거나 상급학교 진학을 포기하는 경우도 발생한다. 또한 교복, 참고서, 학용품, 가방 등의 구입비용 역시 부담으로 이들 가족이 감당하기는 쉽지 않은 상황 등으로 인해 빈곤가족 자녀는 적절한 교육수준에 미달하기 때문에 안정된 취업기회가 현실적으로 제한될 뿐만 아니라 사회부적응, 삶의 좌절을 겪으면서 사회문제를 일으키는 경향이 높다.

(3) 가족관계 문제

빈곤가족에서 발생하는 가족문제의 특성은 다양할 뿐만 아니라 복합적이다. 즉 불충분한 소득으로 인해 가족은 불안해하며, 늘 긴장하게 된다. 더구나 맞벌이부부일 때는 취업과 가사, 자녀양육 등 3중 역할의 수행에 따른 어려움으로 육체적 · 정신적 피로에 휩싸이게 된다. 이 외에도 빈곤은 부부갈등, 가족구성원에 대한 심리적 스트레스, 우울, 자아존중감 상실, 가족과 친구에게서 멀어지는 등의 부정적 경험을 함으로써 가족해체의 원인이 되기도 한다.

빈곤가족의 관계 문제가 심화할수록 빈곤가족 구성원의 심리적 불안과 부담감은 폭력, 알코올 문제 등으로 이어짐으로써 가족 간 갈등과 해체 등 가족역동에 변화를 초래하기도 한다.

(4) 생활변천의 문제

생활변천의 문제와 관련하여 살펴보면, 빈곤이 지속적이고 세습 가능성이 높게 나타나고, 일단 빈곤해진 후에는 빈곤의 악순환에서 벗어나기가 어려우며, 경제적 · 물질적 빈곤에서 오는 심리적 박탈감이 가족(특히 가구주)에게 심리적으로 불안과 억압을 갖게 할 뿐만 아니라 개인 생의 주기에 따라 스트레스를 가중함으로써 가구주의 음주문제, 가구주의 정신질환, 가구주의 적대감, 배우자의 자포자기, 배우자의 가출, 배우자의 역할수행 문제 및 직접적인 경제적 빈곤 영향은 아니지만, 간접적 영향으로서의 가구주의 외도와 배우자의 별거문제 등이 나타나고 있다.

(5) 빈곤환경의 문제

빈곤환경의 문제와 관련하여 살펴보면, 빈농 출신의 가구주를 중심으로 태어날 때부터 가난했고, 가구주의 사망, 가구주의 사고, 가족구성원의 질병, 사업의 실패, 가출 등에 의한 가정파탄은 빈곤을 가중하는 중요한 계기가 되고 있다. 빈곤탈피 전략은 주로 맨손으로 할 수 있는 일에서 출발하는 생계전략인데, 가구주가 자본금 없이 할 수 있는 일, 특히 비공식 부문에 종사하는 일이 있으며, 또한 가족구성원 중 가능한 한 많은 사람이 소득을 얻기 위해서 일을 하게 된다. 가족의 지출을 극소화하는 방식으로 주거비가 싼 주택과 불충분한 편의시설을 이용하고 있으며, 텔레비전을 보는 것이 유일한 오락활동이 되고 있다. 가족의 생계유지를 위해 교육기회를 자녀 중 선택하여 제공하는데, 특히 딸의 교육비 절약을 통한 지출극소화와 딸의 취업을 통한 수입극대화 방안을 주로 선택함으로써 가족의 문제를 증대시키기도 한다.

(6) 가족역동성의 문제

가족역동성 문제와 관련하여 살펴보면, 빈곤가족에서는 주로 부부, 부모, 자녀, 부모와 자녀, 고부 등의 각 하위체계 간의 경계가 밀착되거나 유리되는 경우가 생김으로써 과잉 의존, 소외, 갈등 등의 문제가 발생한다. 남편이 무능력하고 부인이 생계를 담당하는 현상이 많이 나타나서 가부장적이고 전통적인 가족에서 지배적이던 기존의 규칙과 어긋나는 경우가 많이 발생하고 있다.

3. 빈곤가족 대책

빈곤가족의 문제점을 해결하기 위한 대책은 부양의무자 기준 단계적 폐지 등을 골자로 한 제1차 기초생활보장종합계획('18~'20)을 통해 비수급 빈곤층 등 복지 사각지대를 최소화하기 위한 다양한 제도개선을 시행하였으며, '22년까지 생계급여 부양의무자 기준 전면 폐지 등을 포함한 제2차 기초생활보장종합계획('21~'23)을 수립하고 제도의 보장수준을 지속해서 확대하였다.

보건복지부('23)는 제1차와 제2차 기초생활보장종합계획의 추진 결과를 바탕으로 하여 3년간 기초생활수급자에 대한 정책방향과 개선 과제를 담은 '제3차 기초생활보장종합계획(2024~2026)'을 발표하였고, 급여별 기본계획, 우리나라 빈곤추이 분석, '2021~2023년 기초생활보장 실태조사 및 평가연구' 및 급여별 적정성 평가 등을 토대로 수립되었다.

제3차 기초생활보장종합계획을 차질 없이 추진하여 빈곤층의 최저생활 수준을 한 단계 끌어올리고 비수급 빈곤층 등 빈곤 사각지대를 적극적으로 해소해 나갈 계획이며, 이를 통해 향후 3년간 생계 21만 명, 의료 5만 명, 주거 20만 명이 추가로 혜택을 받게 될 것으로 보고 있다.

본 장에서는 빈곤가족 문제해결을 위한 대책의 하나로 제3차 기초생활보장종합계획(2024~2026)의 주요 내용은 다음과 같다.[6)]

1) 기초생활보장 급여보장 수준강화

(1) 생계급여

'24년 생계급여 선정기준을 '17년 이후 7년 만에 '기준 중위소득의 30%에서 32%'로 상향하는 등 향후 '기준 중위소득의 35%'까지 단계적으로 상향하여, 더 많은 수급자에게 생계급여를 지원하고 수급자의 최저생활보장을 강화한다(<표 8-4> 참조).

〈표 8-4〉 2024년도 생계급여 최대지급액 (단위 : 원/월)

가구원 수	1인 가구	2인 가구	3인 가구	4인 가구	5인 가구	6인 가구
'24년	713,102	1,178,435	1,508,690	1,833,572	2,142,635	2,437,878
'23년	623,368	1,036,846	1,330,445	1,620,289	1,899,206	2,168,394

*출처: 보건복지부, 2023. 제3차 기초생활보장종합계획(2024~2026)

1인 가구 생계급여 산출 방법을 보면, 만약 1인 가구에 재산과 소득이 없어 소득 인정액이 0원이라고 가정하면 623,368원 미만이 되면 생계급여, 의료급여, 주거급여, 교육급여에 기초생활수급자 조건에 부합한다. 623,368원의 생계급여로 통장에 지급된다. 그리고 소득 인정액은 소득과 재산을 월 단위로 환산한 금액, 부채 등을 계산한 금액이다. 2021년 10월부터 생계급여에 대한 부양의무자 기준이 폐지되었다. 다만 연 소득이 1억 원 이상(세전) 또는 부동산 9억 원 이상 초과인 고소득 고재산 부양의무자는 제외된다.

(2) 의료급여

입원 필요도가 낮은 수급자가 집에서도 필요한 서비스를 받을 수 있도록 지원하는 재가 의료급여 사업을 전국 228개 시군구로 확대하고, 대상자 지원 단계를 세분화하는 등 사업 내실화를 병행한다. 그리고 의료급여는 부양의무자 기준의 완화가 포함되어 있다.

의료급여는 부양의무자 기준은 그대로 존재한다. 따라서 생계급여되고 부양의무자로 인해 의료급여는 안 되는 경우도 생길 수 있다. 근로 능력 보유 여부에 따라 1종 수급자가 된다. 1종에 포함되지 않는 사람은 2종이 된다. 즉 근로 능력이 있어도 의료급여 2종 수급자가 될 수 있다(<표 8-5>, <표 8-6> 참조).

〈표 8-5〉 2023년 의료급여(40% 이하) (단위 : 원)

가구 규모	소득	가구 규모	소득
1인 가구	831,157	4인 가구	2,160,386
2인 가구	1,382,462	5인 가구	2,532,275
3인 가구	1,773,926	6인 가구	2,891,192

*출처: 보건복지부, 2023. 제3차 기초생활보장종합계획(2024~2026)

〈표 8-6〉 본인 부담 비율

구분		소득(원)				
		1차 (의원)	2차 (병원, 종합병원)	3차 (지정병원)	약국	본인부담금 상한액
1종	입원	없음	없음	없음	–	매월 5만 원
	외래	1,000원	1,500원	2,000원	500원	
2종	입원	10%	10%	10%	–	연간 80만 원
	외래	1,000원	15%	15%	500원	

*출처: 보건복지부, 2023. 제3차 기초생활보장종합계획(2024~2026)

(3) 주거급여

'23년 주거급여는 47% 이하이지만 '24년 48%로 올렸고 향후 50%까지 상향할 계획인데, 선정기준액 인상은 기초생활수급자의 문턱이 낮아진다는 것을 알 수 있다.

주거급여는 안정된 주거생활을 할 수 있도록 실제 임차료, 유지수선비 등을 지원하며, 근로 능력과 부양의무자 여부를 보지 않는다. 또한 생계급여 또는 의료급여가 안되어도 주거급여는 신청할 수 있다(<표 8-7> 참조).

〈표 8-7〉 2023년 주거급여 (단위 : 원)

가구 규모	소득	가구 규모	소득
1인 가구	976,609	4인 가구	2,538,453
2인 가구	1,624,393	5인 가구	2,975,423
3인 가구	2,084,364	6인 가구	3,397,151

*출처: 보건복지부, 2023. 제3차 기초생활보장종합계획(2024~2026)

취학 · 구직 등으로 부모님과 떨어져 거주하는 청년에게 주거급여를 지급하고 있다. 대상은 20대 미혼 청년(만 19세 이상~30세 미만)이고, 대중교통 기준 편도 90분 이상 초과하거나 도농 복합도시에서 도시와 농촌 분리 거주하고 청년이 장애나 희귀 난치성 질환이 있으면 주거급여를 받을 수 있다. 그리고 임차 가구 기준임대료(단위: 만 원/월)는 지역에 따라 주거급여액이 다르며, 월세가 지역 기준임대료를 넘어설 때 기준임대료만큼 지급한다(<표 8-8> 참조).

〈표 8-8〉 2023년 임차 가구 기준임대료 (단위 : 만 원)

구분	1급지 (서울)	2급지 (경기, 인천)	3급지 (광역시, 세종시)	4급지 (그 외 지역)
1인 가구	33.0	25.5	20.3	16.4
2인 가구	37.0	28.5	22.6	18.5
3인 가구	44.1	34.1	27.0	22.0
4인 가구	51.0	39.4	31.3	25.6
5인 가구	52.8	40.7	32.3	26.4
6인 가구	62.6	48.2	38.2	31.3

*가구원 수가 7인 이상인 경우 가구원 2인 증가할 때 마다 기준임대료 10% 증가

*출처: 보건복지부, 2023. 제3차 기초생활보장종합계획(2024~2026)

임차가구에 지급하는 기준임대료를 전국 시장 임차료 수준 등을 고려하여 현실화하고, 자가 가구에게 지급하는 수선유지급여의 한도를 상향하는 방안을 검토하여 수급자의 최저 주거보장 수준을 제고한다(<표 8-9> 참조).

〈표 8-9〉 2024년도 주거급여 기준임대료 (단위 : 만 원/월)

구분	1급지 (서울)		2급지 (경기 · 인천)		3급지 (광역 · 세종시 · 수도권 외 특례시)		4급지 (그 외 지역)	
1인	34.1	+1.1	26.8	+1.3	21.6	+1.3	17.8	+1.4
2인	38.2	+1.2	30.0	+1.5	24.0	+1.4	20.1	+1.6
3인	45.5	+1.4	35.8	+1.7	28.7	+1.7	23.9	+1.9
4인	52.7	+1.7	41.4	+2.0	33.3	+2.0	27.8	+2.2
5인	54.5	+1.7	42.8	+2.1	34.4	+2.1	28.7	+2.3
6인	64.6	+2.0	50.7	+2.5	40.6	+2.4	34.0	+2.7

*괄호는 '23년 대비 증가액

** 가구원 수가 7인의 경우 6인 기준임대료와 동일하고, 가구원 수가 8~9인의 경우 6인 기준임대료의 10%를 가산

***출처: 보건복지부, 2023. 제3차 기초생활보장종합계획(2024~2026)

공사비 재계측 등을 기초로 임차급여와의 형평성, 재정 여건 등 고려하고, 침수 우려가 있는 수급 가구에는 차수판, 개폐형 방범용 방충망, 침수 경보장치, 역류 방지 장치 및 임시 차수벽 등 침수 방지 시설 추가 설치를 지원하는 등 재해 취약 가구에 대한 지원도 강화한다.

(4) 교육급여

'24년 교육활동 지원비를 최저교육비의 100% 수준으로 인상하여 저소득층의 교육기회를 보장하고, 적극적인 교육활동을 위해 교육급여의 단계적 확대를 검토한다(<표 8-10> 참조).

〈표 8-10〉 교육활동 지원비 보장수준 비교표 (단위 : 만 원)

구분	최저교육비 (A)	교육활동 지원비							
		'21(B)	B/A	'22(C)	C/A	'23(D)	D/A	'24(E)	E/A
초	46.1	28.6	62.2%	33.1	72.0%	41.5	90.2%	46.1	100%
중	65.4	37.6	57.5%	46.6	71.3%	58.9	90.1%	65.4	100%
고	72.7	44.8	61.6%	55.4	76.2%	65.4	90.0%	72.7	100%

*출처: 보건복지부, 2023. 제3차 기초생활보장종합계획(2024~2026)

2) 빈곤 사각지대 적극 해소

(1) 부양의무자 기준 완화

의료급여는 '24년 중증장애인 부양의무자 기준을 우선 완화하고, 이후 의료 필요도를 고려하여 부양의무자 기준을 단계적으로 완화한다. 아울러 부양의무자 재산 기준 조정, 부양비 부과제도 개선 등 의료급여 사각지대를 대폭 완화한다.

생계급여의 경우 '21년 10월 부양의무자 기준개편에도 여전히 남아 있는 부양의무자가 연 소득 1억 원 또는 일반재산 9억 원 초과 시 생계급여 대상에서 제외하는 예외 규정 기준을 완화하여 생계급여 사각지대를 완화한다.

(2) 재산기준 완화

현재 재산가 액 100%를 소득으로 산정하는 자동차 재산에 대하여 저출산 상황 및 대중교통 이용이 어려운 지역적 특성을 고려하여 다인, 다자녀 등 수급 가구에는 1,600cc 미만 승용자동차에만 적용하던 일반재산 환산율(4.17%)을 2,500cc 미만 자동차까지 완화하여 적용한다. 근로유인 확대를 위해 생업용 자동차는 재산가 액 산정에서 제외(현재 50% 산정)하고, 기준을 완화(승용차 1,600cc 미만에서 2,000cc 미만)한다.

(3) 주거취약계층 지원

저소득층의 주거비 경감을 위해 주거급여 선정기준을 '24년 '기준 중위소득의 47%에서 48%'로 상향하고, 향후 단계적으로 '기준 중위소득의 50%'까지 상향하며, 주거용 재산의 경우 소득 환산율을 현행 1.04%에서 적정 수준으로 인하하여 수급자의 주거안정성을 확보한다.

(4) 긴급복지 지원

긴급한 지원이 필요한 위기가구의 생활안정을 위해 물가상승률을 반영하여 생계지원금을 인상한다. 여기서 생계지원금 인상은 1인('23) 623,300원에서 ('24) 713,100원, 4인('23) 1,620,200원에서 ('24) 1,833,500원이다.

3) 탈수급 및 빈곤완화 적극 지원

(1) 근로유인 강화

취 · 창업을 통한 탈수급 가능성이 높은 청년층 대상으로 적극적으로 근로를 유인하고 탈수급을 유도하기 위해, 근로 · 사업소득 추가공제 대상 연령기준을 현행 '24세 이하'에서 '30세 미만' 청년으로 완화한다.

(2) 맞춤형 자활복지 강화

자활사업 참여자에 대한 사례관리 중심의 맞춤형 지원을 강화하기 위해, 지역자활센터에 자활사례 관리사를 확대 배치하고 참여자의 사회적 · 정서적 변화를 측정할 수 있도록 '사회통합(정서적 자활) 지표'를 시범 운영한다.

참여자의 정서적 변화를 측정하기 위해 '21년 개발한 지표는 자활 의지(자존감, 동기, 기술, 목표), 근로 장벽, 자활행동(일상생활, 근로, 사회적 관계 등) 영역으로 구성되어 있다.

더 많은 수급자가 자활사업을 통해 탈수급 할 수 있도록 기초생활수급자 수 증가에 맞춰 자활참여 대상자를 확대하고, 신규 사업모델 및 지역 특성화 사업을 개발하는 등 일자리를 창출한다. 또한 자활기업의 지속가능성을 제고할 수 있도록 창업-성장-성숙단계 등 단계별로 자활기업 창업 · 경영 내실화를 지원한다.

(3) 자산형성 지원

청년 내일 저축가입 및 유지 기준을 완화하는 등 청년층 맞춤형 자산형성을 지속 확대하여 청년층 빈곤 탈피를 유도하고, 수급자가 3년 가입기간 이내에 조기 탈수급 하면 잔여기간에 대하여 정부지원금 일부 지원을 모색하는 등 만기 지급 확대를 검토한다.

참여자 수요과제 발굴 및 맞춤형 정책정보 제공 등 자산형성 포털을 활성화하고, 패널 연구를 통해 참여자의 변화 · 체감도를 질적으로 분석하는 등 자산형성 지원체계를 내실화한다.

4) 제도 내실화 및 관리 강화

(1) 제도관리 내실화

적정급여 지급 및 부정수급 방지를 위해 소득 · 재산조사를 합리화하고 시스템상 공적 자료 연계 정보 확대를 추진한다.

(2) 합리적 의료이용 체계구축

의료급여 상한일수 산정 시 외래 · 입원 · 투약 일수를 분리하고 외래 다빈도 위주로 연장 승인제도를 개편한다. 상한일수는 중증 · 희귀 난치질환 365+90일, 만성질환 380+75일, 기타 질환 400+90+55일이지만, 실제 진료비 지출 및 부담수준 등을 고려하여 외래 본인 부담수준을 현실화하고, 의료적 필요도가 낮음에도 일정기간을 초과하여 입원하는 경우 입원 연장심사를 도입하는 방안을 추진한다.

(3) 교육급여 바우처 현장안착

교육급여 바우처 운영의 지역 간 편차를 줄이고 효율성을 높이기 위해 업무 가이드 라인을 제작 · 배포하고, 바우처 신청 및 운영시스템을 개선하여 수급자의 편리성 및 업무 효율성을 제고한다.

(4) 자활지원 인프라 고도화

한국자활복지개발원, 광역 · 지역자활센터 등 인프라별 기능 고도화 및 유기적 협력을 강화하고, 대상자별 교육을 강화하는 등 현장중심의 자활 인적자원 역량을 강화한다.

제 9 장

한부모가족

1. 한부모가족의 개념

한부모가족(one-parent family)은 일반적으로 부모 중 한쪽의 사망, 이혼, 유기, 별거 등으로 한부모와 자녀로 이루어지거나 미혼모 또는 미혼부와 자녀로 이루어진 가족을 의미한다. 부모 중 한쪽이 부재하여 아버지나 어머니 중 한 사람이 단독으로 부모의 역할을 하므로 그로 인한 복합적 문제에 처할 가능성이 커서 사회복지의 일차적 관심 대상이 되고 있다. 그러나 한부모가족에 대한 정의는 이보다 복잡할 뿐만 아니라 학자에 따라 각기 다른 견해를 갖고 있어 하나의 합의된 정의를 끌어내기가 어려운 실정이다.

「한부모가족지원법」 제4조제2호 · 제5호에 의하면 한부모가족이란 부모 중 어느 한 편의 사망 · 이혼 · 유기 · 별거 및 미혼모(미혼부)로 인하여 한쪽 부모가 없거나 법적으로 또는 현실적으로 한쪽 부모역할을 할 수 없는 모자가족 또는 부자가족으로서, 18세 미만(취학 중인 경우에는 22세 미만을 말하되, 「병역법」에 따른 병역의무를 이행하고 취학 중인 경우에는 병역의무를 이행한 기간을 가산한 연령 미만의 자)의 아동을 양육하는 가족으로 소득인정액이 기준 중위소득 60% 이하(복지급여 지급기준은 기준 중위소득 52% 이하)에 부합하는 경우를 말한다. 여기서 모자가족은 모(母)가 세대주(세대주가 아니더라도 세대원을 사실상 부양하는 자를 포함한다)인 가족을 말하며, 부자가족은 부(父)가 세대주(세대주가 아니더라도 세대원을 사실상 부양하는 자를 포함한다)인 가족을 말한다.

일반적으로 한부모가족을 이혼가족, 사별가족, 미혼모가족, 조손가족으로 분류하고 있는데, 그 주된 개념은 다음과 같다.[1]

1) 이혼가족

이혼가족이란 이혼으로 인하여 형성된 가족을 의미, 이혼 전 가족에 비해 축소된 형태를 지닌다. 이혼의 유형은 협의이혼 및 재판이혼으로 구분된다. 협의이혼은 당사자 간 이혼할 것을 협의하여 부부가 함께 가정법원에 가서 판사로부터 협의이혼 의사확인을 받아 신고하는 방법으로 가족관계 등록 등에 관한 법률에 따라 이혼확인서를 제출함으로써 그 효력을 발생한다. 재판이혼은 배우자 쌍방이 이혼에 대한 합의가 이루어지지 않아, 배우자의 한쪽이 제기한 이혼소송에 따라 법률이 정하는 이혼원인이 있다고 인정되는 경우 가정법원의 조정을 거쳐 이혼소송을 청구하여 법정에서의 판결로 성립되는 이혼형태이다.

2) 사별가족

사별(bereavement)이란 인간이 살아가면서 겪게 되는 많은 상실감 중 가장 고통스러운 것임과 동시에 모두가 겪게 되는 가장 보편적인 경험이면서 중요한 사람을 죽음으로 상실한 객관적인 상황이다. 이러한 사별, 즉 죽음으로 인해 가족구성원을 잃게 되는 경우 상실감 및 심한 스트레스를 받게 되고 가족생활의 큰 변화를 경험하게 되는데 이러한 가족을 사별가족이라 한다.

또한 사별이란 남편이나 아내 중 한 명이 사망하는 것이다. 그리하여 남편이나 아내 중 한 명만이 남아 한부모가족을 이류다. 남편이 사망으로 인한 모사가족의 증가는 다음과 같은 요인이 내재하고 있다고 볼 수 있다. 즉 여자가 남자보다 평균수명이 길고 사회활동이 적어서 불의의 사고에 의한 사망이 적다. 또 남자의 경우는 재혼으로 비교적 짧은 시일 내에 한부모가족 상태를 벗어나지만, 여자의 경우는 그렇지 못하기 때문이다.

3) 미혼모가족

미혼모가족은 미혼 여성이 임신으로 자녀를 출산함으로써 한 가정을 이루게 되는 경우를 일컫는 말이다. 미혼모 여성의 대부분이 남편으로부터 유기된 가족형태를 보이며, 이에 따라 가족의 가장인 경제적 · 정신적 부분 등의 지원을 받을 수 없는 상황에서 미혼모가족은 모자가족의 형태를 띠게 된다. 또한 미혼모가족은 미혼여성이 임신하여 자녀를 태어나게 함으로써 가족을 구성한 경우를 말하고 가족형태는 모자가족에 속한다. 미혼모가족이란 혼전에 임신 및 출산한 가족, 이혼이나 사별상태에서 출산한 가족, 정식 결혼을 통한 배우자 없이 아이를 낳아 양육하는 가족이라고 정의할 수 있다.

4) 조손가족

조손가족이란 부모의 사망 등으로 조부 또는 조모(외조부모 포함)와 그에 의해 양육되는 18세 미만의 손자녀(22세 이하의 중 · 고등학교 재학생 포함)로 구성된 세대를 의미한다. 즉 조손가족은 1세대 조부모와 3세대인 손자녀로 구성된 가족으로서, 자녀의 양육능력을 상실한 2세대 성인자녀를 대신하여 손자녀 양육 책임을 조부모가 일차적으로 전담하면서 대리부모 혹은 대리양육자의 역할을 하는 형태의 가족을 말한다.

또한 조손가족은 일반적으로 가족해체의 원인으로 인해 자녀와 부모가 실제로 동거하지 않은 상황에서 조부모가 손자녀와 함께 살면서 기본적인 생활 및 일차적인 양육을 책임지고 있는 가정으로 정의할 수 있다. 그리고 손자녀가 조부모와 함께 사는 경우는 양육보호와 조부모 동거 두 가지 형태로 구분하고 있다. 양육보호의 경우는 사망, 가출 등 부모 세대의 결손이나 약물남용, 십 대의 임신, 에이즈 등으로 부모역할을 할 수 없을 때 조부모가 유일한 보호자로서 손자녀를 양육하는 것을 의미하며, 조부모 동거의 경우는 부모와 손자녀가 조부모 세대와 함께 거주하면서 부모의 취업 등으로 인해 조부모가 손자녀를 양육하는 것을 말한다.

2. 한부모가족의 실태와 문제점

1) 실태

여성가족부는 2022년 5월 23일 전국 한부모가족 가구주 3,300명을 대상으로 조사한 '2021년 한부모가족 실태조사' 결과를 발표했다. 본 조사는 「한부모가족지원법」 제6조에 따라 한부모가족에 대한 기초자료를 수집하여 중장기 지원 정책 방향수립에 활용하기 위해 2012년부터 3년마다 실시하는 국가승인 통계이다. 이번 조사는 만 18세 이하 자녀를 양육하는 한부모가족 가구주 면접을 통해 한부모가족의 일반특성, 소득, 경제활동, 주거유형, 자녀양육 등을 조사하였고, 코로나19로 인한 생활실태 등을 파악하기 위한 설문문항을 추가하였다.

다음은 '2021년 한부모가족 실태조사' 결과에 관한 주된 내용이다. [2)]

(1) 일반특성

지난 조사 결과와 유사하게, 평균연령은 43.6세, 대다수(81.6%)가 이혼한 부모이며 평균 1.5 명의 자녀를 키우고 있는 것으로 나타났다.

한부모 평균연령은 43.6세이며, 30대 이하 23.7%, 40대 60.7%, 50대 이상 15.7%이고, 혼인상태에서는 이혼 81.6%, 사별 11.6%, 기타 6.8%로 나타났다. 또한 자녀 수는 1명 57.0%, 2명 36.9%, 3명 이상 6.1%로 평균 1.5명으로 나타났다. 가구원 수를 보면, '21년 평균 3.1명, '15년 평균 3.0명, '18년 평균 2.9명, '21년 평균 2.8명으로 점점 소규모화되는 것을 알 수 있다. 그리고 가구구성에서는 모자가구(53.4%), 모자+기타가구(14.0%), 부자가구(20.7%), 부자+기타가구(11.9%) 순으로 나타났다. 여기서 기타가구란 모자(母子), 부자(父子) 외 조부모 등 다른 세대원이 함께 거주하는 가구를 뜻한다. '18년에는 모자가구(51.6%), 모자+기타가구(13.9%), 부자가구(21.1%), 부자+기타가구(13.4%)로 나타났다. 이는 '18년에 비해 '21년에서는 부자가구와 부자+기타가구는 감소했고 모자가구와 모자+기타가구는 증가했음을 알 수 있다.

(2) 소득 및 자산

한부모가족의 소득과 순자산은 2018년 조사 결과에 비해 증가하였으나 전체 가구 대비 낮은 수준으로 나타났다.

첫째, 소득의 경우, 한부모가족의 월평균 소득은 월 245.3만 원으로, 2018년 219.6만 원보다 증가하였으나, 전체 가구 소득 대비(「2021년 가계금융·복지조사」 기준) 한부모가족의 평균소득 비율은 58.8% 수준이었다.

둘째, 평균 소득(가처분 소득) 결과를 보면, '18년 한부모 월평균 소득은 전체 가구 평균소득의 56.5%로 나타났고, '21년에는 58.8%로 2.3% 증가하였음을 알 수 있다.

셋째, 자산의 경우, 금융자산, 부동산, 부채를 고려한 순자산액은 10,947 만 원으로, 2018년(8,559만 원)보다 증가하였고 전체가구 순자산 대비 한부모 순자산 비율도 26.4%로, 2018년 조사(25.1%)와 비교하면 소폭 증가했음을 알 수 있다.

넷째, 한부모가족의 평균 자산과 부채 결과를 보면, '15년 1,438.000원, '18년 1,523,000원, '21년 1,853,000원으로 부채가 해마다 증가하고 있음을 알 수 있다.

다섯째, 순자산 결과를 보면, '15년 23.5%, '18년 25.1%, '21년 26.4%로 순자산이 해마다 증가하고 있음을 알 수 있다.

(3) 경제활동

한부모의 77.7%는 취업 중으로 취업률 자체는 비교적 높게 나타났으나 근로소득이 낮고 종사상 지위(임시·일용직 비율 33.7%)와 재직 중인 사업장이 소규모(1~4인 35.2%, 5~9인 22.5%)인 점을 종합해 볼 때 고용 안정성은 낮은 것으로 보인다.

첫째, 고용을 보면, 한부모의 77.7%가 근로활동 중으로 '2020년 경제활동인구 조사' 상 경제활동인구 고용률(60.1%)보다 높았으며 한부모가 되기 1년 전 고용률(58.3%)에 비해서도 높게 나타났다.

둘째, 근로 · 사업소득에서는 취업한 한부모의 평균 근로 · 사업소득은 225.5만 원으로 2018년 202만 원보다 증가하였으나, 임금근로자 월평균 임금에 비해 여전히 낮은 편으로 나왔다('2021 경제활동인구 부가 조사' 임금근로자 월평균 임금 273.4만 원임).

셋째, 종사상 지위를 보면, 2018년 조사와 비교하면 상용근로자 비율이 낮아졌고, 임시 · 일용근로자 등 비율이 증가하는 등 고용 안정성은 다소 악화한 것으로 나타났다.

넷째, 종사상 지위분포 결과를 보면, 상용근로자는 '21년(49.2%)은 '18년(52.4%)보다 감소하였고, 임시 · 일용 근로자는 '21년(33.7%)은 '18년(30.8%)에 비해 증가하였다. 그리고 자영업 · 무급 가족은 '21년(17.1%)은 '18년(16.7%)에 비해 증가하였다.

다섯째, 근무시간 및 휴무의 경우, 취업한 한부모의 27.9%가 하루평균 10시간 이상 근무하며, 주 5일제 근무하는 한부모는 44.4% 수준이었으며, 정해진 휴일이 없는 경우도 12.0%로 나타났다.

(4) 주거

2018년 대비 전세 및 보증부 월세는 늘어났지만, 자가 및 공공임대는 줄었고, 주거지원 정책인지도가 상당히 높아졌다.

첫째, 주거현황 결과를 보면, 공공임대는 '21년(17.7%)에는 '18년(24.5%)보다 감소하였고, 자가 소유는 '21년(20.7%)에는 '18년(24.1%)에 비해 감소하였다. 또한 전세는 '21년(23.6%)에는 '18년(16.4%)보다 많이 증가하였고, 보증부 월세는 '21년(26.4%)에는 '18년(22.6%)에 비해 증가하였다. 그리고 보증금 없는 월세는 '21년(1.4%)에는 '18년(1.8%)보다 증가하였고, 가족 또는 친구 집의 경우, '21년(9.8%)에는 '18년(10.3%)에 비해 감소하였다.

둘째, 주거지원 정책인지도의 경우, 한부모가족 복지시설, 공공임대 및 공공분양, 주거비지원 등 주거지원 정책에 대한 인지도는 꾸준히 향상된 것으로 나타났다.

셋째, 주거지원 정책인지도 결과를 보면, 한부모가족 복지시설은 '15년(51.3%), '18년(61.9%), '21년(65.7%)으로 계속 증가하였고, 공공임대 및 공공분양도 '15년(70.4%), '18년(82.6%), '21년(83.9%)으로 계속 증가하였다. 그리고 주거비지원도 '15년(65.6%), '18년(78.2%), '21년(84.9%)으로 계속 증가 추세에 있음을 알 수 있다.

넷째, 공공임대주택을 현재 이용하지 않는 이유에 대해서는 '입주하고 싶지만, 신청 자격에서 불리하거나 탈락해서'(23.3%), '입주 신청 절차가 어려워서'(21.5%), '직장/자녀 학교와 멀어서'(16.1%), '사람들의 인식이 좋지 않아서'(11.9%), '소득/자산 증가로 입주 자격을 상실해서'(8.8%)의 순으로 나타났다.

(5) 자녀양육

지난 조사 결과와 마찬가지로 양육비 · 교육비 부담이 높은 편이었고, 초등자녀 돌봄교실 · 방과후교실 이용이 2012년, 2015년 대비 크게 늘었다.

첫째, 양육어려움의 경우, 먼저 미취학 자녀에게서는 양육비, 교육비용 부담(72.1%), 양육 · 교육 관련 정보 부족(65.3%), 자녀를 돌봐 줄 사람을 구하는 어려움(64.1%)의 순으로 나왔고, 그다음 초등자녀는 양육비, 교육비용의 부담(71.9%), 자녀 진로지도 어려움(58.1%), 양육스트레스(51.5%)의 순으로 나타났다. 그리고 중학생 이상 자녀의 경우에는 양육비, 교육비용의 부담(77.7%), 자녀 진로지도의 어려움(67.0%), 자녀의 학업성적'(59.2%)의 순으로 나타났다. 즉 자녀의 모든 연령대에 걸쳐 응답자의 70% 이상이 '양육비 · 교육비 부담' 어려움을 겪고 있다고 응답했으며, 자녀의 나이별로 양육이 어려운 이유는 다르게 나타났음을 알 수 있다.

둘째, 돌봄유형의 경우, 먼저 어린이집(64.8%), 유치원(19.2%), 한부모가 직접 돌봄(9.0%), 조부모(5.5%)의 순으로 나왔고, 그다음 초등자녀의 경우, '15년 47.0%, '18년 53.9%, '21년 48.4%로 나왔는데, 이는 돌봄교실 · 방과후교실 이용률이 48.4%로 절반 가까이 차지했다. 결과적으로 미취학 자녀 돌봄을 위한 어린이집, 유치원 등 시설 보육 이용률이 84.0%로 매우 높았고 직접 돌보거나 조부모의 도움을 받는 비율은 매우 낮게 나타났음을 알 수 있다.

(6) 양육비 이행현황

지난 조사와 유사하게 80.7%(받은 적 없음+과거에는 받았으나 최근에는 받지 못함)가 양육비를 받지 못하고 있는 것으로 나타났으며, '최근까지 정기지급' 또한 '18년 수준(15.2%→15.0%)을 나타냈다.

첫째, 이혼 형태 및 양육권에서 한부모가족의 대다수는 협의이혼(94.6%)을 하였으며, 친권과 양육권을 갖고 있는 경우는 각각 98.2%, 96.6%로 나타났다.

둘째, 지급현황을 보면, 전체 한부모 중에서 72.1%가 양육비를 받은 적 없다고 응답했고, 8.6%는 최근에 받지 못하고 있었다. 한편, 15.0%는 '최근까지 정기지급받았다'고 응답하였다.

셋째, 양육비를 실제로 받은 형태결과를 보면, 최근까지 정기지급('18년 15.2%, '21년 15.0%), 최근까지 부정기지급('18년 4.4%, '21년 3.3%), 일시지급('18년 4.4%, '21년 3.3%), 받은 적 없음('18년 73.1%, '21년 72.1%)은 모두 비슷한 비율로 나타났다. 그리고 과거에는 받았으나 최근에는 받지 못함('18년 5.7%, '21년 8.6%)의 경우는 2.9%로 증가했다.

넷째, 양육비 채권에서는 법적 양육비채권이 없는 경우가 전체 이혼 · 미혼 한부모의 78.7%, 정기지급과 일시지급 중 한 가지 이상 채권이 있는 경우가 21.3%로 나타났다. 이는 2018년 조사(75.4%)와 비교하면 법적 양육비 채권이 없는 비율은 소폭 증가하였고, 법적 양육비 채권, 특히 정기지급 채권비율이 있다는 응답자 비율(19.9%)은 2018년(22.5%)에 비해 다소 낮아졌음을 알 수 있다.

다섯째, 법적 양육비 채권 여부 및 양육비를 받기로 한 형태결과를 보면, 법적 양육비 채권에서 정기지급('15년 20.5%, '18년 22.5%, '21년 19.9%)에서 '21년 정기지급이 '15년과 '18년보다 낮게 나타났다. 또한 일시+정기지급('15년

0.5%, '18년 0.1%, '21년 0.3%)과 일시지급('15년 1.4%, '18년 1.9%, '21년 1.1%)은 '15년, '18년, '21년 모두 비슷하게 나왔다. 최근까지 부정기지급('18년 4.4%, '21년 3.3%), 일시지급('18년 4.4%, '21년 3.3%), 받은 적 없음('18년 73.1%, '21년 72.1%)은 모두 비슷한 비율로 나타났다. 그리고 과거에는 받았으나 최근에는 받지 못함('18년 5.7%, '21년 8.6%)의 경우는 2.9%로 증가했다.

여섯째, 양육비 수급여부에서는 법적 채권의 유무에 따라 큰 차이를 보였는데, 법적 양육비 채권이 없는 이혼 · 미혼 한부모(78.7%) 중 양육비를 정기로 받은 비율은 2.6%에 그쳤다. 반면 양육비 정기지급 채권이 있는 이혼 · 미혼 한부모(20.2%) 중 실제로 정기로 받은 비율은 63.8%로 2018년 61.1%에 비해 2.7%p 증가하였으며, 받은 정기 · 부정기 금액은 62만 원으로 2018년(56만 원)에 비해 6만 원 높게 나타났다.

일곱째, 법적 조치에서는 양육비 청구 소송(9.5%), 이행확보 절차이용 경험(10.5%) 등 법적 조치 활용은 여전히 낮으나 조금씩 증가세를 보였다.

여덟째, 자녀양육비 청구 소송 경험 결과를 보면, 자녀양육비 청구 소송 경험이 '있다'가 '없다'에 비해 아주 높은 비율로 나타났다. 또한 자녀양육비 청구 소송 경험이 '없다'에는 '15년 6.7%, '18년 7.6%, '21년 9.5%로 증가세를 보였고, '있다'에는 15년 93.3%, '18년 92.4%, '21년 90.5%로 감소세를 보였다.

아홉째, 자녀양육비 이행확보 절차이용 여부결과를 보면, 양육비 이행확보 절차이용이 '없다'가 '있다'에 비해 아주 높은 비율로 나타났다. 또한 양육비 이행확보 절차이용이 '있다'에는 '15년 5.9%, '18년 8.0%, '21년 10.5%로 증가세를 보였고, '없다'에는 15년 94.1%, '18년 92.0%, '21년 89.5%로 감소세를 보였다.

열째, 양육비 이행확보를 위해 시급한 제도는 양육비 긴급지원 확대(44.4%), 미이행자 처벌강화(31.5%), 양육비이행관리원의 역할강화(23.6%)의 순으로 나왔고, 미이행자 처벌강화가 시급하다고 응답한 비율이 2015년 23.4%, 2018년 29.9%에서 2021년 31.5%로 증가세를 보였다.

열한째, 자녀양육비 이행확보를 위한 제도 도입결과를 보면, 양육비 긴급지원 확대에서 '15년(53.1%), '18년(48.5%), '21년(44.4%)의 순으로 낮게 나타났고,

양육비이행관리원의 역할강화의 경우는 '21년이 48.5%로 가장 높게 나타났고 그다음으로 '15년 23.0%, '18년 20.1%의 순으로 나타났다. 그리고 미이행자 처벌 강화에서는 '15년(23.4%), '18년(29.9%), '21년(31.5%)의 순으로 높게 나타났다.

열둘째, 양육비이행관리원에서는 한부모의 47.0%가 양육비이행관리원을 알고 있다고 답해 '15년 조사(28.0%) 및 2018년 조사(44.9%)와 비교하면 인지도가 높아졌다.

열셋째, 양육비이행관리원 이용의사가 높지 않은 이유에서는 비양육 부모와 얽히는 것이 싫어서(40.8%), 비양육 부모가 양육비를 낼 형편이 되지 않기 때문에(22.1%), 양육비를 이미 충분히 받고 있어서(10.3%) 등의 순으로 나타났다. 이용의사의 경우, 양육비이행관리원 이용의사(16.9%)는 높지 않았는데, 그 이유는 비양육 부모와의 관계문제나 현실적으로 양육비를 받기 어려운 상황에 따른 것으로 본다.

열넷째, 비양육 부 · 모와 교류에서 자녀 또는 한부모 본인의 비양육 부 · 모와 교류정도를 보면 '연락하지 않고 있다'는 비율이 자녀 57.5%, 한부모 65.6%로 절반을 넘었고, '정기적으로 만나고 있다'는 비율은 자녀 10.2%, 한부모 2.6% 수준으로 나타났다.

(7) 정부지원

한부모가족의 54.4%가 정부의 지원을 받는 것으로 나타나 '15년 41.5%, '18년 46.0%에 비해 지원받는 비율은 꾸준하게 증가한 것으로 나타났다. 조사가 시작된 '12년(30.4%)과 비교하면 20%p 넘게 상승한 것으로, 한부모가족을 위한 사회적 안전망 확충노력이 가시화되고 있음을 알 수 있다. 이는 아동양육비 지원 자녀나이 확대(만 14세 미만부터 만 18세 미만), 아동양육비 상향(월 13만 원에서 20만 원), 생계급여 대상 한부모 아동양육비 추가지급 등 지속적인 한부모가족 지원대상 확대 및 지원강화 정책시행 결과로 보인다. 또한 저소득 한부모 아동양육비 지원 인원을 보면, '15년 7.5만 명, '20년 13.6만 명, '21년 18.8만 명으로 나타났다.

정책에 대한 인지도 증가 또한 정부지원을 받는 한부모가족의 비율을 높이는 데 상당한 영향을 미쳤을 것으로 판단되는데 기초생활보장 제도의 경우 '제도를 알지 못한다'는 응답은 '15년 19.7%, '18년 9.6%에서 '21년에는 6.8%로 감소하였고, 저소득 한부모가족 지원 제도에 대해서는 '15년 22.8%, '18년 22.4%, '21년에는 16.7%가 '제도를 알지 못한다'고 응답하여 한부모가족에 대한 정책 인지도는 높아진 것으로 나타났다.

(8) 코로나19로 인한 삶의 변화

2021년 처음 실행한 코로나19로 인한 삶의 변화는 2019년 12월 이전과 비교하여 달라진 가구의 변화, 퇴직 및 폐업 경험, 정책 수요 등을 조사하였다.

첫째, 코로나19가 처음 보고된 2019년 12월 이전과 비교하여 달라진 점을 살펴본 결과, '미래에 대한 부담증가(3.8점)', '자녀돌봄 등 부담증가(3.7점)', '가구지출 증가(3.4점)' 순으로 동의의 정도가 높았다.

둘째, 코로나19로 인한 가구의 변화에 대한 항목별 동의 정도결과를 보면, '변화가 거의 없다'가 가장 높게 나온 항목들은 근로시간 감소(58.9%), 자녀와 함께 보내는 시간 감소(49.1%), 가구지출 감소(43.4%)이다. 그리고 '다소 그렇다'가 가장 높게 나온 항목들은 자녀돌봄 부담증가(43.4%)와 미래에 대한 부담증가(43.3%)이다.

셋째, 코로나19로 퇴직과 폐업 경험에서는 코로나19로 인해 해고나 퇴직 또는 폐업을 경험한 비율은 14.0%로 나타났고, 코로나19로 인한 일자리 변화는 47.4%가 코로나19 이전과 같은 소득수준(임금)을 유지하고 있으나 25.4%는 소득수준이 감소하였고 5.2%는 실직한 것으로 나타났다.

넷째, 코로나19로 인한 일자리 변화 결과를 보면, 코로나19 이전과 같은 소득수준 유지(47.4%)가 가장 높게 나왔고 그다음으로 일자리는 잃지 않았지만, 코로나19 이전에 비해 소득수준 감소(25.4%), 코로나19 이전부터 계속 비취업

상태(18.0%), 코로나19로 실직(5.0%), 일자리는 잃지 않았지만 무급휴가 3개월 이상 지속(2.2%), 코로나19 이전에 비해 소득수준 증가(1.9%)의 순으로 나타났다. 한부모가족 대부분은 코로나19 이전과 같은 소득수준을 유지한 것을 알 수 있다.

다섯째, 코로나19에 따른 필요한 지원에서는 '생계비, 양육비지원(64.5%)', '시설 및 임대주택 등 주거지원(12.0%)'의 순으로 나타났다.

여섯째, 코로나19로 인한 어려움에 따른 정책지원 욕구를 다문화가족에게 묻는 설문지 항목인 '생계비 · 양육비 등 현금지원, 건강을 위한 의료지원, 아이돌봄 서비스지원, 시설 및 임대주택 등 주거지원, 직업훈련 취업, 학업 계속 지원, 특별히 필요한 지원이 없음' 등에서 다문화가족의 64.5%가 생계비, 양육비 등 현금지원을 코로나19로 인한 어려움에 따른 정책지원 욕구 1순위로 꼽았다.

2) 문제점

한부모가족의 주된 문제는 모자가족과 부자가족의 경제적 문제, 정서적 문제, 자녀양육의 문제, 역할상실의 문제 등으로 볼 수 있는데, 그 주된 내용은 다음과 같다. [3)]

(1) 모자가족의 문제

① 경제적 문제

모자가족이 직면하는 가장 큰 어려움은 경제적 문제로 특별히 재산과 저축이 풍족한 경우를 제외하고는 모자가족은 대부분은 경제적 문제로 어려움을 겪고 있다. 특히 모자가족은 주 부양자이던 남편의 소득상실로 부자가족보다 경제적 곤란이 더 심각하게 초래된다.

모자가족이 심각한 경제적 어려움을 겪는 원인을 보면, 첫째, 여성 한부모는 여성이라는 이유로 노동시장에서 취업기회의 제한과 임금차별을 경험하고,

둘째, 비양육 부모의 양육비 지원에 대한 법적 규정이 미비하고 반면 국가의 특별한 지원이 없는 상태에서 여성 한부모는 보육비를 포함한 과중한 양육을 혼자서 떠맡게 된다는 것이다.

② 정서적 문제

모자가족의 어머니는 아버지의 상실로 인하여 경제주체로서의 가장역할과 함께 자녀양육과 가사에 대한 모든 부담을 안게 된다. 이러한 역할과중에 따라 정신적 긴장과 일상생활에서 일어나는 모든 일을 혼자 결정할 수밖에 없는 환경변화에 적응하는 데 따른 정신적 부담은 커진다. 한모는 육체적 질병뿐 아니라 정신적 질병도 유발되는데 그중에서도 화병 비율이 86.6%나 된다는 것은 한모의 성적 · 정신적 스트레스가 과중하였지만, 해소할 방안은 별로 없다는 문제가 있다.

대체로 모자가족은 경제적 기반이 약화함으로써 심리적 불안감이 조성될 뿐 아니라 모자가족의 발생 사유가 사별이든 이혼이든 간에 구성원 전체가 상실감과 피해의식을 갖게 된다. 대인관계에서도 부계 친족과는 중간 매개자의 상실로 인해 점점 관계가 멀어지고 친구나 이웃 관계에도 많은 변화를 나타낸다. 실제로 모자가족이 겪는 문제 중에서 정서적 문제는 경제적 문제 다음으로 지적되고 있으며, 이러한 정서적 문제는 경제적 영향을 많이 받는다.

③ 자녀양육의 문제

가정에서 아버지의 부재는 자녀에게 엄청난 파급효과를 가져온다. 아버지의 부재는 아버지가 그동안 자녀에게 행사해 오던 행동에 대한 통제력과 감독권이 갑자기 사라지는 것을 의미한다. 이러한 통제와 감독의 상실은, 자녀 자신의 통제력 상실로도 이어질 수 있다. 아버지의 상실에 따른 자녀의 심리적 고통은 가정의 경제적 어려움 및 주변 사람의 편견과 함께 작용하며 자녀의 부적응이나 비행청소년의 화를 가져올 수 있다.

또한 어머니가 부담해야 하는 자녀의 교육비 충당문제도 저소득 모자가족에게는 큰 문제가 아닐 수 없다. 최근 여러 연구조사에 의하면, 가장 비중이 큰 지출항목으로 자녀양육비 및 교육비가 가장 높게 나타나고 있으며, 자녀의 대학 졸업과 취직에 대한 기대수준도 높은 것으로 조사됐다. 이렇게 높은 한부모의 자녀교육에 대한 기대는 학비 부족 등 현실적 문제에 부딪히면서 자녀교육에 대한 문제를 더욱 심각하게 느끼게 한다.

④ 역할상실의 문제

모자가족에게 가장 문제가 되는 것은 가족부양자로서의 아버지의 부재로 공백 상태가 되어 버린 가족 내에서의 역할과 지위의 변화에 적응하는 것이다. 아버지 역할부재로 인한 이중역할수행이 역할긴장, 역할의 과부담을 유발하여 많은 어려움을 겪게 된다. 이러한 역할상실의 문제로 모자가족의 자녀는 표현적 역할을 담당하는 경우가 많으며, 한모 여성은 협력적 역할을 분담할 배우자의 부재로 인해 부모 역할혼란 및 역할갈등을 겪게 되어 긴장과 스트레스를 받는다.

(2) 부자가족의 문제

① 경제적 문제

부자가족에게도 경제적 문제는 중요한 문제로 지적된다. 아버지는 저학력, 기술부족 등으로 대부분이 단순노무직이나 일용직에 근무하고 있는 경우가 많아 가정의 경제적 어려움을 가중하며, 소비생활에서의 좌절은 자녀의 건전한 양육환경에 장애를 유발하고 자녀의 유기 및 성적 역할상실, 학습장애 등과 결합하여서 건전한 성인으로 성장할 수 없도록 한다. 아버지는 자녀를 돌보기 때문에, 직장에 결근 · 지각 등의 경험이 있을 수가 있어 불안정한 경제활동을 하게 된다.

② 정서적 문제

부자가족은 어머니의 상실로 인한 구조상의 결손과 그로 인한 역할수행의 차질, 역할재설정 등 생리적 · 심리적 · 사회적 적응과정에서 모자가족 못지않게 많은 정서적 문제를 일으킬 수 있다. 또한 결손가족이라는 사회적 편견으로 인해 경험하는 어려움으로 아버지는 심리적으로 위축되고 고독감을 느끼는데, 이러한 정서적 문제는 사별보다 이혼으로 인한 고통이 더 크고 사회적 역할 수행에도 분노, 불안, 고통, 무기력, 무능력, 외로움 등의 심리적 상태를 경험한다.

③ 자녀양육의 문제

부자가족의 자녀양육은 큰 어려움 중 하나이다. 아버지가 생계유지를 위해 취업을 하고 가사 관리역할까지 부담해야 하므로 절대시간의 부족과 기회구조의 제약성으로 더 어려워진다. 아버지의 취업으로 인해 자녀에 대한 보호, 감독 등이 소홀해짐은 물론, 자녀를 해로운 환경에 방치하여 신체적 · 정서적 해를 입게 하는 결과를 가져올 수 있다.

부자가족의 자녀양육 어려움은 모자가족과 양상이 다르다. 한국에서 어머니는 자녀의 양육과 교육을 전적으로 담당하며 자녀와 밀접하게 상호작용하는 반면 아버지는 어머니와 자녀 사이의 질적 관계에 보조적 기능을 할 뿐이기 때문이다. 그리고 어머니의 부재에 따른 가정의 질서와 안정감이 상실되어 산만함과 의욕상실로 이어질 수 있으며, 어머니의 부재로 인한 자녀양육 문제는 아버지가 안정된 직업을 구할 수 없는 요인이 되기도 한다.

④ 가사부담 문제

부자가족이 겪는 가장 큰 문제는 자녀양육과 더불어 가사문제이다. 전통적으로 여성의 책임으로 되어 온 가사노동을 갑자기 맡게 된 부자가족 아버지의 경우 직장에서 많은 시간을 보내면 그만큼 가사를 돌볼 수 있는 시간이 줄어들고, 반대로 직장에서 적게 시간을 보내고 가사에 더 많은 시간을 보내면 직장에 충실할 수 없게 되는 등 갈등을 겪고 많은 어려움을 겪게 된다.

더욱이 직업활동은 계속해야 하는데 대부분 아버지가 가사를 잘 돌볼 수 없으므로 때로는 밖으로부터 필요한 사람의 도움을 받아야 한다. 가정부를 고용하려면 상당한 비용이 들기 때문에 경제적으로 어려운 대부분의 저소득 부자

가족에서는 생각조차 하기 어려운 일이다. 따라서 자녀에게도 가사부담이 지워지고 자녀는 이러한 부담으로 인하여 심리적 갈등을 겪기도 한다.

3. 한부모가족의 개입 및 대책

한부모가족의 문제점을 해결하기 위해서는 국민기초생활보장제도, 이혼 시 비양육 부모의 자녀양육비 부담 의무화, 아동수당제도의 도입 등 법과 제도적 지원강화, 주거와 의료보장 체계강화, 비공식적 지원 및 상담서비스 강화, 한부모가족의 사회적 인식변화와 정서적 기능강화 등 가족복지실천에서의 개입과 대책이 수행되어야 하는데, 그 주된 내용은 다음과 같다. [4)]

1) 비공식적 지원 및 상담서비스 강화

(1) 비공식적 지원

저소득 한부모가족은 대부분 가족, 친척, 이웃 등의 비공식적 지원망이 취약한 집단으로 밝혀졌으며, 사회적으로도 관심을 많이 받지 못하는 소외된 집단이다. 따라서 이러한 한계를 극복하기 위하여 민간자원을 최대한으로 활용하여 한부모가족에 대한 정서적 지원과 물질적 지원을 확대할 수 있는 대책이 요구된다. 아직 우리 사회에는 한부모에 대한 인식이 부정적이고 상대적으로 관심이 미흡한 실정이며, 대부분은 한부모가족의 비공식적 지원망은 물질적 지원보다는 심리적 지원의 기능을 더 많이 하는 것으로 나타났다. 그러나 민간자원의 개발을 위한 후원사업을 통해 금전적 후원과 심리적 후원이 이루어질 수 있도록 추진할 필요가 있다.

(2) 상담서비스 강화

한부모가족에 대한 교육이나 상담 프로그램은 시설에서 주로 요보호여성

한부모를 대상으로 하는 경우가 일반적이고 점차 지역사회복지관에서도 한부모가족에 대한 상담과 교육을 하고는 있지만 극히 부족한 실정이다. 또한 상담에 대한 사회적 욕구는 강한 편이나 전문적 상담기관이 부족하고 주로 자발적 참여 가운데 취업상담이 주를 이루고 있다.

한부모가족에 대한 상담과 치료서비스가 효과를 보기 위해서는 일회성에 그치지 않고 지속적 관리와 지원이 필요하며 프로그램의 백화점식 나열이 아닌 한부모가족의 욕구에 맞춘 프로그램 마련이 요구된다. 그리고 가족전문상담가를 육성하여 전문지식과 기술을 가진 전문가를 통해 한부모가족의 어려움을 잘 이해하고 보다 나은 서비스를 제공할 수 있도록 하는 것이 필요하다.

2) 한부모가족의 사회적 인식변화와 정서적 기능 강화

(1) 사회적 인식변화를 위한 노력 필요

정부와 민간차원에서의 다양한 홍보를 통해 다양한 가족 유형의 존재에 대해 인식할 기회를 제공해야 한다. 즉 한부모가족이 살아가는 모습이나 성공사례 등을 발표함으로써 인식변화를 꾀할 수도 있다. 또한 한부모가족 자녀가 차별받지 않도록 학교에서 한부모가족에 대한 편견교육을 시행하고, 교사나 학생의 부정적 시각에 대한 계몽도 필요하다. 이와 더불어 교과서 내용에 게재된 소위 '정상 가족'이라 생각되는 가족에 대한 기본개념을 수정할 필요가 있다.

(2) 한부모가족의 정서적 기능 강화

한부모의 사회심리적 안녕감 회복을 위해서 주변 친척과의 관계가 유지되고 친구나 주위 사람으로부터 지원이 필요하다. 사회적 지원망에 의한 도움을 통해서 한부모의 스트레스가 완화되고, 우울감이 낮아지며, 아동에 대한 도움 및 정보 등을 받을 수 있다. 또한 한부모가족이 역할과중을 해소하면서, 자아존중감을 제고하고, 가족관계의 친밀감을 확장하면서 사회적 지원체계를 공고히 해야 한다. 아울러 인터넷이 생활화되면서 뜻을 함께하는 한부모가 자발적으로 인터넷 공동체를 형성하여 서로의 아픔과 다양한 정보를 공유하고 있다.

한부모의 자기 삶에 대한 의지와 통제력 제고도 중요하다. 특히 한부모가 삶에 대한 의욕을 갖고 자녀와 친밀한 관계를 유지하면 여러 가지 가족적 어려움을 극복해 갈 수 있는데, 이것은 가족 간 관계와 삶에 대한 의지 등이 한부모가족의 어려움을 극복하는 데 중요한 요인임을 보여 준다. 또한 한부모에 대한 사회적 편견불식이 필요하다.

3) 법 · 제도적 지원강화

(1) 국민기초생활보장제도

① 국민기초생활보장 수급자 선정기준과 차별성 부여

한부모가족은 일반 빈곤가족보다 소득인정액 산출기준에 차별성을 두어야 한다. 즉 부모가 일하면서 자녀를 양육하기 위해, 필요하다고 인정되는 수단과 관련된 사항은 소득평가액과 소득환산액 산정의 기준과 방법을 조정해야 한다.

우선 실제 소득에서 만 3세 이하의 자녀를 가진 한부모의 경우, 가구 특성별 지출비용으로 양육비의 50%를 인정하여 영유아의 양육비용과 시간을 소득평가 시 반영할 수 있도록 한다. 또한 한부모가족이 부양의무자의 집에서 무료로 주거를 제공받아 거주하는 경우 매달 임차료를 제공받는 것으로 보고 임차료를 소득으로 산정하고 있으나 처음 책정 시는 임차료를 소득으로 산정하지 않고 2년 후에 50%, 3년 이후부터 100% 산정 등 비율을 조정함으로써, 보호대상자로 책정한 후 2년간의 유예기간을 두고 자립지원을 돕는다.

② 수급가구 간의 공평성

수급가구 간의 공평성을 기하기 위해서 지역별 · 주거형태별로 최저생계비를 따로 설정하여 그것을 기준으로 한 주거급여의 비용을 산출하여 운영해야 한다. 그렇게 되면 주거형태가 자가의 경우는 주거급여로 수리비에 해당하는 최소한의 비용만 지원받게 되고, 월세가구의 경우는 상대적으로 더 큰 비용을 지원받게 될 수 있다.

또 한 가지 고려할 사항은 자가라 하더라도 가옥의 질적 수준은 천차만별이고, 특히 농어촌지역의 저소득층 가구의 가옥환경은 매우 열악하므로 최저 주거조건에 맞게끔 주택개량에 들어가는 비용을 현물이나 현금 형태로 지원하는 것이 공평하다.

③ 의료비지원

「국민기초생활보장법」의 대상이 아닌 대부분의 저소득 한부모가족은 의료급여 혜택을 받을 수 없다. 특히 저소득 한부모는 대부분 일용직에 종사하여 중증질환보다는 만성질환 유병률이 높아 의료비 부담을 안고 있다. 18세 미만의 자녀는「의료급여법」에 준하여 차상위 의료급여대상자로 소홀한 편으로 만성질환을 예방하지 못하고 있다. 이에 제도적으로 일정 치료비를 보상함으로써 가장으로서 생계를 책임지는 한부모의 건강보호를 지원한다.

(2) 이혼 시 비양육 부모의 자녀양육비 부담의무화

현행법에서는 이혼이나 별거 시 양육부모가 비양육부모로부터 양육비를 보장받는 데 법적 한계가 있다. 따라서 경제적 안정을 확보할 수 있는 최소한의 조치로 이혼 시 양육비 문제에 관하여 협의이혼, 재판이혼 모두 합의를 의무화하고, 양육비 지급을 이행하지 않을 때 양육비 확보를 위한 법적 · 제도적 장치가 국가적 차원에서 마련되어야 한다.

(3) 아동수당제도의 도입

한부모가족에게 있어 가장 큰 부담을 주는 부분 중의 하나는 자녀양육비의 지출이다. 이미 외국에서는 한부모가족의 경제적 지원정책의 하나로 아동수당이나 가족수당을 도입하고 있다. 현재 독일은 아동수당, 프랑스는 모자가족수당을 한부모가족의 대다수가 받고 있다. 해외 선진국에서 도입된 한부모가족의 경제적 지원정책의 하나인 아동수당제도의 도입은 한부모가족의 빈곤화를 예방하는 데 도움을 줄 수 있을 것이다.

4) 주거 · 의료 보장체계 강화

(1) 주거보장 강화

주거문제는 저소득 한부모가족의 자립을 저해하는 중요한 요인으로 시설보호와 재가보호 측면에서 모두 강화되어야 할 필요가 있다. 시설보호의 경우 더 전문적인 서비스를 제공할 수 있도록 하고, 재가보호의 경우 주거문제를 해결할 수 있도록 전세금 융자 등 경제적 지원을 확대함과 동시에 재가 한부모가족이 필요로 하는 다양한 서비스를 사회복지전문요원, 여성복지상담원, 지역사회복지관의 사회복지사 등이 협력하여 통합적으로 관리 · 지원할 수 있는 서비스 전달모델을 개발할 필요가 있다.

(2) 의료보장체계 강화

한국은 의료보험이 전 국민에게 적용되며 현재 의료급여를 적용받을 수 있는 대상은 시설보호 가족이 전액 무료이고, 생활등급 6등급인 자활 보호대상 가족이 일부 본인이 부담하는 형식이다. 그러나 지역의료 보험에 의존하는 생활등급 7등급과 그 이하의 저소득 한부모가족은 아무런 혜택을 받지 못하고 있다. 따라서 한부모가족에 대한 소득지원을 위해 저소득 한부모가족에 대한 의료서비스의 무료지원이 확대되어야 한다. 저소득 한부모가족은 건강문제를 안고 있으며, 힘든 일을 하기 어려운 상황임에도 제대로 치료를 받지 못하고 있다. 질병을 예방하고 조기에 치료를 받을 수 있도록 정기건강검진과 치료비 지원이 필요하다.

제 10 장

폭력가족

1. 폭력가족의 개념

폭력의 개념은 신체적 · 경제적 · 성적 · 심리적으로 상대방 의사와는 상관없이 손상을 주는 개념으로 쓰이고 있다. 구타는 주로 신체적으로 손이나 도구와 무기를 사용하여 손상을 입히거나 위해를 가하면 쓰인다. 폭력가족은 가정에 일어나는 신체적 · 정서적 · 성적 · 경제적 폭력 등으로 부부와 자녀가 대상이 되며, 이러한 폭력은 가정폭력에 포함된다.

우리나라에서 1998년 7월부터 시행된「가정폭력범죄의 처벌 등에 관한 특례법」제2조제1항에서, 가정폭력은 가정 구성원 사이의 신체적 · 정신적 또는 재산상의 피해를 수반하는 행위로 정의하였다. 그리고 가정구성원은 배우자(사실상 혼인관계에 있는 사람 포함) 또는 배우자였던 사람, 자기 또는 배우자와 직계존비속 관계(사실상의 양친자 관계 포함)에 있거나 있었던 사람, 계부모와 자녀의 관계 또는 적모와 서자의 관계에 있거나 있었던 사람, 동거하는 친족으로 규정하고 있다(제2조 2항). 다시 말하면 가정폭력은 배우자, 사실상 혼인관계에 있었던 자, 부모, 조부모, 아들, 딸, 손자, 증손, 계부, 계모, 적모(아버지의 정실), 서자(첩의 아들), 친족(8촌 이내의 혈족, 4촌 이내의 인척) 사이에서 신체적 · 정신적 또는 재산상의 피해를 수반하는 모든 행위라고 할 수 있다.[1]

따라서 가정폭력이란 가족구성원 간 또는 가족구성원의 관계에 있었던 사람들 간에 발생하는 해를 주기 위한 의도를 가진 신체적 · 정신적 · 재산상 피해를 수반하는 모든 종류의 공격적 행동으로 정의한다. 가정폭력의 개념은「가정폭력범죄의 처벌 등에 관한 특례법」 제2조에 명시한 바와 같이, 가족구성원 사이의 신체적 · 정신적 또는 재산상의 피해를 수반하는 모든 행위라고 정의한다. 이처럼 폭력가족의 개념을 가정폭력 개념으로 볼 수 있으며, 다시 가정폭력은 크게 부부폭력, 자녀폭력으로 나누어 설명할 수 있다.[2)]

1) 부부폭력

인간은 필연적으로 남과 더불어 살아가며, 이에 상호 간의 갈등은 자연스러운 현상이라고 할 수 있으나, 이를 이성적으로 해결하지 못하고 폭력의 형태로 해결하려는 경우가 있다. 이러한 현상은 무촌이라 불리는 부부간에도 예외일 수 없는데, 부부폭력은 근본적으로 해결되지 않으면 계속 반복되거나 심각해지는 특성을 보인다. 부부폭력은 다음과 같은 형태로 많이 발생한다.

첫째, 신체적 학대로, 물건을 던지거나, 밀치거나, 몸을 잡아 흔들거나, 뺨을 때리는 경미한 학대부터, 발로 차기, 주먹으로 아무 데나 때리기, 물건으로 구타하기, 닥치는 대로 구타하기 등의 심각한 학대 등이 이에 해당한다.

둘째, 경제적 학대로, 배우자에게 한정된 액수의 돈만 지급하여 돈을 구걸하게 하거나 직업을 갖지 못하게 하며, 가정수입을 전혀 알지 못하게 한 채 배우자 개인의 재산까지 빼앗는 것 등이 이에 해당한다.

셋째, 정서적 학대로, 배우자를 꼼짝 못 하게 하고, 모욕하여 스스로 낮은 자존감을 갖게 하고, 폭력의 원인을 스스로 제공하였다고 생각하게 하고 자신에게 나쁜 감정을 갖게 하는 것 등이 이에 해당한다.

넷째, 강요와 협박으로 배우자에세 해가 되는 행위를 하도록 협박하고, 불법행위를 하게 함으로써 모든 권한을 갖고 자신의 학대는 없었던 것으로 하자고 하며, 학대 행위에 대한 책임을 배우자에게 전가하고 자신의 학대는 정당화하는 것 등이 이에 해당한다.

다섯째, 고립으로, 배우자가 만나는 사람, 즉 배우자의 지지기반인 가족, 친구 등을 만나지 못하게 하고, 사회활동을 차단하고 자기행동을 정당화하여 사회적으로 고립시키는 것 등이 이에 해당한다.

여섯째, 자녀를 이용하는 것으로, 자녀를 학대하거나 뺏겠다고 위협하고, 자녀에게 나쁜 부모에 상(image)을 심어 주어 배우자가 죄책감을 느끼도록 하여 자녀 앞에서 수치감을 느끼게 하는 것 등이 이에 해당한다.

2) 자녀폭력

(1) 신체적 폭력

신체적 폭력은 자녀의 신체에 육안으로 확인되는 손상을 가져오는 폭력을 말한다. 신체나 도구 등에 의해 신체적 손상을 입은 경우와 노동력을 착취당한 아동으로 크게 나눌 수 있다. 이러한 아동은 상처받은 흔적이 명백히 나타나며, 그 결과 지나치게 적대적 · 공격적이거나 의기소침하고 불안에 떨며 자신감이 결여되어 있다.

신체적 학대를 가하는 행위로는 밀치기, 때리기, 발로 차기, 꼬집기, 물기, 목 조르기, 담뱃불로 지지기, 흉기 사용 등이 있다. 신체적 학대는 부모가 자신의 권위에 복종을 강요하기 위하여 자녀에게 의도적 · 고의적 공격으로 때리거나 폭력을 사용하여 가해하는 신체적 손상과 고통을 주는 것을 의미한다.

(2) 언어적 폭력

언어적 폭력은 비신체적 학대로서 자녀에게 심리적으로 상해를 줄 수 있는 부모의 의사소통, 즉 원망적 · 위협적 · 거부적 · 적대적 언어를 통한 폭력을 의미한다. 언어적 폭력이란 언어를 수단으로 정신적 · 심리적 압박감을 주어 자존감에 깊은 상처를 주는 행위이다. 즉 자녀에게 욕설을 퍼붓거나 위압감을 조성해서 정신적 · 심리적 고통을 주어 자녀가 분노, 두려움, 상실을 유발할 때 하는 행위이다. 다른 폭력의 유형과 비교할 때 신체적 손상이 없어 이해하기 어려울 수 있지만, 폭력을 당하는 개인에게는 신체적 폭력보다 더 심각한 피해를 줄 수도 있다.

(3) 정서적 폭력

정서적 폭력이란 신체적 폭력에 비해 정의하거나, 육안으로 구별하기가 어려운데, 일반적으로 아동의 부모나 보호자가 아동을 위협, 무시, 차별, 고립, 증오함으로써 공포감을 느끼게 하고 생활에 의욕을 잃게 만드는 것을 말한다. 이를 심리적 학대라고도 하는데, 보호자나 양육자가 아동의 인격, 존재, 감정을 무시하고, 모욕하는 행위나 부당함이 명백한 행위를 의미한다.

(4) 방임

가정 내에서 보호자와 함께 살고 있으면서 보호자의 그릇된 생각이나 인식 부족으로 아동이 적절한 보호와 양육을 받지 못해 심리적 · 정서적 · 사회적 성장에 손실을 주는 것을 방임이라 한다. 방임의 종류에는 신체적 방임, 의료적 방임, 정서적 방임, 교육적 방임, 성적 방임 등이 있다.

2. 가족폭력의 실태 및 문제점

1) 실태

여성가족부는 '22년 만 19세 이상 남녀 9,062명(여성 5,975명, 남성 3,087명)을 대상으로 실시한 '2022년 가정폭력 실태조사' 결과를 '23년 7월 5일(수)에 발표했다. 이번 실태조사는 지난해 8월~11월 전국 19세 이상(여성 5,975명, 남성 3,087명) 등 총 9,062명을 대상으로 진행됐다. 그리고 지난 1년간은 '21년 8월~'22년 7월 기준이다.

본 가정폭력 실태조사는 「가정폭력방지 및 피해자보호 등에 관한 법률」 제4조의2에 따라 2004년부터 3년마다 실시하는 법정 조사(국가승인통계, '10년~)로, 가정폭력에 관한 인식과 피해 실태, 발생 유형 등을 조사했다.

가정폭력 실태조사의 주요 결과는 다음과 같다.[3)]

파트너는 비혼 동거관계의 상대방을 의미하며, 혼인나이 상승 · 비혼 관계 증가 등 변화 추세를 반영하여 가정폭력 경험을 조사하고자 한 것이다.

응답자 특성을 보면 배우자나 파트너 있음(법률혼 59.1%, 사실혼 2.7%, 비혼 동거 0.3%)이 62.0%이고, 미혼 27.7%, 사별 5.3%, 이혼 4.6%, 별거 0.3%로 나왔다. 그리고 본 조사 결과의 인원과 비율은 추정의 정확도를 높이기 위하여 가중치를 부여한 값이다.

(1) 배우자나 파트너에 의한 폭력피해 경험

① 배우자나 파트너에 의한 폭력피해 경험(지난 1년간)

- 신체적 · 성적 · 경제적 · 정서적 폭력 중 하나라도 경험한 비율은 7.6%(여성 9.4%, 남성 5.8%)로 2019년 조사 결과(전체 8.8%, 여성 10.9%, 남성 6.6%)보다 감소했다.
- 조사 대상 중 여성은 정서적 폭력 6.6%, 성적 폭력 3.7%, 신체적 폭력 1.3%, 경제적 폭력 0.7% 순으로 피해경험(중복 응답 포함)이 있었고, 남성은 정서적 폭력 4.7%, 신체적 폭력 1.0%, 성적 폭력 0.8%, 경제적 폭력 0.2% 순으로 피해경험(중복 응답 포함) 비율이 높았다.

이처럼 배우자에 의한 폭력피해는 지난 1년간 신체적 · 성적 · 경제적 · 정서적 폭력 중 하나라도 경험한 비율은 7.6%로 2019년(8.8%)보다 감소한 것을 알 수 있다. 그리고 2022년 피해율은 2019년과 같이 법률혼 또는 사실혼 관계의 배우자에 의한 폭력 피해경험만을 산출한 것이다.

② 폭력의 첫 피해시기

여성과 남성 모두 '결혼 또는 동거 후 5년 이후'가 여성 37.4% 남성 57.3%로 가장 많았고, 그다음은 '결혼 또는 동거 후 1년 이상 5년 미만'이 여성 36.0% 남성 24.7%로 나타나 2019년 조사와 같은 순이었다.

③ 폭력 발생 당시 대응경험

'별다른 대응을 한 적이 한 번도 없다'가 53.3%로 2019년 조사 결과(45.6%)보다 증가했다. 여기서 1순위인 '별다른 대응을 한 적이 없는 이유에서는' 질문 응답에서는 '폭력이 심각하지 않다고 생각해서' 25.6%, '내 잘못도 있다고 생각해서' 14.2%, '배우자나 파트너이기 때문에' 14.0%, '그 순간만 넘기면 된다고 생각해서' 12.9%의 순으로 나타났다.

④ 폭력 발생 이후 도움을 청한 경험

외부에 도움을 청한 경험이 없는 응답자가 92.3%로, 2019년 조사 결과(85.7%)보다 증가했다. 여기서 '도움을 청한 경우' 질문 응답에서는 '가족이나 친척' 3.9%, '이웃이나 친구' 3.3%, '여성긴급전화 1366' 1.2%, '경찰' 0.8%, 가정폭력 상담소 · 보호시설 0.3% 순으로 나타났다. 또한 1순위인 '피해자 지원기관에 도움을 요청하지 않은 이유' 질문 응답에서는 '폭력이 심각하지 않다고 생각해서' 36.9%, '그 순간만 넘기면 되어서' 21.0%, '부부간에 또는 파트너와 알아서 해결할 일인 것 같아서' 20.5%, '도움을 청한다고 나아질 것 같지 않아서' 9.1% 순으로 나타났다.

⑤ 이별 후 직접적인 스토킹 피해경험

이별(경험자의 폭력피해경험)은 50.8%로, 이는 혼인 또는 동거 중인 응답자의 평생 폭력피해경험(14.3%)에 비해서 매우 높았다. 여기서 이별은 이혼, 별거, 동거 종료를 의미하며, 이별을 경험한 응답자의 당시 배우자나 파트너에 의한 평생 폭력피해경험을 조사한 것이다.

응답자에 대한 직접적 스토킹 피해경험은 9.3%로 2019년 조사 결과(20.1%)보다 감소했다. 스토킹 피해경험 결과를 항목별로 보면, '나에 대한 접근'(여성 11.2%, 남성 7.5%), '나의 가족 또는 함께 지내는 사람'(여성 4.5%, 남성 2.1%), '나의 친구 등 지인'(여성 4.7%, 남성 0.8%)로 조사되었다.

⑥ 배우자나 파트너의 폭력에 대한 아동의 인지 여부

배우자나 파트너의 폭력에 대한 아동의 인지 여부는 24.2%로, 폭력 피해자와 함께 사는 아동 4명 중 1명꼴로 폭력을 인지한 것으로 나타났다.

(2) 아동폭력 가해 및 배우자 외 가족에 의한 폭력피해경험

① 아동폭력 가해경험

지난 1년간 만 18세 미만 아동을 양육하는 응답자의 11.7%가 아동에게 폭력 가해 경험이 있다고 응답했고, 2019년 조사 결과(27.6%)보다 감소하였다. 배우자나 파트너에 의한 폭력피해경험이 있는 응답자의 아동 폭력가해경험은 25.7%로 배우자나 파트너에 의한 폭력피해경험이 없는 경우(10.5%)보다 2배 이상 높게 나타나는 현상이 관찰됐다.

② 가족구성원 폭력피해경험

만 65세 미만 응답자의 지난 1년간 부모나 형제자매 등에 의한 폭력피해경험은 3.3%로, 2019년 조사 결과(4.7%)보다 감소했다.

③ 노인폭력 피해경험

만 65세 이상 응답자의 지난 1년간 자녀, 사위, 며느리 등에 의한 폭력피해경험은 4.1%로, 2019년 조사 결과(3.8%)보다 증가했다.

(3) 가정폭력에 대한 인식 및 인지도

① 가정폭력에 대한 인식

'가정폭력은 가정 안에서 해결해야 할 개인적인 문제다'라는 질문에 대한 부정 응답은 79.5%로 2019년 조사 결과(81.9%)보다 소폭 감소하였으나, 가정폭력 근절을 위한 사회적 공감대 확산측면에서 인식 개선 필요성이 확인됐다. 여기서 부정 응답은 '전혀 그렇지 않다'와 '그렇지 않은 편이다'는 응답을 합산한 값이다.

② 가정폭력 목격 시 신고에 대한 인식

'이웃의 아동학대를 목격하면 신고하는 것이 마땅하다'에 95.5%, '이웃의 부부간 폭력을 목격하면 신고하는 것이 마땅하다'에 87.9%가 긍정 응답하여 매우 높게 나타났으며, 특히 아동학대에 더욱 엄격한 태도가 나타났다. 여기서 긍정 응답은 '그런 편이다'와 '매우 그렇다'는 응답을 합산한 값이다.

③ 가정폭력 발생 시 도움을 받을 수 있는 기관의 인지도

112(경찰청) 79.0%, 가정폭력상담소 59.2%, 아동보호전문기관 56.1%, 가정폭력피해자 보호시설 및 공동생활가정 51.5%, 노인보호전문기관 48.1%, 여성긴급전화 1366 46.6% 순으로 인지도가 높았는데, 이는 가정폭력 발생 시 도움을 받을 수 있는 기관의 인지도는 112 신고(79.0%)가 가장 높은 것으로 나타났다.

2) 문제점

가정폭력 대응과정의 문제점은 가해자 처벌 중심의 개입, 피해자 의사존중의 딜레마, 다기관 연계체계의 미제도화 등이 있는데, 그 주된 문제점은 다음과 같다.[4)]

(1) 가해자 처벌 중심의 개입

한국의 가정폭력 개입과정을 선진 외국과 비교할 때 가장 두드러진 문제점은 형사사법기관 위주(특히 검찰)로 급격하게 소송과정이 진행되는 가해자 처벌 중심의 개입이 이루어지고 있다는 점이다. 가정폭력범죄의 경우 검사가 가정보호사건으로 관할 가정법원에 송치할 수 있고(제9조), 판사는 심리결과 보호처분이 필요하다고 인정한 때에는 행위자가 피해자에게 접근하는 행위의 제한, 사회봉사 및 수강명령, 보호관찰 등의 처분(제40조)을 할 수 있으나 가해자를 위한 교정서비스도, 피해자를 위한 보호서비스도 제도적으로 규정하고 있지는 않다. 현장에 가장 먼저 출동하는 경찰의 경우, 가해자에 대해 구체적으로 어떤 처분을 할 수 있는지에 대한 재량권 행사기준과 한계가 법으로 규정되어 있지 않고 응급조치 직무에 대해서도 아무런 규정을 두고 있지 않다.

(2) 피해자 의사존중의 딜레마

피해자 의사존중은 피해자의 진정한 의사판단 및 선택을 돕기 위해 형사 절차상 지원 장치가 마련되어 있고, 사회복지적 · 형사법적 통합서비스가 구조화되어 피해자 스스로 법을 자원으로 이용할 수 있는 지원체계가 바탕이 되어야 한다. 한국은 검사선의주의를 보완하기 위해 '피해자 의사존중'을 규정하고는 있으나, 피해자 안전과 보호에 대한 세밀한 지원과 규정이 매우 미약하여 피해자 의사존중의 약점을 극복하지 못하고, 또한 강제 정책모델의 강점도 제대로 살리지 못하고 있는 딜레마에 빠진 것으로 보인다.

(3) 다기관 연계체계의 미제도화

많은 나라에서 가정폭력 대응정책은 사법기관 중심에서 벗어나 다기관 협력체계를 통해 피해자와 자녀의 안전을 보장하고 필요한 지원을 제공하기 위해 관련 기관을 어떻게 조화롭게 연계할 것인가를 화두로 하고 있다. 지역사회 민간단체가 빨리 피해자와 접촉하도록 하며, 소송과정에서 피해자를 변호하고 대리 증언이 가능하며, 증거를 모으고, 가해자의 잠재된 위험 요소를 피해자에게 알리며, 피해자 안전 계획을 지원하고, 판결조건이 준수되는지 감시하도록 하고 있다.

3. 가정폭력의 개입 및 대책

1) 개입

가정폭력의 개입에는 크게 치료적 개입과 예방적 개입으로 나누어 설명할 수 있다.

먼저 치료적 개입에는 현재 가정폭력을 자주 접하는 가족구성원은 가정폭력 관련 상담기관의 전화, 상담자와 면접상담자, 쉼터의 상담자들이 있고 그 외에 의료기관 전문가들이 있다. 그다음 예방적 개입에는 가정폭력피해자 보호 · 교육 실시, 가정폭력가해자에 대한 프로그램 개발, 가정폭력상담 기관 전문인력 확보 및 인력보강, 가정폭력상담 기관 간 연계체계 강화, 가정폭력 예방교육 개발, 가정폭력 고위험군 및 잠재적 위험군 사례관리, 지역사회 홍보 및 인식개선 도모 등이 있다.

가정폭력의 치료적 · 예방적 개입의 주된 내용은 다음과 같다.[5)]

(1) 치료적 개입

① 정신의학적 접근

성장환경과 폭력 경험에 따라 약화되어 있는 자아강도를 강화하는 데 초점을 맞춘다. 주로 피해자를 돕는 방법으로 접근하며 일곱 가지 단계가 있다.

- 상황파악 단계 : 남편에 대한 정보와 아내의 소외 정도 및 자아강도에 대해 파악하며 폭력의 심각성, 빈도, 기간, 주기, 단계를 알아본다.
- 응급처리 단계 : 입원이나 쉼터, 친지 집으로 의뢰한다.
- 관계형성 단계 : 피해자와 친밀한 치료적 관계를 형성한다.
- 대책수립 단계 : 친척이나 친지의 협조를 얻어 남편과 별거하거나 통원 치료를 받도록 권유한다. 자아강도와 여건을 고려하여 이혼을 생각해 보도록 한다.

- 치료 단계 : '말한다', '안다', '생각한다'의 세 가지 지침을 알려 준다. 외부와 접촉하여 폭력의 피해자가 된 상황을 말하게 하고, 무조건 남편을 이해하거나 용납하지 말아야 하고, 막연한 희생도 금물임을 알린다. 자신의 미래를 생각하도록 한다. 이혼하는 경우와 이혼하지 않고 사는 경우의 여러 가지 결과와 그에 대한 대비자세에 대해 생각하고, 이혼하지 않는 경우 폭력을 줄이는 효과적인 방법에 대해 생각하게 한다.
- 해결 단계 : 이혼하거나 혹은 함께 사는 것을 결정한다.
- 재활치료 단계 : 자아강도를 높이고 적응하도록 지원한다. 자아존중감의 증진을 위해서는 정신분석적 접근을 하고 적응을 위해서는 현실에 직면하고 새 생활 설계를 돕는 교육적인 치료 방법을 사용한다.

이 접근에서는 피해자가 자신감을 회복하여 자신을 통제할 수 있도록 자아강도를 높이는 것을 중요시한다. 만약 가해자에게서 폭력의 종식 가능성이 진단될 때는 즉각 치료를 시작하지만 그렇지 않을 때는 일종의 성격장애이므로 이혼을 돕는 것이 좋다는 견해가 있다. 때로는 필요시에 약물치료도 병행하고 집단치료를 받기도 한다.

② 여성주의 상담

한국여성의전화에서 사용하는 접근법이며, 주로 학대당하는 여성을 대상으로 한다. 이 접근은 개입의 초점을 성차별적인 기대와 태도를 변화시키는 데 두고 성차별의 사회적 구조를 인식하여 성역할 정체감을 확립하고 힘을 얻어 이혼하거나 자립적으로 혼자 서기를 하는 등 자기 삶에 대한 통제력을 회복하도록 하는 것을 목적으로 한다.

쉼터를 제공하며 피해자들의 모임인 집단상담도 병행한다. 집단상담은 참가자들이 공통의 경험을 나누고 서로 지지해 줌으로써 소외감과 고립감, 무력감에서 벗어나 유대감과 자신감을 가지게 되어 대처 능력을 기르며, 후에 참가자들 간 자조집단을 형성하여 지속적인 도움을 주고받게 하는 장점이 있다.

기존의 정신건강의학자, 전문심리학자, 전문사회복지사 등은 여성의 개인적 희생에도 불구하고 가정을 유지하는 것을 개입의 목표로 하지만, 이 접근은 가정을 유지해야만 한다는 전통적 성역할을 비판하면서 사회적 태도와 제도의 변화를 주장한다. 그러나 현재 상황에서 여성이 가출이나 이혼을 결심했을 때 그들의 현실은 구직문제, 수입의 격감, 이혼녀라는 낙인, 편모로 사는 생활, 자녀양육 문제 등의 불이익과 부담이 있다.

③ 가족상담 및 가족치료

가족상담 또는 가족치료는 정신의학적 접근처럼 피해자나 가해자 개개인을 대상으로 자아강도를 강화해 자신을 통제하고 대처 능력을 기르게 하거나, 여성학적 접근처럼 여성의 역량을 기르고 대안 선택능력을 기르는 것을 목표로 하는 접근과는 차이점이 있다. 가정폭력은 부부체계와 가족체계가 병들어 있음을 바로 보여 주는 것이라고 본다. 그에 따라 문제가 되고 치료대상이 되는 것은 가해자나 피해자 개개인이 아니고 가족체계와 부부관계이며, 그 가족구성원들 간에 역기능적인 상호작용 패턴과 관계구조에 있다. 이처럼 부부체계와 가족체계를 변화시키는 것이 가정폭력의 해결 방법이라고 생각하고 부부상담과 가족상담, 그리고 가족치료를 실시한다.

(2) 예방적 개입

① 가정폭력피해자 보호 · 교육 실시

가정폭력피해자는 지속적 폭력 경험으로 무기력한 상태가 되어 폭력에 익숙하고 경미한 수준의 폭력은 용인하는 경향이 있다. 그러므로 가정폭력이 발생하면 우선 피해자의 안전을 보장하고, 폭력에 대한 태도를 개선할 수 있도록 적절한 교육을 실시해야 한다.

가정폭력피해자를 원조하기 위하여 폭력에 대한 심리 · 사회적 원인을 발견할 수 있도록 도와주고 설명함으로써 피해 당사자의 자기비난(self-blame)을 감소시키도록 하여 강압적이고 폭력적인 관계에서 벗어날 수 있도록 한다. 또한 취업지원 등 경제적 자활 지원 및 사회적 지지체계를 통해 가정폭력이라는 위기 경험을 벗어나 지역사회에 적응할 수 있도록 한다.

특히 가정폭력 피해노인은 학대 행위자에게 발생할 수 있는 불이익을 생각하여 학대 자체를 은폐하거나 처벌을 원하지 않는 경우가 있어 근본적 해결이 어려울 수 있다. 따라서 피해자 중심의 가정폭력 개입과정과 사법처리에 대하여 올바르게 인식할 수 있도록 적절한 상담과 교육을 시행해야 한다.

② 가정폭력가해자에 대한 프로그램 개발

가정폭력가해자에 대한 프로그램이나 시설이 절대적으로 필요한 실정이다. 가정폭력에 있어서 여성이 가해자를 피해 잠시 떠나 있어도 근본적으로 가해자를 위한 시설이나 프로그램의 개발 없이는 여성의 복지가 향상되지 못할 것이다. 가정폭력에 관한 많은 사례에서 가해자 대다수는 정식 재판에 돌려보낸다고 하더라도 실형을 선고받는 경우는 극히 적어 곧 풀려난다. 가해자에 대한 형사처벌보다는 가정법원에서 보호관찰이나 치료위탁 등의 보호 처분을 내릴 수 있도록 규정하고 있기 때문이다. 그러나 이를 뒷받침할 만한 별도 시설이 아직 갖춰지지 않고 있고 상담치료에 드는 비용부담도 문제가 된다.

③ 가정폭력상담 기관 전문인력 확보 및 인력 보강

가정폭력피해자를 위한 서비스 전달체계의 핵심은 가정폭력상담 기관과 피해자 보호시설이다. 상담기관의 경우 전문 상담 능력을 갖춘 상담위원이 배치되어 있지만, 상담기관 규모의 영세화, 전문인력의 부족, 관련 예산부족 등으로 많은 어려움을 겪고 있는 것으로 알려져 있다. 특히 대다수 상담기관 종사자는 1~2명에 불과하며, 이들이 맡는 업무는 기본적 상담뿐만 아니라 각종 통계자료의 수집과 작성, 관할 행정기관 보고 서류작성, 관련 프로그램의 작성과 실행, 정기적 세미나개최, 일반시민 상대캠페인활동 등 아주 광범위하다.

④ 가정폭력상담 기관 간 연계체계 강화

가정폭력상담 기관 간 연계체계 활성화를 통해 협력적 지원을 가능하게 하도록 가정폭력상담소에 연계체계를 운영할 수 있는 권한을 부여하여 연계체계 중심기관의 역할 및 기능을 강화해야 한다. 이러한 공식적 연계체계를 구축함으로써 지역사회 내 가정폭력상담 기관 간에 네트워크가 형성되고, 일관성 있고 충분한 정보교류가 가능해지며, 또한 가정폭력피해자에게 지속적이고 포괄적이며 통합적인 서비스가 제공될 것이다.

⑤ 가정폭력 예방교육 개발

가정폭력 예방교육이 단순한 지식을 전달하는 것에서 벗어나 예방은 물론 폭력에 대처하는 데 필요한 기술과 힘을 길러 주는 방안을 모색해야 한다. 감정에 있어 분노와 폭력을 구별하는 기술과 갈등을 비폭력적으로 해결할 수 있는 대안 및 기술을 꾸준히 습득 · 훈련할 수 있는 내용과 방법으로 구성되어야 함을 의미한다.

가정폭력 예방교육과정에서 고려되어야 할 부분은 폭력 지지적 남성문화와 여전히 성역할 고정관념에 고착된 의식을 양성평등 의식으로 강화하고, 남자와 여자 모두에게 긍정적 성정체성을 확립시키는 데 역점을 두는 것이다.

⑥ 가정폭력 고위험군 및 잠재적 위험군 사례관리

자녀가 인식하는 가정폭력의 주원인은 부모의 성격차이, 음주문제, 경제문제, 자녀문제로 나타난다. 따라서 알코올중독, 아동과 노인학대 발생여부 등을 고려하여 지역의 가정폭력상담소 및 관련 기관에서 가정폭력의 고위험군 혹은 잠재적 위험군을 발굴할 수 있다. 시 · 군 가정폭력상담소 및 관련 기관에서는 발굴된 가정폭력 고위험군 혹은 잠재적 위험군을 지속적으로 사례관리하여 가정폭력 발생 가능성을 감소시킬 수 있다.

⑦ 지역사회 홍보 및 인식개선 도모

가정폭력에 대한 국민의 태도변화를 도모하고, 피해자가 도움과 조언을 받을 수 있는 곳을 알리기 위한 목적으로 캠페인을 지속해서 실시하는 등 지역사회 차원의 인식개선 사업을 시행할 필요가 있다. 또한 가정폭력의 날을 지정하여 정부기관 또는 기업체를 통하여 가정폭력 예방관련 홍보물을 배부하는 등 가정폭력의 심각성에 대한 인식을 촉구할 수 있다.

2) 대책

여성가족부는 '18년 11월 27일(화)에 관계부처 합동으로 '가정폭력방지 대책'을 보고했다. 앞으로 가정폭력 현장에 출동한 경찰관은 가정폭력범죄를 실행 중이거나 실행 직후인 자를 '현행범'으로 즉시 체포하고, 가해자가 피해자에 대한 접근금지명령을 어기면 과태료가 아니라 징역형까지 형사처벌 받는다. 또한 상습 · 흉기 사범 등 중대 가정파탄 사범에 대해서는 원칙적으로 '구속영장'을 청구하는 등 엄정 대처하기로 했다.

이번 대책은 가정폭력방지를 위해 시급히 보완 · 개선해야 할 영역으로 피해자 안전 및 인권 보호, 가해자 처벌 및 재범방지, 피해자 자립지원, 예방 및 인식개선을 꼽고, 영역별 주요 과제를 수립했다.

여성가족부가 보고한 가정폭력방지 대책과 추가적인 가정폭력방지 관련대책을 살펴보면 다음과 같다.[6)]

(1) 피해자 안전 및 인권보호 강화

가정폭력 사건현장에서 경찰관이 실시하는 '응급조치' 유형에 「형사소송법」 제211조에 따른 '현행범 체포'를 추가하여 경찰관이 가해자를 신속하게 피해자로부터 격리할 수 있게 했다. 이를 위해 가정폭력 사건현장에서 경찰관이 실시하는 「가정폭력처벌법」상의 '응급조치' 유형에 「형사소송법」 제211조에 따른 '현행범 체포'를 추가한다. 여기서 응급조치(현행)란 폭력행위 제지, 가정폭력행위자 · 피해자의 분리 및 범죄수사, 피해자 동의 시 가정폭력 관련 상담소 또는 보호시설로 인도, 긴급치료 필요피해자 의료기관 인도와 폭력행위 재발 시 임시조치를 신청할 수 있음을 통보할 수 있다.

가정폭력가해자가 자녀를 만나는 과정에서 발생하는 2차 범죄를 막기 위해 '자녀 면접교섭권'도 제한한다. 이를 위해 퇴거 등 격리, 주거, 직장 등에서 100미터 이내 접근금지, 전기통신 이용 접근금지, 피해자에 대한 친권행사를 제한하는 현행 '피해자보호명령' 유형에 '자녀 면접권 제한'도 추가하며, 피해자 보호명령의 기간(현 6개월→1년) 및 총처분 기간(현 2년→3년)도 연장해 제도 실효성을 높인다.

(2) 가해자 엄벌 및 재범방지

상습, 흉기사범 등 중대 가정파탄 사범에 대해서는 원칙적으로 구속영장을 청구하는 등 엄정 대처한다. 또한 '가정폭력범죄'에 '주거침입 · 퇴거불응죄' 및 '불법 촬영' 등을 추가해, 이 같은 손해를 입은 피해자도 보호받을 수 있도록 했는데, 이를 위해 「형법」 제319조(주거침입, 퇴거불응), 제320조(특수주거침입) 및 제322조(미수범), 「성폭력처벌법」 제14조(카메라 등을 이용한 촬영)에 해당하는 불법 촬영 · 유포 범죄를 추가하였다.

검사가 가정폭력사건을 상담조건으로 기소유예하는 '상담 조건부 기소 유예제도'가 당초 취지에 맞게 운영될 수 있도록 가정폭력의 정도가 심하고 재범의 우려가 큰 경우 해당대상에서 배제될 수 있도록 추진해 나가기로 했다.

(3) 피해자 지원강화

가정폭력피해자가 자립역량 부족으로 가정폭력의 굴레를 벗어나지 못하는 상황을 막기 위해, 가정폭력피해자 대상 전문자립 프로그램을 신설 · 운영키로 했다. 피해자의 적성, 요구 등 특성을 반영한 전문적인 자립 프로그램을 내년부터 3~4개 지역에서 시범적으로 운영한다. 또한 피해자가 새일센터의 직업교육훈련 프로그램에 적극적으로 참여할 수 있도록 관련 정보를 제공하고, 교육참가를 지원하기로 했다.

아울러 피해자가 가정폭력피해자 보호시설과 폭력피해 이주여성 보호시설에서 일정기간 입소한 후에 퇴소할 때 내년부터 1인당 5백만 원 내외의 자립지원금을 지급할 예정이다. 가정폭력피해자에게 '찾아가는 현장 상담'과 보호서비스를 강화하고, 체류문제 등 복합적 문제를 겪을 수 있는 폭력피해 이주여성 지원을 강화하기로 했다.

이외에도 가정폭력방지 관련 주된 대책은, 첫째, 긴급대응 및 피해자 안전확보를 위한 다양한 제도개선 추진, 가해자 처벌 및 재발방지 효과 제고 등을 위한 초기대응 및 처벌의 강화이고, 둘째, 피해여성 보호 및 지원체계 내실화와 아동학대 예방, 보호체계 및 피해노인에 대한 신속한 보호체계 강화 등을 위한 피해자와 가족보호 확대이다. 셋째, 각종 인프라를 활용, 맞춤형 예방교육 확대, 4대 중독(알코올, 인터넷, 도박, 마약)의 조기발견 및 치료체계 내실화와 가정폭력근절 문화확산 등을 위한 맞춤형 예방체계 내실화이다.

제 11 장

다문화가족

1. 다문화가족의 개념

「다문화가족지원법」에 나타난 '다문화가족'의 정의를 보면, 「재한외국인처우기본법」 제2조제3호의 결혼이민자와 「국적법」 제2조의 규정에 따라 출생 시부터 대한민국 국적을 취득한 자로 이루어진 가족이나, 「국적법」 제4조에 따라 귀화 허가를 받은 자와 같은 법 제2조에 따라 출생 시부터 대한민국 국적을 취득한 자로 이루어진 가족을 말한다. 다문화가족보다 국제결혼이라는 용어가 법률적으로는 더 많이 쓰이지만, 이는 단순히 결혼 당사자만을 의미하고 국적이 다른 사람과의 결혼을 의미하기 때문에 그 결혼으로 인해 형성된 가족구성원을 포괄적으로 지칭하기에 이 용어는 한계가 있다.

「다문화가족지원법」의 정의에 의하면 한국에서 다문화가족은 다음의 셋으로 분류할 수 있다.[1]

첫째, 한국인 남자와 외국인 여자 또는 한국인 여자와 외국인 남자처럼 국제결혼을 하여 가정을 이룬 경우, 둘째, 외국인 근로자가 한국에서 결혼하거나 본국에서 결혼하여 형성된 이 국내에 이주한 외국인 근로자 가족, 셋째, 북한에서 태어나 한국에 입국하거나 한국에서 한국인 또는 외국인을 만나 결혼한 북한이탈주민 가족으로 나눌 수 있다. 즉 지금까지 이루어진 주요 연구에서는 다문화가족을 국제결혼가정, 외국인 근로자 가정, 새터민 가정으로 한정하고 있다. 따라서 본 장에서는 다문화가족이란 「재한외국인처우기본법」 제2조, 제3호의 결혼이민자와 「국적법」 제4조에 따라 결혼이민자와 출생 시부터 대한

민국 국적을 취득한 자로 이루어진 가족과 귀화 허가를 받은 자와 출생 시부터 대한민국 국적을 취득한 자로 이루어진 가족을 말한다는 법률적 정의를 따르고자 한다.

2. 다문화가족의 실태와 문제점

1) 실태

(1) 외국인과의 혼인 및 이혼 추이, 연도별, 국적별 외국인과의 혼인과 이혼 현황

통계청에서 2023년 3월에 발표한 외국인과의 혼인 및 이혼 추이, 연도별, 국적별 외국인과의 혼인과 이혼 현황 결과 분석은 다음과 같다.[2)]

<표 11-1>을 보면 2022년 통계청에서 발표한 외국인과의 혼인 추이를 살펴보면, 2014년부터 2020년까지 혼인 건수가 점차 감소하고 있음을 알 수 있다. 특히 2021년 다문화 혼인 건수는 192,500건으로 전년(213,500건)보다 21,000건(-9.8%)으로 해가 갈수록 감소 추세로 가고 있음을 알 수 있다.

〈표 11-1〉 외국인과의 혼인 추이

(단위 : 천 건, %, %p)

	2011	2012	2013	2014	2015	2016	2017	2018	2019	2020	2021	전년대비 증감	전년대비 증감률
총 혼인건수	329.1	327.1	322.8	305.5	302.8	281.6	264.5	257.6	239.2	213.5	192.5	-21.0	-9.8
외국인과의 혼인	29.8	28.3	26.0	23.3	21.3	20.6	20.8	22.7	23.6	15.3	13.1	-2.2	-14.6
한국남자+외국여자	22.3	20.6	18.3	16.2	14.7	14.8	14.9	16.6	17.7	11.1	9.0	-2.1	-19.1
한국여자+외국남자	7.5	7.7	7.7	7.2	6.6	5.8	6.0	6.1	6.0	4.2	4.1	-0.1	-2.9
외국인과의 혼인 비중	9.0	8.7	8.0	7.6	7.0	7.3	7.9	8.8	9.9	7.2	6.8	-0.4	-

*출처: 통계청. 2023. '22.3월 발표. 외국인과의 혼인 추이.

<표 11-2>의 외국인과의 이혼 추이를 살펴보면, 2021년 다문화 이혼 건수는 101,700건으로, 2020 전년도(106,500건)보다 4,800건(-4.5%) 감소하였으며, 전체 이혼에서 다문화 이혼이 차지하는 비중은 6.1%로 전년(5.8%)보다 다소 증가하였지만, 2011년부터 2019년 비해 감소 추세로 가고 있음을 알 수 있다.

〈표 11-2〉 외국인과의 이혼 추이 (단위 : 천 건, %, %p)

	2011	2012	2013	2014	2015	2016	2017	2018	2019	2020	2021	전년대비 증감	전년대비 증감률
총 이혼건수	114.3	114.3	115.3	115.5	109.2	107.3	106.0	108.7	110.8	106.5	101.7	-4.8	-4.5
외국인과의 이혼	11.5	10.9	10.5	9.8	8.2	7.7	7.1	7.1	6.9	6.2	6.2	-0.0	-0.0
한국남자+외국여자	8.3	7.9	7.6	7.0	5.7	5.6	5.2	5.2	4.9	4.4	4.3	-0.1	-1.4
한국여자+외국남자	3.1	3.0	2.9	2.8	2.5	2.1	1.9	2.0	2.0	1.8	1.9	0.1	3.5
외국인과의 이혼 비중	10.1	9.5	9.1	8.4	7.5	7.1	6.7	6.6	6.2	5.8	6.1	0.3	-

*출처: 통계청. 2023. '22.3월 발표. 외국인과의 이혼 추이.

〈표 11-3〉 연도별 · 국적별 외국인과의 혼인 현황 (단위: 건, %)

	2011	2012	2013	2014	2015	2016	2017	2018	2019	2020	2021	구성비	전년대비 증감률
한국男+외국女	22,265	20,637	18,307	16,152	14,677	14,822	14,869	16,608	17,687	11,100	8,985	100.0	-19.1
중국	7,549	7,036	6,058	5,485	4,545	4,198	3,880	3,671	3,649	2,524	2,426	27.0	-3.9
태국	354	323	291	439	543	720	1,017	1,560	2,050	1,735	1,589	17.7	-8.4
베트남	7,636	6,586	5,770	4,743	4,651	5,377	5,364	6,338	6,712	3,136	1,319	14.7	-57.9
일본	1,124	1,309	1,218	1,345	1,030	838	843	987	903	758	723	8.0	-4.6
미국	507	526	637	636	577	570	541	567	597	432	457	5.1	5.8
러시아	125	94	90	94	110	125	171	234	305	275	356	4.0	29.5
필리핀	2,072	2,216	1,692	1,130	1,006	864	842	852	816	367	260	2.9	-29.2
기타	2,898	2,547	2,551	2,280	2,215	2,130	2,211	2,399	2,655	1,873	1,855	20.6	-1.0

〈표 11-3〉 연도별 · 국적별 외국인과의 혼인 현황 (단위: 건, %)

	2011	2012	2013	2014	2015	2016	2017	2018	2019	2020	2021		전년대비 증감률
												구성비	
한국女+외국男	7,497	7,688	7,656	7,164	6,597	5,769	5,966	6,090	5,956	4,241	4,117	100.0	-2.9
미국	1,632	1,593	1,755	1,748	1,612	1,377	1,392	1,439	1,468	1,101	1,276	31.0	15.9
중국	1,869	1,997	1,727	1,579	1,434	1,463	1,523	1,489	1,407	942	777	18.9	-17.5
베트남	93	180	279	283	432	565	586	587	639	501	440	10.7	-12.2
캐나다	448	505	475	481	465	398	436	402	363	257	223	5.4	-13.2
일본	1,709	1,582	1,366	1,176	808	381	311	313	265	135	140	3.4	3.7
영국	195	196	197	207	196	186	185	184	190	146	112	2.7	-23.3
기타	1,551	1,635	1,857	1,690	1,650	1,399	1,533	1,676	1,624	1,159	1,149	27.9	-0.9

*출처: 통계청. 2023. '22.3월 발표. 연도별 · 국적별 외국인과의 혼인 현황.

<표 11-3>에서 보는 바와 같이 2021년 한국 남자와 혼인한 외국 여자의 국적은 중국(27.0%), 태국(17.7%), 베트남(14.7%), 일본(8.0%) 순으로 나타났다. 전년 대비 외국 여자와의 혼인 건수는 베트남(-57.9%), 필리핀(-29.2%), 태국(-8.4%), 일본(-4.6%), 중국(-3.9%) 순으로 감소했다.

한국 여자와 혼인한 외국 남자의 국적은 미국(31.0%), 중국(18.9%), 베트남(10.7%) 순으로 나타났다. 전년 대비 외국 남자와의 혼인 건수는 영국(-23.3%), 중국(-17.5%), 캐나다(-13.2%), 베트남(-12.2%)의 순으로 감소했다.

<표 11-4>에서 보는 바와 같이 2021년 한국 남자와 이혼한 외국 여자의 국적은 중국(36.7%), 베트남(31.3%), 태국(6.4%), 필리핀(5.0%), 일본(3.3%), 미국(3.3%), 캄보디아(2.8%) 순으로 나타났다. 전년 대비 외국 여자와의 이혼 건수는 필리핀(-5.7%), 중국(-5.4%), 베트남(-4.2%), 캄보디아(-0.8%) 순으로 감소했다.

한국 여자와 이혼한 외국 남자의 국적은 중국(40.8%), 일본(16.4%), 미국(13.6%), 베트남(7.9%), 캐나다(2.8%), 파키스탄(-1.7%) 순으로 나타났다. 전년 대비 외국 남자와의 이혼 건수는 파키스탄(-30.4%)과 일본(-9.8%)이 감소했고, 캐나다(40.5%), 베트남(24.8%), 미국(5.0%), 중국(2.2%)의 순으로 증가하였다.

〈표 11-4〉 연도별・국적별 외국인과의 이혼 현황 (단위: 건, %)

	2011	2012	2013	2014	2015	2016	2017	2018	2019	2020	2021		전년 대비 증감	전년 대비 증감률
												구성비		
한국男+외국女	8,349	7,878	7,588	6,998	5,743	5,610	5,206	5,174	4,917	4,378	4,315	100.0	-63	-1.4
중국	4,783	4,204	3,797	3,402	2,830	2,703	2,351	2,275	2,104	1,674	1,584	36.7	-90	-5.4
베트남	1,931	1,992	2,057	1,821	1,480	1,570	1,575	1,570	1,463	1,408	1,349	31.3	-59	-4.2
태국	137	129	133	107	101	107	132	143	169	229	276	6.4	47	20.5
필리핀	328	395	435	449	366	298	242	257	231	229	216	5.0	-13	-5.7
일본	292	254	259	290	235	186	172	180	193	142	143	3.3	1	0.7
미국	85	105	114	117	107	111	137	114	127	87	129	3.0	42	48.3
캄보디아	192	180	152	155	137	157	134	157	139	120	119	2.8	-1	-0.8
기타	601	619	641	657	487	478	463	478	491	489	499	11.6	10	2.0
한국女+외국男	3,146	3,009	2,892	2,756	2,494	2,055	1,924	1,966	1,982	1,796	1,858	100.0	62	3.5
중국	1,139	1,051	1,080	1,025	992	919	843	816	814	742	758	40.8	16	2.2
일본	1,466	1,396	1,196	1,108	893	505	442	490	448	337	304	16.4	-33	-9.8
미국	240	233	249	250	230	230	214	229	246	241	253	13.6	12	5.0
베트남	17	18	19	25	36	62	61	81	97	117	146	7.9	29	24.8
캐나다	32	52	48	54	32	49	47	49	57	37	52	2.8	15	40.5
파키스탄	51	49	55	54	54	33	49	43	40	46	32	1.7	-14	-30.4
기타	201	210	245	240	257	257	268	258	280	276	313	16.8	37	13.4.

*출처: 통계청. 2023. '22.3월 발표. 연도별・국적별 외국인과의 이혼 현황.

(2) 2021년 전국 다문화가족 실태조사

여성가족부가 전국 다문화가족 15,578가구를 대상으로 실시한 '2021년 전국 다문화가족 실태조사'는 「다문화가족지원법」 제4조에 따라 다문화가족에 대한 기초자료를 수집하여 중장기 지원정책 수립에 활용하기 위해 2009년부터 3년마다 실시하는 국가승인 통계이다.

2021년 전국 다문화가족 실태조사의 주된 결과를 살펴보면 다음과 같다.[3)]

① 다문화가족의 가구현황

• 다문화 가구는 전체 346,017가구이며 결혼이민자 가구가 82.4%(285,005

가구)이고 기타 귀화자 가구가 17.6%(61,012가구)로 나타났다. 이는 지난 2018년 조사 결과에 비해 기타 귀하자 비중이 3.3% 증가하였다.

- 거주 지역에서는 수도권(서울 · 경기 · 인천) 거주는 56.1%로 2018년(55.6%) 대비 0.5% 증가했으며, 동 지역 거주자(76.8%)가 읍면 지역 거주자(23.2%)에 비해 3배 이상 많다.
- 가족구성에서는 부부+자녀 가구 35.5%, 부부 가구 30.0%, 한부모 가구 10.9%, 1인 가구 8.3%, 배우자+자녀가 7.8% 등의 순위이며, 부부만으로 구성된 비중이 지난 2018년 17.0%에서 30.0%로 13.0%로 증가하였다. 한부모가구의 경우, 배우자+자녀(7.8%)는 증가하였고, 본인+자녀(3.1%)는 감소하였다.
- 가구의 구성에서는 평균 가구원 수는 2.82명이며, 2018년(2.92명), 2015년(3.16명보다 감소하였다. 특히 2인 가구의 비중이 39.2%로 2018년(27.7%)에 비해 눈에 띄게 증가하였고, 1인 가구 비중은 8.3%이다.
- 가구 소득은 월평균 300만 원 이상이 증가(2018년 41.8%→2021년 50.8%)했으나, 코로나19 확산으로 인해 51.5%가 소득이 감소했다고 응답하였다.
- 가구의 구성에서는 평균 가구원 수는 2.82명으로, 2018년(2.92명), 2015년(3.16명)보다 감소하였는데, 특히 2인 가구의 비중이 39.2%로 2018년(27.7%)에 비해 눈에 띄게 증가하였고, 1인 가구 비중은 8.3%였다.

② 결혼이민자 · 기타 귀화자 현황

- 15년 이상 거주자(39.9%)가 큰 폭으로 증가(12.3%p) 하였으며, 정착 주기 장기화로 평균연령대가 높아지고 있다.
- 거주기간을 보면 결혼이민자 · 기타 귀화자의 국내 거주기간 15년 이상 비율은 39.9%로 지난 2018년(27.6%) 대비 12.3%p 증가했고, 30세 이상 비율이 높아지고 있다.
- 가정생활에서 부부관계의 만족도와 대화시간이 증가했고, 문화적 차이와 갈등은 감소하는 등 전반적으로 부부관계가 개선된 것으로 나타났다.

- 혼인상태에서는 유배우 84.8%, 이혼 · 별거 8.6%, 미혼 3.4%, 사별 3.2%이다.
  첫째, 이혼 · 별거 사유는 성격 차이(50.7%), 경제적 문제(14.0%), 학대 · 폭력(8.8%) 등이다.
  둘째, 이혼 · 별거 후 자녀를 양육하는 결혼이민자 · 기타 귀화자는 93.3%로 나타났다.
- 자녀양육에서 만 5세 이하는 한국어 지도(26.8%), 만 6세 이상은 학습 지도(50.4%)에서 가장 큰 어려움을 느끼는 것으로 조사되었다.
- 경제 활동에서 지난 2018년 대비 고용률은 감소한 반면, 상용근로자의 비율은 증가했다. 고용률은 60.8%로 지난 2018년(66.4%)보다 5.6%p 하락했으며, 전체 국민(62.4%)에 비해 1.6%p 낮게 나타났다.
- 직종에서는 단순 노무 종사자는 32.4%로 지난 2018년(27.9%)보다 4.5%p 증가했고, 전체 근로자(14.4%)보다 18.0%p 높았다.
- 한국 생활의 어려움에서는 한국 생활에 어려움이 없다는 비율(37.9%)은 지난 2018년(29.9%)보다 8.0%p 증가했으며, 주된 어려움은 언어 문제(22.9%) · 경제적 어려움(21.0%) · 외로움(19.6%) 순으로 나타났다.
- 차별 경험에서는 외국 출신이라는 이유로 차별받은 경험은 16.3%로 지속 감소(2015년 40.7%→2018년 30.9%)하고 있다.
- 지원 서비스에서는 서비스 이용 경험은 61.9%로 지난 2018년(60.6%)에 비해 소폭 상승했으며, 노후 준비를 하고 있는 비율은 52.1%이다.
- 필요한 서비스는 일자리 소개(3.27점), 한국사회 적응 교육(3.10점), 입국 전 준비교육(3.07점) 등으로 높게 나타났다.
- 노후 준비에서는 노후 준비를 하고 있다는 전체 응답은 52.1%이고 20대 이하 37.2%, 30대 53.6%, 40대 59.7%, 50대 57.6%이고, 60대 이상은 40.2%로 30~50대에 비해 낮은 것으로 조사됐다.

③ 자녀현황

- 청소년기에 해당하는 만 9~24세 자녀의 비중이 증가했으며, 대부분 국내에서 성장한 것으로 나타났다.
- 연령분포에서는 전체 다문화가족 자녀 중 만 9~24세는 43.9%로, 지난 2018년 대비 8.3%p 증가했다.
- 가정생활에서는 부모님과의 관계 만족도 및 대화시간은 지난 2018년 대비 감소했고, 자긍심 · 자아존중감 등은 하락했다.
- 이중언어에서는 외국 출신 부모의 모국어를 한국어만큼 잘하고 싶다는 비율은 27.3%로, 지난 2018년(42.4%) 대비 15.1%p 감소하는 등 이중언어를 사용하는 환경 및 의지는 감소했다.
- 다문화가족 자녀의 학교등록 현황은 초등학교 95.3%, 중학교 95.7%, 고등학교 94.5%. 고등교육기관 40.5%로 나타났다. 이는 전체 국민 자녀의 학교 등록 현황(초등학교 98.4%, 중학교 97.9%, 고등학교 96.1%. 고등교육기관 71.5%)과 비교해 볼 때 초 · 중은 비슷하게 나타났지만, 다문화가족의 자녀가 고등학교 재학 비율이 낮게 나타났음을 알 수 있다.
- 사회생활에서는 자녀의 차별 경험은 크게 감소했고, 고민상담의 상대는 부모에서 친구 · 선배 등 또래의 비율이 증가했다. 차별 경험은 2.1%로 지난 2018년(9.2%)보다 7.1%p 감소했으며, 특히 고용주 · 직장동료로부터의 차별이 크게 감소한 것으로 나타났다.

2) 문제점

여성가족부(2021) '다문화가족 실태조사'에 의하면 한국 생활의 어려움은 언어 문제(22.9%), 경제적 어려움(21.0%), 외로움(19.6%) 등의 순이었다. 대부분 항목이 2020년보다 낮아진 데 비해, 특히 언어 문제, 경제적 어려움, 외로움이 한국생활의 어려움에서 가장 주된 중요한 문제로 나타났음을 알 수 있다.

본 장에서는 다문화가족이 가진 여러 가지 문제점을 중심으로 살펴보고자 한다.[4)]

(1) 언어소통 문제

언어소통의 어려움은 한국문화를 이해하는 데 커다란 장애요인이 되며, 자신의 문화와 다른 한국문화에 적응해야 하는 국제결혼 여성이민자는 익숙하지 않은 한국문화를 받아들이면서 스트레스를 받게 되고, 이러한 형태는 자녀를 양육하는 데 있어 어려움을 겪을 수 있다. 언어는 언어소통의 수단이자 모든 학습능력의 기초가 되는데, 아동의 언어습득 및 발달은 가정환경, 교육환경의 영향을 많이 받는다.

한국에서 태어난 다문화가족의 자녀일 경우에는 어렸을 때부터 한국의 언어를 배웠기 때문에 언어소통에는 아무런 어려움을 가지지 않을 것이다. 하지만 어느 정도 성장한 자녀이거나 한국의 언어교육을 받지 않고 한국으로 온 외국인의 경우에는 언어소통으로 인해 심각한 문제점을 발생시킨다.

부부관계에도 언어소통은 크게 작용하는 부분이라고 할 수 있다. 부부는 대부분의 생활을 함께한다. 함께하는 시간이 많은 만큼 서로 간에 충돌도 많이 겪는다고 할 수 있다. 이러한 충돌을 원만하게 해결하기 위해서는 대화가 필수적이라고 할 수 있는데, 언어의 장벽은 이러한 대화 자체를 이행하지 못하게 됨으로써 부부관계를 악화시키게 된다. 또한 언어소통 등으로 인하여 부부관계가 악화하면 이혼과 같은 문제로 번질 수 있으므로 이는 다문화가족의 심각한 문제라고 할 수 있다.

(2) 경제적 문제

경제적 문제로 국제결혼을 선택하는 한국 남성들의 대부분이 경제적으로 불안한 위치에 있는 사람들이다. 국제결혼 목적을 본국에 있는 가족의 생계와 새로운 삶을 개척하는 데 두고 선택했으나 정작 한국에 와 보니 남편들은 어려운 상황에 부닥친 경우가 많다. 결혼중개업자들의 허위 과장된 사전정보에 의해 정확한 현실을 말해 주지 않고 농업에 종사하면 농장경영주, 주유소에서 배달원으로 근무하는 사람도 큰 회사의 책임자, 자동차 수리업체의 기능직은 공장장 등 사실을 정확하게 알려 주지 않음으로 인한 경제적 어려움이 큰 것으로 나타났다.

다문화가족에서 결혼한 외국인 여성도 마찬가지라고 할 수 있다. 한국의 언어에 대한 문제와 함께 한국사회에 제대로 적응하지 못한 상황에서 이들이 일자리를 찾기란 불가능에 가깝다. 또한 사람들은 외국인에 대한 채용을 꺼리며 차별하려는 경향이 강하기 때문에 이러한 환경적인 제약요건이 다문화가족의 경제적인 문제를 해결하지 못하게 막고 있다.

이처럼 경제적인 어려움에 부닥쳐 있는 다문화가족은 그 어려움을 해소하기 위해 불법적인 방법을 시도할 가능성이 크며, 이는 사회적인 문제의 양상으로 나타날 수 있다.

(3) 자녀의 양육과 교육 문제

다문화가족이 직면한 문제들은 광범위하고 다양하나 그중에 다문화가족의 자녀문제는 특히 심각한 수준에 이르고 있다. 다문화가족이 자녀양육에 어려움을 겪는 이유는 위에서 언급한 경제적 문제, 언어 문제, 문화적 차이로 인한 갈등 등 여러 문제가 복합적으로 결합하여 발생한다.

결혼이주여성은 그들의 자녀를 양육하는 데 있어서 경제적인 빈곤, 언어측면으로 인한 자녀양육의 어려움을 겪을 뿐만 아니라 아동의 정체성을 형성해 주는 부분에서도 혼란스러워하고 있다. 이에 따라 다문화가족 아동들의 정체성 형성에도 부정적 영향을 미칠 것으로 우려되고 있다. 실제로 이주여성들은 그들의 자녀에게 모국에 대한 이해와 자긍심을 키워 줄 것인지 아니면 한국사회에 대한 정체성을 확립시켜 줄 것인지 혼란스러워했다. 이러한 정체성의 혼란은 아동들에게 전이되어 건강한 자아정체감을 느끼기 힘들게 한다.

다문화가족의 자녀 대부분이 정규교육 등을 받지 못하는 현상이 발생하고 있다. 이는 이들이 교육을 받지 못함으로 인해서 사회적인 문제를 일으킬 가능성을 안고 있다. 특히 이들은 혼혈로 인해 한국인들과의 외모적인 면에서도 차이를 보이며 어느 정도 성장해서 한국에 온 자녀의 경우에는 문화적인 차이까지도 안고 있어서 학교에서 한국의 문화에 대해 배우지 않는다면 그 문제점의 심각성은 일반적인 경우보다도 더 커질 수 있다. 그러므로 다문화가족의 자녀가 교육받지 못하는 비중이 증가하는 것은 큰 문제라고 할 수 있다.

(4) 문화적 차이 문제

다문화가족의 부부들은 결혼 이전에 겪었던 자국의 문화와는 다른 문화를 상호 간에 접촉함으로써 상대방의 문화에 대한 이해 부족 및 차이로 인한 충격을 경험한다. 특히 한국사회의 국제결혼 경우, 중개업소나 종교단체가 개입되면서 결혼과정이 상업적으로 변질되어 결혼과정이 매우 급박하게 이루어지게 된다.

다문화가족의 여성들이나 자녀들은 문화적 차이로 인하여 심각한 어려움을 겪고 있다. 그들이 많은 시간 동안 지내온 환경과는 전혀 다른 환경에서 살아야 하므로 그들은 적응하는 데에 많은 어려움을 겪는다. 음식도 그들은 오랫동안 자국의 음식에 대해서 길들어 있고 몸의 체질이 맞추어져 있다고 할 수 있다. 몸이 그러한 리듬에 의해서 맞추어져 있는 것이다. 그런데 갑자기 이러한 음식의 성향을 바꾸어야 하므로 입맛에 맞지 않을 뿐 아니라 체질적으로 받아들이지 못하는 어려움을 겪는다.

이러한 문화의 차이는 음식뿐만 아니라 생활의 모든 영역에서 나타난다. 사과할 때의 행동이나 많은 부분에 있어서 의사표현 방식이 다르며 한 국가에서 긍정적인 반응으로 나타내는 몸동작이 다른 국가에서는 부정적인 의사를 나타내는 몸동작으로 인식되는 등 표현방식이 정반대로 작용하는 때도 있다. 그리고 문화 차이에서 오는 서러움과 그것을 풀 수 없는 정도의 언어소통 능력을 갖추면 외국인 배우자는 큰 혼란감을 안게 된다.

(5) 다문화 한부모가족 문제

국제결혼의 역사가 길어지면서 사별이나 이혼을 경험하는 다문화가족이 증가하고 있다. 일반적으로 혼자서 가족의 생계도 책임지고 자녀양육도 전담해야 하는 한부모가족의 성격과 함께 다문화가족에 대한 차별적 시선까지 받는 다문화 한부모가족의 부모와 자녀는 모두 심리적으로 위축될 수 있다. 한국어 및 한국문화에 익숙하지 않은 상태에서 가족의 생계에 필요한 적절한 일자리를 찾기도 어렵고, 자녀양육에 필요한 기본적인 사항을 챙기는 것도 큰 부담이 될 수 있다.

이혼, 사별로 인해 사회적 관계망이 축소되는 경향이 있다. 현재 다문화가족 지원정책은 2000년대 중반 국제결혼 부부 중심으로 구성된 가족에 초점을 두고 출발했지만, 국제결혼이 아닌 귀화를 통해 다문화가족이 된 이들이 국제결혼 이후 이혼, 사별 등으로 가족구조가 재구성된 다문화가족 등 국제결혼 부부 중심과는 구조와 성격이 다른 다문화가족이 증가하고 있다.

(6) 차별과 인권 문제

다문화가족의 여성들과 자녀들은 외모에 있어서 한국인들과 차이를 나타낸다. 특히 자녀의 경우에 혼혈로 인하여 한국인과는 구분되는 모습을 보인다.

베트남 사람들에 대해서 한국보다 후진국이라며 그들이 우리보다 낮은 인종이라는 인식을 하고 있다. 또한 외국인 근로자들을 채용하는 기업의 사장 중에는 근로자들에 대해 그들이 자신의 권리를 제대로 표현하지 못한다는 점을 악용하여 함부로 대하는 문제가 발생한다. 다문화가족 자녀들도 학교에서 특이한 외모로 인하여 괴롭힘이나 놀림의 대상이 되기도 한다.

우리와 다른 외모를 가진 외국인들에 대해서 여러 가지 방법으로 불이익을 가하며 부정적인 시선으로 바라보면서 그들은 피해를 보게 된다. 그들이 생김새는 비록 다를지라도 다문화가족을 이루며 이미 한국의 국민인 점을 생각해 볼 때 다문화가족에 대한 차별과 편견 등은 사회적 문제를 일으킬 수 있다.

(7) 가정폭력

다문화가족의 문제점으로 지적할 수 있는 한 부분은 가정폭력 문제이다. 폭력적인 성향을 보인 남성들의 경우에 결혼한 외국인 여성에 대해서 하나의 인격체로 대하기보다는 자신의 소유물처럼 대하는 경향이 강하다. 함부로 다루어도 되는 물건처럼 폭력을 가해도 된다고 여기는 것이다.

폭력을 당한 다문화가족의 여성들은 참는 경우가 대부분이고 어떤 경우에는 가출하기도 하고 어떤 경우에는 다시 모국으로 돌아가는 경우가 발생한다. 폭력을 피해서 무작정 가출을 시도한 여성들의 경우에 아직 한국사회에 대해 적응하지 못한 상태이기 때문에 이들의 생활은 어려울 수밖에 없고 생활이 어려워진 이들은 사회적인 문제를 일으키는 가능성을 내포하고 있다.

폭력으로 인해 가출한 다문화가족의 여성들이 사회적인 문제를 일으키는 차원을 떠나서 폭력은 인간과 인간 사이에서 이루어져서는 안 되는 비인격적인 행동으로 절제되어야 한다는 점에서 문제점이 크다고 할 수 있다.

(8) 정체성 혼란

다문화가족의 경우에 결혼한 외국인 여성과 자녀들이 자신들의 외모가 한국의 사람들과 다른 점 때문에 정체성의 혼란을 겪을 가능성이 크다.

정체성의 혼란은 특히 다문화가족의 자녀에게서 많이 등장한다고 할 수 있다. 다문화가족의 자녀는 혼혈로 인하여 한국인의 외모를 어느 정도 가지고 있음에도 불구하고 외국인의 모습이 외모에 나타난다. 외국인의 외모와 한국인의 외모가 섞여 있음으로써 외모로 놓고 본다면 어느 국가의 외모라고 할 수 없는 외모를 나타내고 있다. 이러한 외모의 차이는 이들에게 혼란을 일으킨다.

다문화가족의 자녀는 자신에 대한 정체성이 제대로 확립되지 않은 시기부터 한국에서 생활하는 경우가 많으므로 그들은 학교에서 외모로 인해 친구들로부터 놀림을 당하게 된다. 이는 어린 나이의 그들에게는 심각한 정신적인 충격을 안겨 주게 되며 그들이 겪는 혼란이 점점 커져서 정체성의 혼란으로 확장되는 것이다. 이러한 혼란은 사춘기나 성인이 되어서도 이어질 가능성이 존재하며 이들이 사회적 문제점을 일으키는 주요 요인이 될 수 있다.

3. 다문화가족의 개입 및 지원서비스

1) 개입

다문화가족에 대한 개입은 정부의 일개 부처나 민간기관의 헌신적 노력으로 이루어질 수 없다. 관계부처와 지역 민간기관과의 연계활동을 통하여 건강, 교육, 자녀양육, 취업 전반에 걸친 다각적 지원과 나이에 맞는 맞춤형 지원이 이루어져야 한다. 다문화가족의 개입을 실천적 및 정책적 개입으로 나누어 설명하면 다음과 같다. [5)]

(1) 실천적 개입

① 다문화가족에 대한 언어교육 체계화

현재 한국어 방문교사 프로그램은 5개월 과정과 여성가족부에서 시행하는 1년 과정이 있는데 이것으로는 부족하며, 또한 한 번 받고 난 후에는 기회가 없으므로 큰 실효성이 없는 실정이다. 한국어 방문교사 프로그램 외에도 국제결혼이주여성을 위한 단계별 · 언어별 한국어 교재 발간 및 보급을 통해서 지속적 언어습득 교육과정에 실천적 개입을 해야 한다.

한국은 각종 지원책은 많이 제시되고 있지만 아직 교육체계가 너무 미비하므로 좀 더 체계적인 방안이 필요하다. 그리고 여성가족부, 법무부 등에 비하여 교육과학기술부의 다문화가족에 대한 개입은 부족하였던 것은 사실이다. 앞으로 다문화가족은 더욱 늘어나고, 그 가정의 자녀는 계속 자라고 태어날 것이다. 다문화가족에 대한 언어교육 체계에 관한 선진 사례들을 받아들여서 좀 더 체계적인 교육체제 활성화를 위한 다양한 개입을 해야 한다.

② 다문화가족 자녀역량 강화

취학 이후의 자녀가 이 사회의 일원으로 살아가고 또한 자기 민족 · 인종적 다양성에 대한 자긍심을 가지고 살아갈 수 있도록 다양한 지원에 개입하며, 이에 대해 교사, 학생에 대한 이해와 상호 공존의 존중감을 기르기 위한 환경조성이 필수적이다. 이를 위해 제2외국어 특별 학급반 운영 및 다국어 경진대회, 다양한 다문화가족 자녀를 위한 제2외국어로서의 한국어반 운영, 다문화가족 자녀 멘토 · 멘티 프로그램 운영, 다문화가족 자녀의 기초학력 강화 지원체계 마련, 다문화가족 자녀 전문 상담서비스 제공 등에 개입적 전략을 고려해 볼 수 있다.

③ 가정폭력 예방 및 피해자 보호

현재 한국의 다문화가족 배우자들은 주로 한국보다 국민총생산이 낮은 국가에서 이주해 왔으며, 신분이 불안정하고, 주변에 가족 등 상대적으로 네트워크가 부재한 관계로 가족 내에서 낮은 처우와 폭력 등의 문제가 발생할 수 있다. 따라서 미리 폭력을 예방하고 폭력발생 시 어떻게 대처해야 하는지 충분히 인식시킬 필요가 있다. 이를 위해서 폭력 예방 및 위기 시 대처에 관한 다국어 정보제공, 여성긴급전화 1366이나 상담소의 통역서비스 제공, 권역별 다문화가족 중 이주여성을 위한 쉼터확충, 가정폭력 및 성폭력 관련 상담원과 경찰교육, 다문화가족 부부 중 외국인 가정폭력 및 성폭력 관련 상담소 지정 등에 개입할 필요가 있다.

④ 다문화가족에 대한 취업장려와 직업훈련

대다수 다문화가족은 경제적 어려움을 겪고 있다. 외국인 배우자는 한국국적이 없으므로 경제활동에서도 차별받고 있다. 그러므로 정부차원에서 외국인 배우자의 능력개발 프로그램에 개입하여 다문화가족에게 제공해야 한다. 그리고 직업상담 및 고용서비스 지원을 통해 취업을 희망하는 외국인 아내의 사회진출을 적극 장려해야 한다. 다문화가족지원센터를 중심으로 직업훈련 교육을 더욱 체계적으로 지원할 수 있도록 수요자 욕구에 맞는 맞춤형 지원방안에 개입하며, 다문화 관련 기관, 민간단체 등과 긴밀한 네트워크를 형성하여 필요한 서비스를 효율적으로 지원받을 수 있도록 해야 한다. 외국인 아내들이 모국어에 능통하다는 장점을 살려 외국어교육 또는 가이드로서 능력을 활용할 필요가 있다.

(2) 정책적 개입

① 다문화가족지원센터의 확대설치 개입

전통적 복지체계가 시혜적 복지개념에서 생산적 복지개념으로, 나아가 다층적 복지개념으로 발전하였듯이 복지내용도 중요하지만, 그 전달체계의 확립이 중요하다는 인식이 확산해 왔다. 이처럼 다문화가족을 위한 지원서비스도 중요하지만, 그 전달체계의 확립은 더욱 중요하다. 다문화지원시스템이 발달한 미국의 경우 마을마다 커뮤니티센터에서 이러한 서비스전달 시스템의 소임을 수행하고 있는 것을 근거로 하여 다문화가족지원센터의 확대설치에 정책적 개입을 해야 한다.

② 적극적 경제활동 지원정책 추진 개입

중앙정부의 가족종합지원 대책은 다문화가족의 경제활동 지원을 중요하게 다루지 않고 있으며, 한국인 여성의 경제활동 지원정책에 다문화가족을 추가하는 수준이다. 다문화가족은 경제활동에 있어 첫째, 가족의 반대로 인한 어려움 둘째, 취약한 취업조건으로 인한 안정적 취업의 불가능 셋째, 국적취득 여부와 상관없이 불법체류자와 같은 부당한 대우를 받는 경우 등 세 가지를 경제활동의 가장 큰 어려움이 따르고 있다. 이는 한국인 가족이 경제활동에서 겪는 어려움과는 다른 것이다. 또한 대부분 다문화가족은 국제결혼이주여성과 한국인 남성과 결혼한 부부로 이루어졌으므로 이들의 경제활동 지원은 인권문제와 더불어 다문화가족 정책개입에서 가장 중요하게 다루어져야 할 부분이다. 따라서 지역사회는 다문화가족의 경제활동 지원을 위해 기존 다문화가족의 취업 관련 지원정책에 적극적 개입을 해야 한다.

③ 자조모임 활성화를 위한 정책적 개입

현재 한국에서 다문화가족의 자조모임(self-help group)을 지원하는 곳은 어울림 이주여성 · 다문화가족센터, 이주여성인권센터 등의 NGO이며, 이들 NGO의 자발적 자조모임 활동에 대한 지자체나 정부 차원의 체계적 지원에 대한 정책적 개입이 필요하다. 나아가 NGO의 매개 없이 그들 스스로 자체적으로 조직을 결성할 때도 자조모임 운영에 필요한 장소 및 운영 전반에 대한 정책적 지원에 대한 개입이 필요하다.

국제결혼 및 이주노동자 등 다문화가족이 많은 미국이나 호주 등 국가의 사례를 보면, NGO를 매개하거나 자체적으로 조직된 자조모임은 정부정책에서 간과되기 쉬운 정책의 빈자리를 보충하는 역할을 톡톡히 하고 있다. 국제결혼 당사자인 한국인 남성과 외국인 여성으로 이루어진 다문화가족 부부는 보통의 한국인은 상상도 할 수 없을 정도의 속성 결혼과정을 거쳐 성관계나 보디랭귀지 이외의 소통이 불가능한 가운데 부부생활을 하는 경우가 많다. 이러한 문제는 국제결혼을 통해 가족을 형성한 당사자의 가족문제이지만 가족 내에서는 해결하기 어려운 경우가 많으므로 이들에 대한 정책적 개입이 요구된다.

따라서 이러한 다문화가족을 위한 자조모임이 활성화되면 남편과 자녀에게는 아내와 어머니 나라에 대한 이해를 높이고, 결혼한 이주여성에게는 자긍심을 가지도록 다양한 정책적 개입을 한다면 한국사회의 다문화가족으로 통합되는 데 적극 이바지할 것으로 판단된다.

2) 지원서비스

다문화가족의 지원서비스에는 영유아 교육기관에서의 부모역할 지원, 다문화가족지원센터를 포함한 지역네트워크의 협력과 지원, 국가와 지방자치단체 차원의 부모역할 지원, 다문화가족의 이혼에 따른 자녀보호와 부모역할 지원, 사회적 차원의 부모역할 지원, 그리고 정책과제 등이 있는데, 그 주된 내용은 다음과 같다.[6)]

(1) 영유아 교육기관에서의 부모역할 지원

영유아의 성장 발달에 상대적으로 취약할 가능성이 있는 다문화가족 영유아의 증가에 따라 영유아와 가족의 특성을 이해하고 그 요구에 맞는 보육을 제공하는 보육프로그램이 필요하다. 최근 다문화가족 영유아의 보육 기회가 점차 확대되고 있고, 다문화가족 영유아와 일반가족 영유아가 함께하는 통합보육의 요구가 꾸준히 증가하면서, 어린이집이나 유치원에서 효과적으로 다문화 보육 및 교육을 할 수 있는지에 대한 관심이 증가하고 있다.

다문화가족 내에서 자녀에게 충분히 제공하지 못하는 양질의 교육경험을 보완해 줄 수 있는 영유아 교육기관에의 접근성이 확보되어야 한다. 영유아가 오랜 시간을 보내는 어린이집, 유치원과 가정이 연계될 때 일관성 있는 양육지원이 가능하므로 영유아 교육기관에서 다양한 문화를 편견 없이 수용할 수 있는 분위기 조성 및 적극적인 다문화 보육프로그램 운영이 요구된다.

영유아들은 발달 특성상 다양성에 대한 보육 및 교육이 효과적으로 이루어지면, 다른 사람에 대한 이해와 수용을 익힐 수 있는 시기이다. 영유아기 자녀에게 다문화적 경험을 갖게 하는 것은 문화적 편견을 줄이고 자신과 타인을 존중하는 태도를 가지게 하여 자신과 다른 외모, 문화, 생활방식을 가진 사람들을 이해하고 수용하며 더불어 살 수 있는 교육의 기반을 만드는 것이다. 영유아 교육기관의 역할은 서로 다른 문화를 가진 영유아들이 서로의 특성이나 가치를 인정하고 존중하며, 다양성을 인정하는 민주적인 시민으로 성장하도록 교육하는 것이다.

다양한 부모교육 및 부모참여프로그램을 통해 다문화가족 부모의 참여를 도모하며, 다문화가족과 다문화가족이 아닌 가족이 자녀양육에 대한 정보와 양육기술을 상호교류 할 기회를 제공하는 것도 다문화가족 지원에 도움이 될 것이다.

(2) 지역네트워크의 협력과 지원

다문화가족을 위한 부모교육은 다문화가족지원센터를 중심으로 실시되고 있으며 다문화가족을 위한 가족교육, 상담, 문화프로그램 등 서비스 제공을 통해 결혼이민자의 한국사회 조기적응 및 다문화가족의 안정적인 가족생활 지원을 목적으로 한다. 교육방법은 집합교육과 방문교육으로 나뉘어져 있으며, 생애주기별 각 1회 지원하며, 최대 15개월로 총 3회 지원한다. 또한 집합교육은 가족, 배우자, 부부, 자녀 등을 대상으로 세분화하여 적합한 가족관계 증진을 위한 교육을 제공하고 다문화가족구성원 간 가족 내 역할 및 가족문화에 대한 이해를 증진하게 시키고자 하는 데 목적을 두고 있다.

가족상담 및 정서지원서비스, 기타 한국생활에 필요한 정보제공 등을 실시하고 있지만, 다문화가족을 위한 부모교육은 다문화가족의 부모가 대한민국에서 생활하는 데 필요한 기본적 정보를 제공하고, 사회적응교육과 직업교육, 훈련 및 언어소통 능력향상을 위한 한국어교육 등을 받을 수 있도록 필요한 지원을 강화하여야 한다.

다문화가족의 이중언어와 부모의 양육관 차이로 발생하는 갈등과 혼란을 극복할 수 있는 가족구성원 전체에 대한 효과적인 교육이 제공되어야 한다. 그리고 다문화가족지원센터의 다양한 프로그램으로 자녀양육을 위한 부모 역량을 강화 하며, 다문화가족 배경국가나 부모 개인의 특성에 따라 양육지원의 내용과 방법에서 차별화할 필요가 있다.

(3) 국가와 지방자치단체 차원의 부모역할 지원

① 다양한 문화가 있는 다문화가족 구현

결혼이민(예정)자 및 한국인 배우자를 대상으로 상대국 결혼제도, 문화 및 교육을 강화해야 하며, 배우자, 부부, 자녀 등 대상을 세분화하여 다문화가족 구성 간 가족 내 역할 및 가족문화에 대한 이해향상 교육도 지속해서 활성화해야 한다.

② 다문화가족 자녀의 성장과 발달 지원

초등학생 이하 다문화가족 자녀에 대한 언어발달 평가 및 교육 서비스를 시행하고 있지만 이에 대한 평가 등이 이루어져야 한다. 다문화가족 자녀에 대한 부모 출신국 언어, 문화이해 프로그램지원을 위해 이중언어 교육의 시행도 효과성 여부가 있는지 지속적 점검과 평가가 요구되고 있다. 또한 다문화가족의 결혼이민자에게 자녀양육 지원을 위한 부모-자녀 관계형성, 영양 · 건강관리, 학교 · 가정 생활지도 등의 부모교육, 가족상담 및 정서지원서비스 제공에 대해 다문화 전문가에게 매년 평가받아야 한다.

③ 안정적인 가족생활 기반구축

국내 입국 전에 결혼의 진정성 확보를 위해 국제결혼 중개업체의 불법행위(무등록 영업, 허위, 과장 광고 등)에 대한 현장점검 단속을 강화하고 있으며, 국제결혼중개업체 주기적 공시 및 종사자 교육 등을 통해 국제결혼중개업의 건전화를 유도하고 있다.

결혼이민자 입국 시기, 한국어 능력, 자녀유무 등 특성에 따른 맞춤지원을 위해 다문화가족 생활지도사, 사례관리사를 양성하고 지원하고 있으며, 기정착 결혼이 민자와 초기 입국 결혼이민자 간 멘토링 사업 추진으로 일대일 네트워크를 형성하여 한국생활 초기적응을 적극적으로 지원해야 한다.

④ 결혼이민자의 사회경제적 진출확대

결혼이민자 일자리를 확대해야 하며, '여성 새로 일하기 센터'에서 결혼이민여성 맞춤형 교육과정 운영 및 직장에 적응할 수 있도록 인턴제를 운영하는 등 직업교육 훈련지원을 강화해야 한다. 또한 결혼이민자의 사회참여 확대를 위해 지자체 외국인 주민 민관협의회를 구성 · 운영하며, 지역사회 관련 정책결정 과정에 결혼이민자 참여를 확대하고 있으며, 다문화가족 자조모임 및 이민자네트워크 운영 등을 통해 다문화가족 간 네트워크를 활성화해야 한다.

⑤ 다문화가족에 대한 사회적 수용성 제고

다양한 인종과 문화를 인정하는 사회문화를 조성하기 위해 다양한 대중매체를 통한 홍보로 사회적 편견 및 차별을 예방하고 다양성을 인정하기 위한 사회문화를 조성하기 위해 노력하고 있으며, 다문화가족과 지역사회 간 문화예술 네트워크 및 이주배경 청소년과 일반 청소년이 함께하는 통합캠프 등을 통해 함께 어울리는 기회를 확대해야 한다. 또한 공무원과 경찰, 군인 등 공무원을 대상으로 다문화 인식개선 및 이해교육을 확대할 필요가 있다.

⑥ 다문화가족 정책추진체계 정비

포괄적 가족지원서비스 제공을 위해 건강 가정 · 다문화가족지원센터 통합서비스사업을 확대하고 있지만 이러한 서비스사업에 대한 개선방안 등과 주요 결혼상대국과 업무협약을 통해 국가 간 협력체계 강화를 구축할 필요가 있다.

(4) 다문화가족의 이혼에 따른 자녀보호와 부모역할 지원

다문화가족에서 이혼 후 문화적 · 언어적 어려움과 자녀양육 및 교육의 어려움으로 부모역할에 대해 곤란을 겪는 부모가 많으며, 면접교섭권에 대한 이해가 떨어져 결혼이민자가 면접교섭권을 행사하려고 하지 않는 경우도 발생하고 있다. 여성가족부가 이혼과정에 있는 가족에게 심리 · 법률상담 및 부모교육 등을 지원하는 '법원 연계 이혼 위기 가족지원 사업'을 전국으로 확대하여야 하며, 다문화가족지원센터를 통한 연계방안이 추진되어야 한다.

(5) 사회적 차원의 부모역할 지원

다문화가족이 행복한 부모역할을 하고 건강한 가족생활을 하기 위해서는 함께 더불어 사는 우리나라 국민의 다문화사회에 대한 이해와 다문화 수용에 대한 홍보가 요구된다. 또한 다양한 매체를 통해 나이별, 세대별로 세분된 홍보를 하여, 사회구성원이 문화적 다양성을 인정하고 존중할 수 있도록 다문화가족에 대한 이해교육을 강화하여 사회적 편견 및 차별을 줄여나가야 한다.

제 12 장

중독가족

중독(addiction)이라는 것은 일반적으로 어떠한 것에 지나치게 몰두하여 그 것이 없이는 견디지 못하는 병적 상태이며, 독성물질에 의한 신체적 · 물질적 중독과 정신적 · 행위적(의존적) 중독을 동시에 일컫는 뜻이다. 여기서 신체적 · 물질적 중독은 생물체의 기능에 해로운 영향을 주는 독성 물질에 생물체가 노출(흡입, 경구 섭취, 피부접촉 등)될 때 발생되는 신체위해성 문제(농약, 독버섯, 페놀 등)를 의미하며, 정신적 · 행위적 중독은 일종의 습관성 중독으로, 심리적 의존이 있어 계속 물질, 행위, 약물 등을 갈망하고, 이에 따라 신체적 · 정신적 건강을 해치게 되는 상태(약물, 도박, 알코올, 흡연, 인터넷, 쇼핑 등)를 말한다.

미국중독의학협회(American Society of Addiction Medicine: ASAM, 2019)에서는 '중독'을 뇌 회로, 유전학, 환경, 그리고 개인의 인생경험 사이의 복잡한 상호작용을 수반하는 치료 가능한 만성질환이라고 규정하였다. ASAM은 중독이 있는 사람들은 물질을 사용하거나 강박적으로 되어 해로운 결과에도 불구하고 종종 계속되는 행동을 한다고 하면서 '물질'과 '행동'을 모두 중독의 대상으로 명시하였다. 중독의 전통적인 개념은 담배, 술, 마약 등 물질의 남용과 관련하여 정의되었으나, 병적 도박이 DSM-Ⅴ에서 도박장애라는 명칭으로 '물질관련 및 중독 장애'로 분류 · 등록되면서 행동중독은 정식으로 중독의 한 분야로 인정받게 되었다. 현재는 컴퓨터, 인터넷, 온라인 게임, 태블릿, 휴대전화와 같은 기술 기기와 응용프로그램 역시 과도하게 사용할 경우, 사람들에게 기술중독을 일으킬 수 있다고 인정되고 있다. 그리고 O'Brien(2011), Holden(2001)은 '중독'은 내성, 금단증상, 의존성을 나타내는 현상으로, 사회적 문제를 동반

한다고 하였다.[1]

본 장에서는 중독가족 중에서 가족복지실천의 주요한 초점이 되는 알코올중독 가족과 인터넷중독 가족 중심으로 살펴보고자 한다.

1. 알코올중독 가족

1) 개념

알코올중독(alcohol addiction)에는 일반적으로 알코올리즘(alcoholism)이라고 부르며, 이는 일반사회에서 허용되는 영양적 또는 사회적 용도 이상의 주류를 과량으로 계속해서 마심으로써 신체적 · 정신적 및 사회적 기능을 해치는 만성적 행동장애이다. 최근에는 알코올중독을 의학적 진단이 가능하고 치료 및 관리를 요하는 하나의 질병 실체로 보는 경향이 커지고 있다.

미국의사협회(American Medical Association)는 1977년에 알코올중독을 '지속적이고 과다한 음주와 직접적으로 관련된 상당한 기능장애가 특징적으로 나타나는 질병'이라고 하였다. 미국 국가알코올중독회의(National Council on Alcoholism: NCA)도 알코올중독을 '만성적, 진행성, 그리고 잠재적으로 치명적인 질환이며, 특징적으로 내성, 신체적 의존 및 신체 기관의 병적인 변화가 발현되는 상태'라고 정의하였다. WHO(세계보건기구)는 알코올의존증후군(alcohol dependence syndrome: ADS)의 개념을 채택하여 ICD-10에 반영시켰는데, 이는 지속적 · 주기적으로 술을 마시려는 강박행동이 기본양상으로 되어있다.

DSM-5에서는 알코올중독 또는 알코올리즘을 알코올 사용장애(alcohol use disorder)로 통합되었다. 이 개념들은 대체로 WHO(1976)의 알코올의존증후군 개념을 받아들이고, 생물학적 · 사회적 · 행동이론적 · 다차원적 관점의 핵심 의존증후군(core dependence syndrome)의 개념을 도입하고 있다.

WHO는 알코올중독을 "전통적 음주습관의 영역을 넘거나 혹은 그 사회에서 인정하는 범위보다 지나치게 많이 음주하고 사회와 가정에 지장이 있고 이상을 초래하는 경우"로 정의하였다. 이러한 정의는 알코올중독을 단순히 의료적 측면뿐 아니라 사회적 측면에서의 용인과 기대에 따라 달리 정의될 수 있는 특성을 나타낸다. 중독이라는 용어가 이미 의료적 · 심리사회적 측면의 복합적 용어인 만큼 알코올중독의 정의는 사회가 용인하는 음주량이나 행동상의 문제에 대한 수용정도에 따라 달라질 수 있다.[2)]

본 장에서는 WHO가 강조하는 알코올중독의 정의를 알코올중독의 개념으로 사용하고자 한다.

가족구성원 중 알코올중독자가 있을 때, 그로 인해 가족구성원 모두 정신적 · 사회적 문제를 일으킬 수도 있고 심지어 이혼 등으로 인해 가족해체까지 초래할 수도 있다. 즉 알코올중독을 가족질병이라고 일컫는 이유는 알코올중독 당사자 자신뿐만 아니라 가족구성원에게 미치는 영향력이 크기 때문이다. 특히 알코올중독 가족이란 가족 중의 한 사람이 알코올중독인 경우로, 이때 알코올중독과 가족문제는 원인-결과의 단선적 관계가 아니라 상호영향을 주고받는 순환적 관계의 특성이 있다. 즉 알코올중독자가 가족구성원에게 영향을 미치고 가족은 항상성을 유지하기 위해 역기능적 양상을 발전시키게 된다.[3)]

2) 실태와 문제점

(1) 실태

알코올중독은 전 세계적으로 가장 중요한 보건문제 중의 하나이다. 음주에 허용적이고 비교적 관대한 문화를 가진 한국에서 알코올중독의 문제는 각 개인의 질병이나 의지의 문제로 간과되었고, 아직도 이들에 대한 체계적 접근이나 보호는 적절하게 이루어지고 있지 못한 실정이다. 한국에서 알코올중독은 계속 증가 추세이며, 국민 1인당 알코올 소비량이 세계 제일이다. 정신과 병원에 입원한 정신장애인 중에서 알코올중독 입원 환자 수는 총입원 정신질환의 20~30%를 차지하고 있어서 이들을 위한 다각적인 치료가 활성화되어야 한다.

특히 코로나19 장기화로 혼자 술을 마시거나 집에서 술을 마시는 사람이 증가하는데도 알코올중독의 치료 · 관리 수준은 매우 낮은 것으로 나타났다.

보건복지부(2022)에 실시한 알코올중독의 실태를 살펴보면 다음과 같다. [4)]

우리나라 알코올중독자 수는 2018년 150만 5,390명, 2019년 151만 7,679명, 2020년 152만 6,840명을 기록했다. 2020년 기준 알코올 남용은 87만 2,481명, 알코올 의존증이 65만 4,360명인 것으로 추정됐다(<표 12-1> 참조). 이처럼 알코올중독자 수는 해당 연도 주민등록인구 수에 알코올 사용 장애 1년 유병률인 3.5%를 곱한 값으로 추정한다.

〈표 12-1〉 2018~2020년까지 연도별 알코올중독자 지역사회 등록관리율

연도	2018	2019	2020
알코올중독자 등록관리율(%)	0.68	0.62	0.59
알코올중독 추정 환자 수(명)	1,505,390	1,517,679	1,526,841
지역사회 등록관리자 수(명)	10,295	9,471	9,042

*출처: 보건복지부 회신자료, 2020, 의원실 재편집

보건복지부와 건강보험심사평가원 등에게 받은 자료를 보면, 2020년 알코올중독 추정 환자 중 관련 진료를 받은 비율은 약 4%에 불과하며 중독관리통합지원센터 등의 관리를 받는 비율도 약 0.6%에 그쳤다. 실제 알코올중독자 중 진료를 받은 환자 수는 2018년 7만 1,719명, 2019년 7만 1,326명, 2020년 6만 4,765명으로 감소한 것으로 집계됐다. 지난해 기준 알코올중독자 대비 알코올중독증으로 진료를 받은 환자의 비율은 4.2%다.

알코올중독자의 지역사회 등록관리율은 더 저조했다. 등록관리자가 2018년 1만 295명, 2019년 9,471명, 2020년 9,042명으로 줄어드는 동안 지역사회 등록관리율도 2018년 0.68, 2019년 0.62, 2020년 0.59로 떨어졌다. 지난해 기준 알코올중독자 약 170명 중 1명만 지역사회에서 등록 · 관리된 셈이다.

'2021년 정신건강사업안내'에 따르면 인구 20만 이상 시 · 군 · 구에 설치할 수 있는 중독관리센터는 인구 20만 이상 지역 99개를 포함한 전국 226개 시 ·

군 · 구 중 50곳만 설치돼 있고, 64%(32개소)는 근무하는 종사자가 5명 이하이다.

(2) 문제점

알코올중독자 가족은 알코올중독자가 중독을 유지하기 위한 과정에 함께 연루된다. 알코올중독자는 자신의 중독을 유지하기 위해 자신의 알코올중독문제를 인정하지 않으려는 부정체계(denial system)를 발달시키고 진행한다. 그리고 알코올중독자의 부정에 따라 가족도 그런 과정 속으로 연루되어 간다. 알코올중독자 가족의 비극은 알코올중독자의 행동이 혼란되고 파괴적 성질을 띨 때도 가족체계의 특성상 가족이 그런 행동에 의지할 수밖에 없다는 점이다. 한 개인의 음주는 전체 가족체계에 영향을 미치고 가족기능 또한 알코올중독의 지속이나 악화 또는 치료나 회복에 중대한 영향을 미치는 상호순환적 관계이다.

알코올중독자 배우자는 가족의 학대와 경제적 어려움과 이로 인한 정서적 고통과 대인관계에서 많은 어려움을 겪고 있으며, 이러한 짐(고통)에서 벗어나기 위해 자신들이 할 수 있는 모든 전략을 사용한다. 그러나 시간이 흐를수록 배우자의 병은 계속 진행되며 자신들이 갖고 있는 인간적 대응전략이 소용이 없음을 깨달으면서 깊은 절망감에 빠진다. 알코올중독자가 가족에게 미치는 문제점은 다음과 같다.[5)]

① 배우자에게 미치는 문제

알코올중독자로 인해 건전한 가족관계가 파괴됨은 가족생활주기에 따른 발달과제가 성취되지 못함을 의미한다. 즉 신혼기 가족형성 단계에서의 알코올중독자는 부부갈등, 이혼, 가족조직의 파괴, 가족관계 등의 왜곡을 피할 수 없고, 더욱이 다음 단계의 발달이행에 장애를 주어 자녀출생에 따른 부모의 역할수행에 문제가 생기고, 자녀가 성장함에 따른 부모-자녀 관계, 자녀의 건전한 정서발달과 자아성장 문제에 부딪혀 결국 가족의 안정적 유지가 곤란하게 된다. 가정에서 중심적 대인관계는 부부관계이다. 부부는 서로가 생리적 · 사회적 · 심리적 안정감과 흥미개발을 위한 활동을 할 기회를 제공함으로써 서로간의 성숙에 도움을 준다. 알코올중독자 가족의 기능상의 문제 중에 가장 심각하게 지적되는 것은 부부간의 갈등이다.

알코올중독자 가족은 중독자가 음주하지 않는 날에 비하여 음주한 날에 가족폭력이 발생하는 비율이 훨씬 높았으며, 또한 알코올중독자는 그렇지 않은 사람보다 성적 기능이 급격히 떨어짐으로써 부부간에 문제가 생길 가능성이 높은 것으로 나타났다.

Ⓐ 정서적 측면

남편의 알코올중독은 부인을 정서적으로 불안하게 만든다. 남편의 알코올중독은 부인을 편안하지 않게 만들고 이에 따라 부인은 남편에게 화를 내게 되고 신경질적이 되며 그에 대한 적대적 반응을 한다. 이런 반응은 남편에게 부인이 자신을 이해해 주지 못한다고 생각하게 만들며 음주를 되풀이하게 된다. 알코올중독자 부부관계의 정서적 측면이 안정되지 않기 때문에 부부 사이의 갈등이나 불화를 해결하고 가족의 분위기를 안정되게 하는 데 큰 어려움을 겪는다.

Ⓑ 경제적 측면

남편의 알코올중독은 직업의 일시적 상실이나 중단에 처하게 되며, 이에 부인은 가정경제를 전적으로 책임지게 된다. 부인은 가정경제를 책임지는 부담감과 더불어 불성실한 남편에 대한 간섭과 통제가 가해진다. 여기서 남편은 점차 부인에게 의존적 성향을 띠게 되며, 이에 부인은 지배적이고 과보호적인 성향을 나타낸다. 이러한 역할변화는 부부갈등을 불가피하게 한다. 이럴 때 알코올중독자의 의존성은 커지며 가족을 부양하는 것의 반대 측면에서 가족을 지배한다. 예를 들면 폭력이나 파괴적인 행위를 통해 지배하려 한다.

Ⓒ 성적 측면

의존적 남성 알코올중독자는 성적인 면에서 지배하는 것에 의해 그의 위치를 되찾으려고 한다. 그러나 과도한 양의 알코올 섭취는 성적 기능을 약화하므로 성생활의 불만족을 가져오게 되고 성생활의 불만족은 그들 관계의 불만족으로 드러날 것이며, 결국 이는 불화나 갈등을 자아내는 요인으로 작용한다.

② 자녀에게 미치는 문제

알코올중독은 가족구성원에 상당한 영향을 끼치며, 특히 이러한 가족환경에서 생활하는 자녀는 부모 사이에서 나타나는 심한 갈등을 보게 되고 또한 부모 중 한 사람 혹은 양쪽 모두에서 나타나는 역기능도 경험한다. 따라서 알코올중독자의 자녀는 정서적으로 불안과 긴장을 느끼며 이런 상태가 장기적으로 지속되면 다양한 정신과적 문제를 가지게 된다. 자녀의 요구, 느낌, 행동은 항상 알코올중독자의 그것에 밀려 이차적으로 되고 자주 중독자의 요구 때문에 통제된다. 한편 알코올중독자의 자녀는 가끔 부모의 음주가 자기의 잘못 때문이라고 믿기 때문에 괴로워하기도 한다. 자녀는 문제를 더 이상 확대시키지 않고, 더 이상 고통을 당하기 싫어서 마음속으로부터 끓어오르는 두려움, 분노, 죄의식, 외로움을 혼자서 삭혀야만 한다.

3) 개입

점차 증가하는 알코올중독에 대한 개입은 조기발견과 조기치료의 연결이 중요하며 그로 인한 지역사회 내 알코올 상담센터의 역할은 더욱 강화되어야 한다. 또한 치료접근성을 높이려면 지역사회 기반의 알코올 상담센터 확충, 직장 내 알코올 문제 직원에 치료명령제 도입 등 보다 다각도의 지원책이 필요하다.

알코올중독자와 가족에 대한 주된 개입에는 입원치료, 약물치료, 재활치료, 가족친목, 가족치료 등이 있다.[6)]

(1) 입원치료

치료 중 제일 먼저 시작되어야 하는 것은 해독이다. 이 기간에 심각한 금단증상이 발생할 수 있다. 이를 예방하거나 치료하려면 입원이 필요하다. 입원치료의 최종 목표는 술을 끊고 정상적 사회생활로 복귀하여 적응하며 살아가도록 돕는 데 있다.

국내에서는 대부분의 정신병원이나 요양원에서 가족과 합의하여 환자의 뜻과 관계없이 치료했으나, 이는 환자의 인권, 재산권, 직장생활, 자존심 등에 심각한 손상을 초래할 수 있으므로 신중하게 결정되어야 한다. 환자 스스로 병원을 찾아와 충분한 기간에 치료받고 술을 끊은 뒤 퇴원한다면 가장 이상적이다.

(2) 약물치료

정신과 의사의 처방을 받아 시행해야 하며, 금주약이라고 시중에서 판매되는 약들은 부작용이 있어 위험할 수도 있으므로 반드시 본인에게 설명하고 정신과 의사의 지시와 감독하에 사용해야만 한다.

(3) 재활치료

① 외래 프로그램

청소년이나 알코올중독자가 학교나 직업을 유지하면서 사회 속에서 소외되지 않고 지속적 재활서비스를 받도록 이루어져 있다. 참여기간이나 개입방법은 중독자 개인의 특성에 따라 차이점이 있으나 이 프로그램의 장점은 손쉬운 접근성이다.

② 거주치료 프로그램

거주치료 프로그램(residential treatment program)은 알코올중독자가 약물을 사용하는 유해한 환경과 가족과의 갈등에서 벗어나기 위한 대안으로 많이 활용된다. 프로그램은 약 2~12개월가량 소요되며 전형적으로 개인 및 집단상담, 교육활동, 놀이, 약물교육 등이 실시된다. 거주치료 프로그램은 도심보다는 시골 지역에 주로 많으며, 개인 및 집단상담의 사후관리가 연장될 수 있다는 것이 장점이다.

③ 치료공동체

치료공동체(Therapeutic Community: TC)는 크게 볼 때 거주 치료 프로그램보다 더 제한적이고 구조화되어 있다. 실제 모든 TC 입소자의 15% 이하만 치료를 마치고 나가며 나머지 50% 이상은 90일 전에 치료를 떠난다. 대부분의 TC는 약물 없는 공동체 속에서 사회적 학습 중심의 운영을 한다. 시설에 따라 다양한 종류의 치료공동체가 있으며 집단치료 및 상담, 대인관계 개선집단, 개인지도, 치료 및 공식적 교육, 학습, 시설 내 직업기능(요리, 청소, 페인트칠, 수선 등) 및 실습으로 이루어져 있다.

④ 중간 집

중간 집(half-way house) 프로그램은 병원이나 치료시설에서 퇴원했지만, 사회복귀에는 어려움이 있는 중독자, 이용할 수 있는 지역사회자원이 빈약한 경우, 심각한 인생의 위기를 가졌거나 장기간 알코올중독 치료를 위해 입원 · 시설에 입소해 있던 관계로 사회성이 극도로 낮아졌으면 등에 이용할 수 있는 대안이다.

⑤ 회복의 집

회복의 집(recovering center)은 치유센터로서 영적 회복을 기본 철학으로 하는 프로그램을 운영한다. 교회나 절, 목사나 성직자에 의해 지원되며 육체적 · 정신적 · 사회복지적 측면, 특히 영적 측면을 강조한다.

⑥ 쉼터

쉼터(shelter)는 비연고자나 저소득층을 중점 대상으로 하고 있으며, 영적 안녕의 기본적 중요성을 강조하고 있다. 영적 상담과 지도의 전통에 추가하여 주거와 직업훈련, 개별 및 집단정신 치료, 의미 있는 노동 및 부가적 서비스를 제공하고 있다. 저렴한 비용, 보호제공자 사이에 높은 수용성을 기본적 장점으로 들 수 있다.

(4) 가족친목

부모의 상습음주 및 알코올중독은 가정불화를 유발하며 그것은 또한 자녀가 알코올중독이 되는 요인이 된다. 그러므로 현재 알코올중독자를 치료하기 위해서는 가족을 이해시키는 것이 선행되어야 한다. 알코올중독 가족이 가장 쉽게 이용할 수 있는 서비스는 가족친목(Al-Anon)으로, 전문가가 관여하지 않는 자조집단(self-help)이다.

가족친목은 1940년대 후반에 단주친목 구성원의 배우자와 친척이 모여 알코올중독자와 함께 살아가면서 공유하는 공통문제를 토론하기 위해 모인 것이 그 효시가 되었다.

알코올중독자 가족이 서로 돕고 환자치료에 도움이 되기 위한 모임으로, 알코올중독자 자신의 문제를 알 수 있도록 도와주기 위해 가족친목 모임을 소개해 주고 안내해 주는 것이 필요하다. 또한 부모는 자신들의 애정 있는 부부관계가 가정의 불화를 방지하는 것이란 것을 알아야 하고 그들의 독선적 성격이 자녀의 성장에 문제를 형성케 하고 그들의 지나친 과잉보호가 지나친 의존심을 조장하여 결국 자녀가 생활의 모든 갈등을 알코올에 의존하는 문제된 인격형성의 지름길이 된다는 것을 깨달아야 한다. 부모는 이러한 통찰력을 가짐은 물론 실제 가정에서 실천하려는 의지가 더욱 중요하다.

가족친목에서는 음주의 변화는 알코올중독자가 책임을 져야 할 부분이라는 사실을 알코올중독 배우자가 수용해야 한다는 태도다. 혼란스러운 알코올중독 가족구성원과의 결혼생활에서도 알코올중독 배우자는 생활의 다른 부분에서 행복할 수 있는 잠재력을 가지고 있어서 자신이 흥미가 있고 만족할 수 있는 독립영역을 개발할 것을 강조한다. 알코올중독의 음주문제와 분리하게 시키면서 자신이 성취할 수 있는 자신만의 영역을 가질 것을 권한다. 배우자의 그 같은 행동변화는 알코올중독자가 술을 끊겠다고 결심할 때 도움이 된다. 가족친목은 매우 다양한 특성을 가진 구성원들로 이루어지지만, 알코올중독자를 배우자(혹은 아들, 부모)로 둔 사람들이 모여서 가족친목의 교리를 바탕으로 경험담을 나누고 대응전략을 구사한다.

가족친목의 기본요소는 집단구성원 간 사회적 지지의 제공이다. 이는 집단의 상호작용 맥락에서와 집단모임 밖의 사회적 접촉이나 전화를 통하여 일어난다. 가족친목은 알코올중독자 때문에 사회적으로 고립된 배우자의 친구역할을 해 준다.

(5) 가족치료

알코올중독이 개인의 질병이 아닌 가족의 질병이라고 규정했듯이 치료적인 면에서도 개인치료뿐만 아니라 가족치료의 병행은 필수적이다. 그중에도 가족이 중요한 치료매개체로 활용되어야 하며 가족개입은 알코올중독자와 그 가족의 성공적 재활을 위하여 필수적이고 가족 중 특히 배우자의 대응 방식이 중요한 요인으로 알려져 있다.

우선 센터에 찾아온 배우자를 위한 가족치료 프로그램이 시행되는데, 배우자부터 일방적 가족치료를 시행하는 것은 알코올중독자가 회복하도록 동기화시키는 데 가족의 영향력을 활용하기 위해서이다. 배우자나 그 가족은 의미 있는 사회적 망으로서 알코올중독자가 회복을 시도하고 이를 고수하도록 할 가능성을 향상하게 시킬 수 있는 영향력을 가진 존재이며, 초기단계에서부터 가족을 관여시키는 이 치료는 가족구성원을 회복 과정에 끌어들이는 기회를 제공하며 그럼으로써 알코올중독자의 회복과 가족의 회복이 동시에 이루어질 수 있다는 기본전제를 가지고 있는데, 단독 가족치료가 대안이 될 수 있다.

단독 가족치료는 협력적 구성원을 통해 치료에 동의하지 않는 가족구성원의 행위를 변화시키고자 하는 게임 방법이다. 단독 가족치료는 비협조적 알코올중독자가 음주를 중단하고 치료를 받도록 혹은 이 두 가지를 모두 실행하도록 영향을 주기 위해서 협조적 알코올중독자 배우자를 돕는 접근법이다. 여기서 알코올중독자 배우자는 치료자에게 있어서 접근할 수 있는 주요한 혹은 유일한 재활적 영향력을 가진 사람으로 간주된다.

단독 가족치료는 세 가지 주요 개입 초점으로 이루어져 있다.

첫째, 술을 마시지 않는 협력적 배우자의 대처(coping)행위를 변화시키는 개인적 초점(individual focus)이다. 개인적 초점은 중독자의 음주로 인한 배우자의 스트레스와 불안을 감소시키고, 배우자가 음주 문제를 다루는 구체적 노력하도록 협조적 배우자를 보조한다.

둘째, 부부와 가족의 기능을 강조하는 상호작용적 초점이다. 상호작용적 초점은 일방적 관계향상을 통해서 부부불화를 감소시키고, 잔소리나 다른 습관적 음주통제 노력을 감소시키고 또한 배우자가 자신 앞에서 먹는 것이 안전할 것이라는 잘못된 알코올 섭취 분위기 조장 습관을 줄여나감으로써 부부 및 가족기능의 변화를 불러오고자 한다.

셋째, 제삼자에 초점을 두는 방법은 치료에 들어가지 않는 알코올중독자가 치료받거나 단주하는 등의 알코올중독자 음주행위 자체에 관심을 둔다. 제삼자 초점은 알코올중독자가 치료나 단주 혹은 이 두 가지를 모두 행하도록 유도함으로써, 비협조적 가족구성원에게 변화를 불러오도록 배우자와 함께 노력하는 것이 포함된다.

단독 가족치료의 주 효과가 배우자에게 알코올중독자의 재활에 긍정적 역할을 하고 알코올중독자가 치료받도록 자극하는 데 있지만, 배우자의 안녕을 향상하는 것도 중요한 목표 중의 하나이다. 분리가 그러한 예로, 배우자에게 알코올중독자의 술 문제에 정서적으로 깊이 관여하는 것을 감소시키고자 한다. 이 외에도 배우자가 흔히 보이는 스트레스, 분노, 우울증, 불안 등의 정서적 문제와 반응 등을 다룸으로써 배우자가 알코올중독자의 술 문제에 효과적으로 대처하는 것을 돕는다.

(6) 가족교육 프로그램

Pittman(1978)은 가족치료자가 다음에 대해 가족을 교육해야 함을 강조했다.

- 가족은 알코올중독자를 통제할 수 없다. 가족의 통제는 또 다른 음주 문제를 야기할 수 있다.
- 가족은 죄책감과 책임감으로부터 헤어 나와야 하며, 알코올중독자에 의하여 휘둘리지 말아야 한다.
- 가족은 알코올중독자와 상관없이 그들의 삶을 직면하고 위기에 대처할 수 있는 능력을 키워야 한다.
- 알코올중독자 자신이 그들의 음주행동의 결과를 감수하도록 하고 가족은 알코올중독자를 구출해 주어서는 안 된다.
- 알코올중독자가 음주상태에서 요구하거나 말하는 내용을 심각하게 받아들이지 말아야 한다.

Bepko와 Krestan(1985)은 알코올중독 가족의 진정한 치료는 단주에서 끝나는 것이 아니라 오히려 거기서 시작된다고 보았다. 단주가 되었다가 하더라도 성 문제, 부부간의 권력구조의 변화 등이 해결되지 못할 때 재발 혹은 음주 이외의 다른 문제가 발생할 가능성이 높다. 알코올중독자의 치료단계를 살펴보면 병원(센터) 도착단계-가족개입-문제정의-일반적 처방-구체적 처방-저항협상하기-종결단계로 진행된다.

2. 인터넷중독 가족

1) 개념

인터넷중독(internet addiction)이라는 용어를 처음으로 채택한 Goldberg (1996)는 DSM-4의 물질중독에 근거하여 내성(tolerance)과 금단(withdrawal)의 증상을 주요 진단기준으로 제시하고 12개월 동안 인터넷 사용에서의 부적응적인 행동을 보여, 임상적으로 유의한 장애 혹은 고통을 유발하는 경우를 인터넷중독 장애라고 정의하였다.

또한 인터넷중독이라는 개념을 학문적으로 처음 사용한 Young(1999)은 인터넷중독을 인터넷 이용자가 약물, 알코올, 또는 도박에 중독되는 것과 유사한 방식으로 인터넷에 중독되는 심리적 장애라고 보았다. 이에 따라 인터넷중독의 진단을 위해 병리적 도박의 기준을 원용하여 의존, 내성, 금단, 신체적인 문제, 학업 · 직업적 문제, 가족의 문제, 사회적 문제 등의 하위범주를 기틀로 하는 20문항의 진단척도를 개발하고, 인터넷 사용자들을 중독군, 중독위험군 및 일반사용자군으로 분류하여 진단하고 있다.

스마트폰 과의존(중독) 개념도 인터넷중독 개념의 연속선상에 있으며 사용자의 심리적 반응 측면에서 공통성을 지니고 있어서 스마트폰 과의존(중독) 구성요소에서도 인터넷중독과 유사한 성격을 내포하고 있다. 이러한 인터넷중독에 대한 학술적 정의는 확고히 정립되지 못한 상황으로 컴퓨터중독(computer addiction), 웹중독(web holism), 사이버중독(cyberspace addiction), 인터넷 증후군(internet syndrome) 등으로 지칭되기도 한다. [7)]

한국정보화진흥원(2016)에 의하면 인터넷중독을 2016년부터 인터넷 과의존(excessive dependence)으로 사용하고 있으며, 과의존은 인터넷을 과다 사용하여 인터넷 사용에 대한 금단과 내성을 지니고 있으며, 이에 따라 일상생활에 장애가 유발되는 상태로 정의하고 있다.

따라서 인터넷중독이란, 컴퓨터 및 인터넷 사용과 관련하여 자율적으로 통제할 수 없을 뿐만 아니라 과도한 집착이나 충동적인 행동을 보이고 이에 따라 사회적 기능에 장애를 일으키며 때에 따라서는 우울증, 사회적 고립, 충동조절 장애와 약물남용 등의 문제를 일으키는 상태이며, 가족 중 구성원이 인터넷중독에 빠져있을 때 인터넷중독 가족이라고 정의 할 수 있다.

2) 실태와 문제점

(1) 실태

인터넷중독 실태조사는 2013년에 한국지능정보사회진흥원에서 실시하였지만, 그 이후 스마트폰 중독(과의존이라는 용어로 사용하게 되었음)이 증가함에 따라 과학기술정보통신부와 한국지능정보사회진흥원이 2021년 스마트폰 과의존의 실태조사를 하였고 그 결과가 나왔다.

실태조사 결과에 따르면 만 3~69세 스마트폰 이용자 중의 24.2%가 스마트폰 과의존위험군으로 통계되었다. 실태조사 목적은 스마트폰 과의존 예방 · 해소 정책의 성과평가와 효과적인 정책수립 및 개선방안 도출을 위한 기초 정책통계이다.

본 장에서는 스마트폰 과의존이 인터넷중독의 분류에 해당하므로 2021년 스마트폰 과의존 실태의 주된 결과를 소개하고자 한다.[8)]

① 연도별 스마트폰 과의존 현황

첫째, 스마트폰 과의존위험군 비율은 23.6%로 전년 대비 0.6% 하락하였다. 전년 대비 고위험군은 0.3%, 잠재적 위험군은 0.3% 하락하였고, 이전 조사기간 과의존위험군 비율은 꾸준히 상승하였던 것에 반해 올해 처음으로 과의존 비율이 하락하였다. 그리고 2022년 만 3~69세 대한민국 국민 스마트폰 이용자 중 과의존위험군 비율에 따른 과의존위험군 인구수는 약 10,426 천명으로 나타났다.

둘째, 연도별 · 대상별 스마트폰 과의존위험군 비율을 보면, 유아, 성인, 60대 모두 전년 대비 감소하였지만, 청소년만 3.1%p 상승하였다. 과의존위험군 비율은 청소년(40.1%), 유아동(26.7%), 성인(22.8%), 60대(15.3%) 순으로 나타났고, 전년 대비 청소년을 제외한 모든 연령대에서 과의존위험군 비율이 하락하였다. 또한 하락한 연령대의 하락 폭은 60대(-2.2%p), 유아동(-1.7%p), 성인(-0.5%p)의 순서로 나타났고, 청소년의 과의존위험군 비율은 지속적으로 상승 추세로 2021년 상승폭(2.2%p)에 비해 올해 더 상승 폭이 증가(3.1%)한 것으로 나타났다.

셋째, 연도별 · 연령별 스마트폰 과의존위험군 비율을 보면, 전년 대비 감소한 연령대는 감소폭 순대로 60대, 50대, 유아동, 20대, 30대이고, 증가한 연령대는 청소년, 40대로 청소년의 증가 폭이 가장 컸다. 또한 과의존위험군 비율은 10대(40.1%), 20대(31.3%), 3~9세(26.7%), 30대(20.7%), 50대(17.3%), 60대(15.3%) 순으로 나타났고, 연령대 중 10대와 40대만이 상승하였으며, 10대는 3.1%p, 40대는 0.6%p 상승하였다. 그리고 감소 폭이 가장 큰 연령대는 60대(-2.2%)였으며 50대(-1.9%), 유아동(-1.7%p), 20대 및 30대(-0.2%p) 순으로 나타났다.

넷째, 연도별 · 성별 스마트폰 과의존위험군 비율을 보면, 남성과 여성의 과의존위험군은 각각 25.1%, 22.1%로 전년 대비 각각 0.2%p, 0.8%p만큼 감소하였다. 성별 과의존위험군 비율은 남성이 25.1%, 여성이 22.1%로 남성이 과의존에 더 취약한 것으로 나타났고, 두 성별 모두 전년 대비 감소하였지만, 남성의 경우 고위험군, 잠재적 위험군이 각각 0.1p% 감소한 것에 반해 여성은 고위험군, 잠재적 위험군이 각각 0.4%p로 감소 폭이 더 컸다. 또한 성별 내에서 대상별로 상세히 살펴보면 남성의 경우 청소년(2.3%p), 성인(0.4%p)에서 위험군 비율이 증가한 반면, 60대(-3.0%p), 유아동(-2.7%P)에게서는 감소한 것으로 나타났다. 그리고 여성의 경우 청소년만 4.0%p 증가하였으며, 나머지 연령대에서는 모두 감소하여 성인(-1.3%p), 60대(-1.2%p), 유아동(-0.5%p) 순으로 감소 폭이 컸다.

② 인구통계 특성별 스마트폰 과의존 현황

첫째, 가구원 수별 스마트폰 과의존 현황을 살펴보면, 4인 이상 가구에서 과의존위험군 비율이 가장 높게 나타났다. 가구원 수별 스마트폰 과의존위험군 비율은 4인 이상 가구(26.0%), 3인 가구(24.4%), 1인 가구(19.7%), 2인 가구(18.2%) 순으로 전년과 동일하다. 그리고 3인 가구의 과의존위험군 비율은 전년 대비 상승(0.6%p), 나머지 감소한 가구 중 감소 폭이 가장 큰 가구는 2인 가구(-3.1%p)이다.

둘째, 성인 직업별 스마트폰 과의존 현황을 살펴보면, 성인의 직업별 과의존위험군 상위 3개 직업은 학생(33.7%), 사무직(25.1%), 무직(24.9%)이다. 학생(33.7%), 사무직(25.1%), 무직(24.9%), 전문 · 관리직(21.4%), 농 · 임 · 어업(20.2%) 등의 순이었으며 전업주부가 15.6%로 가장 낮았다. 또한 전년 대비 감소한 직업은 무직(-3.0%p), 전업주부(-2.2%p), 농 · 임 · 어업(-2.0%p), 전문 · 관리직(-1.9%p), 서비스 · 판매직(-1.8%p), 생산 관련직 · 기타(-1.0%p)이다. 그리고 전년 대비 증가한 직업은 사무직(2.0%p), 학생(0.6%p)이다.

셋째, 학령별 스마트폰 과의존 현황을 살펴보면, 학령별 중학생(44.5%)의 과의존위험군 비율이 가장 높으며, 전년 대비 가장 많이 증가한 유치원생은 학령 중 유일하게 과의존위험군이 감소하였다. 학령별 스마트폰 과의존위험군 비율은 중학생(44.5%), 고등학생(40.0%), 대학생(34.1%), 초등학생(33.6%), 유치원(24.7%) 순으로 중학생이 가장 취약하게 나타났다.

또한 전년 대비 상승 폭은 고등학생(3.6%p), 중학생(3.5%p), 초등학생(2.0%p), 대학생(1.0%p) 순이고, 유치원생은 학령 중 유일하게 과의존위험군이 감소(-3.8%p)하였다.

넷째, 맞벌이가정 유아동과 청소년 스마트폰 과의존 현황을 살펴보면, 유아동, 청소년 모두 맞벌이가정이 외벌이 가정보다 과의존위험에 취약하게 나타났다. 맞벌이가정 유아동의 과의존위험군 비율은 30.3%로 외벌이 가정(23.4%)보다 6.9%p 높았으며 맞벌이, 외벌이 가정 모두 전년 대비 위험군 비율이 감소하였다. 또한 맞벌이 가정 청소년의 과의존위험군 비율은 42.3%로 외벌이 가정(36.8%)보다 높았으나, 간격은 2021년 9.1%p에서 5.5%p로 하락하였다.

다섯째, 한부모가정 유아동 · 청소년 스마트폰 과의존 현황을 살펴보면, 유아동, 청소년 모두 한부모가정이 외벌이 가정보다 과의존위험에 취약하게 나타났다. 한부모가정 유아동의 과의존위험군 비율은 33.5%로 양부모 가정(26.5%)보다 7.0%p 높았으며, 한부모 가정의 과의존위험군 비율은 8.7%p 증가했지만, 양부모 가정은 2.0%p 감소하였다. 그리고 한부모가정 청소년의 과의존위험군 비율은 46.5%로 양부모 가정(39.7%)보다 6.8%p 높았으며 한부모가정, 양부모 가정 모두 전년 대비 상승하였지만, 상승 폭은 한부모가정(9.6%p)이 양부모 가정(2.7%p)보다 높게 나타났다.

③ 스마트폰 이용시간 현황

전체 스마트폰 이용시간을 100%라고 볼 때 일 · 학업 · 가사 관련 목적으로 스마트폰을 이용하는 시간은 22.4%이며 그 외의 목적으로 이용하는 비율은 77.6%로 나타났다. 또한 과의존위험군의 일 · 학업 · 가사 관련 목적 이용 비율은 23.7%로 일반 군(22.0%)에 보다 1.8%p 높게 나타났다. 그리고 이외 목적에서는 여가(34.3%), 커뮤니케이션(27.2%), 생활 편의(16.1%) 순으로 나타났다.

④ 스마트폰 과다이용에 대한 인식

스마트폰 이용자 중 38.3%가 본인의 하루 평균 스마트폰 이용시간이 과도하다고 응답했고, 과의존위험군(70.5%)은 일반사용자군(28.3%)에 비해 스마트폰의 과다이용 인식이 42.2%p 높게 나타났다. 또한 과다이용에 대한 인식은 고위험군(85.3%)이 잠재적 위험군(67.3%)보다 18.0%p 높게 나타났고, 대상별 중 청소년의 과다이용 인식이 51.1%로 가장 높게 나타났다.

⑤ 스마트폰 이용 관련 심리 · 경험

첫째, 스마트폰 이용 관련 심리를 살펴보면, 스마트폰 과의존위험군 중 74.0%는 '스마트폰을 주기적으로 확인하지 못하면 불안하다'라고 응답하였고, 특히 고위험군은 91.5%가 불안함을 느낀다고 응답하였다. 또한 과의존위험군(74.0%)은 일반사용자군(17.3%)보다 주기적으로 확인하지 못한 경우 불안하다는 인식이 56.7%p 높았다고, 대상별 인식 순위는 청소년(46.8%), 성인(31.9%), 60대(14.1%) 순으로 나타났다.

둘째, 스마트폰의 배터리 부족에 대한 초조함을 살펴보면, 스마트폰 과의존위험군 중 75.8%는 '스마트폰의 배터리가 부족해지면 초조함을 느낀다'라고 응답했다. 또한 과의존위험군(75.8%)은 일반사용자군(28.8%)보다 배터리 부족에 따른 초조한 경험이 47.0%p 높았다. 그리고 대상별 인식 순위는 청소년(54.4%), 성인(41.4%), 60대(23.1%) 순으로 나타났다.

셋째, 스마트폰 번아웃(소진)은 '스마트폰을 장시간 사용, 몰입한 이후 우울함 혹은 무기력함을 느낌'으로 정의하였다. 과의존위험군의 54.0%가 스마트폰 번아웃을 경험하였으며, 특히 고위험군의 경우 80.8%가 번아웃을 경험하였다. 또한 고위험군(80.8%)과 잠재적위험군(48.0%)의 스마트폰 번아웃 인식 차이는 32.8%p로 나왔다. 그리고 과의존위험군(54.0%)은 일반사용자군(9.0%)에 비해 45.0%p 높게 나타났고, 대상별 경험 순위는 청소년(28.4%), 성인(20.4%), 60대(9.5%) 순으로 나타났다.

⑥ 스마트폰 과의존 폐해 관련 경험

첫째, 신체적 영향을 살펴보면, 과의존위험군 중 62.8%는 '장시간의 스마트폰 사용으로 인해 신체적 영향(손목, 목 등의 뻐근함, 안구 건조 등)'을 경험한 적 있다고 응답하였다. 또한 고위험군은 84.1%, 잠재적 위험군은 58.1%, 일반사용자군은 19.0%가 경험한 적 있다고 응답하였다. 그리고 과의존위험군(62.8%)은 일반사용자군(19.0%)보다 신체적 영향 경험이 43.8%p 높았고, 대상별 경험순위는 청소년(38.8%), 성인(30.6%), 60대(17.0%) 순으로 나타났다.

둘째, 수면영향을 살펴보면, 과의존위험군 중 58.0%는 '수면 전 스마트폰 사용 탓에 수면의 질 저하, 불면증, 만성피로 등'을 경험한 적 있다고 응답하였다. 또한 고위험군은 82.7%, 잠재적 위험군은 52.5%, 일반사용자군은 14.1%가 경험한 적 있다고 응답하였다. 그리고 과의존위험군(58.0%)은 일반사용자군(14.1%)보다 수면영향 경험이 43.9%p 높게 나타났고, 대상별 경험순위는 청소년(31.6%), 성인(25.9%), 60대(12.8%) 순으로 나타났다.

⑦ 스마트폰 이용 관련 그 외 경험

첫째, 소통과 대면만남 변화를 살펴보면, 과의존위험군 중 50.3%는 '스마트폰으로 주로 소통을 하면서 다른 사람과 실제로 만나는 일이 줄어들었다'라고 응답하였다. 또한 고위험군은 81.3%, 잠재적 위험군은 43.4%, 일반사용자군은 9.3%가 경험한 적 있다고 응답하였다. 그리고 과의존위험군(50.3%)은 일반사용자군(9.3%)보다 배터리 부족에 따른 초조한 경험이 41.0%p 높게 나타났고, 대상별 경험 순위는 청소년(26.2%), 성인(19.8%), 60대(10.0%) 순으로 나타났다.

둘째, 주 스트레스 해소 수단으로써 스마트폰 이용을 살펴보면, 과의존위험군 중 63.3%는 '주된 스트레스 해소방법은 스마트폰을 통한 활동(영상 시청, 게임, SNS 등)이라고 응답하였다. 또한 고위험군은 86.7%, 잠재적 위험군은 58.1%, 일반사용자군은 16.7%가 주된 스트레스 해소방법이 스마트폰이라고 응답하였다. 그리고 과의존위험군(63.3%)은 일반사용자군(16.7%)보다 46.6%p 높게 나왔고, 대상별 경험순위는 청소년(43.1%), 성인(28.4%), 60대(14.1%) 순으로 나타났다.

(2) 문제점

인터넷중독의 연결선 상에 있는 스마트폰 과의존은 최근 정보기술의 발달에 따라 새로운 사회적 문제로 대두되고 있다. 스마트폰은 여러 가지 기능과 특유의 휴대성으로 사람들에게 편리한 생활을 제공하고 스마트폰의 여러 기능은 바르게 활용할 때 여러 가지 이점이 있지만, 과다하게 혹은 잘못 사용할 경우, 스마트폰을 이용한 게임, 쇼핑, 도박, 인터넷중독 등 행위중독이 쉽고 빠르게 확산하고 있으며, 한 가지 중독에 노출되면 쉽게 다른 유형의 중독으로 이환될 수 있다.

스마트폰 과의존은 VDT(Visual Display Terminal Syndrome, 컴퓨터 단말기증후군) 증후군이라고 불리기도 한다. VDT 증후군이란 장시간 동안 컴퓨터, 스마트폰, 모바일 디바이스 등을 사용할 때 생기는 각종 신체적 · 정신적 장애를 말한다. 특히 신체적 주요증상으로는 뒷머리를 비롯해 목이나 어깨, 팔, 손, 손가락 등의 결림, 저림, 통증과 눈의 피로, 과체중과 비만 등이다. 그대로 방치하면 치매, 목 디스크, 전신 마비 등 심각한 질환으로 이어질 수 있다.

2021년 스마트폰 과의존의 실태조사 결과를 근거로 한 주된 문제점은 다음과 같다.[9)]

① 신체적 문제

Ⓐ 시력저하 및 황반변성

불을 끄고 어두운 곳에서 스마트폰을 보면 눈의 피로도가 증가하여 시력저하를 가져올 수 있다. 또한 스마트폰을 가까운 거리에서 보면 근시가 진행될 수 있으며, 눈 깜빡임이 적어 안구건조증이 생길 수 있다. 심각한 경우, 망막까지 손상시켜 망막손상으로 인한 실명 질환인 황반변성을 일으킬 수 있는 것으로 나타났다.

Ⓑ 거북목 증후군

거북목 증후군은 고개를 쭉 빼고 스마트폰 화면을 볼 때 가장 쉽게 생기는 증상이다. 스마트폰을 오랜 시간 눈높이보다 아래로 내려다보는 잘못된 자세는 자연스러운 C자형 커브의 경추를 거북목처럼 변형시킬 수 있다. 거북목 증후군은 목과 등 근육에 영향을 끼쳐 두통, 어깨통증, 허리통증 등을 유발하며, 손의 감각과 운동기능을 담당하는 정중신경에 압력을 가해 각종 신경 증상을 동반한다. 심해지면 뒤통수 아래 신경이 머리뼈와 목뼈 사이를 눌러 두통을 불러오고 최악의 경우 목 디스크의 원인이 된다.

Ⓒ 손목터널 증후군

과도한 스마트폰 사용으로 인해 손목을 많이 사용하게 되면 손목터널(수근관)에 염증이 생기거나 근육 또는 인대가 붓게 되며, 손의 근육을 경직되게 만들고, 손의 감각과 운동기능을 담당하는 정중신경에 부담을 줘서 손목터널 증후군을 유발할 수 있다. 손목터널 증후군의 주요 증상은 손가락 및 손목 부위의 저림, 감각저하, 작열감(타는 듯한 느낌), 통증 등이다.

Ⓓ 수면장애

스마트폰을 잠자리에서도 계속 보다 보면 뇌를 자극해 수면시간은 줄어들고, 숙면하지 못해 수면장애에 시달릴 수 있다. 스마트폰 등 전자기기에서 나오는 불빛인 블루라이트는 수면을 유도하는 호르몬의 분비를 억제하여 수면장애를 자극한다.

Ⓔ 소화기능 장애

혼밥족 증가의 영향으로 스마트폰을 놓지 않고 영상을 보는 사람도 많아지고 있다. 이렇게 밥을 먹는 동안 시선을 스마트폰에 향하게 되면 '내가 음식을 얼마나 먹었는지' 인지하는 능력이 떨어진다. 자신도 모르게 폭식, 과식하게 되며 소화장애 문제로 이어지게 된다.

Ⓕ 척추, 골반변형

구부정하게 앉아서 스마트폰을 들여다보는 자세는 골반을 틀어지게 만든다. 골반이 틀어지면 당연히 척추가 휘고, 척추가 휘면 온몸이 틀어진다. 골반변형과 새우등은 단순히 뼈 모양만 변하는 것이 아니다. 건강에도 악영향을 미친다. 먼저 골반과 고관절의 각도가 벌어지면 무릎과 발목 관절에 무리가 가는데, 이 경우 연골연화증 같은 관절문제가 생길 수 있다. 신진대사 저하로 하체비만, 요통, 골반통, 어깨결림 등 다양한 통증이 나타난다. 등이 앞으로 구부정한 새우등은 목부터 등까지 혈관과 신경을 압박한다. 그 때문에 호르몬과 자율신경의 균형이 깨져 근육결림과 통증은 물론이고 눈의 피로, 두통, 전신 피로감, 다리부종, 수족냉증, 소화불량, 면역력 저하까지 일으킬 수 있다.

② 심리 · 정서적 문제

스마트폰은 이미 전 세계적으로 수많은 사람의 삶의 일부분으로 생활 속 깊이 큰 영향을 미치고 있다. 특히 모바일 네이티브(Mobile Native) 세대인 현재의 대학생들에게 스마트폰이 미치는 영향은 더 클 수밖에 없다. 스마트폰 과의존은 앞서 살펴본 것처럼 신체적으로도 악영향을 미치지만, 심리 · 정서적 측면에서의 문제도 매우 크게 나타나고 있다.

Ⓐ 감정교감 저하

어린아이가 사람과 소통하지 않고, 스마트폰 등을 너무 많이 보게 되면 다른 사람의 감정을 읽는 능력이 떨어진다고 미국 UCLA 대학 연구팀이 발표한 바 있다. 또한 실험참가자 중 절반을 스마트폰, 컴퓨터 사용 등을 금지하여 자연 속에서 5일 동안 생활하게 한 결과 공감능력과 타인의 감정을 이해하는 능력이 개선된 것으로 나타났다.

Ⓑ 우울증

스마트폰 과의존으로 인한 사회적 관계형성에 대한 부적응으로 인해 우울증, 강박증, 불안증, 대인관계 장애, 외로움, 분노조절 장애, 충동장애 등의 질환을 앓고 있는 사람들이 늘어나고 있으며, 스마트폰을 통한 의사소통이 사람끼리 직접 상호작용하는 소통에 비해 일방적이고 직설적이기 때문에 우울증을 증가시키는데, 이를 해소하기 위해 진통제와 같은 스마트폰에 집중하는 악순환이 계속되면서 스마트폰 과의존에 빠져들게 된다.

스마트폰 과의존으로 인해 개개인의 스트레스, 불안 및 우울증에 대한 부적응의 질환과 아주 깊은 연관이 있다는 연구결과가 속속 발표되고 있다. Young(1996a)은 스마트폰에서 인터넷에 잘 빠지게 되는 사람들의 특징을 분석한 연구를 발표하였는데, 그 결과 스마트폰 과의존자의 대부분이 이전에 우울증 경력이 있었고, 스마트폰 과의존자들에게 경도에서 중증도의 우울증이 관찰되었으며, 스마트폰 과의존자들은 우울증과 같은 부정적 정서의 회피수단으로 스마트폰을 중독적으로 사용하는 경향이 있음을 보고하였다.

Ⓒ 학습, 발달장애

스마트폰 과의존에 반복 노출되면 좌뇌만 자극받는다. 동시에 사회성, 집중력, 충동성 조절 등의 기능을 담당하는 우뇌 기능이 현저히 떨어짐으로써. 학습과 발달장애를 보이며, 그 결과 교우관계에 어려움을 따른다. 특히 청소년 스마트폰 과의존에 이어 최근에는 만 3세 이하 아이들의 스마트폰 과의존 비율도 점차 높아지고 있다. 만 3세 아이들의 뇌는 한창 발달 중인 상황에서 스마트폰 과의존은 좌뇌보다 우뇌가 더 발달하는 불균형 문제를 초래할 수 있으며, 스마트폰 과의존이 심해지면 집중력 장애, 틱장애, 충동장애, ADHD(Attention-Deficit Hyperactivity Disorder, 주의력결핍과잉행동장애), 난독증((Dyslexia, 읽기장애) 등으로 이어질 수도 있다.

Ⓓ 디지털 격리 증후군

디지털 격리 증후군(Digital Isolated Syndrome)은 스마트폰 중독 또는 스마트폰 과의존 상태일 때 나타나는 대표적인 현상이다. 스마트폰을 통해 편리하게 다른 사람들과 소통하는 데 익숙해진 나머지 직접 사람을 만나는 것이 불편해지고 실제 인간관계를 소홀하게 된다. 결국 자신을 실제 세상과 격리하게 되고 이후 상대와 직접 교감하는 인간관계와 사회생활에 어려움을 겪게 된다. 직접 만나서 함께 있을 때도 서로 얼굴을 마주하고 이야기하기보다는 각자 스마트폰만 하기 바쁘다.

스마트폰 과의존에는 스마트폰 사용에 대한 조절력이 약화해 일상생활에 문제 발생이 시작되는 단계인 잠재적 위험군이 있고, 스마트폰 사용에 대한 통제력을 상실해 일상생활에 심각한 문제가 발생하는 단계인 고위험군이 있는데, 디지털 격리 증후군의 경우에는 잠재적 위험군에 속한다.

Ⓔ 팝콘브레인

스마트폰으로 게임이나 동영상을 많이 하면서 빠르고 강한 것에는 익숙하고 현실 속의 느리고 약한 자극에는 뇌가 반응하지 않게 되며 디지털기기의 빠르고 강렬한 자극에 익숙해져 그것을 중심으로 작동하는 상태를 팝콘브레인(Popcorn Brain)이라 한다. 팝콘브레인은 디지털 기기를 과도하게 사용하면 발생하기 쉬우며 나이가 어릴수록 발생 위험이 높고, 강한 자극에만 뇌가 반응하고 현실에는 주의력이 떨어지고 무감각해지는 특성을 보인다.

팝콘브레인으로 일어나는 문제는 정보를 흡수하거나 프로젝트를 효율적으로 완료하는 데 어려움을 줄 수 있는 집중력이 부족하고, 새로운 자극을 계속 원하므로 깊고 지속적인 의미 있는 활동에 참여하는 것을 어렵게 느낄 수 있다. 또한 잠재적인 결과는 고려하지 않고 즉각적인 욕구에 따라 충동적 행동하며, 새로운 정보의 과도한 유입으로 너무 많은 옵션과 가능성을 생각하기 때문에 의사결정이 어려울 수 있다. 그리고 많은 자극은 스트레스를 일으키는 요인이 되며 정신적 안정을 찾을 수 없고 불안, 초조 등을 보인다.

Ⓕ 가족 간 애착과 공감능력 및 소통 감소

스마트폰에 의존이 많을수록 가족에 대한 애착과 공감능력이 감소한다. 가족 간 소통이 없어짐으로써 가족관계가 멀어지고 외로움이나 불안이 클수록 스마트폰에 더 의존하게 된다. 또한 SNS에서 많은 시간을 보낼수록 더 많은 정서문제, 과잉행동, 문제행동 등 정신건강을 악화시키고 가족 간 거리가 더 멀어진다. 그리고 고립공포감(자신만 세상의 흐름을 놓치고 있다는 불안에서 오는 공포)을 경험을 하게 된다.

Ⓖ **디지털 치매**

디지털 치매란 신종 증후군이다. 스마트폰 등 디지털기기에 지나치게 의존한 나머지 두뇌활용 능력이 떨어진 상태를 말한다. 스마트폰이 없으면 가족의 연락처를 기억하지 못하거나, 자주 갔었던 길도 헤매며, 계산, 암기력도 떨어진다. 지나치면 뇌기능이 손상되어 어느 순간부터 인지기능을 상실하는 치매로 이어지기도 한다.

3) 개입

인터넷중독 또는 스마트폰 과의존의 개입에는 약물치료, 인지행동치료, 정신역동적 치료, 현실치료, 가족교육 및 집단치료 등 다양한 치료적 접근이 있는데, 이 중 주된 개입인 약물치료와 인지행동치료 중심으로 살펴보면 다음과 같다.[10)]

(1) 약물치료

최근 인터넷중독과 스마트폰 과의존의 약물치료에 관한 관심이 높아지고 있으나 특정하게 효과가 있다고 알려진 약물도 없고, 아직 다른 중독치료에 준하여 치료하는 것이 현실이다.

약물치료의 목표는 두 가지이다. 한 가지는 인터넷중독과 스마트폰 과의존에 관련된 것으로 알려진 정신질환의 치료를 통해서 치료하는 것이고, 위에 언급한 원인으로 인해 초래되는 욕구와 갈망을 포함한 중독행위를 막는 방법이 있다.

현재 인터넷중독과 스마트폰 과의존의 치료에 허가받은 약물은 없다. 다만 다른 중독에 허가받은 약물들을 사용할 수 있다. 중독은 대체로 같은 기전으로 생각되기 때문이다. 인터넷중독과 스마트폰 과의존을 초래하며 많이 동반되는 질환은 기분장애와 불안장애, 주의력결핍 과잉 행동장애 등이다. 기분장애는 특히 청소년의 경우 무단결석, 약물남용, 가출 등의 행동문제가 더 많이 나타난다. 정확한 진단을 통해 항우울제, 기분안정제 등을 사용하여 조절할 수 있다.

기질 성격검사를 통해 밝혀진 인터넷중독자와 스마트폰 과의존자의 기질적 성향은 감각추구 성향, 위험회피 성향의 기질이 매우 높은 것으로 있다고 보고되고 있다. 여기서 감각추구 성향은 도파민(dopamin), 위험회피 성향은 노르에피네프린(norepinephrine)이라는 신경전달물질이 담당하고 있다.

중독의 공통적인 신경해부학적 부위는 배쪽외피지역(Ventral Tegmental Area: VTA)부터 중격핵(Nucleus Accumbens: NA)에 이르는 신경회로인데, 중격핵에서 도파민을 방출하여 안쪽 전두피질(Medial Frontal Cortex), 변연계에 있는 도파민 수용체(receptor)에 전달하는 경로이다. 이를 쾌락보상체계화로(reward system circuit)라고 한다. 이 보상체계에 문제가 생겨 도파민의 활성이 저하가 되는 경우 약물, 도박, 인터넷 등을 통해 도파민을 분비하여 보충하려는 것이 중독의 기전이라는 쾌락보상체계 결함가설이 있으며, 또한 이런 것에 탐닉하면서 느끼는 즐거움에 대한 양성강화를 통해 중독되는 것이라는 학습이론이 있다.

(2) 인지행동치료

인터넷중독자와 스마트폰 과의존자의 경우 탐닉적 사용시간 탓에 일상적 업무 수행이 불가능한 경우가 많으므로 치료개입의 첫 단계에서는 사용시간 조절을 포함한 인지행동치료적 기법이 활용되어야 함을 강조한다.

인지행동치료에서의 인터넷중독자와 스마트폰 과의존자에 대한 개입순서는 다음과 같다.

첫 번째, 인터넷중독자와 스마트폰 과의존자에게 인터넷 사용기록을 작성하고, 이를 통해 치료 개시시점에 중독적 사용과 관련된 인터넷과 스마트폰 사용상황, 활동내용, 감정상태, 관련 문제행동에 관한 기초자료를 수집하는데, 이는 치료계획 수립의 근거가 된다. 기초선 파악 이후에는 컴퓨터나 스마트폰을 기본상태로 초기화하여 중독적 사용을 이끌던 프로그램과 전자 주소록 등을 모두 소거하도록 사용환경을 바꾼다. 일정 간격으로 사용시간 중 휴식을 갖거나, 주위 사람들과 대화하거나, 산책하는 등의 시간계획을 세워 이전의 장시간 몰입하던 사용습관을 허물어야 한다. 유해물 접속차단 및 사용시간제한 프로그램 등을 활용함으로써 중독이나 의존적 사용습관을 일순간 중단시키는 것도 도움이 될 수 있다.

두 번째, 인지적 재구성단계로, 중독 관련 부적응 인지(예: 과잉일반화, 선택적 추상화, 과장하기, 개인화 등)를 공략한다. 중독자나 의존자의 왜곡된 인지(예: '나는 온라인에서만 인정받는다', '조금 더 사용한다고 해서 큰일이 나는 것은 아니다' 등)에 근거한 합리화 행동전략이 온라인 상황에서만 유지되는 허구적인 만족일 뿐임을 깨닫게 하려면, 인지왜곡의 유형을 찾고 문제해결 훈련, 대처기술 훈련, 사고감찰, 지지집단 활동, 모델링(modeling) 등을 통해 더 현실적인 상황에서 만족감을 찾도록 이끈다. 이로써 인터넷중독자와 스마트폰 과의존자는 사건-생각-감정(행동)의 연쇄과정을 이해하게 된다. 흔히 이들은 자신의 어려움을 축소 또는 은폐하려는 시도를 하는데, 이 경우 '결과 따져보기' 기법을 통해 탈 중독이나 의존의 장점과 중독의 최종결과를 대비해 봄으로써 보다 솔직하게 치료에 참여하도록 유도할 수 있다. 이러한 방법은 종결 이후의 재방지에도 도움이 된다.

세 번째, 위험감소치료 단계로, 개인의 상황적 · 사회적 · 심리적 · 직업적 관심사를 조절함으로써 치료성과를 유지하고 재발을 방지하는 단계이다. 중독자나 의존자는 중독과 의존문제를 겪을 때와 유사한 상황에 부닥치면 쉽게 예전의 문제를 재발시킬 수 있다. 완전한 재발이 되기 전인 부분적 재발단계에 위험요소를 관리하는 것이 매우 중요하다. 중독성이나 의존성의 연속성을 고려할 때, 약물이나 알코올 등 물질사용 증가는 재발의 위험성을 내포하므로 특별히 주의해야 한다.

이외에도 인터넷중독과 스마트폰 과의존의 대표적인 근거기반 치료(evidence based therapy)인 인지행동치료 접근을 사용하여 인터넷에 관한 역기능적인 비합리적 신념을 수정하고 인터넷이나 스마트폰의 갈망을 유발하는 상황 및 정서, 그로 인한 결과의 과정에 대한 인식을 높이고, 촉발요인에 대처할 수 있도록 가능한 접근을 활용한다. 또한 인터넷이나 스마트폰의 행동변화를 촉진하기 위해 동기 강화접근법(motivational enhancement therapy)을 활용할 수 있는데, 이 접근법은 인터넷중독자와 스마트폰 과의존자의 치료참여도, 긍정적인 치료결과와 관련되어 있고, 변화동기를 유발하고 치료를 시작하도록 중독자나 의존자를 준비시키며, 그들이 치료에 참여하고 중도탈락하지 않도록 돕는다. 또한 치료참여도를 증가시키고 재발할 때 다시 치료장면으로 돌아올 수 있도록 도와준다.

이처럼 인터넷중독자와 스마트폰 과의존자에게는 기분장애, 불안장애, 그리고 약물남용 등의 정신과적 문제가 공존하는 경우가 많아 세밀한 정신과적 상담 및 검사가 필요하며, 약물치료와 인지행동치료가 함께 이루어지는 것이 효과적이라 할 수 있다. 특히 아동과 청소년이 인터넷중독이나 스마트폰 과의존일 때 현실이 재미없고 고통스럽거나 외로워서 인터넷이나 스마트폰을 떠나지 못하는 경우가 많으므로 다른 취미활동이나 또래 관계를 찾아보도록 부모가 관심을 가지고 지도를 해 주는 것이 무엇보다 중요한 일이라고 본다.

제 13 장

장애인가족

1. 장애인과 장애인가족의 개념

1) 장애인 개념

1975년 UN에서 발표한 장애인 권리선언에 따르면 "선천적이든 후천적이든 신체적, 정신적 능력의 불완전으로 인하여 일상의 개인적 또는 사회적 생활에서 필요한 것을 확보하는 데 자기 자신이 완전하게 또는 부분적으로 할 수 없는 사람을 의미"한다고 장애인의 개념을 정의하고 있다.

WHO는 1980년에 국제장애분류(International Classification of Impairment, Disabilities, and Handicaps: ICIDH)를 발표하고 장애의 정의를 기능장애, 능력장애, 사회적 불리의 3개 영역으로 나누었다. 기능장애(impairments)는 생물학적 장애로 기능의 감소를 가져다준 영구적 또는 일시적인 병리적 상태를 의미하며, 능력장애(disabilities)는 기능장애에서 야기된 것으로서 인간에게 정상적인 것으로, 간주하는 범위 내에서 또는 그러한 방식으로 활동을 수행하는 능력의 제약이나 결여를 말한다. 사회적 불리(handicaps)는 선천적 또는 고령, 질병, 사고 등으로 인하여 신체적 · 정신적 상태가 일시적 또는 영구적으로 손상되어 그 결과 독립생활, 교육, 취업 등이 저해되는 상태를 말한다.

우리나라의 「장애인복지법」 제2조에 근거한 장애인의 정의를 보면 장애인을 "신체적 · 정신적 장애로 오랫동안 일상생활이나 사회생활에서 상당한 제약을 받는 자"로 정의하고 있다. 신체적 장애란 주요 외부 신체기능의 장애, 내부기관의 장애 등을 말하고, 정신적 장애란 발달장애 또는 정신질환으로 발생하는 장애를 말한다고 정의하고 있다. 본 장에서는 우리나라의 「장애인복지법」에서는 정의하는 장애인 개념을 따르고자 한다.[1)]

2) 장애인가족 개념

장애인 개념에 근거하여 장애가 있는 구성원 1명 또는 그 이상의 구성원과 가족을 구성한 경우를 보편적으로 장애인가족이라고 말한다. 이때 장애인의 유무보다는 장애인과의 동거 여부에 중점을 두어 장애인이 포함된 가족이라고 할지라도 가족에서 제외했는데, 그 이유는 가족이 고유의 기능을 담보하기 위하여 물질적 거주지를 공유하는 것이 선행되어야 한다고 보기 때문이다. 이처럼 장애인가족은 가족구성원 중 누가 장애를 갖고 있는가에 따라 장애인가족의 기능과 역할에서 다양한 특징을 갖는다고 볼 수 있다. 장애인가족의 형태는 부모나 자녀 또는 부모와 자녀 모두 장애가 있는 장애인가족으로 나타날 수 있다.

장애인가족이란 가족구성원 중에 신체적 · 정신적 장애로 인하여 장기간에 걸쳐 일상 또는 사회생활에 상당한 제약을 받는 사람이 있다는 것을 의미한다. 장애인가족은 현재 한국의 가족형태에서 장애인의 역할부여에 따라 가족구성원과 복잡한 관계를 형성하고 있다. 따라서 장애인가족이란 사회에서 인식하는 가족의 가치관과 삶의 양식이 상반된 가족형태의 한 유형에 속하며 한편 역할에 따라 장애로 인한 특수한 상황이 동반되어 가족구성원과 복잡한 관계로 상호작용하는 가족으로 정의할 수 있다.[2)]

2. 장애인가족의 실태 및 문제점

1) 실태

보건복지부는 2022년도 등록 장애인 현황통계를 발표했는데, 발표한 내용 중에 장애인가족 실태의 주요 내용은 다음과 같다.[3)]

2022년도 등록장애인 현황 통계발표에 의하면 2022년도 등록장애인 265만 3,000명(전년 대비 8,000명 증가), 전체인구 대비 5.2% 증가하였다. 지체장애 비율은 감소하였고, 청각 · 발달 · 신장 장애비율은 증가 추세이다. 65세 이상 장애인 비율은 '11년 38.0%에서 '22년 52.8%로 지속하여 증가 추세이다.

15개 장애유형 중 가장 많은 유형은 지체장애(44.3%)이고, 다음으로 청각장애(16.0%), 시각장애(9.5%), 뇌 병변장애(9.3%), 지적장애(8.5%)가 뒤를 이었다. 희소 장애유형은 뇌전증장애(0.3%), 심장장애(0.2%), 안면장애(0.1%) 순이었다. 2022년 한 해 동안 새로 등록한 장애인(8만 명) 중에서는 청각(32.0%), 지체(16.7%), 뇌 병변(15.2%), 신장(10.3%)순으로 비중이 컸다. 장애유형의 연도별 추이를 살펴보면 지체장애가 감소세('11년 52.9%→'22년 44.3%)를 보였다. 반면, 청각장애('11년 10.4%→'22년 16.0%), 발달장애('11년 7.2%→'22년 9.9%), 신장장애('11년 2.4% →'22년 4.0%)가 증가세를 보였다.

연령대별로는 60대(62만 6,000명, 23.6%)의 비중이 가장 컸고, 다음으로 70대(57만 4,000명, 21.6%)가 뒤를 이었다. 2022년 한 해 동안 새로 등록한 장애인(8만 명) 중에는 70대(2만 명, 24.7%)의 비중이 가장 컸고, 80대 이상(1만 2천 명, 20.0%)이 그 뒤를 이었다.

등록장애인 중 65세 이상의 비율은 52.8%(140만 2,000명)로 꾸준히 증가하고 있다. 등록장애인 중 심한 장애인은 98만 4,000명(37.1%), 심하지 않은 장애인은 166만 9,000명(62.9%)이었다. 남성 장애인은 153만 5,000명(57.8%), 여성 장애인은 111만 8,000명(42.2%)이었다. 등록장애인이 가장 많이 거주하는 지역은 경기(58만 5,000명, 22.0%), 가장 적게 거주하는 지역은 세종(1만 3,000명, 0.5%)

인 것으로 나타났다.

장애인 1인 가구비율은 2011년 17.4%, 2014년 24.3%, 2017년 26.4%, 2020년엔 27.2%로 점차 증가하고 있다. 전체 1인 가구 비율은 2020년 기준 31.7%로 같은 시기 장애인 1인 가구비율보다 높다.

2022년 장애인 가구는 130만 4,710가구로서 조사대상 전체가구 1,468만 3,538가구의 약 8.9%로 추정되고 있다. 장애인 가구의 가구 규모를 살펴보면, 2인 가구가 38.2%로 가장 많고, 1인 가구 27.2%, 4인 가구 11.7%, 5인 이상 가구 5.2%의 순으로 나타났다. 1인 가구의 경우 청각장애 31.8%, 지체장애 30.3%로 다른 장애유형에 비해 더 높은 비율을 보였다.

장애유형에서 대부분 1인 가수 및 2인 가구가 가장 높은 비율을 차지하고 있지만, 지적장애와 자폐성장애는 가구원 수가 3인 이상 경우가 각각 64.7%, 91.7%로 다른 장애유형에 비해 높은 것으로 나타났다. 또한 장애인 가구구성을 살펴보면, 부부 가구가 29.0%로 가장 많고, 1인 가구 27.2%, 부부+미 · 기혼자녀 23.3%, 편모+미혼자녀 8.4%, 기타 3세대 4.5%, 편부+미혼자녀 2.6% 순으로 나타났다. 장애유형별로는 자폐성장애에서 부부+미 · 기혼자녀 비율이 75.6%로 가장 높았고 편모와 편부+미혼자녀의 비율은 정신장애가 27.0%로 높게 나타났다.

2) 문제점

장애인가족의 문제는 장애의 출현 시기, 장애 가족구성원의 장애유형, 장애원인, 장애의 정도, 장애에 대처할 수 있는 가족자원 등에 따라 다르다. 장애인가족은 일반가족과 비교하면 신체적 · 심리적 및 경제적 스트레스를 많이 경험하고 환자에 대한 지속적 책임, 역할변화 등으로 환자 개인이 사회생활의 곤란뿐 아니라 가족의 정상적 가족기능에도 저해 받을 것을 예상할 수 있다.

장애인가족이 겪는 주된 문제점을 보면, 경제적 문제, 사회적 문제, 심리적 문제, 정서적 문제, 신체적 문제 등으로 볼 수 있는데, 주된 문제점을 살펴보면 다음과 같다.[4)]

(1) 경제적 문제

장애인가족이 직면하고 있는 문제는 매우 다양하나 그중 가장 큰 비중을 차지하고 있는 것이 경제적 문제이다. 장애인가족에게는 일반인 가족보다 많은 경제적 지출이 요구되기 때문에 대다수가 현 소득으로 생활을 충당하고 있지 못하다. 장애는 소득측면에서의 수입감소와 지출측면에서 추가비용을 발생시킴으로써 장애인가족에게 많은 경제적 부담을 지우고 있다.

예를 들면 장애인을 돌보기 위해 다른 가족구성원이 취업을 포기하였을 때 장애로 인한 소득감소로 볼 수 있고, 척수장애인 본인에게는 집중적인 치료비용과 휠체어 등 보장구 비용지출이 요구되고, 고용의 상실 및 소득감소로 인해 경제적 부담에 직면하게 된다.

(2) 사회적 문제

장애인가족이 가장 먼저 직면하는 문제는 바로 활동할 수 있는 능력이 제한되는 점이다. 이에 따라 사회적 상호작용의 감소와 직업상실 및 사회적 지위를 상실하게 된다. 정상적인 사회적 만족을 상실하게 되고, 유대관계의 박탈로 인해 사회적 고립을 경험하게 된다. 특히 장애인과 같이 중도장애인일 경우, 사회의 왜곡된 인식에 접하게 되면서 사회적 활동에 참여할 기회를 얻지 못하는 경우가 많다.

장애인가족은 장애인에 대한 사회적 편견과 낙인 등으로 사회적으로 위축되기 쉽다. 더욱이 장애인을 양육하는 데에 현실적으로 투여하는 시간과 노력으로 인해 대인관계에 상대적으로 소홀하게 되는 경우가 발생한다. 사회적으로 고립되면서 장애인 양육을 위한 정보와 사회적 지지로부터 소외되거나 장애인 부모 역할모델의 부재로 인해 상황이 더욱 악화하고 있다.

(3) 심리적 문제

장애인의 출생으로 가족은 자아존중의 손실감, 충격, 부인, 슬픔, 분노 등을 경험한다. 이런 감정은 가족이 적응하기까지 계속되는데, 구성원이 장애가 있는 가족을 수용하고 적응하는 데에는 상당한 시간이 필요하다. 더욱이 적응 이후에도 장애인의 욕구를 수용하기 위해 구성원들이 변화 혹은 희생해야 하는 상황이 발생하거나 위기상황이 발생할 때 가족은 이를 다시 스트레스 요인으로 경험한다.

장애인을 양육하는 과정에서 부모는 무력감, 부모로서의 부적절한 느낌 등을 경험하며, 이에 따라 낮은 자기효능감, 혹은 자존감을 나타내기도 한다. 또한 가정에 장애인이 존재한다는 사실은 가족 모두에게 심리적인 부담을 주게 되고, 그러한 부담으로 인해 스트레스를 받게 되며, 때로는 죄책감을 느끼게 되기도 한다. 특히 장애인의 경우 옆에 늘 보호자가 동행하며 도와줘야 하므로 그로 인한 부담감은 상당한 것이라고 할 수 있다.

장애자녀의 출생은 부모에게 긴장과 분노를 느끼게 하기도 하며, 부모는 장애자녀를 수용하는 과정에서 어려움을 겪기도 한다. 또한 장애자녀의 미래에 대한 불안감으로 부모는 우울증 및 정신적 스트레스가 가중된다.

(4) 정서적 문제

① 두려움

'장애라는 사실이 알려질지도 모른다'라는 두려움(fear)을 갖고 있다. 또한 장애형제가 치료를 받을 때 잘못되지 않을까 하는 두려움을 느끼기도 하고, 자기 친구들이나 미래 또는 현재의 배우자가 장애형제에 대해 알게 되었을 때 어떤 반응을 보일지도 두려워하며, 미래에 자신이 아이를 갖게 되었을 때 장애가 있는 아이가 태어나지는 않을까 걱정한다.

② 외로움

또래나 동료로부터 소외감을 느끼고, 때로는 거부당한다고 느낄 수 있고 자신에 대한 외로움(loneliness)을 느끼게 된다. 또한 다른 가족구성원으로부터 고립되었다고 생각하고, 비장애형제 스스로가 다른 아이들과 다르다고 느끼며 자기 가족이 겪는 경험이 다른 가족들과 다르다고 느낄 수 있다.

③ 분노

장애형제가 없는 형제들보다 좀 더 심하게 분노를 경험하거나, 장애형제나 부모, 사회에 대해 분노를 느낀다. 또한 무시당하거나 인정받지 못한다고 느낄 때 심한 분노(anger)의 감정을 느끼거나, 장애형제에게 함부로 대하는 친구들을 보면 직접적으로 분노를 표현한다.

④ 분개

비장애형제는 부모가 장애형제에게 시간을 과도하게 소비할 때 분개(resentment)한다. 비장애형제는 장애형제가 장애를 가지고 있으므로 겪게 되는 사회적 제약에 대해 분개하거나, 가족 내에서 일이 공정하게 처리되지 않을 때 분개하며, 부모가 장애형제와 비장애형제에게 가지는 다른 기대에 대해서 분개한다.

⑤ 당혹스러움

대부분의 비장애형제는 때로 장애형제에 대해 당혹스러움(embarrassment)을 갖는다. 비장애형제는 장애형제가 공공장소에서 부적절하게 행동할 때 당혹스러워하며, 자기 동료나 이성 친구에게 장애형제를 소개할 때 당혹스러움을 갖는다.

⑥ 혼란스러움

비장애형제들은 자신의 역할과 부모의 대리인으로 해야 할 역할에 대해 혼란스러움(confusion)을 불러온다. 또한 장애형제에게 필요한 치료의 우선순위와 자기 자신의 욕구 사이에서 혼란을 경험하고, 장애형제의 양육에 대해서 부모 간 의견이 일치하지 않을 때 혼란을 경험한다.

⑦ 질투심

비장애형제는 장애형제가 받는 관심에 질투심(jealousy)을 느끼기도 하고, 질투심은 부모의 관심이 공정하지 않거나 불평등할 때 많이 발생한다.

⑧ 압박감

어떤 부모는 자신들이 갖는 절망감을 보상받기 위해 비장애형제에게 비정상적인 압박감(pressure)을 준다. 장애형제를 보호해야 한다는 압박감을 가지며 이에 따라 비장애형제들은 기대 이상의 책임감을 느끼게 되는 경우가 있다. 흔히 손위 누나들은 장애 동생의 양육을 더 많이 도와야 한다는 부담감을 느끼게 되고, 대가족 형제들은 소가족 안의 형제들보다 압박감을 느끼게 된다. 또한 경제적으로 어려운 가정의 비장애형제는 가족 외부의 자원을 활용하기 어렵기 때문에 장애형제 양육에 더 많은 부담을 경험한다.

⑨ 죄책감

비장애형제는 자신의 분노나 질투, 적대감 등에 대해서 죄책감(guilt feeling)을 느낀다. 부정적인 생각이나 감정이 억제될 때 죄의식 또한 억압될 수 있으며, 지나친 죄책감은 장애형제를 도와주고자 하는 행동으로 표출될 수 있다.

⑩ 좌절감

중증장애인 형제와 정상적인 형제관계를 유지하려고 시도해도 장애형제가 잘 따라와 주지 않을 때 좌절감(frustration)을 겪게 된다.

(5) 신체적 문제

장애아를 돌보는 부모는 정서적인 어려움과 함께 장애아의 높은 의존성으로 인한 양육부담이 커진다. 비장애부모에 비해 많은 양육시간이 소요되며, 신체적 피로도 많이 느끼게 된다. 이러한 신체적 돌봄부담은 과다한 일과 휴식시간 부족, 건강에 대한 불안, 수면 부족 등으로 인해 건강문제와 직결된다.

또한 장애부모로부터 자녀는 돌봄을 덜 받게 되고, 장애부모를 돌봐야 하기에 그렇지 않은 자녀에 비해 신체적으로 허약하고 장애부모 돌봄과 집안일로 잦은 부상과 상처, 신체적 고통도 가질 수 있고, 이에 따라 상대적으로 발달이 지연되면서 신체적 발달에 어려움을 겪고 있다는 것이다.

3. 장애인가족의 개입과 대책

1) 개입

장애인가족의 개입은 장애인가족 지원서비스로 볼 수 있다. 여기에는 법적 근거에 해당하는 장애인가족 대상에게 장애인 지원서비스를 제공한다. 가족 지원의 기준이 되는 장애인은 등록 장애인을 기준으로 하며, 등록장애인 이외에 예외적으로 발달 재활서비스와 장애아 보육료 지원서비스의 대상인 만 5세 이하 아동과 장애인 등에 대한 특수교육법 대상을 포함한다. 발달재활서비스와 장애아 보육료 지원의 대상 중 등록장애인이 아니더라도 만 5세 이하의 아동을 지원하는 것은 장애의 예방적 측면과 심리적으로 장애등록을 꺼리는 가정을 적극적으로 지원하는 목적이 있다.

장애인가족의 개입에는 크게 장애인가족 지원사업과 장애인가족지원센터 주요 서비스로 나눌 수 있는데, 주된 내용은 다음과 같다. [5)]

(1) 장애인가족 지원사업

기존 사업수행기관의 업무와 「장애인복지법」에 명시된 업무를 분석한 결과 필수사업과 선택사업으로 구분하여 운영해야 한다. 필수사업은 모든 기관에서 실시해야 할 사업이며, 이에 따른 인력과 인건비 산출의 근거가 된다. 선택사업은 각 지역의 특성을 반영하여 자유롭게 운영이 가능한 사업으로, 선택사업은 사업별 전담인력이 아닌 선택사업 전체를 1명이 담당하는 사업이 된다. 선택사업의 확대가 필요할 경우 실비를 받고 진행하거나, 지역연계를 통해 사업을 지원하게 된다(<표 13-1> 참조).

〈표 13-1〉 지역장애인지원센터 사업

순번	사업 유형	세부 내용	구분
1	가족맞춤지원	• 상담(동료 상담, 개별상담, 집단상담 등) • 사례관리(가정 방문, 집중지원 등) • 심리지원	필수
2	가족역량강화	• 교육(부모교육, 아버지학교, 비장애형제자매 교육, 부부, 체험활동 등) • 정보 제공	필수
3	가족휴식지원	• 여행, 가족캠프 • 문화 여가 체육활동	필수
4	가족자조모임	• 가족 자조모임	필수
5	장애인식개선	• 지역사회 장애인식 개선사업	선택
6	지역협력	• 서비스 의뢰 및 유관기관 협력(MOU 체결 등) • 지역 행사 참여 및 공동주최 • 사업 홍보	선택
7	장애인지원	• 계절학교 • 돌봄 • 장애인 자조모임	선택

필수사업은 가족역량강화, 가족맞춤지원, 가족휴식지원, 가족자조모임이고, 선택사업은 장애인식개선, 지역협력, 장애인지원으로 분류된다. 가족맞춤지원은 장애인가족이 처음 기관을 방문했을 때 제공해야 하는 서비스로 초기면담에서부터 방문지원, 상담, 심리지원 등의 전문적 지원에 이르기까지 장애인가족이 직면하게 되는 모든 상황을 지원하는 서비스로 가족지원의 가장 기초가 되는 서비스이다. 농어촌지역 등 가족역량강화를 위한 교육시행이 어렵거나, 자조모임 구성의 어려움 등이 있을 때 가족맞춤지원을 중심으로 찾아가는 서비스와 개별가족서비스 등을 지원하는 방식으로 필수사업을 운영하게 된다. 가족맞춤지원은 연중 실시되는 상시사업으로 진행된다. 7개 유형의 프로그램 중 가족맞춤지원서비스는 모든 서비스에서 가장 먼저 시행되는 사업으로 가족맞춤지원을 통해 가족역량강화가 필요한지, 가족휴식지원이 필요한지, 가족자조모임 등의 필요여부를 판단하여 서비스를 제공하거나 지역기관에 연계하는 방식으로 운영한다. 가족맞춤지원 업무담당자는 예방적 차원에서 장애

발생 가능성이 있는 만 5세 이하 미등록 장애아동을 적극 발굴하고, 장애발생 후 2년까지는 집중적인 지원을 통해 가족의 어려움을 해결할 수 있도록 한다. 또한 영유아기, 성년 진입시기 등 생활환경과 활동이 급격히 변화하는 시기에는 집중지원이 될 수 있도록 해야 한다.

(2) 장애인가족지원센터 주요 서비스

장애인가족 지원사업으로는 상담, 사례지원, 동료 상담가 양성 및 파견활동, 긴급돌봄 및 방학 돌봄지원이 있으며, 장애인가족휴식 지원사업이 있고, 장애인가족 역량강화사업으로는 부모교육, 부모 자조모임, 비장애형제자매 지원, 가족 역량강화지원이 있으며, 지역사회네트워크 및 인식개선사업에는 서울시 협치간담회 등을 통한 네트워크, 장애인식 개선캠페인, 지역자원개발 및 후원개발 등을 통한 자원봉사자 모집과 교육, 협약체결 등이 있다. 특히 '장애인가족 긴급돌봄서비스'란 장애인가족의 돌봄부담을 경감하고 장애인가족 삶의 질 향상을 지원하고자 만 6~65세 중증장애인으로서 돌봄 제공자인 가족구성원의 긴급상황 발생 시 전문 돌봄인력 파견을 통해 장애당사자에 대한 신속한 돌봄서비스를 제공하는 지원사업이다.

'23년 17개 시도에 설치된 75개 장애인가족지원센터는 장애인 개인뿐만 아니라 가족구성원 모두 건강하고 온전한 삶을 영위할 수 있도록 각 가족의 상황에 맞는 최선의 지원방법을 모색하고 있다. 장애인가족지원센터는 지역사회의 장애인가족이 더 이상 가족의 위기와 해체의 시련을 겪지 않도록 방지하고 가족의 자생력을 강화하여 장애인과 가족이 모두 행복할 수 있도록 가족 중심 실천 환경조성을 위해 노력하고 있다.

서울시의 경우, 장애인가족지원센터는 2017년 7월 28일 마포장애인가족지원센터를 시작으로 2021년에 양천장애인가족지원센터를 마지막으로 서울시 25개 전구에 개소되었으며, 전국과 서울장애인부모연대 산하기관으로 24개소를 수탁받아 운영 중이다. 2021년 9월에 오픈한 양천장애인가족지원센터의 주된 사업서비스 내용을 소개하면 다음과 같다.

① 가족지원 사업

Ⓐ 장애인가족상담 및 사례관리

a. 주요 내용

복합적인 어려움을 겪는 장애인가족과 함께 문제해결 방안을 함께 모색한다.

b. 이용 대상

양천구 지역 내 장애 진단을 받은 구성원이 있는 장애인가족 중 상담이 필요한 가족이다.

c. 지원 방법

초기상담, 복지 정보제공, 지역사회 서비스 연계, 치료 · 상담 전문기관 의뢰 등을 지원한다.

Ⓑ 동료상담서비스 지원

a. 주요 내용

동료 상담 양성 교육을 수료하고 일정한 상담 자격을 갖춘 장애자녀의 부모가 장애 진단 초기 또는 위기 장애인가족 등 동료 상담이 필요한 가족에게 본인의 양육 경험을 바탕으로 공감대를 형성하여 정서적 지지와 정보제공을 지원한다.

b. 이용 대상

장애자녀의 부모

c. 지원 방법

동료 상담가를 통한 상담을 제공한다(연 1회 동료 상담가 육성 사업을 신행함).

Ⓒ 장애인가족 휴식지원 사업

a. 주요 내용

장애인가족을 위한 가족여행을 지원하여 장애인가족에게 재충전 기회와 가족의 삶이 질을 향상한다.

b. 이용 대상

양천구 지역 내 거주하는 장애 등록된 장애인가족

② 긴급돌봄서비스 지원사업

Ⓐ 일상생활 긴급돌봄서비스

a. 주요 내용

장애인의 주 돌봄자에게 긴급한 상황이 발생하여 돌봄의 공백이 예상되는 경우 일정 자격을 갖춘 돌보미를 파견하여 돌봄 공백을 방지하고 부담감을 해소한다.

b. 이용 대상

긴급돌봄이 필요한 만 6~65세 미만의 중증장애인

c. 이용 시간

1인 1일당 최소 2시간 이상(1인 최대 연 64시간)

Ⓑ 서비스이용 요금 안내

서비스 이용하는 요금은 비수급 가정과 수급 · 차상위 가정으로 구분하며, 여기에는 주간돌봄과 야간돌봄에 따라 시간당 요금을 낸다(<표 13-2> 참조).

〈표 13-2〉 서비스 이용 요금 안내

구분		주간 돌봄(06:00~22:00)	야간돌봄 (22:00~06:00)
비수급 가정	평일	시간당 1,500원	시간당 2,250원
	주말 · 공휴일	시간당 2,250원	시간당 2,250원
수급 · 차상위 가정	평일, 주말 · 공휴일	시간당 750원	시간당 750원

Ⓒ 방학 돌봄서비스

a. 주요 내용

방학 기간 중 돌봄 프로그램 운영으로 학령기 장애인 학생의 돌봄 지원을 통해 돌봄 부담을 낮춘다.

b. 이용 대상용대상

중증 발달 장애인 아동 · 청소년

③ 가족역량강화사업

Ⓐ 부모교육

a. 주요 내용

장애자녀 양육과 돌봄, 돌봄자의 역량강화를 위한 다양한 교육을 제공한다.

b. 이용 대상

장애자녀의 부모와 주 돌봄자

Ⓑ 자조모임 지원

a. 주요 내용

소규모 인원의 부모, 성인 비장애형제자매, 주 돌봄자 소모임에 활동비 지원 및 모임 활성화에 지원한다.

b. 이용 대상

장애인 부모 또는 주 돌봄자, 성인 비장애형제자매

Ⓒ 비장애형제자매 지원

a. 주요 내용

비장애형제자매를 대상으로 각종 체험, 교육 프로그램 제공을 통한 자존감을 향상한다.

b. 이용 대상

장애가 있는 형제자매를 둔 아동 · 청소년 비장애형제자매

④ 지역네트워크 구축사업

지역네트워크 구축사업에는 관계기관과의 업무협력, 민 · 관 협력 통합사례관리, 전문가 해결방안 회의운영, 지역사회 활동참여, 지역자원개발 및 후원개발 등이 있다(<표 13-3> 참조).

〈표 13-3〉 지역네트워크 구축사업

관계기관과의 업무협력	관계 기관과의 업무협약(MOU)을 통한 업무협력체계 구성
민 · 관 협력 통합사례관리	장애인가족을 위한 민 · 관 협력단 구성 및 운영
전문가 해결방안 회의운영	사례관리 전문가로 구성된 통합 사례회의 진행
지역사회 활동참여	지역축제, 지역사회보장협의체, 마을공동체 활동 등 참여
지역자원개발 및 후원개발	후원자 개발 및 관리, 자원봉사자 모집 및 교육, 관리 등

2) 대책

장애인가족을 위한 주된 복지정책에는 사회보험(국민연금의 장애연금, 산재보험), 「국민기초생활보장법」(장애수당, 장애아동수당), 장애인 자녀교육비 지원 제도, 장애인 의료비지원, 장애인 자립자금대여, 세금감면(주로 소득세), 텔레비전 수신료감면, 전화요금 할인 등 간접적 소득보장정책이 있는데, 그 주된 내용은 다음과 같다.[6)]

(1) 사회보험

① 국민연금의 장애연금

장애연금은 국민연금 가입자가 가입 중에 발생한 질병 또는 부상으로 인하여 완치 후에도 신체 또는 정신상의 장애가 있는 자를 대상으로 하며, 질병 또는 부상을 한 자가 초진 일로부터 2년이 지나도 완치되지 아니할 때는 그 1년 6개월이 경과한 날을 기준으로 장애정도를 결정하되, 그 1년 6개월이 경과한 날에 장애연금의 지급대상이 되지 아니하는 자가 그 질병 또는 부상의 악화로 인하여 60세가 되기 전에 장애연금의 지급대상이 될 때는 본인의 청구로 그 청구한 날을 기준으로 장애정도를 결정하고 있다.

② 산재보험

업무상 재해로 인한 부상, 질병을 치유한 후 장해가 남아 있으며 그 정도가 산재에 의한 장해등급 1~3급인 경우에는 연금을 지급하고, 장해등급 4~7급인 경우에는 연금 또는 일시금 중 선택을 할 수 있으며 8~14급인 경우에는 일시금을 지급한다. 장해보상 연금의 급여 수준은 장해 1급인 경우 평균임금의 329일분(90.1%)에서 장해 7급인 경우 138인분(37.8%)까지 장애등급에 따라 다르다. 장해보상일시금도 장해 4급인 경우 평균임금의 1,012일분에서 장해 14급인 경우 55일분까지 장해등급에 따라 다르다.

장해급여는 평균임금에 따라 결정되기 때문에 평균임금이 높으면 장해급여도 높게 책정되어 고소득계층일수록 장해급여도 높다. 그러나 산재보험도 국민연금과 같이 기본적으로 비취업 장애인보다는 취업장애인의 소득을 보장하기 위한 제도로서, 비취업 장애인은 산재보험의 혜택에서 완전히 배제되는 문제점을 안고 있다.

(2) 국민기초생활보장법

「국민기초생활보장법」의 수급권자가 되려면 부양의무자가 없거나 부양의무자가 있어도 부양 능력이 없거나 부양받을 수 없는 자여야 한다. 개별가구의 소득평가액과 재산을 기준으로 자산조사와 부양의무자 조사를 하며 최저생계비 기준을 가구별로 차등 적용하여 이에 해당하면 수급권자가 된다. 기초생활 보장 수급 대상자가 받을 수 있는 부가급여에는 장애수당을 비롯하여 다양하게 급여가 지원되고 있다. 장애수당은 기초생활수급대상자로서 저소득 장애인 가구의 생활안정을 도모하는 것이 목적으로 중증장애인 1, 2급에 1인당 130,000원을, 3~6급은 30,000원을 지급하고 있다.

① 장애수당

기초생활보장수급자와 차상위계층의 장애인에게 장애로 인한 추가 비용을 보전하기 위한 수당을 지급하여 저소득 장애인 가구의 생활안정을 도모한다. 지급대상은 「국민기초생활보장법」에 따른 수급자와 차상위계층의 18세 이상 등록 장애인, 「국민기초생활보장법」에 따른 수급자인 보장시설 입소 장애인이며, 기초생활수급 중증장애인 1인당 월 13만 원, 기초생활수급 경증 장애인 1인당 월 3만 원, 차상위 중증장애인 1인당 월 12만 원, 차상위 경증 장애인 1인당 월 3만 원, 보장시설 입소 중증장애인 1인당 월 7만 원, 보장시설 입소 경증 장애인 1인당 월 2만 원을 지급한다.

② 장애아동수당

기초생활보장대상자 및 차상위 가구의 18세 미만 재가 장애아동에게 장애로 인한 추가 비용을 지원하여 장애아동의 양육환경을 개선하고 장애아동 가구의 생활안정을 도모한다. 지급대상은 「국민기초생활보장법」에 따른 수급자 또는 차상위계층의 18세 미만 재가등록 장애아동이며, 지급금액은 기초생활수급 중증장애인 1인당 월 20만 원, 기초생활수급 경증장애인 1인당 월 10만 원, 차상위 중증장애인 1인당 월 15만 원, 차상위 경증장애인 1인당 월 10만 원을 지급한다.

(3) 간접적 소득보장정책

① 장애인 자녀교육비 지원제도

학교에 입학하거나 재학하는 자녀를 둔 장애인이나 학교에 입학하거나 재학하는 장애인을 부양하는 자는 관련 법령에 따라가며 교육비를 받을 수 있는 제도이다.

② 장애인 의료비 지원

「국민건강보험법」에 따른 요양급여나 「의료급여법」에 따른 의료급여를 받는 외에도, 「장애인복지법」에 따라 의료비를 지원받을 수 있다. 보건복지부 장관, 특별시장 · 광역시장 · 도지사 · 특별자치도지사 또는 시장 · 군수 · 구청장은 의료비를 부담하기 어렵다고 인정되는 장애인에게 장애정도와 경제적 능력 등을 고려하여 장애정도에 따라 의료에 드는 비용을 지급할 수 있다.

③ 장애인 자립자금 대여

국가와 지방자치단체는 장애인이 사업을 시작하거나 필요한 지식과 기능을 익히는 것 등을 지원하기 위해 18세 이상의 장애인에게 자금을 대여할 수 있다.

④ 세금감면(주로 소득세)

「소득세법」에 따른 소득세 감면으로는 기본공제, 추가공제, 특별공제가 있다. 소득세 기본공제란 소득세 산정에 있어서 종합소득이 있는 거주자에 대해서 공제대상자의 수에 연 150만 원을 곱한 금액을 그해의 종합소득금액에서 공제해 주는 것을 말한다. 이때 부양가족에 대해서는 나이에 따라 공제 대상이 제한되지만, 부양가족이 장애인이면 나이 제한 없이 기본공제를 받는다(「소득세법」 제50조제1항 제3호, 제51조제1항 제2호 및 「소득세법 시행령」 제107조제1항).

⑤ 텔레비전 수신료감면, 전화요금 할인 등

장애인은 시내 · 외 전화, 번호안내, 이동전화, 개인 휴대전화 등에 대해 요금을 감면받을 수 있다. 텔레비전 수신료감면은 보건복지부에 등록된 시각 · 청각장애인이 생활하는 가정의 수상기에 대해서는 수신료가 면제된다. 전기요금 할인은 1~3급 장애인의 주거용 고객 또는 독신자 합숙소(기숙사 포함)나 집단 주거용 사회복지시설로서 주택용 전력의 적용을 희망하면 지원된다. 도시 가스요금 할인은 대상자 가구가 사용하는 주택용(취사용 및 개별난방용에 한함) 도시가스에 대해 1m당 71~81원을 할인한다. 다만 LPG 등을 원료로 사용하는 도시가스는 관할 도지사가 정하는 별도 할인 금액을 적용한다.

⑥ 기타 지원

기타 지원에는 장애인 재활보조기구 무료교부, 장애인 생산품 판매시설 운영, 중증장애인 직업재활지원사업 수행기관운영, 건강보험 지역가입자의 보험료경감, 장애인 자동차 표지발급, 보장구 건강보험급여(의료급여) 실시, 장애인 결연사업, 장애인용 LPG연료 세금인상액지원, 농어촌 재가장애인 주택개조사업, 실비장애인 생활시설입소 이용료지원 등이 있다.

미주

제1장 가족복지의 이해

1) Murdock, 1949; Burgess & Locke, 1963; Levi-Strauss, 1969; Lazarus, 1976; Eliot, 1986; Chilman, 1988; Anderson & Sabateli, 1992; Giddens, 1992; Schwartz, 1995; Muncie. et. al.(ed.), 1997; Koerner & Fitzpatrick, 2002; Weigel, 2008; Brian et. al., 2010; Gavriel-Fried & Shilo, 2017; 이영실 · 김재경 외, 2013; 임정문 외, 2018; 김용환, 2019; 강마리아. 2020; 김재원 · 손은아, 2021; 김연옥 외, 2022; 김영호 외, 2022; 권신영 · 공정원 외, 2023; 박귀영 · 오현숙 외, 2023; 박용오 · 기은광 외, 2023.

2) Ackerman, 1960; Ramsey & Jerry, 1984; Zastrow, 2000; 이영실 · 김재경 외, 2013; 김재원 · 이지복 외; 박희숙, 2019; 이윤정, 2019; 강마리아. 2020; 문수열 · 노명숙 외, 2020; 박미은 · 신희정 외, 2020; 서혜석 · 강희숙 외, 2020; 최정숙, 2020; 장연진. 2021; 조성희 · 김남지 외, 2021; 김연옥 외, 2022; 김윤재 · 김종배 · 황지영, 2022; 권신영 · 공정원 외, 2023; 박귀영 · 오현숙 외, 2023.

3) 이영실 · 김재경 외, 2013; 강마리아, 2020; 김남지, 2020; 권신영 · 공정원 외, 2020; 문수열 · 노명숙, 외 2020; 서혜석 · 강희숙 외 2020; 최정숙, 2020; 홍봉수, 2020; 박미은 · 신희정 외, 2020; 김연옥 · 김혜미 외 2022; 이성희, 2021; 조성희 · 김남지 외 2021; 박용오 · 기은광 외, 2023; 좌현숙 · 김혜래 외, 2023.

4) Mead, 1934; Parsons, 1954; Parsons & Bales, 1954; Homans, 1958, 1961; Davis, 1959; Blau, 1964; Blumer, 1969; Goode, 1970; Marx, 1971; Collins, 1972, 1986; Dahrendorf, 1973; Minuchin, 1974; Turner, 1974, 1975; Olson, 1976; Bowen, 1978; Sprey, 1979; Wells, 1979; Young, 1985; Avis, 1986; Colins, 1986; Luepnitz, 1988; Jones, 1990; Sheinberg, 1992; Collins, Jordan & Coleman, 1999; Anderson, 2000; Patterson, 2002; Ramirez & Crano, et. al., 2004; 이영실 · 김재경 외, 2013; 강마리아, 2020; 이성희, 2021; 김윤재 · 김종배 · 황지영, 2022; 김용환 · 김영호 외, 2023.

5) Feldman & Scherz, 1968; Kamermen & Kahn, 1978; Collins, Jordan & Coleman, 2010; 이영실 · 김재경 외, 2013; 이윤정, 2019; 강마리아, 2020; 김남지, 2020; 권신영 · 공정원 외 2020; 문수열 · 노명숙 외, 2020; 박미은 · 신희정 외 2020; 이성희, 2021; 조성희 · 김남지 외, 2021; 김윤재 · 김종배 · 황지영, 2022.

6) 이영실 · 김재경 외, 2013; 문수열 · 노명숙 외, 2020; 서혜석 · 강희숙 외, 2020; 권신영 · 공정원 외, 2023; 김용환 · 김영호 외, 2023; 김종배 · 김지현 외, 2023; 박귀영 · 오현숙 외, 2023; 박용오 · 기은광 외, 2023; 좌현숙 · 김혜래 외, 2023.

7) 이영실 · 김재경 외, 2013; 이윤정, 2019; 강마리아, 2020; 박미은 · 신희정 외 2020; 김남지, 2020; 문수열 · 노명숙 외, 2020; 박희숙 · 강월숙 외, 2020; 서혜석 · 강희숙 외, 2020; 서혜석 · 강희숙 외, 2020; 송정애 · 이승현 · 이정숙, 2020; 최정숙. 2020; 홍봉수, 2020; 이성희, 2021; 조성희 · 김남지 외, 2021; 김윤재 · 김종배 · 황지영, 2022; 김윤재 · 김종배 · 황지영. 2022; 권신영 · 공정원 외, 2023.

8) 이영실 · 김재경 외, 2013; 권신영 · 공정원 외 2018; 강마리아. 2020; 문수열 · 노명숙 외, 2020; 박희숙 · 강월숙 외, 2020; 서혜석 · 강희숙 외, 2020; 송정애 · 이승현 · 이정숙, 2020; 최정숙. 2020; 홍봉

수, 2020; 김재원 · 이지복 외, 2021; 이성희. 2021; 김윤재 · 김종배 · 황지영, 2022; 권신영 · 공정원 외, 2023.

제2장 가족체계와 가족생활주기

1) Minuchin, 1974; Bronfenbrenner, 1979; Ilgen, Fisher & Taylor, 1979; Bannister, 1986; Olson, Sprenkl & Russell, 1989; Daniels & Larson, 2001; Landy, Walker & Melincoff, 2001; Zastrow & Kirst-Ashman, 2007; 이영실 · 오동록 · 고은주 외, 2020, 2021; 성정현 · 우국희 외, 2021; 김윤재 · 김종배 · 황지영, 2022; 김용환 · 김영호 외, 2023; 좌현숙 · 김혜래 외, 2023.
2) Olson, 1976; Olson, Russell & Sprenkle, 1983; 이영실 · 오동록 · 고은주 외, 2020; 성정현 · 우국희 외, 2021; 김용환 · 김영호 외, 2023; 김종배 · 김지현 · 류혜원 외, 2023; 박귀영 · 오현숙 외, 2023.
3) Glick, 1977; Collins, Jordan & Coleman, 1999; 이영실 · 오동록 · 고은주 외, 2020; 장연진. 2021. 김윤재 · 김종배 · 황지영, 2022; 김용환 · 김영호 외, 2023; 김종배 · 김지현 · 류혜원 외, 2023.
4) Duvall. 1957; Carter & McGodrick, 1996; Schuaz, 1982; 김남지, 2020; 성정현, 2020; 이영실 · 오동록 · 고은주 외, 2020; 최정숙; 2020; 성정현 · 우국희 외, 2021; 김종배 · 김지현 · 류혜원 외, 2023.
5) Glick & Parke, 1965; Wells & Guber, 1966; Nickell, Rice & Tucker, 1976; WHO(World Health Organization), 1976; Duvall, 1977; Murphy & Staples, 1979; Carter & Mcgoldrick, 1989; Collins, Jordan & Coleman, 1999; 유영주, 1984; 이영실 · 오동록 · 고은주 외, 2020; 강마리아, 2020; 장연진. 2021. 김윤재 · 김종배 · 황지영, 2022; 김용환 · 김영호 외, 2023; 김종배 · 김지현 · 류혜원 외, 2023.
6) Duvall, 1977; Carter & Mcgoldrick, 1989; 이영실 · 오동록 · 고은주 외, 2020; 성정현 · 우국희 외, 2021; 김윤재 · 김종배 · 황지영, 2022; 김종배 · 김지현 외, 2023; 박귀영 · 오현숙 외, 2023.

제3장 복지국가와 가족복지정책

1) Esping-Anderson, 1990, 1999: Kamerman & Kahn. 1978; 이영실 · 김재경 외, 2013; 임정문 외, 2018; 김용환 · 김태경 외, 2019; 문수열 · 노명숙 외, 2020; 김재원 · 이지복 외, 2021; 장연진, 2021; 김윤재 · 김종배 · 황지영, 2022; 권신영 · 공정원 외, 2023; 김용환 · 김영호 외, 2023; 김종배 · 김지현 외, 2023; 박귀영 · 오현숙 외, 2023; 박용오 · 기은광 외, 2023; 좌현숙 · 김혜래 외, 2023.
2) Kamerman & Kahn, 1978; Moss & Sharpe, 1979; Hantrais, 2004; Zimmerman, 1992; 이영실 · 김재경 외, 2013.
3) Kamerman & Kahn, 1978;; Zimmerman, 1992, 1995; Gauthier, 1996; 이영실 · 김재경 외, 2013; 김연옥 · 김혜미 외, 2022; 권신영 · 공정원 외, 2023; 김용환 · 김영호외, 2023; 김종배 · 김지현 외, 2023; 박귀영 · 오현숙 외, 2023; 좌현숙 · 김혜래 외, 2023.
4) 이영실 · 김재경 외, 2013; 김용환 · 김태경 외, 2019; 박미은 · 신희정 외, 2020; 홍봉수, 2020; 김재원 · 손은아 외, 2021; 김연옥 · 김혜미 외, 2022; 김윤재 · 김종배 · 황지영, 2022; 권신영 · 공정원 외, 2023; 김용환 · 김영호 외, 2023; 김종배 · 김지현 외, 2023; 박귀영 · 오현숙 외, 2023; 박용오 · 기은광 외,

2023; 좌현숙 · 김혜래 외, 2023.

5) Kamerman과 Kahn, 1978; Gauthier, 1996; Harding, 1996; Esping-Anderson; 1999, 이영실 · 김재경 외, 2013; 최선화, 2018; 김용환 · 김태경 외, 2019; 박미은 · 신희정 외, 2020; 김연옥 · 김혜미 외, 2022; 권신영 · 공정원 외, 2023; 김용환 · 김영호 외, 2023; 김종배 · 김지현 외, 2023; 박귀영 · 오현숙 외, 2023; 박용오 · 기은광 외, 2023.

6) Feldman & Schertz, 1968; Gauthier, 2011; 이영실 · 김재경 외, 2013; 홍봉수, 2018; 김용환 · 김태경 외, 2019; 문수열 · 노명숙 외, 2020; 박미은 · 신희정 외, 2020; 최정숙. 2020; 서혜석 · 강희숙 외, 2020; 김재원 · 이지복 외, 2021; 김연옥 · 김혜미 외, 2022; 김용환 · 김영호 외, 2023.

7) George, 1973; Gilbert & Specht, 1986; 이영실 · 김재경 외, 2013; 원영희 · 손화희, 2019; 강마리아. 2020; 박미은 · 신희정 외, 2020; 최정숙 외, 2020; 송정애 외, 2020; 김재원 · 손은아, 2021; 조성희 · 김남지 외, 2021; 김연옥 · 김혜미 외, 2022; 송정애 · 이승현 · 이정숙. 2022; 권신영 · 공정원 외, 2023; 김용환 · 김영호 외, 2023; 김종배 · 김지현 외, 2023; 박귀영 · 오현숙 외, 2023; 박용오 · 기은광 외, 2023; 좌현숙 · 김혜래 외, 2023.

8) Kamerman과 Kahn, 1978; Bogenschneider, 2008; 이영실 · 김재경 외, 2013; 송정애 외, 2020; 김재원 · 이지복 외, 2021; 성정현 · 우국희 외, 2021; 김영호 · 강해자 외, 2022; 김윤재 · 김종배 · 황지영, 2022; 권신영 · 공정원 외, 2023; 김용환 · 김영호 외, 2023; 김종배 · 김지현 외, 2023; 박귀영 · 오현숙 외, 2023; 박용오 · 기은광 외, 2023; 좌현숙 · 김혜래 외, 2023.

제4장 한국과 외국의 가족복지 정책

1) Kamerman & Kahn, 1978; Le Grand, 1991; Powell, 2007; 강마리아. 2020; 권신영 · 공정원 외, 2020; 김남지. 2020; 문수열 · 노명숙 외, 2020; 박미은 · 신희정 외, 2020; 박희숙 · 강월숙 외, 2020; 보건복지부. 2020, 2021, 2022, 2023; 서혜석 · 강희숙 외, 2020; 성정현, 2020; 송정애 · 이승현 · 이정숙, 2020; 최정숙, 2020; 홍봉수, 2020; 김세진 · 김혜수 · 이윤경, 2021; 김재원 · 손은아, 2021; 성정현 · 우국희 외, 2021; 조성희 · 김남지 외, 2021; 황남희 · 김태완 · 진화영 · 신화연 · 최옥금, 2021; 고용노동부, 2022; 국민건강보험공단, 2022, 2023; 김연옥 · 김혜미 외, 2022; 김윤재 · 김종배 · 황지영, 2022; 박언하, 2022; 안수란 · 오욱찬 · 이상정 · 이윤경, 2022; 송정애 · 이승현 · 이정숙. 2022; 최성은, 2022; 권신영 · 공정원 외, 2023; 김용환 · 김영호 외, 2023; 김종배 · 김지현 외, 2023; 박귀영 · 오현숙 외, 2023; 박용오 · 기은광 외, 2023.

2) Kamerman, & Kahn, 1978, 1981, 1997; Esping-Anderson, 1985, 1990, 1999, 2002, 2009; Mason, 1987; Gordon, 1988; Goldstein, Judith & Robert Keohane(eds.), 1993; Swedish Institute. 1996, 1997, 1998; Jenson & Sineau, 2001; Anders, 2004; Taylor-Gooby, 2004; Neyer & Andersson, 2008; Hadas. 2009; Ann-Zofie, Trude., & Anderson. 2010; 보건사회연구원. 2018; 박희숙 · 강월숙 외, 2020; 조성희 · 김남지 외, 2021; 김윤재 · 김종배 · 황지영, 2022; 김용환 · 김영호 외, 2023; 김종배 · 김지현 외, 2023; 박귀영 · 오현숙 외, 2023; 박용오 · 기은광 외, 2023.

3) 임정문 외, 2018; 김용환 · 김태경 외, 2019; 강마리아. 2020; 성정현 · 우국희 외, 2020; 조성희 · 김남지 외, 2021; 김윤재 · 김종배 · 황지영, 2022; 김용환 · 김영호 외, 2023; 김종배 · 김지현 외, 2023; 박귀영 · 오현숙 외, 2023; 박용오 · 기은광 외, 2023.

제5장 가족복지 관련 법

1) 보건복지부, 2005,9.1; 여성가족부, 2007.10.17; 이영실 · 김재경 외, 2013; 여성가족부, 2015.4.30; 한국임상사회사업학회, 2017; 여성가족부, 2018. 7.17; 최선화, 2018; 김용환 · 김태경 외, 2019; 박희숙, 2019; 강마리아. 2020; 서혜석 · 강희숙 외, 2020; 송정애 · 이승현 · 이정숙, 2020; 김재원 · 손은아, 2021; 조성희 · 김남지 외, 2021; 김영호 · 강해자 외, 2022; 김윤재 · 김종배 · 황지영, 2022; 송정애 · 이승현 · 이정숙. 2022; 권신영 · 공정원 외, 2023; 김종배 · 김지현 외, 2023; 박귀영 · 오현숙 외, 2023; 박용오 · 기은광 외, 2023; 좌현숙 · 김혜래 외, 2023.

제6장 가족복지실천과정

1) Hepworth & Larsen et. al., 2010; 이영실 · 김재경 외, 2013; 이영실 · 오동록 · 고은주 외, 2020; 김연옥 · 김혜미 외, 2022; 김윤재 · 김종배 · 황지영. 2022.
2) Hepworth & Larsen et. al., 2010; 이영실 · 김재경 외, 2013; 이영실 · 오동록 · 고은주 외, 2013; 김남지, 2020; 박귀영 · 오현숙 외, 2023.
3) Hepworth & Larsen et. al., 2010; 이영실 · 김재경 외, 2013; 이영실 · 오동록 · 고은주 외, 2013; 박희숙 · 강월숙 외, 2020; 박미은 · 신희정 외, 2020; 김연옥 · 김혜미 외, 2022.
4) Hepworth, & Larsen et.al., 2010; 이영실 · 김재경 외, 2013; 이영실 · 오동록 · 고은주 외, 2013; 강마리아, 2020; 박미은 · 신희정 외, 2020; 성정현, 2020; 최정숙, 2020; 김재원 · 손은아, 2021.
5) Holman, 1983; Sheafor & Horejsi, 2008; 이영실 · 김재경 외, 2013; 이영실 · 오동록 · 고은주 외, 2020; 김재원 · 손은아, 2021; 김영호 · 강해자 외, 2022; 권신영 · 공정원 외, 2023.
6) Satir, 1967; Duvall, 1977; Holman, 1983; Carter & McGoldrick, 1998; Collins, et.al., 1999; Kirst-Ashman & Hull, 2006; Hepworth, et. al. 2010; 이영실 · 오동록 · 고은주 외, 2020; 최정숙. 2020; 홍봉수. 2020; 김재원 · 손은아, 2021;이윤정 · 박수선 외, 2021; 조성희 · 김남지 외, 2021; 김연옥 · 김혜미 외, 2022; 김영호 · 강해자 외, 2022; 박언하 2022; 권신영 · 공정원 외, 2023; 김종배 · 김지현 외, 2023.
7) Hartman & Laird, 1983; Holman, 1983; Sheafor & Horejsi, 2008; 이영실 · 김재경 외, 2013; 이영실 · 오동록 · 고은주, 외, 2020; 박미은 · 신희정 외 2명. 2020; 강마리아. 2020; 문수열 · 노명숙 외, 2020; 서혜석 · 강희숙 외, 2020; 김재원 · 손은아. 2021; 김영호 · 강해자 외, 2022.
8) Hartman & Laird, 1983; Hepworth & Larsen, 2010; 이영실 · 김재경 외, 2013; 이영실 · 오동록 · 고은주 외, 2020; 박미은 · 신희정 외, 2020; 강마리아. 2020; 최정숙, 2020; 김재원 · 손은아. 2021.
9) Bowen, 1978; Minuchin, 1974; Pincus & Minahan, 1974; Collins, et. al., 1999; Hepworth & Larsen, 2010; 이

영실 · 김재경 외, 2013, 이영실 · 오동록 · 고은주, 2020; 박미은 · 신희정 외, 2020; 강마리아. 2020; 최정숙. 2020; 성정현. 2020; 조성희 · 김남지 외, 2021; 김재원 · 손은아. 2021.

10) Pincus & Minahan, 1974; Hartman & Laird, 1983; Hepworth & Larsen, 2010; 이영실 · 김재경 외, 2013, 이영실 · 오동록 · 고은주, 2020; 강마리아. 2020; 강마리아. 2020; 성정현. 2020; 조성희 · 김남지 외, 2021; 김재원 · 손은아. 2021.

제7장 가족치료

1) 이영실 · 김재경 외, 2013; 이영실 · 오동록 · 고은주 외, 2020, 2021; 박미은 · 신희정 외, 2020; 박희숙 · 강월숙 외, 2020; 서혜석 · 강희숙 외, 2020; 김재원 · 손은아, 2021; 김재원 · 이지복 외, 2021; 이성희, 2021; 조성희 · 김남지 외, 2021; 김연옥 · 김혜미 외, 2022; 김윤재 · 김종배 · 황지영, 2022.

2) 이영실 · 김재경 외, 2013; 이영실 · 오동록 · 고은주 외, 2020, 2021; 박미은 · 신희정 외, 2020; 박희숙 · 강월숙 외, 2020; 서혜석 · 강희숙 외, 2020; 김재원 · 손은아, 2021; 김연옥 · 김혜미 외, 2022; 김윤재 · 김종배 · 황지영, 2022.

3) 이영실 · 김재경 외, 2013; 이영실 · 오동록 · 고은주 외, 2020, 2021; 박미은 · 신희정 외, 2020; 박희숙 · 강월숙 외, 2020; 서혜석 · 강희숙 외, 2020; 이성희, 2021; 김연옥 · 김혜미 외, 2022; 김윤재 · 김종배 · 황지영, 2022.

4) 이영실 · 김재경 외, 2013; 이영실 · 오동록 · 고은주 외, 2020, 2021; 박미은 · 신희정 외, 2020; 박희숙 · 강월숙 외, 2020; 서혜석 · 강희숙 외, 2020; 김재원 · 손은아, 2021; 김재원 · 이지복 외, 2021; 조성희 · 김남지 외, 2021; 김연옥 · 김혜미 외, 2022; 김윤재 · 김종배 · 황지영, 2022.

5) Satir, 1967. 1972, 1983; Ackerman, 1970; Liberman, 1972; Boszormenyi-Nagy & Spark, 1973; Minuchin, 1974; Bowen, 1978; Hare-Mustin, 1978; De Shazer, 1985; Goldenberg & Goldenberg, 1985, 2004; Avis, 1986; MacKinnon & Miller, 1987; Becvar & Becvar, 1988; Luepnitz, 1988; Jones, 1990; Burck & Daniel, 1990; Freeman, 1991; Goldner, 1991, 1991b; Berg, 1992; Jongsma & Dattilio, 2000; Minuchin, 1974; Nichols & Schwartz, 1998, 2001; Goldenberg & Goldenberg, 2000, 2004; Norsworthy, 2000; Walsh & Crosser, 2000; Allyn & Bacon, 2001; 이영실 · 김재경 외, 2013; 이영실 · 오동록 · 고은주 외, 2020, 2021.

제8장 빈곤가족

1) Rowntree, 1889; Stouffer et. al., 1949; Runciman, 1956; Townsend, 1962, 1974, 1979, 1993; Joseph & Sumption, 1979; Sen, 1983; Lauer, 1998; De Beer & Swanepoel, 2000; 이영실 · 김재경 외, 2013; 김혜경 · 도미향, 2019; 강마리아. 2020; 권신영 · 공정원 외, 2023; 김용환 · 김영호 외, 2023; 김종배 · 김지현 외, 2023.

2) 이영실 · 김재경 외, 2013; 김윤재 · 김종배 · 황지영, 2022; 보건복지부. 2023; 권신영 · 공정원 외, 2023; 김용환 · 김영호 외, 2023; 김종배 · 김지현 외, 2023; 박귀영 · 오현숙 외, 2023; 좌현숙 · 김혜래 외,

2023; 한국보건사회연구원, 2023.

3) 한국보건사회연구원, 2023.

4) 보건복지부. 2022; 한국보건사회연구원. 2023.

5) 이영실 · 김재경 외, 2013; 박희숙, 2019; 원영희 · 손화의, 2019; 문수열 · 노명숙 외, 2020; 박희숙 · 강월숙 외, 2020; 홍봉수, 2020; 김재원 · 손은아, 2021; 김재원 · 이지복 외, 2021; 이윤정 · 박수선 외, 2021; 조성희 · 김남지 외, 2021; 김영호 · 강해자 외, 2022; 김윤재 · 김종배 · 황지영, 2022; 김종배 · 김지현 외, 2023; 박귀영 · 오현숙 외, 2023; 박영오 · 기은광 외, 2023; 좌현숙 · 김혜래 외, 2023.

6) 보건복지부. 2023.

제9장 한부모가족

1) 이영실 · 김재경 외, 2013; 박미은 · 신희정 외 2020; 김재원 · 손은아, 2021; 이성희, 2021; 김윤재 · 김종배 · 황지영, 2022; 김용환 · 김영호 외, 2023; 김종배 · 김지현 외, 2023; 박귀영 · 오현숙 외, 2023; 박용오 · 기은광 외, 2023; 좌현숙 · 김혜래 외, 2023; 한부모가족지원법(제4조제2호 · 제5호), 2014.

2) 여성가족부. 2022, 2023.

3) 이영실 · 김재경 외, 2013; 송정애 · 이승현 · 이정숙, 2020; 김재원 · 이지복 외, 2021; 장연진, 2021; 송정애 · 이승현 · 이정숙. 2022; 김종배 · 김지현 외, 2023; 박귀영 · 오현숙 외, 2023; 박용오 · 기은광 외, 2023.

4) 한부모가족지원법, 2007, 2023; 보건복지부, 2022; 이영실 · 김재경 외, 2013; 박미은 · 신희정 외 2020; 김재원 · 손은아, 2021; 이성희, 2021; 조성희 · 김남지 외, 2021; 김윤재 · 김종배 · 황지영, 2022; 김용환 · 김영호 외, 2023; 박귀영 · 오현숙 외, 2023; 좌현숙 · 김혜래 외, 2023.

제10장 폭력가족

1) 여성가족부. 2011. 2023.

2) 이영실 · 김재경 외, 2013; 한국임상사회사업학회, 2017; 임정문 외, 2018; 강마리아. 2020; 박미은 · 신희정 외, 2020; 이영실 · 오동록 · 고은주, 2020; 김재원 · 손은아, 2021; 이성희, 2021; 조성희 · 김남지 외, 2021; 김연옥 · 김혜미 외, 2022; 김윤재 · 김종배 · 황지영, 2022; 권신영 · 공정원 외, 2023; 김종배 · 김지현 외, 2023; 박귀영 · 오현숙 외, 2023; 박용오 · 기은광 외, 2023.

3) 여성가족부. 2022.

4) 이영실 · 김재경 외, 2013; 권신영 · 공정원 외, 2020; 김남지. 2020; 서혜석 · 강희숙 외, 2020; 이영실 · 오동록 · 고은주, 2020; 김재원 · 이지복 외, 2021; 이윤정 · 박수선 외, 2021; 장연진. 2021; 김영호 · 강해자 외, 2022; 박언하, 2022; 김용환 · 김영호 외, 2023; 박용오 · 기은광 외, 2023; 좌현숙 · 김혜래 외, 2023.

5) 이영실 · 김재경 외, 2013; 문수열 · 노명숙 외, 2020; 최정숙, 2020; 홍봉수, 2020; 이영실 · 오동록 · 고

은주, 2020; 김연옥 · 김혜미 외, 2022; 김윤재 · 김종배 · 황지영, 2022; 권신영 · 공정원 외, 2023; 김종배 · 김지현 외, 2023; 박귀영 · 오현숙 외, 2023.

6) 이영실 · 김재경 외, 2013; 여성가족부, 2018; 임정문 외, 2018; 강마리아. 2020; 서혜석 · 강희숙 외, 2020; 이영실 · 오동록 · 고은주, 2020; 김재원 · 손은아, 2021; 이성희, 2021; 김연옥 · 김혜미 외, 2022; 김윤재 · 김종배 · 황지영, 2022; 권신영 · 공정원 외, 2023; 김용환 · 김영호 외, 2023; 박귀영 · 오현숙 외, 2023; 박용오 · 기은광 외, 2023.

제11장 다문화가족

1) 여성가족부, 2011.
2) 여성가족부. 2022.6.27; 통계청, 2022.03.
3) 여성가족부. 2022.6.27; 통계청, 2022.03.
4) 이영실 · 김재경 외, 2013; 강마리아. 2020; 박희숙 · 강월숙 외, 2020; 송정애 · 이승현 · 이정숙, 2020; 이성희, 2021; 조성희 · 김남지 외, 2021; 장연진. 2021; 김연옥 · 김혜미 외, 2022; 김영호 · 강해자 외, 2022; 송정애 · 이승현 · 이정숙. 2022; 권신영 · 공정원 외, 2023; 김종배 · 김지현 외, 2023; 박용오 · 기은광 외, 2023.
5) 이영실 · 김재경 외, 2013; 여성가족부, 2017; 정지나 · 한준아 외, 2018; 김남지. 2020; 문수열 · 노명숙 외, 2020; 박미은 · 신희정 외, 2020; 서혜석 · 강희숙 외, 2020; 성정현, 2020; 최정숙, 2020; 이윤정 · 박수선 외, 2021; 김용환 · 김영호 외, 2023; 박귀영 · 오현숙 외, 2023; 좌현숙 · 김혜래 외, 2023.
6) 이영실 · 김재경 외, 2013; 문수열 · 노명숙 외, 2020; 이윤정 · 박수선 외, 2021; 이성희, 2021; 김연옥 · 김혜미 외, 2022; 송정애 · 이승현 · 이정숙. 2022; 권신영 · 공정원 외, 2023; 김종배 · 김지현 외, 2023; 박용오 · 기은광 외, 2023.

제12장 중독가족

1) Griffiths, 1996; Holden, 2001; O'Brien, 2011; Fidan, 2016; 이영실 · 오동록 · 고은주, 2020.
2) Jellinek, 1960; WHO(World Health Organization, 1976); American Psychiatric Association, 2013; Hales, Yudofsky & Roberts(eds), 2014; 이영실 · 김재경 외, 2013; 민성길 편, 2015; 이향숙 · 김경우 외, 2018; 고재욱 · 전선영 외, 2019; 최송식 · 최말옥 외. 2019; 이영실 · 오동록 · 고은주, 2020.
3) 이영실 · 김재경 외, 2013; 강마리아, 2020; 이영실 · 오동록 · 고은주, 2020; 김재원 · 손은아, 2021; 김윤재 · 김종배 · 황지영, 2022; 권신영 · 공정원 외, 2023; 김종배 · 김지현 외, 2023; 박귀영 · 오현숙 외, 2023.
4) 보건복지부, 2020; 보건복지부 · 건강보험심사평가원. 2020; 보건복지부, 2021.
5) Berge, 1994; 이영실 · 김재경 외, 2013; 강마리아, 2020; 김남지. 2020; 박미은 · 신희정 외, 2020; 성정현, 2020; 이영실 · 오동록 · 고은주, 2020; 김재원 · 손은아, 2021; 조성희 · 김남지 외, 2021; 김영호 · 강해

자 외, 2022; 박용오 · 기은광 외, 2023; 좌현숙 · 김혜래 외, 2023.

6) Arieti, 1975; Dole & Wander, 1976; Freedman & Sadock(eds.), 1980; Goodwin, 1985; Cloninger, 1987; Thomas et. al., 1987; Hales, Yudofsky & Roberts(eds.), 1987; Jones, 1990; American Psychiatric Association, 1994; Gabbard, 1994; Kaplan & Sadock, 1998; Williams & Kathleen(ed.), 1998; Greenfield, Books & Gordon et al., 2007a; Nestler, 2013; Thomas, Fullerton & Kim, et al., 2014; 이영실 · 김재경 외, 2013; 이영실 · 오동록 · 고은주 외, 2020; 김재원 · 이지복 외, 2021; 김윤재 · 김종배 · 황지영, 2022; 권신영 · 공정원 외, 2023; 박귀영 · 오현숙 외, 2023.

7) Goldberg, 1996; Young, 1998; American Psychiatric Association, 2013; 이영실 · 김재경 외, 2013; 민성길 편, 2015; 한국정보화진흥원, 2016; 이영실 · 오동록 · 고은주, 2020; 이향숙 · 김경우 외, 2018; 고재욱 · 전선영 외, 2019; 최송식 · 최말옥 외. 2019; 강마리아, 2020; 홍봉수, 2020; 조성희 · 김남지 외, 2021; 김영호 · 강해자 외, 2022; 박용오 · 기은광 외, 2023.

8) 과학기술정보통신부 · 한국지능정보사회진흥원. 2021.

9) Young, 1996a; White, 1998; West, 2001; Hagedorn, 2009; Richards, et. al., 2010; Brown & Bobkowski, 2011; Spengler, et. al., 2014; Booker, et. al., 2015; Roberto, et. al., 2015; Lee, Park & Heo, 2016.

10) Sharpe & Tarrier, 1993; Echeburua, Fernandez-Montalvo, & Baez, 2000; Ladouceur et. al., 2001; Toneatto, 2002; Sharpe, 2002; Hodgins & Holub, 2007; Young, 2007; 이영실 · 김재경 외, 2013; 박희숙 · 강월숙, 2020; 박미은 · 신희정 외, 2020; 이영실 · 오동록 · 고은주, 2020; 조성희 · 김남지 외, 2021; 김영호 · 강해자 외, 2022; 김종배 · 김지현 외, 2023; 박용오 · 기은광 외, 2023.

제13장 장애인가족

1) 박미은 · 신희정 외, 2020; 최정숙, 2020; 김재원 · 손은아, 2021; 보건복지부, 2023; 권신영 · 공정원 외, 2023; 김종배 · 김지현 외, 2023.

2) 임정문 외, 2018; 김용환 · 김태경 외, 2019; 김남지. 2020; 김재원 · 손은아, 2021; 김재원 · 이지복 외, 2021; 이성희, 2021; 권신영 · 공정원 외, 2023; 박용오 · 기은광 외, 2023.

3) 보건복지부, 2022; 보건복지부 누리집, 2022; 국가통계포털, 2022; 한국장애인개발원, 2022.

4) 김용환 · 김태경 외, 2019; 김남지. 2020; 송정애 · 이승현 · 이정숙, 2020; 김재원 · 손은아, 2021; 이성희, 2021; 조성희 · 김남지 외, 2021; 김용환 · 김영호 외, 2023; 김윤재 · 김종배 · 황지영, 2022; 박귀영 · 오현숙 외, 2023.

5) 임정문 외, 2018; 박희숙, 2019; 권신영 · 공정원 외, 2020; 박미은 · 신희정 외, 2020; 박희숙 · 강월숙 외, 2020; 최정숙, 2020; 김재원 · 이지복 외, 2021; 이성희, 2021; 김윤재 · 김종배 · 황지영, 2022; 권신영 · 공정원 외, 2023; 김종배 · 김지현 외, 2023; 박용오 · 기은광 외, 2023; 좌현숙 · 김혜래 외, 2023.

6) 김용환 · 김태경 외, 2019; 박희숙, 2019; 김남지. 2020; 박미은 · 신희정 외, 2020; 송정애 · 이승현 · 이정숙, 2020; 김재원 · 손은아, 2021; 조성희 · 김남지 외, 2021; 김윤재 · 김종배 · 황지영, 2022; 김용환 · 김영호 외, 2023; 박귀영 · 오현숙 외, 2023.

참고문헌

감사원. 2021. 감사보고서 : 인구구조변화 대응실태 Ⅱ(노후소득보장 분야).
강마리아. 2020. 가족복지론. 대영문화사.
고명석 · 김경원 외. 2016. 가족복지론. 동문사.
고명수 · 김용주 외. 2019. 정신건강론. 정민사.
고용노동부 누리집(www.moel.go.kr) 및 관할 고용복지+센터 누리집(www.workplus.go.kr). 2023. 사업주지원 고용장려금 지원 제도.
고용노동부. 2022. 산전후휴가 및 육아휴직 법령.
고재욱 · 전선영 외. 2019. 정신건강론. 정민사.
과학기술정보통신부 · 한국지능정보사회진흥원. 2021. 스마트폰 과의존의 실태조사.
곽미정 · 박선태 외. 2017. 가족복지론. 동문사.
국가통계포털(www.kosis.kr). 2022. 2022년 장애통계연보 : 장애인 가구 실태.
국민건강보험공단. 2022. 장기요양보험통계.
국민건강보험공단. 2023. 서비스 전달 및 청구 · 지급 체계.
국세청홈택스. 2019. 근로장려금 · 자녀장려금 안내.
권신영 · 공정원 외. 2018, 2023. 가족복지론. 어가.
김경우. 2017. 가족복지론. MJ미디어.
김기원. 2017. 사회복지정책론. 학지사.
김남지. 2020. 가족복지론(성인학습자들을 위한 알기 쉬운). 북스홀릭퍼블리싱.
김성아 · 김태완. 2017. 일본의 아동수당과 한국이 가정양육수당 비교. 보건복지포럼. 248호.
김세진 · 김혜수 · 이윤경. 2021. 노인요양시설의 지역별 수요-공급 적정성 분석. 한국보건사회연구원.
김연옥 · 김혜미 외. 2022. 가족복지론. 학지사.
김영호 · 강해자 외. 2022. 가족복지론(제2판). 공동체.
김영화. 2016. 성인지적 가족복지론. 양성원.
김용환 · 김영호 외. 2019, 2023. 가족복지론. 동문사.
김윤재 · 김종배 · 황지영. 2022. 가족복지론. 지식공동체.
김재원 · 손은아. 2021. 가족복지론. 양성원.
김재원 · 이지복 외. 2021. 가족복지론. 양성원.
김종배 · 김지현 외. 2023. 가족복지론. 양성원.
김혜경 · 도미향 외. 2019. 가족복지론. 공동체.
문수열 · 노명숙 외. 2020. 가족복지론. 창지사.
민성길 편. 2015. 최신정신의학. 일조각.
박경일. 2016. 사회복지정책론. 공동체.
박귀영. 2017. 가족복지론. 양성원.
박귀영 · 오현숙 외. 2023. 가족복지론(개정판). 양성원.
박미은 · 신희정 외. 2020. 가족복지론(3판). 공동체.
박언하. 2022. 가족복지론. 동문사.

박옥임. 2017. **가족복지론**. 공동체.
박용오 · 기은광 외. 2023. **가족복지론**. 신정출판사.
박희숙. 2019. **가족복지론(가족복지 실천에서의 이론 및 기술)**. 지식공동체.
박희숙 · 강월숙 외. 2020. **가족복지론(가족복지 실천에서의 이론 및 기술)**(제2판). 지식공동체.
보건복지부 누리집(www.mohw.go.kr). 2022. 2022 장애통계연보.
보건복지부 보도자료. 2019. 2019년부터 보편 지급되는 아동수당.
보건복지부. 2005.9.1. 저출산 · 고령사회기본법 제정.
보건복지부. 2020. (2018~2020년) 연도별 알코올중독자 지역사회 등록관리율.
보건복지부. 2020. 제4차 저출산 · 고령사회 기본계획(2021~2025) 수립, 심의 확정
보건복지부. 2020. 제4차 저출산 · 고령사회 기본계획(2021~2025) 수립, 심의 확정.
보건복지부. 2021. 2022. 노인 돌봄 정책.
보건복지부. 2021년. 정신건강사업 안내.
보건복지부. 2022, 2023. 국민기초생활보장법 안내('22~'23).
보건복지부. 2022. 2022.7.29. 중앙생활보장위원회 보고서 : 2022년 기준 중위소득 및 생계 · 의료급여 선정 기준과 최저 보장수준.
보건복지부. 2022. 2022년 장애인 가구 실태. 보건복지부 누리집(www.mohw.go.kr).
보건복지부. 2022. 2022년 장애인 가구 현황 발표.
보건복지부. 2022. 2022년, 기준 중위소득 및 생계 · 의료급여 선정기준과 최저 보장수준. 중앙생활보장위원회.
보건복지부. 2022. 빈곤 가구 추정 결과 보고서.
보건복지부. 2022. 제4차 중장기 보육 기본계획('23~'27) 발표.
보건복지부. 2023. 노인 맞춤 돌봄서비스 사업안내 4.
보건복지부. 2023. 장애인복지법 시행령(제2조) : 장애인의 종류 및 기준.
보건복지부. 2023. 장애인복지법(제2조) 장애인의 정의, 장애 분류.
보건복지부. 2023. 제3차 기초생활보장종합계획(2024 ~ 2026) 발표.
보건복지부 · 건강보험심사평가원. 2020. 2020년 알코올중독 추정 환자.
서영민. 2017. 영국 아동수당정책의 개혁과 전망. 국제사회보장리뷰. 2 : 111-115.
서혜석 · 강희숙 외. 2020. **가족복지론**. 어우리.
석재은. 2008. 한국 장기요양 서비스의 복지혼합 : OECD 국가들과의 비교적 접근. **사회 보장연구**. 24(4). 199-230.
석재은. 2017. 장기요양서비스의 공공성 강화를 위한 규제의 합리화 방안 연구. **보건사회연구**. 37(2). 423-451.
성정현. 2020. **가족복지론**. 양서원.
성정현 · 우국희 외. 2021. **가족복지론**(2판). 양서원.
송정애 · 이승현 · 이정숙. 2020. **가족복지론**. 양서원.
신윤정. 2017. 프랑스 가족수당의 현황과 시사점. 국제사회보장리뷰. 2 : 25-33.
안수란 · 오욱찬 · 이상정 · 이윤경. 2022. 2022년 사회서비스 정책의 전망과 과제. 한국보건사회연구원.
양천구장애인가족지원센터 홈페이지(http://www.ycdfsc.or.kr/).
여성가족부. 2007.10.17. 한부모가족지원법 개정.

여성가족부. 2011, 2023. 가정폭력범죄의 처벌 등에 관한 특례법(제2조 1항).
여성가족부. 2011. 다문화가족지원법.
여성가족부. 2015.4.30. 영유아보육법 개정.
여성가족부. 2017. 제2차 다문화정책 기본계획(2013-2017)에 따른 2017년도 시행계획.
여성가족부. 2018. 가정폭력방지 대책.
여성가족부. 2018.7.17. 건강가정기본법 개정.
여성가족부. 2022. 한부모가족 실태조사(2021년).
여성가족부. 2022.6.27. 2021년 전국 다문화가족 실태조사.
옥필훈. 2019. **가족복지론**. 지식공동체.
원석조. 2017. **사회복지정책론**. 공동체.
원영희 · 손화의. 2016. **가족복지론**. 학지사.
원영희 · 손화의. 2019. **가족복지론**(제2판). 학지사.
유영주. 1984. 한국 도시가족의 가족생활주기 모형 설정에 관한 연구. 한국가정관리학회지. 제2권 1호.
이선주 외. 2007. 주요 국가의 아동수당제도에 관한 연구 : 프랑스, 핀란드, 일본을 중심으로. **사회보장연구**. 23(4) : 167-192.
이성희. 2021. **가족복지론**. 창지사.
이성희 · 한은주 외. 2021. **가족복지론**(제2판). 창지사.
이영실 · 김재경 외. 2013. **가족복지론**. 양서원.
이영실 · 오동록 · 고은주 외. 2020. **사회복지실천기술론**. 창지사.
이영실 · 오동록 · 고은주 외. 2020. **정신건강론**. 창지사.
이영실 · 오동록 · 고은주 외. 2021. **사회복지실천론**. 창지사.
이영주. 2018. **가족복지론**. 양서원.
이영주. 2018. **가족복지론**. 양서원.
이원숙. 2016. **가족복지론**. 학지사.
이윤정. 2019. **가족복지론**. 공동체.
이윤정 · 박수선 외. 2021. **가족복지론**(2판). 공동체.
이향숙 · 김경우 외. 2018. **정신건강론**. 양서원.
임정문. 2018. **가족복지론**. 동문사.
임정문 · 김숙경 외. 2018. **가족복지론**. 창지사.
장수복 · 이태희 외. 2017. **가족복지론**. 정민사.
장연진. 2021. **가족복지론(정책과 실천의 통합적 이해)**. 신정.
정지나 · 한준아 외. 2018. **부모교육**. 양서원.
정황순 · 박주현 외. 2016. **가족복지론**. 창지사.
정황순 · 박주현 외. 2016. **가족복지론**. 창지사.
조성희 · 김남지 · 박진영 외. 2021. **가족복지론**. 창지사.
조영구 · 이재문 외. 2017. **가족복지론**. 정민사.
조영구 · 이재문 외. 2017. **가족복지론**. 정민사.
좌현숙 · 김혜래 외. 2023. **가족복지론**. 학지사.
최 영. 2017. 돌봄정책으로서의 현금수당: 한국형 아동수당제도 도입의 방향. 한국사회복지정책학회 춘계

학술대회 발표논문집. 최 영. 2017. 세계 각국 아동수당제도의 성격 및 유형. 국제사회보장리뷰. 가을호(2): 5-15.

최선화. 2018. **가족복지론**. 양서원.

최성은. 2022. 고령화시대의 노인장기요양보험과 노인돌봄 재정정책. 재정포럼. 308.

최송식 · 최말옥 외. 2019. **정신건강론**. 학지사.

최정숙. 2020. **가족복지론**. 학지사.

통계청, 2022.3. 외국인과의 혼인과 이혼 추이, 연도별, 국적별 외국인과의 혼인과 이혼 현황.

한국보건사회연구원. 2018. 출산 · 고령사회 대응 국제 비교 공동연구(4) 주요국의 가족정책: 스웨덴, 프랑스, 독일, 일본을 중심으로. 보건사회.

한국보건사회연구원. 2023. 2021~2023년 기초생활보장 실태조사 및 평가연구 보고서.

한국보건사회연구원. 2023. 2022년 빈곤 통계 연보.

한국임상사회사업학회. 2017. **가족복지론**. 신정.

한국장애인개발원, 2022. 장애통계연보.

허혜경 · 박인숙 외. 2017. **현대사회와 가정**. 동문사.

홍봉수. 2020. **가족복지론**. 공동체.

황남희 · 김태완 · 진화영 · 신화연 · 최옥금. 2021. 중장기 노후소득보장 전망 및 정책연구. 정책보고서. 한국보건사회연구원.

Ackerman, N. W. 1970. *Family Therapy in Transition*. Boston : Little, Brown.

Ackerman, Nathan. 1960. *The Psycho-Dynamics of Family Life*. New York : Basic Books. Inc.

Allyn & Bacon. 2001. *Family Therapy Concepts and Methods*(5th ed.). Boston : 2004. *Family Therapy Concepts and Methods*(6th ed.). Boston : Allyn & Bacon.

American Psychiatric Association. 1994. *Diagnostic and Statistical Manual of Mental Disorders*(4th ed.). Washington, D. C. : Author.

American Psychiatric Association. 2013. *Diagnostic and Statistical Manual of Mental Disorders*(5th ed.). Washington, D. C. : Author.

Anders, A. 2004. Changing Fertility Rates in Developed Countries : The Impact of Labor Market Institutions. *Journal of Population Economics*. *17*, 1-27.

Anderson, M. L. 2000. *Thinking about Women : Sociological Perspectives on Sex and Gender*(5th ed.). Needam Heights, M. A : Allyn & Bacon.

Anderson, S. A., & Sabatelli, R. M. 1992. The Differentiation in the Family System Scales : DIFS. *American Journal of Family Therapy*. *20*, 89-101.

Ann-Zofie Duvander, Trude Lappegard., & Andersson, Gunnar. 2010. Family Policy and Fertility : Fathers and Mothers' Use of Parental Leave and Continued Childbearing in Norway and Sweden. *Journal of European Social Policy*. *20*(1), 45-57.

Arieti, S. 1975. American Handbook of Psychiatry, Principles and Practice, Cambridge : Harvard University Press.

Bannister, B. 1986. Performance Outcome Feedback and Attributional Feedback : Interactive Effects on Recipient Response. *Journal of Applied Psychology*. *71*(2), 203-210.

Becvar, D, S., & Becvar, R. J. 2003. *Family Therapy : A Systemic Integration*. Boston, M. A. : Allyn & Bacon, Inc.

Berg, I, K. 1992. *Solution-focused Brief Therapy : A Workshop for Counselors.* Unpublished Manuscript.

Berge, I. 1994. *Working with the Problem Drinker.* New York : W. W. Norton.

Björklund, Anders. 2006. Does Family Policy Affect Fertility? : Lessons from Sweden. *Journal of Populication Economy. 19*, 3-24.

Blau, P. 1964. *Exchange and Power in Social Life.* New York : John Wiley & Sons.

Blumer, Herbert G. 1966. Sociological Implications of the Thought of George Herbert Mead. *American Journal of Sociology.* LXⅨ.

Blumer, Herbert G. 1969. *Symbolic Interactionism : Perspective and Method. Englewood Cliffs.* N. J. : Prentice-Hall.

Bogenschneider, K. 2008. *Family Policy Matters : How Policy making Affects Families and What Professionals Can Do.* New Jersey : Lawrence Erlbaum Associates.

Booker, C. L., Skew, A. J., Kelly, Y. J., & Sacker, A. 2015. Mediause, Sports Participation, and Well-being in Adolescence : Cross-Sectional Findings from the UK Household Longitudinal Study. *American Journal of Public Health. 105*(1), 173-179.

Boszormenyi-Nagy, I., & Spark, G. 1973. *Invisible Loyalties : Reciprocity in International Family Therapy.* Hagerston : Haper & Row.

Bowen, M. 1978. *Family Therapy in Clinical Practice.* New York : Jason Aronson.

Brian, P., Catherine, B., Claudia, G., & Carr, S. L. 2010. *Counted Out : Same-Sex Relations & Americans' Definitions of Family.* New York : Russell Sage.

Bronfenbrenner, U. 1979. *The Ecology of Human Development.* Havard University Press. USA.

Burgess, E. W., & Locke, H. J. 1963. *The Family : From Institution to Companionship.* American Book Company.

Carter, B. E., & McGoldrick, M. E. 1998. *The Changing Family Life Cycle : A Framework for Family Therapy.* Gardner Press.

Carter, B., & McGoldrick, M. 1999. *The Expanded Family Life Cycle : Individual, Family, and Social Perspectives*(3rd ed.). Boston : Allyn & Bacon.

Chilman, C. S. 1988. *Variant Family Forms : Families in Trouble Series.* Vol. 5. Sage Publication.

Cloninger, C. R. 1987. Neurogenetic Adaptive Mechanisms in Alcoholism. *Science. 236*, 410-416.

Colins, B. G. 1986. Defining Feminist Social Work. *Social Work. 31*(1).

Collins, D. Jordan, C., & H. Coleman. 1999. *An Introduction to Family Social Work.* Itasca : F. E. Peacock Publishers.

Collins, R. A. 1972. *Conflict Sociology.* New York : Academic Press.

Cook, R. E., & Armbruster, V. B. 1983. Adapting Early Childhood, Curricula, St. Louis : The C. V. Mosby Company. 260-264

Dahrendorf, R. 1973. *Class and Class Conflict in Industrial Society.* Standford. C. A. : Stanford University Press.

Daniels, J. A., & Larson, L. M. 2001. The Impact of Performance Feedback on Counseling Self-Efficacy and Counselor Anxiety. *Counselor Education and Supervision, 41*(2) : 120-130.

Davis, Kingsley. 1959. *The Myth of Functional Analysis as a Special Method in Sociological Review.* Vol. 24. No. 6, 757-772.

De Beer, F., & Swanepoel, H. 2000. *Introduction to Development Studies.* Pretoria : J. L. van Schaik.

De Shazer, S. 1985. *Keys to Solution in Brief Therapy.* N. Y. : W. W. Norton & Company.

De Shazer, S. 1988. *Clues: Investigating Solutions in Brief Therapy.* New York: Norton.

Dole, V. P., & N. Y. Wander, M. E. 1976. Methadone Maintenance Treatment : A Ten-Year Perpective. *The Journal of the American Medical Association. 235*, 2117-2119.

Duvall, E. M. 1957. *Family Development.* Philadelphia : J. B. Lippincott Company.

Duvall, E. M. 1977. *Marriage and Family Development*(5th ed.), Philadelphia : J. B. Lippincott. Company.

Duvall, E. R. M., & Miller, B. C. 1985. *Marriage and Family Development*(6th ed.). New York : Harper & Row.

Echeburua, E., Fernandez-Montalvo, J., & Baez, C. 2000. Relapse Prevention in the Treatment of Slot-Machine Pathological Gambling-Long-Term Outcome. *Behavior Therapy. 31*(2), 351-364.

Elliot, F. R. 1986. *The Family : Change or Continuity?.* London : Macmillan Education.

Esping-Anderson, G. 1985. *Politics Against Market.* Princeton UP.

Esping-Anderson, G. 1990. *Three Worlds of Welfare Capitalism.* Cambridge : Polity Press.

Esping-Anderson, G. 1999. *Social Foundation of Postindustrial Economies.* New York : Oxford University Press.

Esping-Anderson, G. 2009. *The Incomplete Revolution : Addapting to Women's New Roles.* Polity Press.

Esping-Anderson, G. Hemerijck., & J. Myles. 2002. *Why We Need a New Welfare State.* Oxford University Press.

Feldman, F. L., & Schertz, F. H. 1968. *Family Social Welfare.* Chicago : Aldine Publishing Company.

Fidan, H. 2016. Development and Validation of the Mobile Addiction Scale : the Components Model Approach. *Addicta : The Turkish Journal on Addictions. 3*(3), 452-469.

Framo, J. L. 1965. Personal Reflections of a Family Therapist. *Journal of Marriage and Family.*

Freedman, A. M., & B. J. Sadock(eds.). 1980. *Comprehensive Textbook of Psychiatry. Psychiatry.* Ⅲ. Baltimore, Williams and Wilkins Company.

Freeman, D. S. 1991. *Techniques of Family Therapy.* New York : Jason Aronson Inc.

Gabbard, Go. 1994. *Psychodynamic Psychiatry in Clinical Practice : The DSM-IV. Edition.* Washington D.C. American Psychiatric Press.

Gauthier, A. H. 1996. *The State and the Family.* New York : Oxford University Press.

Gauthier, A. H. 2011. *The State and the Family : A Comparative Analysis of Family Policies in Industrialized Countries.* New York : Oxford University Press.

Gavriel-Fried, B., & Shilo, G. 2017. The Perception of Family in Israel and the United Staes : Similarities and Differences. *Journal of Family Issues. 38*(4), 480-499.

George, V. 1973. *Social Security and Society.* London, Routledge and Kegan.

Gilbert N., & H. Specht, 1986. *Dimensions of Social Welfare Policy.* New Jersey : Prentice-Hall.

Glick, P. C. 1977. Updating the Life Cycle of the Family. *Journal of Marriage and Family. 39*(1), 5-13.

Glick, P. C., & Parke, J. R. 1965. New Approaches in Studying the Life Cycle of the Family. Demography. 2.

Goldberg, L. 1996. Internet Addiction. Electronic Message Posted to Research Discussion List. Retrieved from http://users.rider.edu/~suler/psycyber/supportgp.html.

Goldenberg, I., & Goldenberg, H. 1985. *Family Therapy : An Overview.* California : Pacific Grove, Brooks/Cole Press.

Goldenberg, I., & Goldenberg, H. 2004. *Family Therapy An Overview*(6th eds.). CA : Books/Cole Publishing Co.

Goldner, V. 1991, 1991b. Sex, Power, and Family Therapy : What's Wrong with This Picture?. *Journal of Feminist Family Therapy. 3*, 1-2.

Goldstein, Judith., & Robert Keohane(eds.). 1993. *Ideas and Foreign Policy : Beliefs, Institutions and Political Change.* Ithaca : Cornell University Press.

Goode, W. J. 1970. *World Revolution and Family Patterns.* New York : Free Press.

Goodwin, D. W. 1985. Alcoholism and Genetics. *Archives of General Psychiatry. 42*, 171-174.

Gordon, M. S. 1988. *Social Security Policies in Industrial Countries.* Cambridge U.P.

Greenfield, S. F., Books, A. J., Gordon, S. M., Green, C. A., Kropp, F. McHugh, R. K., Lincon, M., & Miele, G. 2007a. Substance Abuse Treatment Entry, Retention, and Outcome in Women : A Review of the Literature. *Drug and Alcohol Dependence. 86*, 1-21.

Griffiths, M. 1996. Gambling on the Internet : A Brief Note. *Journal of Gambling Studies. 12*(4), 471-473.

Hadas Mandel., & Michael Shalev. 2009. How Welfare States Shape the Gender Pay Gap : A Theoretical and Comparative Analysis. *Social Forces. 87*(4), 1873-1911.

Hagedorn, W. B. 2009. The call for a New Diagnostic and Statistical Manual of Mental Disorders Diagnosis : Addictive disorders. *Journal of Addictions & Offender Counseling. 29*(2), 110-127.

Hales, R. E., Yudofsky, S. C., & Roberts, L. W.(eds.), 2014. *Textbook of Psychiatry*(6th ed.). American Psychiatric Publishing, Washington D. C. : Author.

Harding, L. F. 1996. *Family, State and Social Policy.* London : Macmillan Press LTD. McDaniel, Susan A. 2002, Close Relation. Prentice Hall.

Hartman, A., & Laird, J. 1983. *Family-Centered Social Work Practice.* New York, London : The Free Press.

Hepworth, D. H., & Larsen. J. et. al., 2010. *Direct Social Work Practice Theory and Skills*(8th eds.). Thomson Brooks/Cole.

Hodgins, D. C., & Holub, A. 2007. Treatment of Problem Gambling. In G. Smith. D. C. Hodgins., & R. Williams(eds.). *Research and Measurement Issues in Gambling Studies.* 371-397. M. A : Academic Press.

Holden, C. 2001. Behavioral' Addictions: do They Exist?. *Science : Washington. 294*(5544), 980-982.

Holloway, F. 1991. Case Management for Mentally Ill : Looking at the Evidence. *The international Journal of Social Psychiatry.* Vol. 37.

Holman, A. M. 1983. *Family Assessment Tools for Understanding and Intervention.* Beverly Hills : Sage Publications.

Homans, G, C. 1958. Social Behavior as Exchange. *American Journal of Sociology. 63*, 597-606.

Homans, G. C. 1961. *Social Behavior : It's Elementary Forms.* N. Y. : Harcourt, Brace and World.

Ilgen, D. R., Fisher, C. D., & Taylor, M. S. 1979. Consequences of Individual Feedback on Behavior in Organizations. *Journal of Applied Psychology. 64*, 349-371.

Jellinek, E. M. 1960. *The Disease Concept of A Alcoholism.* College and University Press of New Haven.

Jenson, J., & Sineau, M. 2001. France : Reconciling Republican Equality with Freedom of Choice. 88-117. *in Who Cares? Women's Work, Childcare, and Welfare State Redesign.* edited by J. Jenson and M. Sineau. University of Toronto Press.

Jones, E. 1990. Feminism and Family Therapy : Can Mixed Marriages Work?. In R. J. Perelberg., & A. C. Miller(eds.). *Gender and Power in Families.* New York : Routedge.

Jongsma, A. E., & Dattilio, F. 2000. *The Family Therapy Treatment Planner.* New York : John Wiley.

Joseph, K., & J. Sumption. 1979. *Equality.* London : John Murray Publishers.

Kamerman, S, B., & Kahn, A. J. 1981. *Child Care, Family Benefits, and Working Parents.* Columbia U. P.

Kamerman, S. B., & Kahn, A. J. 1978. *Families and the Idea of Family Policy.* Family Lumbia U. P.

Kamerman, S. B., & Kahn, A. J. 1978. Family Policy : *Government and Families in Fourteen Countries.* New York : Columbia University Press.

Kaplan, H. I., & B. J. Sadock. 1998. *Kaplan and Sadock's Synopsis of Psychiatry*(8th Edition). Williams and Willkins. Baltimore.

Kirst-Ashman, K. K., & Hull Jr, G. H. 2006. *Understanding Generalist Practice.* Pacific Grove : Books/Cole Thomson Learning.

Koerner, A. F., & Fitzpatrick, M. A. 2002. Toward a Theory of Family Communication. *Communication Theory. 12*(1), 70-91.

Ladouceur, R. Sylvain, C. Boutin, C., Lachance, S. Doucet, C. Leblond, J., & Jacques, C. 2001. Cognitive Treatment of Pathological Gambling. *Journal of Nervous and Mental Disease. 189*(11), 774-780.

Landy, N., Walker, J. A., & Melincoff, D. S. 2001. Supervisory Style : Its Relation to the Supervisory Working Alliance and Supervisor Self-Disclosure. *Counselor Education and Supervision. 40*(4), 263-275.

Lauer, R. 1998. *Social Problems and the Quality of Life.* Boston : Mc Graw-Hill.

Layton, M. 1994. *Tipping the Therapeutic Balance.* The Family Therapy Networker. 8.

Lazarus, A. A. 1976. *Multimodal Behavior Therapy.* New York : Springer.

Le Grand, J. 1991. Quasi-markets and Social Policy. *The Economic Journal. 101*(408), 1256-1267.

Lee, H. S., Park, S. W., & Heo, H. 2016. Acute Acquired Comitant Esotropia Related to Excessive Smartphone Use. *BMC Ophthalmology. 16*(1), 37.

Levi-Strauss, C. 1969. *The Elementary Structures of Kinship.* Boston : Beacon Press.

Liberman, R. P. 1972. Behavioral Approaches to Family and Couple Therapy. In C. J. Sager., & H. S. Kaplan(eds.). *Progress in Group and Family Therapy.* New York : Brunner/Mazel.

Marx, K. 1946. *Das Kapital.* New York : Modern Library.

Mason, K, O. 1987. The Impact of Womean's Social Position on Fertioity in Developing Countries. *Socioiogical Forum. 2*(4), 718-744.

Mead, George H. 1934. *Mind, Self, and Society : From the Standpoint of a Social Behaviorist.* Chicago : University of Chicago Press.

Medinnus, G. R. 1967. Adolescent's Self-Acceptance and Perception of their Parents. *Journal of Counselling Psychology. 29*, 150-174.

Miller, J, James. 1980. The Family as A System. In Hofling. C. E., & Sewis, J.S., *Family Evaluation & Treatment*(ed.). New York : Brunner/Mazel.

Minuchin, S. 1974. *Families and Family Therapy.* Cambridge, M. A. : Havard University Press.

Minuchin, S. 1974. *Structural Family Therapy.* New York : Basic Books.

Moss, P., & Sharpe, D. 1979. Family Policy in Britain. in M. Brown., & S. Baldwin (eds.). The Yearbook of Social Policy in Britain, London : Routledge and Kegan Paul.

Murdock, G. P. 1949. *Social Structure.* New York : Macmillan.

Murphy, P. E., & Staples, W. A. 1979. A Modernized Family Life Cycle. *Journal of Consumer Research.* Vol. 6.

Murray, C. 1994. Does Welfare Bring More Babies?. *The Public Interest. 115*, 17-30.

NASW. 1995. *Encyclopedia of Social Work.* Washington, D.C : NASW Press.

Nestler, E. J. 2013. Cellular Basis of Memory for Addication. *Dialogues in Clinical Neuroscience. 15*, 431-443.

Neyer, G., & G. Andersson. 2008. Consequences of Family Policies on Childbearing Behavior : Effects or Artifacts?. VID Conference on Can Policies Enhance Fertility in Europe? Vienna 2007 Methods(4th ed.). Boston and London : Routledge and Kegan Paul.

Nichols, M. P., & Schwartz, R. C. 2001. *Family Therapy : Concepts.* London : Allyn & Bacon.

Nickell, P., Rice, A., & Tucker, S. 1976. *Management in Family Management.* New York : John Wiley and Sons, Inc.

O'Brien, C. 2011. *Addiction and Dependence in DSM V. Addiction. 106*(5), 866-867.

Olson, D. H. 1976. Circumplex Model of Marital and Family Systems : Assessing Family Functioning. in Normal Family Processes(ed.). by Froma Walsh, N. Y. & London : Guiford Press.

Olson, D. H., Sprenkle, D, H., & Russell, C, S. 1989. Circumplex Model of Marital and Family Systems. *Family Process. 22*, 69-83.

Parsons, T. 1954. *The Family : Its Function and Destiny.* New York : Harper & Row.

Parsons, T., & R. F. Bales. 1954. *Family Socialization and Interaction Process.* New York : Free Press.

Pincus, A., & A. Minahan. 1974. *Social Work Practice : Model and Method.* Itasca, IL : Peacock Publishers.

Powell, M.(ed.). 2007. *Understanding the Mixed Economy of Welfare.* Bristol : The Policy Press and Social Policy Association.

Ramirez, J. R., Crano, W. D., Quist, R., Burgoon, M., Alvaro, E. M., & Grandpre, J. 2004. Acculturation, Familism, Parental Monitoring, and Knowledge as Predictors of Marijuana and Inhalant Use in Adolescents. *Psychology of Addictive Behaviors. 18*(1), 3–11.

Ramsey Christian N., & Jerry, M. L. 1984. *Family Structure and Functioning. Textbook of Family Practice*(3rd ed.). R. B. Rakel., & W. B. Sounders Comp.

Rice, A. M., & S. M. Tucker. 1986. Family Life Management. Macmillan Publishing Company. New York. 152-154.

Richards, R., McGee, R., Williams, S. M., Welch, D., & Hancox, R. J. 2010. Adolescent Screen Time and Attachment to Parents and Peers. *Archives of Pediatrics & Adolescent Medicine. 164*(3), 258-262.

Roberto, C. A. Swinburn, B., Hawkes, C., Huang, T. T., Costa, S. A., Ashe, M., & Brownell, K. D. 2015. Patchy-progress on Obesity Prevention : Emerging Examples, Entrenched Barriers, and New Thinking. *The Lancet. 385*(9985), 2400-2409.

Rowntree, S. 1889. *Poverty : A Study of Town Life.* London : Longman.

Runciman, W. G. 1956. *Relative Deprivation and Social Justice.* London : Routledge and Kegan Paul.

Sahoo, R., & Suar, D. 2009. Do Young Carers Deserve Justice? Young Caring in the Context of Illness. *Psychology & Developing Societies 21*(1), 133-150.

Satir, V. 1967. Conjoint Family Therapy. Palo Alto, CA : Science and Behavior Books. People Making. Souvenir Press.

Satir, V. 1972. Conjoint Family Therapy : A Guide to Theory and Technique. Palo Alto, California : Science and Behavior Books, Inc.

Satir, V. 1972. People Making. Palo Alto Calf : Science and Behavior Books Inc.

Satir, V. 1983. Conjoint Family Therapy. Palo Alto, California : Science and Behavior Books, Inc.

Schuaz, David A. 1982. *The Changing Family Its Function and Future*(3rd ed.). Prentice-Hall, Inc. 124-125.

Schwartz, R.C. 1995. *Internal Family Systems Therapy*. The Guilford Press.

Sen, A. 1983. *Poor, Relatively Speaking*. Oxford Economics Paper. Vol. 35, 153-69.

Sharpe, L. 2002. A Reformulated Cognitive-Behavioral Model of Problem Gambling : A Biopsychosocial Perspective. *Clinical Psychology Review*. *22*(1), 1-25.

Sharpe, L., & Terrier, N. 1993. Towards a Cognitive Behavioral Theory of Problem Gambling. *The British Journal of Psychiatry*. *162*, 407-412.

Sheafor, B., & Horejsi, C. R. 2008. *Techniques and Guidelines for Social Work Practice*(eds.). Pearson Education, Inc.

Sheinberg, M. 1992. *Navigating Treatment Impasses at the Disclosure of Incest : Combining Ideas from Feminism and Social Constructionism*. Family Process.

Skirbekk. Vegard. 2008. Fertility Trends by Social Status. *Demogrraphic Research*. *18*(5).

Spengler, S., Mess, F., Schmocker, E., & Woll, A. 2014. Longitudinal Associations of Health-Related Behavior Patterns in Adolescence with Change of Weight Status and Self-Rated Health Over a Period of 6 Years : Results of the MoMo Longitudinal Study. *BMC Pediatrics*. *14*(1), 242-252.

Sprey, J. 1979. The Family as a System in Conflict in Families. *Journal of Marriage and Family*. *33*.

Stouffer, S. A., et. al., 1949. *The American Soldier*. Princeton : University of Princeton Press.

Swedish Institute. 1996(Aug). Child Care in Sweden. (http//www.si.se/eng/esverige/childcar html#top)

Swedish Institute. 1997(Aug). Social Insurance in Sweden and Men. (http//www.si.se/esng/esverige/insuranc. html).

Swedish Institute. 1997(Sept). Equality Between Women and Men. (http//www.si.se/eng/esverige/equality. html).

Swedish Institute. 1998(Aug). The Financial Surcmstance of Swedish Households. (http//www.si.se/eng/esverige/finance.html).

Taylor-Gooby, P. 2004. New Risk, New Welfare : The Transformation of European Welfare State. Oxford University Press.

Thomas, C. P., Fullerton, C. A., & Kim, M. et. al., 1987. Medication-Assisted Treatment with Buprenorphine : Assessing the Evidence. *Psychiatric Services*. *10*(1), 176.

Toneatto, T. 2002. Cognitive Therapy for Problem Gambling. *Cognitive and Behavioral Practice*. *9*(3), 191-199.

Townsend, P. 1962. The Meaning of Poverty. *British Journal of Sociology*. Vol. 13.

Townsend, P. 1974. Poverty as Relative Deprivation : Resources and Style of Living. in D. Wedderburn, Poverty, Inequality and Class Structure, London : Cambridge University Press.

Townsend, P. 1979. *Poverty in the United Kingdom*. London : Allen Lane and Penguin Books.

Townsend, P. 1993. *The International Analysis of Poverty*. Hemel Hempstead : Harvester Wheatsheaf.

Turner, Jonathan H. 1975. Marx and Simmel Revisited : Reassessing the Foundations of Conflict Theory. *Social Forces*. *53*(4), 618-627.

Turner, T. H. 1974. *Structure of Sociological Theory*. Homwood, Dorsey Press.

Walsh, F. 1998. Conceptualization of Normal Family Processes, edited by Warsh, F., Normal Family Processes. New York/London : The Guilford Press.

Walsh, F., & Crosser, C. 2000. Advances in Family Therapy : Theory and Practice. In P. Allen-Meares & C. Garvin(eds.). New York/London : The Guilford Press.

Weigel, D. J. 2008. The Concept of Family : An Analysis of Lay People's Views of Family. *Journal of Family Issues. 29*(11), 1426-1447.

Wells, Alan. 1979. Conflict Theory and Functionalism : Introductory Sociology Textbooks, 1928~1976. *Teaching Sociology. 6*(4), 429-437.

Wells, William D., & George. Guber. 1966. Life Cycle Concept in Marketing Research. *Journal of Marketing Research. 3*, November.

West, R. 2001. Theories of Addiction. *Addiction. 96*, 3-13.

White, M. 1986. Negative Explanation, Restraint and Double Description : a Template for Family Therapy. *Family Process. 25*(2).

White, Paul. M., & Epston, D. 1990. *Narrative Means to Therapeutic Ends.* New York : Norton.

White, W. L. 1998. Slaying the Dragon : *The History of Addiction Treatment and Recovery in America.* IL : Chestnut Health Systems/Lighthouse Institute.

WHO(World Health Organisation). 1976. Statistical Induces of Family Health. *Technical Report Series. 587*, Geneva.

Williams, Janet B. W., & Kathleen, Ell(ed.). 1998. *Mental Health Research : Implications for Practice.* Washington, D. C. : NASW Press.

Young, Iris. Marion. 1985. *Humanism, Gynocentrism and Feministic Politics. in Women's Studies International Forum.* Vol. 8, Pergamon Press.

Young, K. S. 1996a. Internet Addiction : The Emergence of a New Clinical Disorder. *Cyber Psychology and Behavior. 1*, 137-244.

Young, K. S. 1999. *Internet Addiction : Symptoms, Evaluation, and Treatment.* F. L. : Professional Resource Press.

Young, K. S. 2007. Cognitive-Behavioral with Internet Addicts : Treatment Outcomes and Implication. *Cyber Psychology and Behavior. 10*(5), 671-679.

Zastrow, C. 1995. *The Practice of Social Work.* California : Brooks/Cole Publishing.

Zastrow, Charles. 2000. Social Work with Groups, Brooks/Cole. Zimmerman 1992, Family Policy and Family Well-Being. Newbury Park : Sage.

Zastrow. C., & Kirst-Ashman, K. K. 2007. *Understanding Human Behavior and the Social Environment.* Thomson Higher Education. Belmont, USA.

Zimmerman S. L. 1995. *Understanding Family Policy.* Newbury Park : Sage.

Zimmerman, S, L. 1992. *Family Policy : Constructed Solutions to Family Problem.* Newbury Park : Sage.

Zimmerman, S. L. 1992. *Family Policy and Family Well-being.* Newbury Park : Sage.

찾아보기

[인명]

저자약력

이 영 실(대표저자)

(현) • 성결대학교 사회복지학과 명예교수

[주요경력]

- 성결대학교 사회복지학과 교수, 사회복지대학원장
- (인준)정신건강연구소장 및 복지발전연구소장
- 안양시수리장애인종합복지관장
- 안양시비산사회종합복지관장
- 미국 California Bethany Bible College and Theological Seminary 객원교수
- 미국 USC School of Social Work 객원교수
- 연세대학교의과대학 정신보건사회복지사 외 다수

[주요저서]

- 대표저자: 사회복지실천기술론(2015, 2020), 사회복지실천론(2014, 2021), 정신건강론(2011, 2013, 2016, 2020), 인간행동과사회환경(2013), 가족복지론(2010, 2013) 정신보건사회복지론(2010), 가족치료(2010)
- 단독: 사회복지개론(2000), 정신의료와 재활(2000), 정신보건시리즈(1권~5권, 2000)
- 공저: 자원봉사론(2010), 사회복지현장실습(2010) 외 다수

고 은 주

(현) • 고은재가장기요양기관 기관장

[주요저서]

- 정신건강론(공저, 2016, 2020)
- 사회복지실천론(공저, 2021) 외

김 현 기

(현) • 강동대학교 사회복지과 교수

[주요저서]

- 현대 노인복지론(공저, 2023)
- 사회복지법제와 실천(공저, 2024)

노 론 산

(현) • 한국열린사이버대학교 자연숲치유학과 특임교수

[주요저서]

• 요양보호사 시험문제집(2021, 2024 공저)

신 선 애

(현) • 부산과학기술대학교 사회복지과 교수

[주요저서]

• 사회복지정책론(공저, 2023)
• 현대 노인복지론(공저, 2023)

이 덕 희

(현) • 부산예술대학교 복지예술치료상담학과 교수

[주요저서]

• 사회복지행정론(공저, 2022)
• 사회복지정책론(공저, 2023)

이 찬 영

(현) • 중원대학교 사회복지학과 외래교수

[주요저서]

• 정신건강론(2020)
• 사회복지실천론(2021) 외

홍 성 희

(현) • 호서대학교 사회복지상담학과 교수

[주요저서]

• 정신건강론(공저, 2016)
• 사회복지실천기술론(공저, 2015)

가족복지론

초 판 1쇄 인쇄 2024년 1월 29일
초 판 1쇄 발행 2024년 1월 31일

지 은 이 | 이영실 · 고은주 · 김현기 · 노론산 · 신선애 · 이덕희 · 이찬영 · 홍성희
펴 낸 이 | 김기섭
편 집 인 | 이혜란
펴 낸 곳 | 창지사 www.changjisa.com
08589 서울시 금천구 가산디지털 1로 83 파트너스타워 1차 9층
전화 (02)719-2211~3
팩스 (02)701-9386
등 록 | 1977년 4월 28일 · 제1-421호

ISBN 978-89-426-1869-9 (93330)

값 25,000원